Klaus-Jürgen Grün
Angst

Klaus-Jürgen Grün

Angst

Vom Nutzen
eines gefürchteten Gefühls

aufbau

Herausgegeben von Michel Friedman

ISBN 978-3-351-02676-9

Aufbau ist eine Marke
der Aufbau Verlag GmbH & Co. KG

1. Auflage 2009
© Aufbau Verlag GmbH & Co. KG, Berlin 2009
Einbandgestaltung hißmann/heilmann, Hamburg
Druck und Binden Bercker, Graphischer Betrieb Kevelaer
Printed in Germany

www.aufbau-verlag.de

Inhalt

Weniger Angst! 9
Spuren der Angst 11

I. Angst und Furcht

Arglos in den Tod 21
Gefühlte und wirkliche Angst 27
Falsche und richtige Gefahren 30
Emotion »Angst« – das Andere der Vernunft 34
Keine Angst vor Emotionen 40
Feindseligkeiten im Unbewussten 44
Träger der Angst 46
Emotionale Färbung.......................... 54
Verletzter Narzissmus 59

II. Evolution der Angst

Urerlebnis Angst und ihre »Doppelnatur« 69
Verschiebung der Angst 79
Die unsichtbare Begleiterin 88
Entdeckung der Angst 93
Von der Natur zur Kultur der Angst 98
Stabilisierende Ängste 101
Angst vor der Bedeutungslosigkeit 104
Erlebnis der Ohnmacht 113
Ansteckende Angst 120
Kollektive und individuelle Ängste 128

Aushalten statt Vermeiden der Angst 134
Weniger Angst ist mehr Leben 136
Die falsche Gefahr 139

III. Kultur der Angst

Katastrophilie 147
Religion der Angst 152
Angst vor den Toten und dem Tod 159
Lebende Tote 164
Ödipus 173
Von der verdrängten Angst zur mörderischen Zwangsneurose 178
Homophobie 179

IV. Moralische Ängste

Weltstadt Güllen 189
Moralische Angst und Realangst 192
Doppelte Buchführung 198
Wie entstehen moralische Ängste? 202
Der moralische Mensch 210
Neid 216
Was moralische Ängste leisten müssen 217
Angst vor der Autorität 221
Handeln aus Pflicht 227
Angst vor der eigenen Vergangenheit 233
Angst vor der Moral der anderen 243

V. Das Fürchten lernen

Gefahren vermeiden 249
Der Traum vom Fliegen 255
Thrill – Die Lust an der Angst 262
»Irrlichter« – Die Projektionen der kindlichen und
jugendlichen Angst 265
List gegen Angst 270
Höchstleistung statt Angst 275
Manager – Die modernen Epikureer 277
Leistung und Versagen 288
Kinder zum Fürchten 292
Angst vor Unterversorgung 296
Angst und Witz 298
Checkliste gegen Angst 304

Anmerkungen 307
Bibliographie 315
Personenregister 321
Dank 324

Weniger Angst!

Angst veranlasst jeden von uns, sich so zu verhalten, dass Gefahren überwunden oder vermieden werden können. Sie ist eine Emotion, die das Gefühl erzeugt, eine Bewegung vorzunehmen, wie das englische Wort *motion* noch zu erkennen gibt.

Aber in der Angst wird unsere Wahrnehmung für Gefahren verzerrt. Wir sind umgeben von Gefahren, für die die Evolution unsere Wahrnehmung nicht geschärft hat. Klimaerwärmung, Kernschmelzen, Überbevölkerung, Massenmedien, Überfluss an Nahrung, Konsumgütern und frei verfügbarer Zeit, moralische Empfindlichkeiten sowie zahlreiche andere Faktoren und ihre ständige Wandlung begleiten den modernen Menschen. Dieser ist aber noch immer ausgestattet mit einem Alarmsystem aus der Vorzeit, das auf den Naturzustand sehr gut eingestellt war. Im Zustand der Kultur haben natürliche Gefahren allerdings weitgehend ihre Bedeutung verloren.

Während im Zustand der Natur der Reiz zur Auslösung der Emotion aus dem Wechselverhältnis zwischen Außenwelt und Innenwelt stammt, reagiert der zivilisierte und von der Natur entfremdete Mensch verstärkt auf Reize, die vornehmlich aus seiner Großhirnrinde stammen. Damit Angst uns zum Handeln motiviert, bedarf es nicht notwendig eines Ereignisses in der Außenwelt. Es genügt das mentale Ereignis. Die bloße Vorstellung einer Gefahr, das Lesen einer Katastrophennachricht, Gerüchte, mitreißende Reden oder Hetzpredigten können unsere Angst ebenso auslösen und zur ansteckenden Krankheit ausweiten wie Manipulation durch Bilder aus der bunten und bewegten Medienwelt. Vielfach brauchen wir nur noch an eine Gefahr zu *denken*, um Angst zu erzeugen und andere damit anzustecken.

Die durch die Entfaltung der Kultur bei uns ausgelösten diffusen Gefühle, handeln zu müssen, erzeugen immer seltener eine klare Vorstellung von der angemessenen Reaktion auf Gefahren. Angst wird jetzt selbst zur Gefahr.

Es ist daher sinnvoll, zwischen Furcht und Angst zu unterscheiden. Denn nur die Furcht ist die angemessene Reaktion des Körpers auf eine real existierende Gefahr. Dadurch ist sie weniger geeignet als Angst, selbst zur Gefahr zu werden. Eine der gefährlichsten Eigenschaften von Angst ist es nämlich, auch dann gegenwärtig zu sein, wenn keine reale Gefahr besteht. Von dieser dunklen Gegenwart der Angst handelt dieses Buch, damit sich im Licht der Aufklärung ihre Gefährlichkeit abschwächt.

Gleichwohl kann Angst in schwachen Dosen auch nützlich sein, wenn sie allgemein zu Vorsicht gemahnt. So besteht ein Zusammenhang zwischen Angst und Leistung. Fehlende Angst macht uns sorglos und antriebslos, zu viel Angst dagegen macht uns ungeschickt, hemmt und lähmt uns. Bestimmte Wirkungen von Angst können sogar zu Höchstleistungen motivieren und aktivieren. Viele Schauspieler und Sänger behaupten, durch Angst in Gestalt von Lampenfieber besser für die Vorstellung motiviert zu sein.

Meistens aber ist Angst die Kraft, durch die wir genötigt werden, unnötige Energien zu verschwenden, um das Unlustgefühl zu vertreiben, das sich mit ihrer Gegenwart einstellt. Dabei erlernen wir Mechanismen zur Vertreibung der Angst, statt uns tüchtig zu machen, um wirkliche Gefahren abwehren zu können. Wenn Angst vor dem Publikum bei Schauspielern, Musikern und Sängern zu stark ist, werden sie nicht besser in ihrer Kunst, sondern treten wahrscheinlich gar nicht mehr vor das Publikum.

Keinesfalls ist es hilfreich, Ängste zu vermehren. Dass wir im großen Stil Menschen durch Massenmedien, Kirchen und moralische Empfindlichkeiten unnötige Tabus und

Zwänge auferlegen, die ihre Ängste in der Verdrängung halten, führt dazu, dass sie uns aus dem Versteck heraus zu zweifelhaften Handlungen nötigen. Fast immer liegt solchem Verhalten der Mechanismus zugrunde, dass eine verdrängte Lust zur Angst geworden ist. Leider nutzen die Systeme der Moral und der Religion diesen Mechanismus mehr oder weniger aus. Moralworte wie »Gerechtigkeit« machen die Welt nicht besser, aber sie schieben ein stärkeres Motiv wie »Rache« oder »Neid« in die Verdrängung ab. Dadurch sind Rache- und Neidgefühle nicht verschwunden, sondern führen aus dem Hintergrund heraus das Regiment, während wir vordergründig ein ruhiges Gewissen zur Schau tragen.

Besser ist es, den Grund der Angst aussprechen zu können. Durch Konfrontation mit der Angst verliert sie ihren Schrecken und ihre Kraft, aus dem Hinterhalt heraus unser Handeln zu steuern. Wer sein Leben so einrichtet, als hätte er nur dieses eine Leben, das mit dem Tod zu Ende ist, stellt keine übermäßigen Anforderungen an das Jenseits. Es wird ihm eine größere Freude sein, wenn sich ein solches wider Erwarten auftut. Aber ein Leben lang die Angst verdrängen zu müssen, dass es vielleicht kein Jüngstes Gericht geben könnte, und jeden zu beargwöhnen, der diese Befürchtung auch noch offen ausspricht, macht das Leben für viele zur Hölle, weil es unnötiges Leid unter den Menschen ausbreitet. Die Anteilnahme am Leid der Lebenden ist allemal besser als die Angst vor den Toten und dem Tod.

Spuren der Angst

Ein Mann steht neben Ihnen und klatscht alle zehn Sekunden kräftig in die Hände. Wenn Sie ihn fragen, warum er das tut, antwortet er: »Um die Elefanten zu verscheuchen.« Sie werden ihm bestimmt sagen, dass gar keine Elefanten in der

Nähe sind. »Na also! sehen Sie?« – könnte dann die lakonische Antwort lauten.

Der österreichische Psychologe und Schriftsteller Paul Watzlawick (1921–2007) macht uns in seiner *Anleitung zum Unglücklichsein* mit diesem Mann bekannt, der stellvertretend für die zahlreichen unsinnigen Handlungen steht, mit denen wir unsere Angst vertreiben. Wir werden sehen, wie treffend sein Bild ist, wenn wir die Mechanismen der Angst verstehen wollen. Unter der Herrschaft der Angst werden wir genötigt, Dinge zu tun, die vollkommen unnötig und unsinnig sind. Denn Angst entsteht auch dann, wenn es keinen realen Anlass gibt. Anstelle einer realen Gefahr hat sich die Angst gesetzt. Angst macht uns neurotisch, weil sie unsere ohnehin schlecht ausgebildete Wahrnehmung von Gefahren verringert. Sie befördert die Missachtung realer Gefahren und die falsche Erwartung eines Unheils. Vielfach erzeugt die Angst erst die Gefahr, gegen die sie dann – etwa mit Klatschen – ankämpfen zu müssen glaubt, vielleicht um Elefanten fern zu halten.

Schon die gutgemeinte Geste der Eltern, die der neunjährigen Tochter für ihre erste Ferienreise ohne die Familie ein Mobiltelefon schenken, damit die Tochter das Gefühl hat, nicht allein zu sein, wecken in erster Linie lähmende Trennungsängste auf beiden Seiten. Denn als das Kind einmal vergeblich mit seinem neuen Telefon die Eltern zu Hause anruft, tut es den ganzen Tag lang nichts anderes mehr, als mit immer neuen Anrufen zu versuchen, die Eltern zu erreichen. Mit jedem erfolglosen Versuch aber steigert es, ohne dies zu wissen, die Trennungsangst. Und die Eltern ihrerseits befürchten das Schlimmste, als sie am Abend auf der Mailbox die zahlreichen Anrufe der Tochter entdecken. Jetzt versuchen sie – wiederum vergeblich – die Tochter auf dem Handy zu erreichen. Am Ende sind alle Beteiligten in heller Aufregung, das Heimweh des Kindes ist kaum mehr zu beruhigen und an Erholung nicht mehr zu denken. Was gedacht war, Angst zu vermindern, hat sie zuallererst heraufbeschworen.

Aber nicht nur im kleinen Maßstab lässt sich unser Denken schnell von der Erwartung eines Unheils vergiften. Es speist sich seit Jahrhunderten und Jahrtausenden aus Apokalypsephantasien und der Vorstellung vom Aufstieg und Niedergang der Kulturen. »Wir stehen im Zeichen des Niedergangs der Kultur.« Die These stammt nicht aus einem der vielen heutigen Feuilletons. Vielmehr war es der Urwalddoktor, Theologe und Friedensnobelpreisträger Albert Schweitzer, der sie in den Jahren des Ersten Weltkrieges in Lambarene in seinem Werk *Verfall und Wiederaufbau der Kultur* formulierte.[1] Er machte nicht den Krieg für den von ihm diagnostizierten unheilvollen Charakter seiner politischen Gegenwart verantwortlich. Er sei nur eine Erscheinung jenes Dahinströmens »mit unheimlichen Strudeln«. Unverkennbar aber sei das Kraftloswerden und die Selbstvernichtung der Kultur. Gedankenlosigkeit des modernen Menschen, geistiges Spezialistentum, Organisieren der Arbeit, Hast unserer Lebensweise, Überorganisation unserer öffentlichen Verhältnisse machte Schweitzer verantwortlich für den von ihm wahrgenommenen Zerfallsprozess. Es müsse eine optimistische Weltanschauung und Ethik geben, bevor es mit der Kultur wieder aufwärts gehe. Schweitzer bemerkte nicht, dass auch sein Werk über den Niedergang der Kultur jener fehlenden optimistischen Denkhaltung verfallen war, die er anklagte. Sein Buch goss – ohne Absicht – Öl in das Feuer der neuen Heilsbringer, unter deren Regime der europäischen Kultur noch ärgerer Schaden zugefügt wurde.

Schweitzers Selbstverschwindensangst lag damals wie heute im Trend. Seine Weltanschauung wuchs im Klima der Wilhelminischen Ära, die wir heute als schwere Krise des abendländischen Bewusstseins verstehen. Berühmtester Ausdruck dieser Krise zwischen Angst und Anspruch war Oswald Spenglers Schlachtruf vom *Untergang des Abendlandes*. Zeitgleich mit Albert Schweitzer verzerrte er die historischen Zusammenhänge zu einer eigenwüchsigen philosophischen Prognose, nach der Preußen ebenso wie das antike Rom zugunsten einer abendländischen Großgesellschaft verschwinden werde. Kultur wird in diesen Weltanschauungen zum Religionsersatz. Sie muss Angst und Hoffnung des sinnentleerten Bürgertums auffangen können.

Die Auslöser heute sind andere, aber die Ängste sind die gleichen, wenn wir der Weltanschauung vom Kulturverlust in Feuilletons und Buchläden begegnen. Wo der Markt diese Weltanschauung fordert, stehen ihre Verkünder bereits hinterm Ladentisch. Ihre gegensätzlichen Allheilmittel haben die Gemeinsamkeit, dass sie mit der Sinnstiftung durch verbrauchte Institutionen werben. Da fordern Würdenträger ein Mehr an christlichem Leben, andere empfehlen den vermeintlichen Familiensinn der Nationalsozialisten als Allheilmittel. Wieder andere betrachten jeden Ausländer als Bedrohung der eigenen Kultur. Die abstrusesten Weltanschauungen festigen die Angst vor dem kulturellen Selbstverschwinden, indem sie noch Kapital daraus erzeugen. Sie vermeiden allerdings die Konfrontation mit der Angst – das einzig Wirksame gegen ihre neurotischen Ausprägungen.

Nicht allein die Idole der Medien und Kirchen werden zu Ideologen des Untergangs, selbst rationale Analysen der ökonomischen und militärischen Macht erweisen sich als die Spitze des Eisbergs tieferliegender Ängste. Das Entsetzen vor dem Verlust der eigenen Kultur, der eigenen Lebensformen und der eigenen Werte artikuliert sich nicht zuletzt in der Befürchtung, bald schon ökonomische und militärische Macht einzubüßen. Die Klischees vom Untergang der eigenen Kultur bilden sich ab in den Reden vom Verschwinden der Religiosität zugunsten des Materialismus, des Pflichtgefühls zugunsten des Hedonismus, der harten Arbeit zugunsten nie da gewesener Freizeitorientierung und der vom Individualismus verdrängten Hinwendung zum Gemeinwohl.

Ihre Widersprüchlichkeit müsste die Untergangsweltanschauungen bereits unglaubhaft machen. Aber Angst ignoriert Beweise für und gegen die Realitätsstärke ihrer Auslöser.

Ideologen der Kirchen und Heilsverkünder wissen dies genau. Die Angst vor dem Selbstverschwinden lässt sich wecken, steigern und missbrauchen, weil wir dazu neigen, Veränderung eher als Verlust statt als Chance wahrzunehmen. Der Verfall des Vertrauens als einer Folge von Angst schafft die Gefahr, vor der wir uns letzten Endes wirklich fürchten müssen. Als am Ende des Jahres 2008 die Börsen ihr Jahrestief verkündeten, war auch die wirtschaftliche Stimmung auf dem Nullpunkt. Die Systeme des Geldes und der Devisen hatten das Vertrauen der Menschen verspielt. Unheilsmeldungen der Märkte beherrschen seit Monaten die Medien, obwohl die Wirtschaftsdaten noch zu Beginn des Jahres nicht schlecht waren. Mit der Finanzkrise der Amerikaner begann, was schließlich zu einer globalen Angst vor der schlimmsten Rezession seit 100 Jahren wurde. Denn die Angst des Verbrauchers lähmt seine Kaufkraft. Ihn beherrschen jetzt Existenzängste, mit denen er seine Situation und die der Wirtschaft noch verschlechtert. Doch niemals können Entwarnungen die Angst vor der Krise beseitigen, wenn diese sich erst einmal entfaltet hat. Katastrophenmeldungen sind dominant, selbst wenn die Entwarnung besser als diese begründet ist. Weil wir Menschen begabt sind, Gefahren vorauszusehen, kann Angst zur Gefahr werden, wenn wir mit unserer Erwartung falsch liegen. Angst determiniert unsere Entscheidungen und unser Verhalten.

Die Konditionierung zur Angst gründet in einem elementaren Mechanismus lebender Organismen. »Wenn einem Pferd«, fährt Watzlawick in seiner Geschichte über *Die verscheuchten Elefanten* fort, »durch eine Metallplatte im Stallboden ein elektrischer Schock in einem Huf zugeführt wird und kurz davor ein Summerzeichen ertönt, so bringt das Tier rasch diese beiden Wahrnehmungen in scheinbar ursächlichen Zusammenhang. Das heißt, jedesmal, wenn der Summer ertönt, wird das Pferd nun den betreffenden Huf anheben, um dem Schock zu entgehen.«[2] Aber das Verhalten der Menschen lässt sich wohl kaum mit der Konditionierung eines Tieres vergleichen, so werden Anthropologen hier einwenden. Sie haben recht. Der Mechanismus ist sehr viel komplizierter und stützt sich auf das Zusammenspiel zwischen Bewusstsein und der Macht des Unbewussten. Die Macht des Unbewussten wirkt sich nur dort aus, wo es auch ein verdrängendes Bewusstsein gibt. Und davon kann bei Tieren kaum die Rede sein.

Zu Beginn des 20. Jahrhunderts tritt dem Genfer Arzt und Psychologen Edouard Claparède (1873–1940) die unheimliche Macht der Angst aus dem Dunkel irrationaler Verborgenheit an das Licht der Vernunft. Er behandelte eine Patientin mit anterograder Amnesie. Dies ist jene Form des Gedächtnisverlustes, bei der sich Patienten keine neuen Ereignisse mehr merken können. Bei jeder Begegnung musste sich der Arzt seiner Patientin neu vorstellen. Doch einmal hielt er bei der Begrüßung einen Reißnagel in der Handfläche verborgen. Der Schmerz löste bei seiner Patientin einen solchen Schreck aus, dass sie sich beim nächsten Treffen weigerte, dem Arzt die Hand zu schütteln. Eine vernünftige Erklärung konnte sie dafür allerdings nicht geben. Claparède erfuhr, dass sich bei seiner Patientin ein zweites, unbewusstes, aber mächtiges Gedächtnis warnend bemerkbar gemacht hatte. Denn während sich die Patientin an den Grund ihrer Aversion nicht mehr erinnern konnte, hatte Angst die Kontrolle ihrer Verhaltensweisen übernommen. Von der Kontrolle unseres Handelns durch die im Unbewussten wirkende Angst handelt dieses Buch.

Wollen Sie sich lieber von der Angst oder vom Glück regieren lassen? Wir werden zugeben müssen, dass es keine Frage ist, was wir lieber möchten. Dennoch: In den meisten Fällen regiert uns alle die Angst. Nicht die Entscheidung, ob wir sie mögen oder nicht, führt uns weg von ihr. Nur das Bewusstsein, dass sie da ist, kann uns ein wenig gegen ihre schädlichen Auswirkungen immunisieren. Aber nichts entzieht sich so perfekt dem bewussten Zugriff wie die Angst. Sie entsteht scheinbar im Nichts.

Der Beginn unserer Kultur stammt nicht minder als die Aversion jener Patientin mit anterograder Amnesie aus der unbewussten Macht des Angstgedächtnisses. Dieser Macht bediente sich bereits Gott, als er zu Adam sprach: »Bloß von dem Baume der Erkenntnis des Guten und Bösen darfst du nicht essen.« Adam konnte gar nicht verstehen, was Gott damit meinte. Um den Unterschied zwischen Gut und Böse verstehen zu können, hätte Adam bereits den Genuss genau dieser Erkenntnis durchlebt haben müssen. Woher hätte er wissen sollen, was er zu meiden hat, wenn ihm die entscheidende Kenntnis fehlte. Zu fordern, dass Äpfel verboten seien, Birnen aber nicht, setzt voraus, dass man ihren Unterschied kennt. Und gänzlich unverständlich musste Adam das Urteil Gottes nach dem Genuss erscheinen: »Du sollst des Todes sterben.« Wie sollte der im Paradies lebende erste Mensch, der doch bislang nur die Unsterblichkeit kannte, wissen, was es bedeutete, des Todes zu sterben? Der dänische Philosoph der Romantik, Sören Kierkegaard (1813–1855), entdeckte diese Ungereimtheit und machte sie für den ersten philosophischen *Begriff der Angst* fruchtbar. Denn alles was Adam wissen konnte war, dass Gott wohl etwas im höchsten Maße Bedeutungsvolles ausgesprochen hatte. Und dieses Nicht-Wissen ist der Urgrund der Angst. Angst speist sich aus einem Wissen, auf das das Bewusstsein keinen Zugriff hat. Immer häufiger ist es, wie wir sehen werden, ein falsches Wissen. Das Entscheidende der Angst liegt darin, dass sie präsent ist, *bevor* das Fürchterliche eintritt. Und meistens ist sie da, obwohl es nichts Furchtbares gibt. Für Existenzialisten ist die Angst des ersten Menschen die Angst vor dem Nichts und vor der Freiheit. Aber sie ist auch die in unser Unbewusstes tief eingebrannte Prägung, die jeder Entscheidung, jedem Handlungsablauf von vornherein eine Grundstimmung aufdrückt.

Es gibt kaum eine Lebenssituation, an der nicht die grundlegende Emotion Angst unsere Gefühle maßgeblich beeinflusst: Der erste Abend des Kindes allein im elterlichen

Haus; die Stunden vor dem ersten Rendezvous; Donnerschläge und Unwetter; der Beginn einer Klassenarbeit oder einer Prüfung; Krankheiten und andere Vorboten des Todes. Die Liste kann so weit verlängert werden wie Lebensumstände und Tätigkeiten von Menschen sich verändern. Nichts, was wir Menschen tun, denken, erträumen, könnte nicht auch zum Auslöser von Angst werden.

Und ebenso wenig gibt es eine Handlung, ein Ereignis, einen Gegenstand und einen Gedanken, die nicht auch zur Minderung von Angst ihren Beitrag leisten könnten. Angst steht im Mittelpunkt unserer Kultur. Aber sie steht nicht im Rampenlicht. Ihr Dasein ist von einem seltsamen Anwesend-Abwesend-Sein bestimmt. Wir unterschätzen die Angst, weil wir uns vor ihr selbst fürchten.

Welche Rolle spielt die Angst in unserem Leben? Führt sie uns oder verführt sie uns? Erkennen wir durch sie Gefahren, oder schaffen wir Gefahren erst durch ihre Kenntnis? Was ist das Besondere an einem Zustand, einem Gedanken, einer Handlung, wodurch diese zu etwas Beängstigendem werden? Warum erregt dasselbe bei dem einen Menschen Angst, bei einem anderen Lust? Woher stammt das ungute Gefühl, das uns die Gegenwart von Angst verrät? Ist Angst nützlich oder schädlich? Sollten wir sie besser abschaffen oder ihre Funktionen ausbeuten? Wie können wir überhaupt unsere Angst vermindern? Hängt dies von unserem freien Willen ab? Wann schlagen die lebenswichtigen Funktionen der Angst in bedrohliche Zwänge um?

Dieses Buch wird Antworten geben auf diese Fragen. Es verfolgt im Besonderen die Frage, wem es nützt, wenn wir Angst haben, und durch welche Mechanismen wir unsere Angstbereitschaft anderen zur Manipulation zur Verfügung stellen. Es zeigt, dass die Händler eines breiten Angebots von Ängsten, die sie in uns wecken, pflegen, und zu deren Verdrängung sie uns anschließend ihre Allheilmittel teuer verkaufen, mehr zu fürchten sind als die Angst selbst. Einerseits gibt es zahlreiche pragmatische Gründe, Angst – nicht

Furcht – zu vermindern. Aber andererseits sind wir fest vernetzt mit Strukturen, deren Wirkung sich nur durch den Erhalt von Angst, deren Entstehung, Förderung und Verstärkung entfalten können.

Das Buch legt dar, warum unsere Gesellschaft auf Angst aufgebaut ist und warum dieser Überbau fälschlich als tragfähiges Fundament verstanden wird. Angst wird gefestigt, versteckt und neu angefeuert, aber zugleich dem bewussten Zugriff entzogen. Sie bleibt als ständige Hintergrunddrohung einer unglücklichen Welt vorhanden und betrügt uns streckenweise um unser Lebensglück.

Das Buch vermittelt ebenso hilfreiche Einblicke in die Natur der Angst und ihre Entstehung wie in den Charakter von Menschen, Ideologien und Institutionen, die ihr Dasein zu wesentlichen Teilen den Wirkmechanismen der Angst verdanken. Mit dem Anspruch der Aufklärung dieser irrationalen Wirkmechanismen werden politische Vertreter hier ebenso wenig geschont wie andere selbsternannte Vormünder – Priester, Moralisten, Philosophen und der Alltagsverstand. Ihnen allen ist der Umgang mit der Angst der Menschen gemeinsam: Sie verstehen es, Ängste zu vermindern, die sie zunächst in uns geweckt und verstärkt haben. Hierzu gehört auch die Einsicht in die Funktion der Moral beim Verdrängen von Ängsten.

I. Angst und Furcht

Arglos in den Tod

Wie bereits erwähnt, unterscheiden Psychologen und Neurobiologen zwischen Furcht und Angst. Auch wenn von Philosophen in der jüngeren Vergangenheit hin und wieder der Sinn dieser Unterscheidung angezweifelt wurde, machen auch neueste Untersuchungen der Hirnforschung darauf aufmerksam, dass in unserem Gehirn verschiedene Zentren für die Verarbeitung von Furcht und Angst zuständig sind. Daher unterstreichen auch unsere bisherigen Überlegungen: Die konkrete Situation, die wir benennen können, ist das Objekt der Furcht. Angst ist das wesentlich irrationale, diffuse Gefühl der Bedrohung durch etwas, das wir nicht rational erklären können. Das Objekt der Furcht können wir mit Namen benennen und dadurch auch in seiner bedrohenden Kraft vermindern. Angst dagegen beherrscht uns, weil sie nicht auf den ersten Blick zu erkennen gibt, woher sie stammt und worauf sie sich richtet.

Furcht ist das unmittelbare Warnsignal, das Leben retten kann. Sie ist der uralte Lebensschutzinstinkt. Wir können sie verstehen und mit rationalen Mitteln beschreiben. Wir fürchten uns vor der Autofahrt im Dunkeln, weil wir weniger sehen und langsamer reagieren. Wir fürchten uns vor dem Gang zum Chef, weil wir einen Kunden verprellt haben. Wir fürchten uns vor dem nächsten Unwetter, weil wir dicht am Wasser gebaut haben und der Keller gerade erst überflutet war.

Was aber fürchten wir, wenn wir zum ersten Mal vor einem Auditorium stehen, das von uns eine mitreißende Ansprache erwartet? Was fürchten wir, wenn wir vor einer kleinen Spinne zurückschrecken? Was fürchten wir, wenn wir den Tod vor Augen haben? Was fürchten wir, wenn viele von uns die Nähe von Homosexuellen oder AIDS-Kranken meiden? Anders als diese Fragen nach der Angst, die zunächst ins Dunkle führen, klärt uns Furcht über eine wesentliche Überlebensfunktion auf.

Aquariumbesitzer kennen das Phänomen: die kleinen bunten Guppys schwimmen um den großen Raubfisch herum, als wollten sie ihn beschnuppern. Tatsächlich loten sie die Gefahr aus, die er darstellt. Manche trauen sich näher heran, andere sind regelrechte »Angsthasen«. Aber die weniger Furchtsamen sterben früher als die Furchtsamen, wie Experimente von Verhaltensforschern eindeutig belegen. Furchtsame Guppys leben länger als ihre unerschrockenen Artgenossen. Sie haben einen Selektionsvorteil. Auch Affen, die sich nicht vor Schlangen fürchten, gehen das Risiko ein, bald nicht mehr zu leben. Ohne leichtfertig Verhaltensweisen aus dem Tierreich auf den Menschen zu übertragen, belegen auch hier Statistiken, dass Furcht Vorsicht nach sich zieht. Unter Piloten erzählt man den Witz, dass es keine alten und mutigen Piloten gebe, nur alte *oder* mutige. Gleichwohl profitieren alle Artgenossen von dreisten Draufgängern. Denn diese überschreiten Grenzen und eröffnen neue Lebensräume.

Amateurfilmer haben am ersten Weihnachtsfeiertag 2004, dem Sonntagmorgen, der wie all die anderen Wintertage am Strand von Banda Aceh versprach, ein ruhiger Badetag mit viel Sonne zu werden, festgehalten, wie sich das Meerwasser ungewöhnlich weit vom Land zurückzieht. Meerestiere liegen im Schlamm, und man sieht Menschen, die neugierig die vom Meer freigegebene Fläche erkunden. Sie haben keine Angst, und sie fürchten sich nicht.

Ein anderer Filmer hält die Kamera auf das abziehende Meer, dann auf die Köpfe seiner Kinder und seiner Frau. Er lässt die laufende Kamera mit seinen Armen heruntersinken, denkt plötzlich nicht mehr ans Filmen und ruft den anderen zu: »Los, weg hier!« Er hat Angst, und er fürchtet sich vor einer realen Gefahr, die er instinktiv richtig einschätzt.

Von den Strandspaziergängern ohne Angst und Furcht fehlt heute jede Spur; der ängstliche Familienvater aber hat nicht nur seine Kamera mit den Filmaufnahmen gerettet, sondern auch sein Leben und das seiner Familie. Über ein explizites Wissen davon, was in den Minuten vor der Ankunft des verheerenden Tsunami geschah, verfügten weder die Ängstlichen noch die Furchtlosen. Es war allein die von der ungewohnten Wahrnehmung ausgelöste Emotion, die die eine Gruppe zum Weglaufen, die andere Gruppe zum Nachforschen bewegt hatte. Erfahrung mit dieser Art Gefahr hatte keiner von ihnen.

In manchen Köpfen der Strandbesucher an jenem Sonntagmorgen hat sich beim Anblick des zurückweichenden Meeres vollkommen unbewusst der Erwartungshorizont von etwas Fürchterlichem gebildet, in anderen Köpfen blieb diese Vorstellung aus. Aber ein einziges warnendes Wort hätte bei manchen Arglosen ebenfalls Alarm auslösen können. Ein Tsunami-Warnsystem bei Menschen müsste uns tüchtig machen für das Wahrnehmen realer Gefahren. Statt diese Bildung zu verfolgen, pflegen wir die Fehleinschätzungen, indem wir ständig neue Risiken erfinden und mental vergrößern. Unsere Gesellschaft ist leider geübt darin, die Klarheit der Einschätzung realer Gefahren mit dem Nebel diffuser Ängste zu überdecken.

Ein Wesensmerkmal von Angst ist es, dass ihre gefühlte Stärke normalerweise sehr viel größer ist als die tatsächliche Bedrohung, und dass sie auch da ist, wenn keine Bedrohung vorliegt. Auch wenn es anders aussehen mag, wie bei der Angst vor Terrorangriffen nach dem Muster des 11. September 2001 und in dem Tsunami-Winter wenige Jahre später, das Maß der Angst stellt unser eigener Körper her und nicht der auslösende Sachverhalt. Für die Individuen in den Industriestaaten war das Leben früher gefährlicher als heute. Unsere Furcht vor realen Gefahren ist einer vielfach irrationalen Angst vor nahezu allem gewichen. Wir müssen lernen, diese Angst zu verstehen und mit ihr umzugehen.

Man konnte die imaginäre Natur der Angst an der Reaktion auf die Attentate vom 11. September 2001 sehr gut beobachten. Es wird der aufschlussreiche Fall einer Patientin mit einer schweren Depression und starken Ängsten berichtet. Sie lebte schon lange in der Überzeugung, dass sie es fast immer mit bösen Menschen zu tun hatte – ihrer Mutter, ihrem Chef, den Behörden. Sie fühlte sich ihnen gegenüber machtlos. Jedes Bemühen um Veränderung war für sie sinnlos. Für diese Patientin waren die Attentate die Bestätigung ihrer inneren Welt: Böse Mächte gibt es wirklich, dachte sie, die Guten sind hilflos, es werde zur Apokalypse kommen. Die Stunden vor dem Fernseher mit den Bildern von den brennenden Türmen bestätigten ihre Erwartung, dass es nun auf jeden Fall zum Dritten Weltkrieg kommen werde.[3]

Nicht nur in diesem pathologischen Fall schlüpft Angst in eine Erwartungshaltung hinein, die sich aus verschiedenen Wahrnehmungen zusammensetzt, die, jede für sich genommen, nichts Beängstigendes haben muss. Angst beruht auf der Realität einer bestehenden inneren Erwartung. Die Erwartungshaltung ist ausreichend, eine Realität der äußeren Ursachen ist für das Angsterlebnis nicht nötig. Erwartungen verbreiten sich heute grenzenlos; denn wir leben in einer sehr fragilen Sicherheit. Dies spürt fast jeder. So liegt auch die Erwartung eines Zusammenbruchs für viele nahe. Unser Wohlstand ist zudem von Faktoren abhängig, auf die wir wenig oder keinen Einfluss haben. Jedes Erdbeben auf der anderen Seite der Welt kann auch für uns Folgen haben, etwa wenn die Öl- und Gasreserven vernichtet werden. Es bedarf dazu allein der Angst, dass die Energieversorgung zusammenbrechen könnte. Im Herbst 2008 erschütterte die auf dem amerikanischen Immobilienmarkt entstandene Finanzkrise das gesamt Weltwirtschaftssystem. Sie hat uns innerhalb kürzester Zeit an die Schwelle des Zusammenbruchs der Kreditwirtschaft geführt. Im schlimmsten Fall hätten Banken die für Handwerker, Unternehmer, Infrastruktur, Bildung und vieles mehr nötigen Kreditverträge nicht erfüllen und zahlreiche Löhne und Gehälter nicht ausgezahlt werden können. Es genügte das fehlende Vertrauen in die Zahlungsfähigkeit, um das Geld selbst knapp werden zu lassen.

Es ist oft vollkommen unvorhersehbar, auf welchen Reiz das Angstzentrum mit Alarm reagiert, seit moderne Ängste an die Stelle von natürlichen getreten sind. Ein Teilnehmer an einem Internetforum teilt der Welt Ende August 2008 seine neueste Angst mit: »Ich wünsche mir die Freiheit, aus solchen Versuchen aussteigen zu können.« Gerade war in Spanien ein Passagierflugzeug unmittelbar nach dem Start aufgrund zu schwacher Beschleunigung abgestürzt. Unter den Toten waren einige, die das Flugzeug vor dem Start wieder verlassen wollten, weil es schon einen Startversuch wegen technischer Probleme abgebrochen hatte. Aber die Crew erlaubte den Passagieren nicht, das Flugzeug zu verlassen.

In der Phantasie des verängstigten Mannes verbindet sich die Flugzeugkatastrophe der *Spanair* in Madrid mit der Ankündigung des schweizerisch-französischen Centrums für Teilchenbeschleunigung (CERN) über ein *experimentum crucis*: In der teuersten und größten Maschine aller Zeiten, deren letzte Ausbaustufe allein 3 Milliarden Euro gekostet hat, sollen zwei Wasserstoffatome mit der Wucht zweier aufeinanderprallender Jumbo-Jets den Beweis erbringen, dass die Simulation des Urknalls im »Labormaßstab« möglich ist. Sollte dieses fundamentale Experiment gelingen, so würden wir nicht nur besser verstehen, wie das Universum entstanden ist, sondern auch, wie sich die Zähmung dieses Prozesses zur Energiegewinnung nutzen lässt.

Weltweit haben sich Kritiker gegen die Durchführung dieses Experiments ausgesprochen. Den Menschen hat allein die Vorstellung der Abläufe in dem gigantischen Aufbau Angst eingejagt. Sie wurde genährt von Physikern, die erklärten, dass dieses Experiment ein Schwarzes Loch erzeugen könnte, das wie ein riesiger Magnet andere Atome und Teilchen anziehen und »auffressen« würde. Zuerst würde natürlich die Erde in diesem Schwarzen Loch verschwinden.

Das Experiment wurde gestartet und bald darauf wieder abgebrochen, weil die Teilchen nicht genug beschleunigt werden konnten. Und während die Kernschmelze in der Schweiz ausgeblieben ist, brennt sie sich als Weltwirtschaftkrise durch den gesamten Globus. Die kapitale Krise des Finanzmarktes drohte sich tatsächlich zu einer unkontrollierbaren Kettenreaktion auszuweiten. Der GAU wäre dann erreicht, wenn die Rettungspakete der Staaten durch ihre Rettungsaktionen genau das hervorgerufen hätten, was sie eigentlich verhindern wollten, nämlich die innere Zerstörung des Finanzsystems. Das wäre die eigentliche »Kernschmelze«, die keiner hat kommen sehen, der seinen Blick auf CERN gerichtet hatte. Kernschmelze ist eigentlich der Endpunkt des Kapitalismus. Er ist erreicht, wenn der Staat kein Kapital mehr bekommt, wenn er bankrott ist. Noch nicht einmal zwanzig Jahre sind vergangen, seit der real existierende Sozialismus unterging. Dass sich aber schon so bald auch der vermeintlich unfehlbare Kapitalismus um Haaresbreite an seinem Bankrott vorbeiwursteln würde, haben sich die Konstrukteure der Wende so wenig träumen lassen wie seinerzeit die Funktionäre der Sowjetnomenklatura ihren eigenen GAU. Nicht weniger als die Planwirtschaft ist der Kapitalismus inzwischen über die Grenzen seines Wachstums hinausgewuchert. Die Angst vor dem Zusammenbruch ist demnach berechtigt. Doch was dürfen wir erwarten? Sobald die internationalen Finanzinstitute unter die Aufsicht der UN gestellt werden, haben wir es mit einer Verstaatlichung der Finanzsysteme zu tun. Die Zusammenführung der Wirtschaftsmacht in wenige Hände ist bereits in vollem Gang. So treiben uns die Strategien zur Vermeidung des Zusammenbruchs zugleich auch dem Ende des Kapitalismus entgegen. Hier zeigt sich eine Ironie der Weltgeschichte. Am Ende des Kapitalismus siegt der Verlierer: Der Staatskapitalismus des Sozialismus hatte niemals so gute Chancen wie heute.

Noch sind es zumeist nur die einfachen Kreditnehmer, die kein Geld mehr bekommen, wenn sie ihre Schulden nicht mehr bedienen können. Ob es zu einer Kernschmelze kommt und unser bürgerliches Leben in einem Schwarzen Loch verschwindet, werden wir geduldig auf uns zukommen lassen müssen.

Gefühlte und wirkliche Angst

Ein junger Bankmanager, der sich durch den Wechsel der Firma gehaltlich und in der Hierarchie verbessern konnte, sagte mir, dass es noch leicht sei, solch einen Job zu bekommen. Aber ihn zu behalten, das sei schwer. In jedem von uns schlummert die Angst vor dem sozialen Abstieg, der eine Verengung unseres gewohnten Lebensradius bedeutet. Nur wer den Abstieg bereits hinter sich hat, muss sich nicht mehr ängstigen. Er sorgt jetzt nur noch für die Minderung seines Elends. Unterschwellig ist Angst seit Jahren in Deutschland am stärksten wirksam in der zunehmenden Angst vor dem Jobverlust. Die Schutzfunktion der Angst, die sie in geringen Dosen haben kann, schwächt sich dabei ab. Nach dem bisher Gesagten müssen wir damit rechnen, dass eine klare Einschätzung unserer Leistungsfähigkeit und Chancen, aber auch unserer Schwächen in der Berufswelt die beste Versicherung gegen dauerhafte Arbeitslosigkeit ist. Angst ist auch bei der Gefahr, in die Arbeitslosigkeit abzurutschen, die schlechteste Ratgeberin. Sie verleitet uns stets dazu, Dinge zu tun, die nicht geeignet sind, Probleme wirklich zu lösen. Wer seine Arbeit verlieren könnte, für den kann es »eng« werden, und sein Körper zeigt die typischen Reaktionen.

Aber Angst ist auch bei denjenigen wirksam, die ihren Job nicht verlieren. Statistiken des Bundesministeriums für Gesundheit bestätigen dies. Sie verzeichneten im Jahr 2006 ein Rekordtief bei den Fehlzeiten der Arbeitnehmer in deutschen Unternehmen. Insgesamt sind die Krankenstände in den Betrieben innerhalb von 10 Jahren um 20 Prozent zurück gegangen. In Zeiten hoher Arbeitslosigkeit fürchten die Menschen mehr, ihren Job zu verlieren. Aber wir erkennen diese Angst vornehmlich indirekt.

Dass die Angst, den Arbeitsplatz zu verlieren, so groß ist, erschreckt selbst die Fachleute. Eine Studie des Marktforschungsinstituts GfK konnte auf dem Gipfel der Entwicklung zeigen, dass 81 Prozent der Deutschen die Arbeitslosigkeit als drängendstes Problem empfinden. Die Polen kommen immerhin noch auf 63 Prozent, aber in Großbritannien sind es nur 4 Prozent. Dieses Ergebnis ist ebenso erhellend wie erschreckend. »Wir wissen zwar«, sagt Bernd Bohn, Arbeitspsychologe an der Universität Bremen, »dass die Angst der Deutschen vor Arbeitslosigkeit groß ist, aber dass es so schlimm ist, hätte ich nicht gedacht«.[4] Angst vor Arbeitslosigkeit haben naturgemäß vor allem diejenigen, die nicht arbeitslos sind. Wann aber ist die gefühlte Angst der tatsächlichen Bedrohung angemessen? Wie wir später noch sehen werden, ist dies so gut wie niemals der Fall.

Während uns die Angst vor dem Jobverlust ablenkt, breitet sich eine besorgniserregende Altersarmut aus, die vor allem die Nicht-Alten mindestens ebenso sehr ängstigen müsste wie die Arbeitslosigkeit. Dies ist aber nicht der Fall. Wohltätigkeitsorganisationen wie die Frankfurter *Alten-Stiftung* sehen, wie die Rente zunehmend weniger die Kosten für ein Leben im Alter abdeckt. »So viele Beihilfen an alte Menschen, denen gerade mal hundert Euro im Monat nach Abzug der Kosten für Miete und Versicherungen bleiben, haben wir in Frankfurt noch nie ausgegeben«, sagt Klaus Giesenregen, der ehrenamtlich die Verwaltung der Stiftung leitet. Demnach alarmiert Altersarmut das Angstzentrum längst nicht in demselben Grad wie die Angst vor dem Jobverlust. Gefühlte Angst ist losgelöst von ihrer realen Ursache.

Angst und die Realität ihrer Ursachen klaffen an vielen anderen Stellen ebenfalls auseinander. Umfragen im medizinischen Bereich zeigen, dass viele Menschen vor allem die Krankheiten Krebs oder AIDS fürchten, dabei führen Schlaganfall, Herzinfarkt und Gefäßerkrankungen die Todesstatistiken an. Die Deutschen sterben also überwiegend nicht an den Krankheiten, vor denen sie am meisten Angst haben. Zu diesem Ergebnis kam eine Emnid-Umfrage unter 1 000 Bundesbürgern über einen Zeitraum von 14 Jahren. Dabei wollten die Meinungsforscher wissen, von welcher Erkrankung sich die Betroffenen am ehesten persönlich bedroht fühlten. 16 Prozent von ihnen nannten den Herzinfarkt, und sogar nur 10 Prozent fürchteten den Schlaganfall. Fast die Hälfte aber sah sich dereinst an Krebs sterben.[5]

Angst kann uns antrainiert werden. Man kann ein Kind sehr leicht dazu bringen, sich vor Spinnen, Schlangen und Tigern zu fürchten. Es genügt, wenn ein Elternteil seine Angst vor dem betreffenden Tier zeigt und dafür sorgt, dass das Kind diese Reaktion beobachtet. Weniger leicht ist es dagegen, einem Kind die Angst vor Steckdosen beizubringen. Steckdosen sind aber viel gefährlicher als Spinnen. Ähnlich verhält es sich mit vielen moralischen Ängsten. Es ist leicht, Menschen ein schlechtes Gewissen und Schuldgefühle einzureden. Auch entsteht Furcht vor Dunkelheit ganz von allein, wir müssen sie den Kindern nicht erst beibringen. So erlernen wir mit unserem archaischen Gedächtnis für Angst allzu schnell die falschen Dinge zu fürchten.

Psychologiestudenten lernen die Bedeutung der Angstverminderung nach der Zwei-Phasen- oder -Faktoren-Lerntheorie von O. H. Mowrer verstehen: »In einer ersten Phase kommt es dabei zur Verknüpfung eines neutralen mit einem aversiven (unangenehmen) Reiz. Wenn ein vorher harmloser Hund (neutraler Reiz) etwa jemanden plötzlich bedroht oder beißt, wird aus dem unkonditioniert neutralen Reiz ein erlernter Schreckreiz, der wiederum zu der unangenehmen Reaktion Angst führt. Im Sinne einer Reizgeneralisierung ist die erlebte Angst bald nicht mehr auf die ursprünglich ängstigende Situation beschränkt. Angst vor Hunden wird nach einer solchen Konditionierung auch dann erlebt, wenn irgendein Hund erscheint. Ein spezifisches Schreckerlebnis

(Bellen oder Beißen) ist zum Angsterleben nicht mehr notwendig. (...) In einer zweiten Phase kommt es zur eigentlichen Angststabilisierung und der für die Angststörung typischen Vermeidungsreaktion: Durch instrumentelles Lernen wird nämlich die Vermeidung der Angstsituation belohnt (positiv verstärkt), weil sie die Angst reduziert.«[6]

Falsche und richtige Gefahren

Ein Skelett aus Polyester, die Schlange aus Plastik oder die Spinne an einem Nylonfaden, wir alle wissen, dass sie nicht im mindesten gefährlich sind. Und trotzdem erstarrt manchem das Blut in den Adern beim Anblick solcher Attrappen auf der Geisterbahn. Bevor der Verstand einsetzen kann und seine Wertung aus einem genauen Bild der Lage ableitet, hat eine grobe Überschlagsrechnung in unserem Gehirn blitzschnell berechnet, dass es sich um eine Gefahr handeln muss. Sie hat die Mechanismen der Angst ausgelöst. Glück hat nur derjenige, in dessen Gehirn bald Entwarnung folgt. Andernfalls beherrscht ihn die Angst.

Wer Angst hat, vermindert seine Leistungsfähigkeit im Einschätzen von Gefahren und seine Fähigkeit zum Glück. Doch wer sich fürchten kann, dem fällt das Handeln in der Welt leichter, weil er ein stärkeres Realitätsbewusstsein besitzt. Es gibt also gute Gründe, zwischen Angst und Furcht zu unterscheiden. Denn Furcht ist die Reaktion des Körpers auf eine reale Gefahr, Angst dagegen löst dieselben Reaktionen aus, obwohl keine Gefahr droht. Dadurch erfüllt Angst eine andere Funktion als Furcht. Angst wehrt ausschließlich Gedanken und Vorstellungen ab, und diese müssen sich keineswegs auf reale Gefahren beziehen.

Wenn sich beim Sport, in Verhandlungen oder im Straßenverkehr die Erwartung eines erhöhten Risikos einstellt und sich unsere Aufmerksamkeit entsprechend erhöht, dann dient diese Anspannung der präzisen Einschätzung einer drohenden Gefahr. Wir steigern unsere Reaktionsfähigkeit und justieren unsere Fähigkeit, auf die uns umgebende Welt einzuwirken; wir schärfen unser Urteil und lernen uns besser in der Welt zu orientieren. Die Fähigkeit zur Wahrnehmung solcher Risiken und die ihnen angemessene Reaktion nennen wir Furcht. Durch Furcht lernen wir, unser Verhalten zu verbessern. Fehler, die wir einmal gemacht haben und die uns Nachteile oder Leid gebracht haben, können wir künftig leichter vermeiden, wenn wir es gelernt haben, uns zu fürchten.

Wozu aber ist Angst nötig? Sie stellt sich ungerufen ein, vielfach sogar ohne einen in der Außenwelt erkennbaren Grund. Mit den Ursachen der Angst machen wir nicht auf dieselbe Weise Erfahrungen wie mit den Ursachen der Furcht. Angst vor Zahlen und Worten, Angst vor Toten und Angst vor Gott beispielsweise prägen uns auf vollkommen andere Weise als die Furcht vor einem riskanten Eingriff im Krankenhaus. Das fürchterliche Erlebnis eines Erdbebens oder eines Verkehrsunfalls hat eine vollkommen andere Realitätsstärke als die Angst vor den Qualen des Fegefeuers, vor Bloßstellung, Blamage oder anderen Strafen. Gefahren dieser Welt erleben wir anders als die Gegenstände des Glaubens. Erstere binden uns an das Realitätsprinzip, Letztere führen uns davon weg. Die diesseitige Welt können wir durch die Fähigkeit zur Furcht beherrschen, der Glaube gibt uns normalerweise keine Rückmeldung darüber, ob wir uns richtig oder falsch verhalten haben. Angst bezieht sich auf diese abstrakte Ungewissheit, Furcht hat einen konkreten weltlichen Anlass.

Anders als reale können unwirkliche Gefahren nicht beseitigt und nur schwer gemieden werden. So üben sie ihre Macht allein durch Einbildungskraft aus. Das macht sie oftmals gefährlicher als wirkliche Gefahren. Ihre Macht können wir nur brechen durch die Einsicht in die Mechanismen ihrer Entstehung.

So kann ich bei einem heftigen Sommergewitter unter einer Eiche Schutz vor dem Regen suchen. Doch die berechtigte

Furcht vor einem Einschlag des Blitzes in diese Eiche würde meine Überlebenschancen messbar erhöhen, denn unter Bäumen ist man bei Gewitter erhöhter Gefahr ausgesetzt. Was aber haben die Germanen gefürchtet, als im Jahre 724 ein angelsächsischer Mönch in Deutschland folgendes Sakrileg beging? Der Mann aus dem Kloster Nhutscelle war ein Hüne von fast zwei Meter Länge und hieß Wynfrith. Er war ein reifer Mann über fünfzig und wusste Bescheid über den Aberglauben der Germanen, als er in der Nähe von Geismar in Hessen eine vermutlich von Soldaten gut bewachte Eiche fällte. Es handelte sich um den mächtigen Baum, den die Germanen ihrem Donnergott Donar geweiht hatten. Noch heute sprechen wir unbewusst seinen Namen mit dem Wochentag »Donnerstag« aus, und der christliche Name des Mönches ist uns als »Bonifatius« (»Wohltäter«) bekannt.

Bonifatius demonstrierte mit seinem Sakrileg erfolgreich, dass von der Eiche und dem Donnergott keine reale Gefahr ausging. Die Angst vor dem Baum, die die Germanen beherrschte, war in dieser Hinsicht also unbegründet. Freilich ersetzte Bonifatius nur die eine Angst durch eine andere, denn er zelebrierte auch, dass der Christengott mächtiger sei als der Germanengott. Das Holz der alten hessischen Eiche soll Bonifatius zum Bau einer kleinen Kapelle gedient haben, die er dem Petrus weihte. So ist den Hessen zwar der Groll des Donnergotts Donar erspart geblieben, aber was sie dafür bekommen haben, war die katholische Kirche. Das Maß der Angst ist gleich geblieben, nur ihre Nutznießer sind andere geworden.

Der Gegenstand der Angst ist eine Illusion. Dabei müssen wir bedenken, dass Illusionen keine Irrtümer sind. Ein Irrtum kann aufgeklärt werden, eine Illusion zwar auch, doch ist dies in der Regel nicht wünschenswert. Über die Aufklärung eines Irrtums sind wir meistens dankbar, über die Entzauberung einer Illusion selten oder niemals. Magier verzaubern uns durch die Erzeugung von Illusionen. Wir genießen sie. Wer uns in diesem Fall die Illusion nimmt, nimmt uns die Freude an der Aufführung. Im Gegensatz zu den Irrtümern haben Illusionen den Charakter des Notwendigen. Illusionen wollen erhalten bleiben, sie sind keine Frage des Beweisens und Widerlegens. Vielmehr wehren wir sogar den Anspruch ab, sie entweder beweisen oder widerlegen zu müssen. Die Germanen lebten in der Illusion, die hessische Eiche bei Geismar sei etwas Heiliges. Sie hatten kein Interesse daran, über diese Illusion aufgeklärt zu werden. Der Mönch musste gegen ihren Willen handeln. Nur die normative Kraft des Faktischen kann die Angst – manchmal – überwinden.

Das Wesen der Angst ist die Illusion, auf deren Erhalt wir Wert legen – selbst wenn alle Fakten dagegen sprechen. Wer Angst vor der Strafe Gottes hat, möchte nicht wissen, ob es den strafenden Gott wirklich gibt oder nicht. Im Zusammenhang mit Angst sollten wir konsequent von »Abwehr« sprechen. Denn im Zustand der Angst werden keine Theorien widerlegt oder bewiesen, es findet nur die Abwehr der diesen feindlich gesinnten Gedanken und Vorstellungen statt.

Aber Menschen wehren die Auflösung ihrer Illusion der Angst auch durch Rationalisierungen ab. Wer Angst vor dem Bad im See hat, kann nicht dadurch von seiner Angst befreit werden, dass wir ihm beweisen, dass Schwimmen eine ausreichende Sicherheit vor den Gefahren des Wassers darstellt. Er wird uns stets neue Gründe vorlegen, warum selbst beste Schwimmer schon ertrunken sind, dass Krankheitskeime im Badesee ein hohes Risiko für die Gesundheit darstellen und dass überdies ein schneller Wechsel aus der heißen Sonne in das kalte Wasser den Herztod verursachen kann. Alle Argumente für sich genommen sind richtig. Doch richtig zu sein ist nicht ihre primäre Funktion. Sie haben in diesem Fall eine vollkommen andere Funktion: den Erhalt der Angst vor dem Bad im See. Die Illusion der Angst will sich erhalten und mischt sich oftmals mit der Furcht vor realen Gefahren. Reale Gefahren wecken und verstärken zudem die Angst, wenn die Neigung zur Angst vorhanden ist. Aber diese Beimischung verfälscht unsere Fähigkeit zur genauen Einschätzung einer Gefahr.

So sind mit dem weltweiten Fallen der Aktienkurse und dem Zusammenbrechen der Liquidität von Banken reale Gefahren für unsere Wirtschaft, für unsere Renten und Versicherungen sowie für unseren Wohlstand verbunden. Handeln ist nötig. Aber wir müssen vermeiden, dass die Angst vor dem Crash verunsicherte Sparer an die Bankschalter treibt und dadurch der Crash erst recht ausgelöst wird. Furcht schärft unsere Präzision im Abwehren der Gefahr, aber die Angst erzeugt eine neue Gefahr.

Kaum ein Mensch wird bestreiten, dass die Furcht vor einem Crash nötig, die übertriebene Angst aber selbst wieder gefährlich wäre. Doch wir erkennen den Punkt des Umschlags von Furcht in Angst nur undeutlich. Wann befinden wir uns in der angemessenen Reaktion auf eine reale Gefahr, und wann schleicht sich Angst ein, die diese Angemessenheit wieder verfälscht? Wir wissen es nicht. Nur eines wissen wir: Menschen, die nicht genügend darin geübt sind, ihre Angst zu vermindern, also Menschen, die nicht gelernt haben, sich zu fürchten, laufen Gefahr, mit ihren Entscheidungen weniger die reale Gefahr als ihre eigene Angst abzuwehren. Dadurch machen sie schneller Fehler als andere. Es ist demnach sinnvoll, unsere Angst so klein wie möglich zu halten, damit wir lernen, uns zu fürchten.

Emotion »Angst« – das Andere der Vernunft

Angst gehört neben Trauer, Liebe, Wut und Scham zu den stärksten Emotionen. Vielen Menschen ist nichts so verachtenswert wie emotionales Bewerten und Handeln. Sie berufen sich auf die Vernunft. Aber mit welchem Recht stellen sie Vernunft über die Emotion? Hat dies vielleicht seinen Grund darin, dass auch sie in der Vorstellung leben, nicht die Vernunft, sondern vor allem Angst bestimme unser Handeln?

Menschen sind zwar vernünftige Wesen und planen ihre Handlungen. Wir alle treffen Entscheidungen und verfolgen rationale Ziele. Doch wir müssen einsehen, dass vernünftige Überlegungen den Gang der Entwicklung kaum bestimmen. Je wichtiger eine erwartete Entwicklung für uns ist, um so weniger spielt Vernunft dabei eine Rolle. In jedem Fall aber färben Ängste und andere Emotionen nahezu jede unserer Entscheidungen. Der amerikanische Philosoph William James (1832–1910) beschrieb diesen Vorrang der leiblichen Zustände bereits 1884 in seinem Essay *What is an emotion?* »Wir empfinden Traurigkeit, weil wir weinen, Wut, weil wir schlagen, Angst, weil wir zittern. Keinesfalls weinen, schlagen oder zittern wir, weil wir traurig, wütend oder ängstlich sind, wie es ja auch sein könnte.«[7] Dem Erlebnis der Angst geht ein körperlicher Zustand voraus.

Jeder pflegt daher seine ihm eigene Angst. Wo sich des einen Glück ereignet – vielleicht beim Bungee-Springen oder als Sänger auf großer Bühne –, quält den anderen höllische Angst. Was uns Menschen ängstigt, kann so verschieden sein wie die Individuen auf diesem Planeten. Aber den ungezählten Angstzuständen sind einige Eigenschaften gemeinsam. Zwar ist Angst eine noch kaum erforschte Emotion. Aber die wenigen Erkenntnisse, die uns Hirnforscher, Psychologen und Soziologen heute mitteilen können, lassen erstaunliche Schlüsse zu.

Angst ist die emotionale Antwort des Individuums auf die drohende Verengung seines Lebensumfangs. Unsere Körperreaktionen antworten auf die erwartete äußere Verengung mit einer inneren. Angst spricht ein Erlebnis unseres Körpers aus. Sie ist keine abstrakte Erscheinung, auch wenn sie von Illusionen hervorgerufen wird und vollkommen losgelöst von äußeren Ursachen auftritt. In den romanischen Sprachen imitieren wir mit dem Wort »Angst« den Zustand, den unser Körper in dieser Emotion durchlebt. Das lateinische Wort

»angustum« spiegelt uns ein Erlebnis der Enge wieder. Die Herkunft des Wortes Angst aus dem Griechischen und Lateinischen erfasst diese fühlbare Natur und hat die Bedeutung von »Würgen«, »Beklemmen«, »Enge«. Doch nicht allein unsere Emotion erlebt diese Enge, sie steckt überdies in vielen Details unseres Organismus. Es verengen sich Blutgefäße, Lungenvolumen, Kehle, Blick, Stimmumfang, Atmung, Aufmerksamkeitsbrennpunkt. Angstreaktionen sind mit Stress vergleichbar, der uns zwar kurzzeitig leistungsfähiger sein lässt, aber auf Dauer lähmt und krank macht. Viele der Situationen, die uns ängstigen, haben mit Enge zu tun: wie Flugangst, Klaustrophobie.

Eine andere lateinische Bedeutung des Wortes Angst stellt die Verbindung zwischen Angst und Tod her. »Die Angst« heißt auf Lateinisch auch »exanimatio«. Und dies bedeutet: »das Entsetzen«, »die Mutlosigkeit« oder wörtlich: »das Aus der Seele«, »das Aus des Atems«. Im übertragenen Sinn meint »exanimum« im Deutschen »tot«, »entseelt«, »entsetzt«. Angst wird zum Träger des Moralischen, wenn der Mensch Sorge tragen soll für das Heil seiner Seele.

Den antiken Ärzten fiel ein treffendes Wort ein für den Krankheitszustand einiger Menschen: *Globus hystericus*, der imaginäre Kloß im Hals.[8] Angstkranke können ihn nicht hinunterschlucken, aber auch nicht ausspucken. Er verstärkt ihre Angst, weil sie fürchten, ersticken zu müssen. Er lähmt ihre Atmung und macht ihre Bewegungen stockend.

Auch andere Organkrankheiten sind Folgen der Angst. Hautveränderungen wie Gänsehaut und Kälteschauer oder Schweißausbrüche sind Reflexe der Angst. Störungen der Wahrnehmung, der Verdauung, des Herzens, des Gleichgewichts, Appetitlosigkeit und Heißhunger, Verspannungen und Gelenkveränderungen, Verlust der Libido und der Liebenswürdigkeit und vor allem: die ständige Zermürbung der Lebenslust.

In einem Wechselverhältnis zueinander stehen Angst und Glück. Was uns glücklich macht, vermindert Angst. Unter den Feinden des Glücks finden wir die meisten Unterhändler der Angst. Das Erlebnis des Glücks ist zu etwa gleichen Teilen genetisch und von der jeweiligen Situation bestimmt. Wissenschaftler vermuten, dass es zu etwa 80 Prozent genetisch vorherbestimmt ist, wie glücklich wir uns in den nächsten zehn Jahren im Durchschnitt fühlen werden. Das hohe Maß an Determiniertheit bedeutet, dass Sie bereits kurze Zeit selbst nach dem größten Lottogewinn nicht glücklicher sein werden als zuvor. Könnten wir unser Verhalten nach Vernunfteinsichten und dieser rationalen wissenschaftlichen Erkenntnis ausrichten, würden wir unser Glück weniger in den verheißungsvollen Lockungen des Glücksspiels suchen, sondern den Zustand, den wir gerade erleben, als den wichtigsten und einzigen geduldig anerkennen.

Gilt diese Diagnose auch für die Angst? Werden wir die belastenden Faktoren der Angst so wenig los wie die Hindernisse zu größerem Glück? Zwar ist auch Angst durch unsere genetische Veranlagung bestimmt (instinktive oder angeborene Angst) und durch die jeweilige Situation, aber wir sehen auch, dass wir zur Angst schneller konditioniert werden können als zum Glück (erworbene Angst). So besteht nicht nur für Angstkranke Hoffnung, dass wir uns ein großes Maß der beengenden Emotion auch wieder abgewöhnen können. Allerdings genügt es nicht, einen bloßen Willensentschluss zu fassen, um aus der lähmenden Angst befreit zu werden.

Unser Körper ist so aufgebaut, dass er in seinen wichtigsten Funktionen nicht von bewussten Entscheidungen abhängt. Stellen Sie sich vor, Ihr Herzschlag wäre von einem bewussten Entschluss abhängig. Bei Ihrer Vergesslichkeit hätten Sie mit Sicherheit schon oft in Ihrem Leben nicht an den Herzschlag gedacht und wären wegen einer kleinen Unaufmerksamkeit längst gestorben. Auf die meisten lebenswichtigen Funktionen und auf die unbewussten Emotionen ist mehr Verlass als auf Ihre bewusste Wahrnehmung und Entscheidung.

Auch die emotionalen Färbungen unseres Belohnungssystems sind nicht vom Bewusstsein abhängig. Versuchen Sie einmal bewusst, sich zu verlieben. Sie werden scheitern. Das Gleiche gilt für die Angst. Nehmen Sie sich einmal vor, Angst zu haben. Es wird Ihnen genauso wenig gelingen.

Dennoch sind wir der Angst nicht hoffnungslos ausgeliefert, wir können unser Gehirn umprogrammieren. Dabei werden programmierte Erfahrungen durch neue überschrieben. Wir können uns so von vielen Angstmechanismen befreien. Ein genaueres Verständnis ihrer Herkunft und ihrer Wirkungsweise ist dabei hilfreich.

Angst ist wesentlich eine Emotion. Emotionen unterscheiden sich von Gefühlen dadurch, wie António Damásio herausgefunden hat, dass sie vorwiegend im Unbewussten entstehen und wirken. Aber jeder fühlt seine eigene Angst. Die Erinnerung an eine Emotion kann so stark sein wie das Erlebnis selbst. Wenn Sie an einen Ort kommen, an dem Sie bereits einmal waren und starke Einsamkeit empfunden haben, stellt sich mit der Erinnerung auch die Empfindung wieder ein.

Gefühle dagegen sind bewusste Wahrnehmungen wie Zahnschmerzen. Sie sind auch etwas Privates, Individuelles. Ich weiß nicht, wie es sich für Sie anfühlt, wenn Sie ein Glas kalter Milch trinken oder wenn Sie kalt duschen. Es kann sein, dass es Ihnen beides nicht gefällt. Gefühle gehören Ihnen allein. Die Erinnerung an Gefühle ist zudem verschieden von den Gefühlen selbst. Der Gedanke an die letzte kalte Dusche hilft an heißen Tagen wenig. Erinnern Sie sich noch an Ihre letzten Zahnschmerzen? Dann werden Sie auch spüren, dass die Erinnerung selbst nicht wehtut. Es ist äußerst schwer, einem anderen Menschen Schmerz einzureden, aber es ist leicht, ihnen durch Reden Angst einzujagen. Auch spielen Gefühle im gesellschaftlichen Kontext nur eine untergeordnete Rolle, Emotionen jedoch die Hauptrolle.

»Emotionen sind nicht dazu angelegt, Glück und Überleben des einzelnen zu fördern, sondern einzig dazu, die maximale Weitergabe der sie kontrollierenden Gene zu sichern.«[9]

Bei den Emotionen geht es primär nicht um »Leben und Tod« des Individuums, sie sind weniger »streng« als andere Selektionsmechanismen. Es geht nur darum, ob man mehr oder weniger Nachkommen hinterlässt. Erst in der langfristigen Perspektive werden Emotionen auch zu einer Frage von Leben und Tod, nämlich dann, wenn die Gattung auszusterben droht. Während Furcht das Glück und das Schicksal von Individuen bestimmt, fügt sich Angst in die Reihe der Emotionen ein, die sich auf die Entwicklung von Generationen auswirkt. Deshalb wird sie nicht nur ausgelöst, wenn eine Gefahr für Leib und Seele droht, sondern auch, wenn der Reproduktionserfolg des Individuums beeinträchtigt erscheint. Übertriebene und kostspielige Besonderheiten werden von möglichen Geschlechtspartnern vielfach als verlässlicher Indikator für die Qualität der Gene gewertet. Eine junge Frau, die es versteht, mit Angst und Scheu vor Risiken zu kokettieren, verspricht eher, eine treue Gattin zu werden als eine wagemutige. Und die »ausgeprägte Risikobereitschaft junger Männer, ihre Bereitschaft, Gefahren zu suchen und ihnen (etwa im Horrorfilm) buchstäblich ›ins Auge zu sehen‹ (während sich die Freundin die Augen zuhält)«[10], scheint vor diesem Hintergrund erklärbar.

In unserer sich rapide wandelnden Welt verliert Angst allerdings – wie andere Emotionen auch – weitgehend ihren evolutionären Wert. Riskantes Autofahren im teuren Sportwagen ist weniger denn je ein sicherer Indikator für gute Gene. Ihr Zusammenhang mit Emotionen erklärt auch, warum Angst die Leistungsfähigkeit unseres Gedächtnisses stören kann. Viele Gedächtnisleistungen werden in Hirnrealen verarbeitet, in denen auch Angst entsteht, etwa in der Amygdala. Traumatische Angsterlebnisse können die Erinnerungen zerstören.

Häufig wird Angst als ein »Primäraffekt«[11] oder eine »Basisemotion«[12] verstanden und in eine Reihe gestellt mit Wut, Ekel, Aggression, Ärger, Angst, Trauer, Überraschung, Freude und Scham. Als Basisemotionen betrachten Forscher eine begrenzte Anzahl von Affekten, die in allen Kulturen auftreten und sich deutlich erkennen lassen. Manche Autoren betrachten Angst nicht als eine allein stehende Emotion.[13] Vielmehr umschreibt für sie das Wort eine Klasse von Emotionen, die mit einem unangenehmen Erregungszustand des Organismus einhergehen. Auslöser ist die Wahrnehmung – viel häufiger noch die bloße Erwartung – einer Bedrohung. Wir Menschen reagieren sehr unterschiedlich auf diese Auslöser. Störende Beimischungen von Angst finden wir in nahezu allen Emotionen – nicht zuletzt bei der Liebe, in der Lust, im Glück.

Keine Angst vor Emotionen

Angst ist die unsichtbare Begleiterin unseres Lebens, die wir verachten. Dabei ist sie doch ursprünglich auch unser Schutzengel. Angst zu erleben ist uns angeboren wie die Fähigkeit zu sprechen, zu denken und zu singen. Aber bei dem Gedanken an Angst kommt keine Freude auf. Wenn sie da ist, fühlen wir nur ihre unangenehme Natur, nicht aber ihre natürliche Schutzfunktion. Und wenn wir keine Angst fühlen, glauben wir oft, sie sei nicht wirksam. Je mehr wir über diese Nähe und Ferne der Angst wissen, über ihre Anziehungskraft und ihre abstoßende Wirkung, um so weniger kann sie uns schaden. Gerade in der Gegenwart ist die Angst zu einer schleichenden Macht geworden, die andere über uns ausüben können. Wem Angst im Nacken sitzt, der kann leicht ausgebeutet werden. Unerwünschte Vormünder spüren sie dort schnell auf und vermitteln das Gefühl der Sicherheit. Umgekehrt fehlt einem Menschen, der Angst kaum kennt, die notwendige Wahrnehmung mancher Gefahren.

Der Erfolg unseres Lebensentwurfs hängt auch davon ab, wie es uns als Individuen gelingt, unsere archaischen Hirnfunktionen auf Anwendungen in der neuen Welt umprogrammieren zu können. Denn eines ist sicher, abschaffen können wir unerwünschte Hirnreaktionen wie die Angst nicht. Die für die Angst zuständigen Regionen holen sich ihre Reize aus vorhandenem Material. Ist gerade kein feuerspeiender Drache da, vor dem wir uns fürchten können, dann nimmt sich unser Hirn den kläffenden Hund hinter dem Zaun oder die Maus in der Küche, um Angst erleben zu dürfen.

In dem Maße, wie wir dem ursprünglichen Naturzustand entwachsen sind, verlagert sich die Funktion der Angst. Ursprünglich musste Angst den Organismus befähigen, blitzschnell die Entscheidung zwischen Weglaufen oder Standhalten herbeizuführen. Eine Verlagerung der Angst vor Naturerscheinungen zu Kulturschöpfungen steht am Anfang aller Zivilisationen. Schon mit der Ausbildung differenzierter Kulte in der Frühzeit wurde Angst auf transzendente (jenseitige) Objekte gerichtet – auf kosmische Erscheinungen, Götter, Geister und Dämonen. Die Neuzeit hat den Kosmos schließlich entzaubert und mit rationalen Netzen überzogen. Vor dem Sternbild des Orion, der mächtigsten Gestalt am altägyptischen Himmel, fürchtet sich ein Mensch der westlichen Zivilisation nicht mehr. Ja, kaum jemand ist überhaupt noch in der Lage, das Sternbild am südlichen Nachthimmel ausfindig zu machen. Unsere Zivilisation orientiert sich nicht mehr am Himmel.

Die Erscheinungsformen der Angst haben sich an den Wandel unseres Welt- und Menschenbildes angepasst. War *Okeanos* für Odysseus noch eine wirkliche Macht, die seine Irrfahrten über die Meere zu einem fürchterlichen Kampf machte, so hat der Mythos vom Meeresgott in der Formel des H_2O heute seine Daseinsberechtigung verloren. In der nüchternen Formel haben sich die angsteinflößenden Urmächte aufgelöst. Aber wir haben neue Ängste hervorgebracht, die wir mit dem Wasserstoffatom verbinden. Wasserstoffbomben und Kernfusionen beunruhigen den modernen Menschen mehr als die mythische Gestalt. Vor *Okeanos* oder *Poseidon* fürchtet sich heute kein Seefahrer mehr, ebenso wenig vor den Drachen aus der Urzeit des Nibelungenlieds, aber die Angst als eine Grundströmung unserer Gefühlswelt ist uns geblieben. Angst erfindet sich ihren Grund immer wieder neu.

Angst ist lähmend, aber sie ist ebenso erfinderisch und produktiv. Unsere Kultur verdanken wir der Wirkung von Angst, aber gleichwohl droht ihr von dort auch die stärkste Gefahr. Selbst die kirchliche Reaktion auf Galileo Galilei und Giordano Bruno entsprang nicht nur dogmatischem Starrsinn; die Leidenschaftlichkeit der Auseinandersetzung stammt aus dem gewalttätigsten Affekt des Menschen: der Angst. Angst schafft Leid und manchmal auch Freude. Wir können das eine in das andere verwandeln, aber wir können Angst nicht generell abschaffen, sie ist uns biologisch vorgegeben. Die Auslöser von Angst sind heute sehr viel sublimer als im Zeitalter des Mythos und der Religion. Ihr sublimster Ort ist heute das moralische Empfinden.

Neue Quellen der Angst sind der Anlass, uns die lähmenden wie auch die stärkenden Kräfte dieser Emotion ins Bewusstsein zu rufen und die Schutzfunktion der Lebensgefährtin Angst zu verstehen und zu nutzen. Angst ist die andere Seite des Glücks, und ohne Angst sind wir genauso wenig überlebensfähig wie ohne Glück. Wie kommt es aber, dass wir von der schützenden Macht der Angst so wenig wissen wollen, und welche Gefahren verbergen sich andererseits in der Angst selbst?

Psychologen beschreiben den klassischen Fall eines sich selbst negativ verstärkenden Teufelskreises: die Angst vor der Angst. Bei vielen Menschen genügt bereits die Vorstellung eines angstbesetzten Reizes, um panische Ängste auszulösen. Denn das Erleben von Angst ist gleichzeitig auf einer physiologischen, einer gedanklichen und einer verhaltensbezogenen Ebene präsent. Im Sinne der leib-seelischen Ganzheitlichkeit des Menschen sind diese Erlebnisebenen eng miteinander verknüpft. Zudem können sie sich wechselseitig beeinflussen. Dann genügt es, dass jemand zum Beispiel sein nach zwei Treppenstiegen schneller schlagendes Herz aufgrund früherer

Angsterfahrungen in einem ängstlichen Sinne auslegt. Er setzt dann, ohne es zu wollen, die einzelnen Rädchen eines Horror-Räderwerkes des Paniksyndroms in Bewegung. Objektiv betrachtet, lag absolut kein Grund zur ängstlichen Reaktion vor, denn der gesteigerte Herzschlag war auf die verstärkte körperliche Anstrengung des Treppensteigens zurückzuführen. Das Erlebnis einer Situation negativer Gefühle löst Ängstlichkeit oder Hilflosigkeit aus.

Eine angstbesetzte Phantasie erzeugt verzerrte Bilder der Wirklichkeit und unterlegt sie mit negativen Gefühlen, Stimmungen und Vorstellungen. Diese ziehen vermindertes Selbstwertgefühl und Unsicherheiten nach sich. Mit diesen negativen Erfahrungen verstärken sich ihrerseits die Gefühle von Hilflosigkeit und unsicherem Selbstwert und beeinträchtigen die Fähigkeit zu eigenem Handeln.

Häufig führt erst die gedankliche Interpretation und Wahrnehmung der Dinge zu einem Angsterleben. Gerd Gigerenzer berichtet in seinem Buch *Das Einmaleins der Skepsis* von der amerikanischen alleinerziehenden Mutter Susan, die sich einer HIV-Untersuchung unterzog, weil sie sich illegale Drogen spritzte. Der Test fiel positiv aus und veränderte das Leben der jungen Frau grundlegend. Danach passierten ungewöhnliche Dinge. Unter anderem zog sie in ein Heim für HIV-Positive und hatte ungeschützten Sex mit Mitbewohnern, denn sie war der Meinung, dass sie sich ja nicht mehr anstecken konnte, weil sie bereits infiziert war. Durch einen Zufall stellte sich heraus, dass der ursprüngliche HIV-Test falsch war und sie nicht zu den Infizierten gehörte.[14]

Wir glauben an etwas Unangenehmes, fürchten und ängstigen uns vor anderen Menschen oder Krankheiten, ohne dass diesem auch etwas Wirkliches entspricht. Wir können daraus erkennen, wie wichtig es ist, unseren Erwartungshorizont von der empirischen Realität unterscheiden zu lernen. Psychologen weisen immer wieder darauf hin, dass die alleinige kognitive (innere) Erwartung der angstauslösenden Situation als schlimmer erfahren wird als die tatsächliche Situation.[15]

Obgleich Angst stressabhängig ist und uns erhöhte Stressbelastung angstanfälliger macht, aber auch Angststörungen hervorrufen kann, und obgleich Angsterleben selbst starken Stress bedeutet, ist Angst zumindest in ihrer Elementarform nicht als unbesiegbare Feindin zu betrachten. Weil Angstverhalten erworben, konditioniert, erlernt ist, können wir es auch wieder verlernen, sofern nicht andere daran interessiert sind, dass wir durch Angst unser Selbstunwertgefühl erhalten. Wir sollten versuchen, in der Angst eine Gefährtin zu sehen. Nur so können wir ihrer schädigenden Wirkung entgehen. Das Bewusstmachen irrationaler Überzeugungen trägt zu dieser Versöhnung bei.

Feindseligkeiten im Unbewussten

Es gibt viele Gelegenheiten, sich die Allgegenwart unbewusster Wertungen in unseren Entscheidungen des bewussten Erlebens zu verdeutlichen. Denken Sie sich einmal einen Namen aus, der keinerlei Bedeutung für sie hat. Einen Namen, zu dem Sie keinerlei Assoziationen bilden können, der für Sie vollkommen bedeutungslos ist. Es wird Ihnen wahrscheinlich nicht gelingen. Jeder Name, den Sie sich zufällig ausdenken, hat sich in ihrem Gehirn als eine messbare Größe herausgebildet, bevor er Ihnen bewusst in den Sinn gekommen ist. Die emotionalen Erinnerungen, die mit jedem Namen verbunden sind, lassen sich ebenfalls messen. Sie selbst haben genau dann, wenn Sie keine Bedeutung erkennen wollen, am wenigsten Einfluss darauf, nach welcher Bedeutung Ihr Unbewusstes die Auswahl treffen wird.

Wir wissen nicht, wie weit die Zusammenhänge zwischen bewusst ausgesprochenen Worten und den für uns unbewussten Bedeutungen reichen. Aber wir können sicher sein, dass uns nichts ohne Vorbereitung durch das Unbewusste über die Lippen kommt. Es gibt keine Entscheidung ohne die Mitwirkung des unbewussten emotionalen Gedächtnisses, aber es gibt zahlreiche Entscheidungen ohne die Mitwirkung dessen, was wir bewusst erleben und manchmal sogar »Vernunft« nennen.

Die frühere Frankfurter Kulturdezernentin Linda Reisch habe ich vor vielen Jahren einmal an einem heißen Sonntagmorgen im Juni in der Frankfurter Paulskirche zu Beginn ihrer Eröffnungsrede zu einem offiziellen Festakt sagen hören: »(…) liebe abwesende Angeordnete (…)« Es stand nicht in ihrer Macht, dem Publikum zu verschweigen, dass sie von den leeren Plätzen in der ersten Reihe enttäuscht war. Eigentlich hatte sie weitere Abgeordnete der Stadt am Main erwartet.

Meinen Studenten habe ich einmal Fotokopien ausgeteilt mit der Bemerkung: »Ich habe Ihnen etwas kapiert.« Vielleicht war an diesem Versprecher die Angst beteiligt, sie könnten etwas nicht kapieren. Am Ende einer langweiligen Trauung in einer Kirche vor einigen Jahren habe ich dem Brautpaar regelrecht kondoliert mit den Worten: »Ich danke für die Einladung zu eurer Trauerfeier.« Was eigentlich das Wort »Trauung« hätte werden sollen, ist ohne mein bewusstes Zutun in eine peinliche Situation verwandelt worden, in der ich ehrlich ausgesprochen hatte, was ich wirklich empfand. Das Unbewusste lügt nicht. Die Liste der Versprecher kann beliebig erweitert werden. Meistens ist es kein reiner Zufall, dass uns Worte in einen Kontext rutschen, die dort vermeintlich nichts zu suchen haben.

Das Wechselspiel zwischen bewusstem Erleben und unbewusster Steuerung unserer Handlungen bewirkt, dass Ereignisse in unser Leben treten, von denen wir eigentlich nichts wissen. Unter diesen unbewussten Steuerungen sollten wir stets denjenigen die größte Aufmerksamkeit schenken, von denen wir nichts wissen wollen. »Das habe ich getan‹, sagt mein Gedächtnis, ›das kann ich nicht getan haben‹ – sagt mein Stolz und bleibt unerbittlich. Endlich – gibt das Gedächtnis nach.«[16]

Träger der Angst

Menschen, aber auch die Objekte, in deren Umgebung wir das Glück erleben, wie sich Angst auflöst, sind die Objekte unserer Liebe. Liebe ist eines der stärksten Gefühle, das die Menschen deswegen mit besonderer Stärke oftmals entweder suchtartig verfolgen oder zwanghaft meiden. Was der »Normalzustand« des Liebens sei, ist schwer zu bestimmen. Nur an den Formen ihrer Übertreibung spüren wir ein Zuviel oder ein Zuwenig.

Der drohende Verlust des Geliebten erzeugt Angst. Das Besondere an dieser Angst ist, dass sie von harmlosen Objekten ausgelöst werden kann. Für uns Menschen können zahlreiche tote Objekte und Gegenstände in unserer Nähe die Angst vertreiben. In unserer Kindheit waren es Schnuller und Teddybär. Dem Erwachsenen genügen oft Autos und Immobilien nicht mehr, um Angst zu vertreiben. In jedem Fall haben wir Gegenstände zum Objekt der Liebe gemacht, deren drohender Verlust bei uns panische Überreaktionen auslösen kann. Zu diesen Objekten gehören z. B. Waffen. Waffennarren lieben das Gewehr, selbst wenn sie vorgeben, damit nur die geliebte Freiheit zu verteidigen.

Die lange Zeit der Kindheit macht uns Menschen zu besonders liebebedürftigen Wesen. Tief eingeprägt hat sich uns das schöne Erlebnis, dass uns die Angst vor dem Verlassensein verlässt, sobald die Objekte unserer Liebe in der Nähe sind. Aber wichtiger als das Lieben scheint uns die Gewissheit zu sein, selbst geliebt zu werden.

Geliebt zu werden heißt auserwählt sein. Es gibt viele Männer und Frauen auf der Welt, aber nur zu einem Paar hat das Kind das Privileg, »Papa« und »Mama« sagen zu dürfen. Umgekehrt versucht jedes Kind Papa und Mama für sich allein zu haben, damit diese nicht noch andere lieben. Das Gefühl, dass einer von beiden Elternteilen auch für andere Geschwister da ist, kündigt sich als Eifersucht an. Männer, die sagen, sie lieben alle Frauen, lieben eigentlich keine, weil sie sich nicht entscheiden können. Nur wenn sich Liebhaber oder Liebhaberin als auserwählt erleben, dürfen sie sich geliebt fühlen. Wo Liebe fehlt, können sich Menschen leicht abgewertet fühlen. Als Kain mit ansehen musste, dass Gott dem Opfer seines Bruders Abel mehr Aufmerksamkeit schenkte, fühlte er sich um die Liebe Gottes betrogen und erschlug seinen Bruder.

Was auf der einen Seite durch Liebe unser Bedürfnis nach Anerkennung befriedigt, bestätigt auf der anderen Seite unsere Grandiosität. Wenn sich ein Volk für das auserwählte hält, weil es sich nur dadurch der Liebe Gottes sicher weiß, dann wächst das Gefühl des ganzen Volkes, grandios zu sein. Den leichtesten Zweifel an diesem Selbstwertgefühl bekämpft es mit härtesten Gegenbeweisen. Im Nationalismus, wenn er religiös aufgeladen ist, schlägt das Gefühl des Geliebtwerdens in die Angst vor der Bedeutungslosigkeit um. Weil sich im weiten Universum Gott einem Volk besonders widmet, muss dieses Volk seine Identität auch im Namen des Gottes gegen Kränkungen verteidigen. Der Zwang, von Gott geliebt werden zu müssen, macht Menschen mächtig und ist die Quelle des ideologisch fundierten Machtmissbrauchs. »Ich glaube«, verkündete Hitler nach dem »Anschluss« Österreichs 1938, »daß es auch Gottes Wille war, von hier einen Knaben in das Reich zu schicken, ihn groß werden zu lassen, ihn zum Führer der Nation zu erheben.«[17]

Aber jede theistische Religion lebt von diesem Gefühl der besonderen Bedeutung des eigenen Volkes. Ob der Gott »Vorsehung«, Christus oder Allah heißt oder sogar namenlos bleibt, stets baut sich seine Macht auf der Angst auf, von seiner Liebe ausgeschlossen werden zu können. Er stillt Trennungsängste und eint die Individuen im Glück des sinnerfüllten Daseins. Problematisch wird das Glück der Auserwähltheit erst dann, wenn interkultureller Austausch den Mitgliedern verschiedener Religionsgemeinschaften zum Bewusstsein bringt, dass auch alle anderen glauben, auserwählt zu sein. Es kommt dann zu fürchterlichen Eifersuchtsszenen, wie sie unter Liebenden allenthalben ausgefochten werden.

In der Liebe übertragen wir die Freiheit von Angst auf die Objekte der Liebe mit allen Vor- und Nachteilen. Der Verlust des geliebten Objekts kommt der Wiederholung des Traumas der Geburt gleich.

Liebe hat zwar ihren Ursprung in der Sexualität, aber sie ist nicht identisch mit ihr. Einmal tritt Liebe fern von Sexualität auf, ein andermal bleibt sie auf diese beschränkt. Männer lieben oft leidenschaftlich den Staat, was den früheren Bundespräsidenten Heinemann einmal zu der Klarstellung ermuntert hat: »Ich liebe meine Frau und nicht den Staat.«[18] Die Fähigkeit des Menschen, seine Liebe auf Gegenstände, Institutionen und jenseitige Götter zu übertragen, birgt sowohl kulturschaffende als auch kulturzerstörende Kräfte. Stets erwächst die Kraft zum Aufbau und zur Zerstörung aus der Angst vor der Trennung vom geliebten Objekt. Wie groß die kulturschaffende Kraft von Angst und Liebe sein kann, lässt sich ermessen, wenn wir uns bewusst machen, dass die religiöse Form der Liebe, die Liebe zu Gott, in dem Verlangen gründet, die Angst der Getrenntheit durch das Erlebnis der Vereinigung zu überwinden.

Weniger Kraft zum kulturellen Aufbau und zur Zerstörung bringen Menschen auf, die Liebe vorwiegend mit Sexualität verbunden erleben. Ihre Freuden und Nöte bleiben stärker auf ihr unmittelbares Umfeld beschränkt. Sie sublimieren weniger, aber sie sind nicht weniger liebebedürftig. Das soziale Leben der Menschen ist gleichwohl maßgeblich von ihrem außergewöhnlichen Verhältnis zur Sexualität bestimmt.

Ursprüngliche Sexualität umfasst das weite Feld von der Autoerotik über die Liebe zum Staat hin zur Gottesliebe. Im Vergleich mit anderen Lebewesen, insbesondere anderen Primaten, findet offenbar nur beim Menschen eine starke Trennung zwischen Liebe und Sexualität statt. Damit entstehen

Probleme und Ängste, die es nur beim Menschen zu geben scheint. Es sind Probleme der Scham und der Moral. Wie diese Probleme entstehen, können wir schnell mit einem Blick auf Besonderheiten des menschlichen Sexuallebens erkennen.

Innerhalb der Gruppe der Säugetiere ist es allgemein üblich, dass ihre männlichen Vertreter mehr oder weniger kontinuierlich paarungsbereit sind. Im Unterschied zu anderen Säugetier-Spezies schwankt aber die Bereitschaft der »Weibchen« bei den Menschen nicht mehr eindeutig mit dem Zyklus der Fruchtbarkeit. Normalerweise wird er von einem zyklischen Anstieg spezifischer Hormone gesteuert, der bei vielen Weibchen in der entscheidenden Paarungszeit unter anderem auch die Aggressivität gegenüber den Männchen verringert.

Ein wesentliches Problem der menschlichen Sexualität folgt aus dem Fehlen der klaren natürlichen Signale zur Kopulationsbereitschaft der Frauen. Es fehlen eindeutige Anzeichen wie Körperhaltung und Geruchsstoffe, die dem Mann bei der Suche nach der Partnerin Sicherheit verleihen könnten. Männern bleibt hier nur die Suche nach indirekten Anzeichen, die sie am besten im kunstvollen Small Talk mit schönen Worten, im Werbeverhalten mit schönen Geschenken und in der Beharrlichkeit der Bekundung ihres Interesses sowie durch Versuch und Irrtum herausfordern.

Akademische Theorien des Werbens helfen den suchenden Männern nicht weiter. Am erfolgreichsten sind diejenigen, die mit einer Begabung zur Einfühlung, mit ungeheucheltem, beharrlichem Interesse an Sex und mit charmanter vielgestaltiger Umhüllung dieses Interesses vorgehen. Die hochintelligenten Männchen aber, denen das Werben nicht spielerisch gelingt, die zudem über eine nur wenig männliche Ausstrahlung verfügen, sind gegenüber den »Draufgängern« benachteiligt.

Dass sich männliche und weibliche Verhaltensweisen überdies zunehmend weniger unterscheiden, macht das Ganze nicht einfacher. Zu wenig eindeutig erscheinen die Signale des begehrten Partners, und zu wenig sind die werbenden Individuen geschult in dem Feingefühl, sie zu wecken. Die Angst vor Frustration oder dem Belästigtwerden kann so sehr ansteigen, dass der Erfolg einer Annäherung nicht mehr dem Zufall oder menschlicher Kunstfertigkeit überlassen werden darf.

In solchen Fällen versuchen abstrakte Normen die Motivation zum Handeln zu ersetzen und domestizieren Menschen zum Vollstrecker einer am Schreibtisch erdachten Ordnung des menschlichen Verhaltens.

Die Umgestaltung der Gesellschaft von einer Gemeinschaft von Menschen zu einem Netzwerk von Vollzugsbeamten der Bürokratie hat streckenweise bizarre Formen hervorgebracht. Im Jahre 1992 gab das Antioch College eine lange, detaillierte schriftliche Liste mit Richtlinien für sexuelle Umgangsformen heraus. Dort heißt es unter anderem: »Für jeden Schritt auf eurem Weg (…) müßt ihr um Erlaubnis bitten. Wenn du ihr die Bluse ausziehen willst, mußt du vorher fragen. Wenn du ihre Brüste berühren willst, mußt du vorher fragen. Wenn du deine Hände zu ihren Genitalien führen willst, mußt du vorher fragen. Wenn du deine Finger (…)«[19]

Diese unbeholfenen Versuche, mit sexueller Freiheit umzugehen, ziehen auch die Auffassung in Zweifel, wonach mehr Freiheit stets besser sei als weniger. Die Perspektive der Angst zeigt uns dagegen, dass Menschen die Freiheit fürchten. Freiheit erzeugt ein ethisches Vakuum, das sie verabscheuen. Dabei wird Freiheit von denjenigen besonders häufig zitiert, die sich als Vormund verstehen und eine klare Vorstellung von einer bis ins lebendige Detail des Privatlebens vordringenden Rechtsordnung haben. Sie fürchten genau denjenigen Zustand der Freiheit, innerhalb dessen jede Wahl gleich gültig und gleichermaßen legitim ist. Sie wecken Angst vor diesem Zustand mit der Formel »Relativismus«. Verkünder der Freiheit möchten gleichwohl den Einzelnen mit seinen Entscheidungsmöglichkeiten nicht allein lassen.

Mit zahlreichen Möglichkeiten konfrontiert zu sein, weckt bei vielen Menschen Angst vor dem Verlassensein. Sie ziehen es vor, klare Richtlinien zu ihrer Orientierung in die Hand zu bekommen. Die Gegenwart zeigt uns, dass die Abkehr von der verwalteten Welt und sexueller Beschränktheit verbunden mit größerer Freiheit nur für etwa eine Generation als Glück begrüßt wurde. Heute lösen die Glücksbringer von damals bei vielen Angst und das Gefühl beunruhigender Unsicherheit sowie Verwirrung aus.

Wer die starke Emotion Liebe nicht aushält, sucht klare Regeln und Ordnungsstrukturen als Ersatz für fehlende Geborgenheit. Denn da Liebe unberechenbar ist und sich dem Kalkül rationaler Normen widersetzt, wird sie von der Leistungsgesellschaft eher als eine Gefahr wahrgenommen denn als eine Bereicherung.

Aber Liebe ist auch das verbindende Moment, das Angst von Objekt zu Objekt übertragbar macht. Während das Kleinkind die Mutter liebt, weil sich in ihrer Nähe und Fürsorge Angst und Furcht auflösen, entfalten Menschen, deren Liebe zu anderen Menschen erkaltet ist, häufig eine ausgeprägte Liebe zu toten Objekten. Für diese moderne libidinöse Besetzung toter Gegenstände haben wir einen Markt geschaffen. Industrie- und Cyberwelten haben Gegenstände und Strukturen erzeugt, die es den Menschen leicht machen, Liebe auf Gegenstände und abstrakte Verhältnisse zu übertragen. Männer lieben ihre Autos mitunter mehr als ihre Frau; Jugendliche ziehen es vor, eine stressfreie digitale Freundschaft in Chatrooms zu pflegen; und die libidinöse Bindung an Computerspiele scheint ihre Ursache in der Vermeidung überbordender Gefühle zu haben, die manche im Zustand des Verliebtseins nicht aushalten können.

Das Verliebtsein ähnelt in vielem – biologisch betrachtet – der Angstreaktion. Verliebte leiden unter Schlaflosigkeit, Schweißausbrüchen, Appetitlosigkeit, Unruhe, trockenem Mund. Sie werden überfallen von Knie- und Händezittern, Konzentrationsschwäche und Eintrübung der Gedanken.

Die Stimme ist beeinträchtigt, der Blick verklärt, Aussehen und Körperhaltung sind verändert. Zu verantwortungsbewusster Tätigkeit ist der Mensch in diesem Zustand häufig nicht in der Lage. Nicht nur für die Leistungsgesellschaft, auch für schwache Nerven ist das Verliebtsein kein Glück, sondern eher eine Katastrophe. Kein Wunder also, dass unsere Gesellschaft zahlreiche Fluchtwege kennt, auf denen wir dem Verliebtsein nicht begegnen müssen. Wer diesen Zustand ständig durchleidet, muss mit der Zeit Angst vor der Liebe aufbauen.

Kein Wunder ist es auch, dass wir bei der anatomischen Betrachtung des Verliebtseins wieder der Aktivität der Amygdala begegnen, die bei der Erzeugung von Stress und Angst eine entscheidende Rolle spielt.[20]

Zwar ähnelt das Verliebtsein in vielerlei Hinsicht einem krankhaften Zustand des Menschen, aber es setzt einen positiven Erwartungshorizont frei. Der Zustand der Krankheit verschwindet in dem Moment, in dem Verliebte mit der einzigen Person, deren Abwesenheit die genannten Reaktionen auslöst, zusammen sind. Die Resonanz der Liebe in beiden Partnern verwandelt die lähmende Angst in lustvolles Glück. Daher ist Verliebtsein ein ausgezeichnetes Medikament gegen Niedergeschlagenheit. Unsere Biologie erlaubt es, dass wir mit der Gegenwart einer einzigen Person eine vollkommene Wandlung der Wahrnehmung unser Umgebung verbinden. Auch unsere Selbstwahrnehmung verändert sich für einen gewissen Zeitraum. Wir erleben ein erhöhtes Lebensgefühl, als seien wir im »siebenten Himmel«, und nichts scheint uns mehr schwierig. In diesem Zustand können beliebige Objekte zum Mitträger dieses Gefühls werden – ein bestimmtes Lied im Radio, ein bestimmter (unter normalen Umständen durchaus gewöhnlicher) Duft in der Luft, eine Parkbank, ein Kleidungsstück. Noch Jahre nach dem Verliebtsein können diese Gegenstände oder Wahrnehmungen uns wieder an die Liebe oder an den Schmerz ihres Verlusts erinnern. Wenn die Liebe zerbrochen ist, überwältigt uns noch immer der Anblick des Hauses, der Straße oder der Stadt, in der wir uns als Verliebte aufgehalten haben.

Biologisch betrachtet, ist es die gleiche Situation für unseren Körper wie Stress und Angstkonditionierung. Wir können das starke Gefühl, das uns überfallen würde, vermeiden, indem wir das Objekt, das für uns zum Träger dieses Gefühls geworden ist, meiden. Aber dann haben wir Angst nicht bewältigt, sondern sie ins Unbewusste abgeschoben. Sicher werden Menschen fähiger zur Liebe, wenn sie die starke Emotion des Geliebtwerdens, des Liebens und des Verlassenwerdens ertragen können.

Verliebtsein und Liebe sind die Zustände, in denen wir Gegenstände und beliebige Objekte mit einer magischen Kraft aufladen können, so dass sie selbst zum Träger einer starken Emotion werden. Gerät der Gegenstand in unseren Wahrnehmungsbereich, löst er ein starkes Gefühl bei uns aus. Wenn wir dieses Gefühl nicht ertragen können, dann entwickeln wir Abwehrmechanismen, so dass wir dem Gegenstand nicht mehr begegnen müssen.

Umgekehrt aber kann uns die Nähe oder die Beschäftigung mit einem Gegenstand – manchmal auch bestimmte rituelle Tätigkeiten oder Handlungen – die starken Lust- oder Unlustgefühle, die wir andernfalls bekämen, fernhalten. Wir Menschen sind vielfach begabt, Gegenstände und Handlungen zum Träger von Gefühlen und Emotionen zu machen. Eine der mächtigsten dieser Emotionen ist die Angst.

Nicht wenige Psychologen betrachten Angst, Panik und Depression als sich gegenseitig überschneidende Befindlichkeiten. Kein depressives Geschehen ist ohne begleitende Angst oder Panik denkbar und keine Panik ohne gleichzeitige lähmende Bedrücktheit. Ebenso wenig ist eine Angst vorstellbar, die nicht gleichzeitig das Bedenkliche der Depressivität beinhaltet.[21]

Wissenschaftler haben früh schon herausgefunden, dass Zwangshandlungen unsere Angst vermindern können. Zwangshandlungen sind oft auch Zwangserkrankungen.

Eine Zwangserkrankung liegt dann vor, wenn ein Mensch in seinem Handeln und Erleben gegen seinen Willen von Ideen, Gedanken, Handlungen oder Bildern beherrscht wird. Daher fühlen sich Zwangskranke gezwungen, bestimmte Handlungen immer wieder auszuführen oder bestimmte Gedanken zu denken.

Zwangserlebnisse zeigen eine merkwürdige Eigenart. Das Panische der Zwangskranken tritt nicht während der Zwangshandlung auf, in der sie uns auffällig sind, sondern das ritualisierte Zwangsverhalten dient gerade der Angstvermeidung. »Wenn ich dem Zwang nicht folge«, teilt ein Patient dem Arzt mit, »bekomme ich wahnsinnige Angst, es könne mir etwas passieren. Wenn ich die Handlungen mache, vermeide ich aber auch, daß anderen etwas passiert.«[22]

Emotionale Färbung

Wenn Sie entspannt an Ihrem Urlaubsort in milder Luft auf einem Felsen sitzen und über die im Abendlicht glänzenden Buchten und Täler einer Insellandschaft schauen, erleben Sie wahrscheinlich Momente des Glücks. Sie spüren zarten Wind auf der Haut und in den Haaren, sie hören Möwen und vielleicht andere Stimmen. Ihre Atmung ist gleichmäßig, nichts trübt die Stimmung.

Plötzlich reißt ein lauter Knall von weit her Ihre Aufmerksamkeit an sich, und von einem Moment zum anderen werden Sie unruhig und begeben sich auf den Heimweg. Der Knall hat der ganzen Stimmung eine unerwartete emotionale Färbung verliehen. Vielleicht wachen Sie in der darauffolgenden Nacht auf, weil die emotionale Färbung immer noch da ist und in ihrem Gefühlsleben eine unruhige Grundstimmung aufrecht erhält.

Von solchen Ereignissen sind wir unentwegt betroffen. Die emotionalen Färbungen haben eine unterschiedliche

Stärke und beeinflussen unser Erleben sowie unser Handeln auf verschiedene Weise. Sie entstehen, weil alle Wahrnehmungen zuerst von unbewussten Erwartungen bewertet werden. Manche dieser Wahrnehmungen erhalten in zweiter Linie, aber dann auch zeitlich etwas verzögert, eine bewusste Bewertung.

Solange keine größeren Dissonanzen in der doppelten Bewertung der Wahrnehmungen und Ereignisse stattfinden, fühlen wir uns ausgeglichen, vielleicht sogar glücklich. Dissonanzen zwischen unbewussten Erwartungen und bewussten Bewertungen erleben wir meistens als Unruhe, Stress und vor allem als Angst.

In unserem Beispiel mit dem Knall im Abendlicht hat die Situation vielleicht eine Erinnerung ausgelöst. Aber die Erinnerung blieb als emotionale Laune unterhalb der Bewusstseinsschwelle. Ihr bewusstes Bewerten hatte keinen Zugriff auf die Einzelheiten dieser Erinnerung, weil es Reize ohnehin nur langsamer und in geringerer Anzahl erfassen kann als die unbewusst arbeitenden emotionalen Gedächtnisteile.

Nehmen wir eine harmlose Vorgeschichte dieses Falles an, in dem Sie früher möglicherweise ein ähnlicher Knall erschreckt hat, als Sie einmal beim Einschalten einer defekten Leselampe einen Kurzschluss erzeugt haben. Zufällig stellt sich beim Knall in der Abendstimmung eine Verbindung her zwischen diesen beiden Knall-Erlebnissen. Der Grund hierfür könnte ein drittes Ereignis gewesen sein, denn vielleicht hatten Sie in Ihrem Wohnhaus vor der Abreise in den Urlaub vergessen, das Licht auszuschalten. Ihr Unbewusstes hatte zwar registriert, dass das Licht nicht ausgeschaltet wurde. Aber andere Ereignisse haben beim Verlassen des Hauses vor dem Urlaub die volle Aufmerksamkeit ihrer bewussten Wahrnehmung beansprucht, so dass Sie nicht »daran gedacht« haben, das Licht auszuschalten.

Erst mit dem Knall in der Abenddämmerung stellte sich in gewisser Weise die Konstellation vor der Abreise noch einmal her, in der die unbewusste Erwartung, das Licht auszuschalten, nicht erfüllt wurde. Licht schalten und Knallen hatte sich einstmals tiefer als gewöhnliche Wahrnehmungen in Ihr Gedächtnis eingebrannt. Psychologen sagen, das Erlebnis »reproduziert« sich. Aber die unerfüllte Erwartung teilte sich Ihnen nur als emotionale Grundstimmung Ihrer momentanen Gefühlslage mit. Sie spielt sich in denjenigen Arealen Ihres Gehirns ab, die nicht bewusstseinsfähig sind. Solche werden im impliziten Gedächtnis gespeichert, nicht im expliziten, und sind daher nicht sprachlich codiert. Gleichwohl sind sie starke Erinnerungsbestandteile, die sogar treffsicher Ihr Handeln beherrschen können. Von diesen emotionalen Gedächtnisinhalten wollen wir oft nichts wissen, weil sie auch das Gefäß für ungeliebte Wahrheiten sind. Aber unser Handeln wird wahrscheinlich in erster Linie durch diese Emotionen, die zum »impliziten« Gedächtnis gehören, gesteuert.

Beispielsweise steuert das implizite Gedächtnis Ihr Gleichgewicht beim Fahrradfahren. Denn ohne dass Sie wissen, wie Sie die komplizierten Präzessionskräfte der Räder – diese ermöglichen das Freihändigfahren – in der Kurve durch exakte Gewichtsverlagerung ausgleichen müssen, hat Ihr emotionales Gedächtnis schon beim Anblick der nächsten Kurve einen Erwartungshorizont aufgebaut und berechnet, wie es sich anfühlen muss, wenn die Kräfte auch in der Kurve im Gleichgewicht bleiben. Abweichungen vom erwarteten Gleichgewicht korrigiert der Wahrnehmungsapparat vollkommen ohne das Mitwissen des Bewusstseins.

So hat das implizite Gedächtnis auch die Wahrnehmung vom nicht gelöschten Licht im Wohnhaus und den Knall in der Abendstimmung miteinander in Verbindung bringen können. Es hat eine Erwartung aufgebaut, was es für Ihr Zuhause bedeuten könnte, wenn das Licht dauerhaft eingeschaltet bleibt. Bei passender Gelegenheit schießt Ihnen dann die Erinnerung in den Kopf: »Ich habe vergessen, das Licht auszuschalten.« Jetzt rufen Sie den Nachbarn an, er schaltet das Licht aus, und Ihre Unruhe verflüchtigt sich so schnell, wie sie gekommen ist. Freilich war hier Ihr vernünftiges Bewusstsein nötig, um eine Handlung einzuleiten, aber nicht als dominierender Faktor, sondern als ausführender Sklave.

Ein Teil des Unlustgefühls, das Ihnen die Abendstimmung verdorben hatte, stammte aus der Angst Ihres bewussten »Ichs«. Einerseits wollte es alles kontrollieren, und andererseits hatte es den Verdacht, dass an anderer Stelle eine unkontrollierbare Erinnerung an das vergessene Licht schlummerte. Dieser Vorgang birgt die Gefahr, dass Ihr Bewusstsein eifersüchtig wird. Denn Ihr bewusstes Erleben, das den Anspruch hat, alles kontrollieren zu müssen, soll sich damit abfinden, dass die in den Kopf geschossene Erinnerung dort schon lange ohne Ihr Wissen präsent war. Es erlebt möglicherweise einen Widerspruch zu seinem Anspruch auf Vorrang. Dieser Widerspruch, wenn er wahrgenommen wird, löst bei den meisten Menschen Angst aus.

In unserem bildlich vereinfacht dargestellten Ablauf dieses Erlebnisses finden wir weitere wichtige Momente, in denen Angst auftreten kann. Der Knall im Abendlicht könnte beispielsweise einen ganzen Cocktail von emotionalen Färbungen ausgelöst haben, der sich aus vielen Erinnerungen zusammensetzt. Er hätte dabei auch Konflikte um den Vorrang einer bestimmten emotionalen Färbung ihrer Gemütslage erzeugen können. Denn vielleicht können viele unterschiedliche Erinnerungen mit dem Knall in Verbindung gebracht werden, von denen einige für Sie extrem bedrohlich waren. Bei neurotischen Menschen kann die Gefühlslage begleitet sein von der Angst, dass das vergessene Licht zu Hause ins Bewusstsein dringt. Deren Psyche findet Gründe, dies nicht bewusst werden zu lassen. Es könnte nämlich mit dem Knall auch die traumatische Erinnerung an Waffen und Schüsse aus einem fürchterlichen Kriegserlebnis wachgerufen worden sein. Um die damals überbordend erlebten Gefühle nicht wieder aufkommen zu lassen, stellt sich ein ablenkender Kontext her, in dem nur noch dunkel die Ahnung auftaucht, dass mit dem harmlosen Knall größere Gefahr verbunden sein könnte.

Aber auch jede andere Erinnerung, die sich mit dem Knall wecken ließe, kann einen Beitrag zu der unangenehmen Grundstimmung geleistet haben. Angst verbraucht um so mehr kostbare Energie in unserer Psyche, je mehr sie dazu beitragen muss, jene geweckte Erinnerung von unserem bewussten Erlebnis fernzuhalten. Dann erfindet das Bewusstsein nämlich einen Kontext, in den der Knall hineinpasst, dessen einziges Ziel es ist, vom eigentlich erinnerten Zustand abzulenken. Leider entscheidet unser Bewusstsein am wenigsten, was ihm zugeführt wird und was nicht. In der Selbstwahrnehmung bewusster Erlebnisse will es von dieser Ohnmacht nichts wissen.

Durch das komplizierte Wechselspiel zwischen bewusster und unbewusster Verarbeitung unserer Wahrnehmungen und Erlebnisse steigt die Emotion Angst im Menschen zu einer nahezu alle Lebensprozesse begleitenden Grundstimmung auf. Sie kann motivierend und demotivierend sein. Die einfache Definition: »Angst ist die Reaktion auf die Gefahr«, verwandelt sich in einen komplizierten Mechanismus, weil das beschriebene Wechselspiel seinerseits Gefahren produzieren kann, die keine reale Basis haben. Unser Bewusstsein erlebt die Ahnung, dass es noch einen mächtigeren Herrn im Haushalt geben könnte, seinerseits stets als Angst.

So hat die Aufteilung der Zuständigkeit in ein bewusstes und ein unbewusstes Werten im Menschen Formen der Angst hervorgebracht, die es bei anderen Tieren – zumindest in diesem Ausmaß – nicht gibt. Wie sich diese Angst aus der Zwischenwelt zwischen Bewusstem und Unbewusstem anfühlt, kann jeder auch an anderen Beispielen leicht nachvollziehen. Denn unser bewusstes Erleben, dem wir alle den Namen »Ich« geben, hat eine unangenehme Charaktereigenschaft ausgebildet: Während die unbewussten Vorausberechnungen vor allem ein schnelles und sicheres Abgleichen mit der Außenwelt erfordern, ist der bewusste Anteil weniger mit der Realität als mit sich selbst beschäftigt. Das bewusste Erleben, das wir »Ich« nennen, ist allein deswegen schon hochgradig narzisstisch; es betrachtet sein Dasein und seine Leistungen als grandios, und zwar völlig unabhängig davon, ob hierzu realer Anlass besteht oder nicht. Hier finden wir auch den Grund, warum Menschen sich meistens für wichtiger halten, als es nötig und angemessen wäre.

Verletzter Narzissmus

Vielleicht gehören Sie zu den Menschen, denen es morgens schwerfällt, ihren Schlaf zu unterbrechen. Dann besitzen Sie einen Wecker, der Ihnen dabei behilflich ist. Sehr wahrscheinlich kennen Sie dementsprechend auch einen bestimmten Traum. Er handelt von der Erwartung eines Telefonanrufs oder einer ähnlichen Störung. Tatsächlich klingelt nun in Ihrem Traum das Telefon. Aber das Klingeln hört nicht auf, als Sie, immer noch träumend, den Hörer vom Traumtelefon abnehmen. Jetzt wachen Sie auf und nehmen mit Bedauern zur Kenntnis, dass nicht der erwartete Anruf Ursache des Klingelns war, sondern der Wecker.

Das Beispiel verdeutlicht die Vorliebe des bewussten »Ichs« für Täuschungen. Das Unbewusste hält unser Bewusstsein nach Möglichkeit frei von Kränkungen seiner Allmachtsphantasie. Es setzt das »Ich« als Autor, Regisseur und Produzent eines Theaterstücks ein und überträgt ihm scheinbar die Hauptrolle sowie zahlreiche Nebenrollen. Tatsächlich aber ist die Aufführung längst zu Ende, das Publikum auf dem Heimweg und die Rezension in der Presse, bevor das stolze »Ich« auf die Bühne tritt. Es hat nur einen Wunsch: sich in der Illusion seiner Grandiosität und Alleinzuständigkeit nicht stören zu lassen. Nur der Erhalt dieser Illusion zählt. Für die tatsächliche Beschaffenheit der realen Zustände interessiert es sich nicht. Dabei ist das »Ich«

manchmal wirklich grandios. Es hat nur einen Nachteil: Es kommt stets zu spät zur Aufführung.

Wenn Ihnen der oben geschilderte Traum vertraut ist, dann spüren Sie, wie das Unbewusste und das Vorbewusste eine Geschichte erfinden, um Ihr Bewusstsein zu beruhigen. Dieses aber erlebt sich selbst als den Erfinder dieser Geschichte. In Ihrer bewussten Erinnerung war die spezielle Traumgeschichte mit dem erwarten Telefonanruf das zeitlich Erste, das sich zufällig unmittelbar vor dem Klingeln des Weckers ereignet hatte. Das Klingeln des Weckers war dann zeitlich gesehen das zweite Ereignis. Tatsächlich aber verhielt es sich genau umgekehrt, und Ihr bewusstes Erlebnis wurde getäuscht, um es von einem Gefühl der Unlust so lange wie möglich frei zu halten. Ihr »Ich« konnte sich für die Länge eines Atemzugs in der Hauptrolle einer großen Szene wähnen.

Das Klingeln des Weckers war der Auslöser des Traumes. Aber Ihre bewusste Wahrnehmung setzt das Klingeln an das Ende des Traumes. Es hätte Ihrem Bewusstsein keine Freude bereitet, wenn es den lustvollen Schlaf durch den Wecker abgebrochen erlebt hätte. Blitzschnell hat daher Ihre Psyche im Zwischenraum zwischen Wachsein und Schlafen – im Vorbewussten – eine Geschichte erfunden, in der das Klingeln des Weckers eine weniger unangenehme Rolle spielte als in der Realität. Das Vermeiden von Realität ist das Vermeiden von Angst. Ohne Ihr Zutun hat sich eine Beschönigung der Situation ereignet, wenn Sie statt des Weckers ein Telefon klingeln hören.

Weiterhin hat Ihre Psyche die vermeintlichen Ereignisse zeitlich so zurückdatiert, dass der Eindruck entstand, das Klingeln des Telefons ginge dem Klingeln des Weckers voraus. So passte es besser in den Erwartungshorizont. Ihnen war für die Länge eines Atemzugs das Erlebnis gegönnt, nicht der ungeliebte Wecker, sondern die erhoffte Stimme am Telefon möge der Anlass des Geräusches sein.

Auf die wichtigsten Bestandteile dieses Vorgangs hat Ihr Bewusstsein keinen Einfluss. Von dieser Ohnmacht will es auch nichts wissen. Die Illusionen werden von der unbewussten Buchführung selbstständig produziert, und zwar so, dass es dabei zahlreiche verbuchte Erinnerungsbruchstücke, Ruinen aus früheren Gedächtnisbauten, zugleich verwendet hat. Als Details der kurzen Traumgeschichte treten daher Elemente aus dem wirklichen Leben auf – beispielsweise der Name des Anrufers, die Farbe des Telefons, der Klingelton, denn anders als unser Bewusstsein legt das Unbewusste großen Wert auf Details.

Der Vorgang macht einige Organisationsstrukturen im Wechselverhältnis der bewussten und unbewussten Verarbeitung deutlich. Zunächst fällt die Schnelligkeit auf, mit der der unbewusste Teil unserer Erinnerungen arbeitet; weiterhin die Funktion des Zurückdatierens der Zuständigkeit des Bewusstseins; überdies das Bestreben, dadurch Unlust zu vermeiden, also Angst abzuwehren; schließlich das Vergessen dessen, was eigentlich geschehen ist.

Zurückdatieren und Vergessen gehören zur Hauptaufgabe eines gut funktionierenden Bewusstseins. Auch zeigt unser Beispiel, dass es uns in der bewussten Rekapitulation des Traumes so vorkommt, als sei das Bewusstsein so schlau gewesen, zuerst und selbstständig erkannt zu haben, dass nicht das Telefon, sondern der Wecker geklingelt hat. Diese Selbstwahrnehmung ist nachweislich falsch, denn zuerst hat der Wecker geklingelt, und danach ist im Unbewussten die Traumgeschichte entstanden, um uns zu täuschen.

Unser »Ich« will getäuscht werden. Bleibt diese Täuschung aus, dann tritt Angst auf. Ebenso, wenn wir uns klarmachen sollen, was mit dem grandiosen »Ich« eigentlich geschehen ist.

Nach Buddhas Lehre ist dieses »Ich« der Ursprung allen Leidens. Er rät daher, sich des Ichs zu entledigen. Umgekehrt verfährt die westliche Philosophie, wenn sie sich auf der Gewissheit aufbaut, dass man sich des Ichs keinesfalls entledigen kann. Zugleich hat es permanent Angst, sich seine Ohnmacht eingestehen zu müssen.

Damit kommen wir unverhofft zu der Frage, ob es eine Angst vor der Wahrheit gibt. Angst vor der Wahrheit ist stets nur die Angst vor dem Verlust des für wahr Gehaltenen. Sowohl der Alltagsverstand als auch die Wissenschaft schulden ihre Trägheit dieser Angst vor dem Verlust des für wahr Gehaltenen. Sie stärkt nicht unser kritisches Bewusstsein, sondern bloß die Abwehr von Kränkungen des Selbstbewusstseins. In der Angst vor der Wahrheit liegt der Grund für die Bereitschaft von Menschen, sich täuschen zu lassen und Lügen zu erfinden. Angst vor der Wahrheit ist nicht Böswilligkeit. Vielmehr schützt sie das »Ich« vor der Zerstörung der gewohnten Weltordnung. Ihm erscheint der Verlust der gewohnten Ordnung als gleichbedeutend mit der Entstehung von Chaos. Nicht selten tritt Angst vor der Wahrheit daher als Angst vor dem Chaos auf. Nietzsche empfahl dagegen Mut zum Chaos, als er den Erfindungsreichen und Hoffnungsvollen in seinem *Zarathustra* zurief: »Man muss noch Chaos in sich haben, um einen tanzenden Stern gebären zu können.«[23] Wir begegnen diesen Spuren einer Angst vor dem Chaos, wenn wir hören, dass Menschen Veränderungen ablehnen, weil sie davon überzeugt sind, jede Veränderung sei eine Verschlechterung.

Leider erlahmt wegen genau dieser Angst auch der Forscher- und Universitätsgeist. Organisationen und Körperschaften wie etwa Kirchen und Universitäten sind »Mütter« – *Alma mater* ist die nährende Mutter –, welche ängstlichen Menschen Schutz vor Spontaneität und den Unberechenbarkeiten des Lebens bieten. In solchen Institutionen werden, wie vor Jahrzehnten schon Ulrich Sonnemann untersucht hat, Zwangsneurosen ausgebildet.[24] Daher finden wir gerade an Universitäten und in Behörden jenen Charaktertyp, der durch geradezu klammerndes Festhalten an der Institution seine Angst vor der Ohnmacht verkleinern muss. Wenn wir sagen, »jemand habe einen klebrigen, trägen Geist, sein Denken stagniere, er bleibe an Wörtern, Sätzen, Gewohnheiten oder Ideen hängen; er könne keine Gewohnheit oder Denkweise, Beschäftigung, keinen Zeitvertreib und dergleichen fallen- oder fahrenlassen«, dann denken wir an jenen Professor oder Beamten, der weltfremd in Denkräumen wandelt, wo er keiner wirklichen Gefahr begegnen wird und Probleme nur aus der Distanz betrachtet. Sie fürchten sich vor Menschen, die frei schwebend ihre Probleme mit Improvisationskunst meistern und von Fall zu Fall entscheiden, was zu tun ist, ohne dabei ein Gesetz oder eine Regel zur Anwendung zu bringen. Sie hocken in Gremien und formulieren mühsam Rahmenrichtlinien für sich und andere – ganz unabhängig davon, ob andere ebenfalls diesen Rahmen zur Verminderung ihrer Angst benötigen. Michael Balint nannte sie »Oknophile«, weil sie sich scheuen, zögern, zaudern, sich fürchten, sich anklammern. Sie sind das Gegenteil des Typus des Lebensunternehmers, der nichts weniger will, als sein Leben durch die Atmosphäre einer angestaubten Institution ersticken zu lassen. Der Lebensunternehmer vertreibt sich die Angst vor Entbehrung und Leid durch Gestaltung seines Lebens und seiner Umwelt. Er bedient sich der Technik und Wissenschaft, nutzt Handwerk und Kunst, um sein Glück zu fördern. Er sammelt Erinnerungen und füllt dadurch seine Lebenszeit aus. Während der Zauderer die Zeit an sich vorüberrauschen lässt, erlebt der Lebensunternehmer seine Zeit gedehnt. Wer viele Erinnerungen produziert, wer seine Zeit mit Aktivität füllt, schafft den Eindruck eines verlängerten Lebens.[25] Den Unternehmertypus nannte Balint den »philobatischen« Typ. Seine Reaktion auf die Gefahr sei, »was man allgemein heroisch nennt: man kehrt sich der nahenden Gefahr zu, bietet ihr die Stirne, um sie im Auge zu behalten, hält sich von Objekten fern, die falsche Sicherheit bieten, und steht aus eigener Kraft aufrecht da.«[26]

Den Schaden, den die neurotisch gewordene Angst anrichtet, können wir erahnen, wenn wir uns klarmachen, wie viel Behinderung unbefangene Menschen in Bildung, Wissenschaft und Wirtschaft erfahren, weil sie durch Angst vor Nonkonformismus zur Anpassung an herrschende Meinungen,

Vorgesetzte und Normen gezwungen werden, statt ihre Energie in die Verwirklichung originärer Ideen und Visionen stecken zu dürfen. »Hinter der politisch forcierten Idee einer umfassenden Kontrolle der Forschung«, teilte kürzlich der Universitätsprofessor Klaus Richter im renommierten Hochschullehrermagazin *Forschung & Lehre* mit, »hinter der Absicht, alle staatlich bezuschussten Forscher durch ständiges peer review auf Linie zu bringen, indem man Einkommen, Renommee und Publikationschancen an die Nachgiebigkeit gegenüber dem Meinungsdruck der Kollegen koppelt, hinter der Forderung, Forschungsprojekte und Forschungsprogramme im Interesse größtmöglicher Effizienz im Konsens und in Kooperation mit anderen – als Netzwerkforschung – zu verfolgen, verbirgt sich ein fundamentales Missverständnis der Wissenschaftsentwicklung.«[27]

Konformismus verdrängt Angst, und unsere herrschenden Strukturen belohnen Konformität. Funktionäre sind durch Konformität mächtig geworden, und sie ängstigen sich nur vor dem Verlust ihrer Funktionalität. Aber Funktionslosigkeit, die Funktion mimt, ist ein Zeichen innerer Abgestorbenheit. Sie taugt nicht dazu, Leben zu befördern, sondern nur dazu, es zu hemmen. Statt Konformität sollten wir Vertrauen suchen. Doch so wie Angst Geiz und Gier weckt, so ist sie die Quelle des Misstrauens, der Missgunst und schließlich ebenso ein Hemmnis für die soziale Gemeinschaft wie auch ein Hindernis der Produktivität in wirtschaftlichen und wissenschaftlichen Unternehmungen. Nur eine Atmosphäre des Vertrauens entzieht Ängsten ihre Nahrung.

Die beharrlichsten Ängste sind diejenigen, die eine Ahnung von der Macht des Unbewussten bekämpfen müssen. Sie setzen ideologische und blendende Kräfte frei, um diese Ahnung im Keim zu ersticken. Stets sind sie gegen Aufklärung gerichtet, weil sie den Weg aus dem Dunkel ans Licht scheuen. Auch verwirren sie das Verfolgen der kausalen Ursachen. Sie schützen zwar das Individuum vor Erkenntnissen und Kränkungen seines Narzissmus, aber sie vergeuden Energien durch Verdunkelungen und Spurenverwischen, die besser für ein aktives Leben und zum Gestalten der Welt genutzt werden könnten. Die Energie, die zum Verdrängen von Angst immer wieder verheizt wird, fehlt uns anschließend zum Handeln.

Einen Hauch dieser Angst vor der Macht des Unbewussten und des gekränkten Narzissmus erleben wir alle manchmal, wenn wir einen Namen vergessen haben. Jeder kennt das unangenehme Gefühl, einen Namen nicht zu erinnern. Es ist dasselbe Unlustgefühl, das sich bei Angst und Stress einstellt. Wir haben dabei das Gefühl, dass uns der vergessene Name buchstäblich »auf der Zunge liegt«. Manche Menschen können im Zustand dieses Unlustgefühls an nichts anderes mehr denken als daran, dass ihnen der Name nicht mehr einfällt. Der Zustand setzt sie so sehr unter Stress, dass sie Freunde und Bekannte anrufen, um das erlösende Wort zu erfahren. Dann ist aber auch alles Unwohlsein vorbei. Das Unlustgefühl ist in ein Glücksgefühl übergegangen.

Bemerkenswert beim Vergessen von Namen ist, dass unser Gehirn offenbar genau weiß, wie es sich anfühlt, wenn der Name richtig ausgesprochen wird. Deshalb geraten wir nämlich unter Stress. Das Gehirn weiß wieder einmal mehr, als es dem Bewusstsein mitteilt. Mit dieser Ahnung, dass das Bewusstsein nicht alles weiß und beherrscht, ist ein Unbehagen verbunden, aus dem sich der Stress im Zustand des vergessenen Namens speist. Die Momente des Vergessens sind deswegen von Stress und Angst begleitet, weil die Alleinherrschaft der bewussten Erlebnisse in Zweifel steht. Der Narzissmus des Ich, das zu jeder Gelegenheit in die Hauptrolle schlüpfen möchte, ist verletzt. Sobald wir probeweise einen falschen Namen vor uns hersagen, spüren wir, dass er sich »auf der Zunge« nicht so anfühlt wie der richtige. Unser Ich, das alles kontrollieren will, erlebt seine Machtlosigkeit – eben die genannte Kränkung seines Narzissmus.

Aber wir erkennen auch hier, dass nicht Stress und Zwang das Erinnern erleichtern, sondern die Bereitschaft, die Angst vor der Ohnmacht auszuhalten. Der Name kommt am schnellsten in die Erinnerung zurück, wenn wir uns das Gefühl der Ohnmacht nicht vom Leibe schaffen wollen. Noch besser wäre es, wenn wir diese Ohnmacht genießen könnten. Mit dem Zugeständnis und dem Aushalten der Ohnmacht werden wir nicht gleich zu Masochisten. Masochismus bildet sich aus der Extremform des Genusses an der Ohnmacht. Masochistische Menschen suchen eine Bestätigung für ein charakteristisches Selbstgefühl: Bedeutungslosigkeit. Hierfür suchen sie sich Gegenstände, Wesen und andere Menschen aus. Auch sie sind nur getrieben von der Angst. In ihrer Angst suchen sie etwas, an das sie sich halten können. Wenn Menschen süchtig nach dem Gefühl der Ohnmacht und Bedeutungslosigkeit sind, kann eine Maus, ein Blatt oder Ähnliches bedrohliche Züge annehmen. Der Masochist verstärkt seine Angst noch in dem Bestreben, sie loszuwerden. »Solange ich zwischen meinem Wunsch, unabhängig und stark zu sein, und meinem Gefühl der Bedeutungslosigkeit und Ohnmacht hin- und hergerissen werde, befinde ich mich in einem qualvollen Konflikt. Gelingt es mir aber, mein Selbst auf ein Nichts zu reduzieren, und bringe ich es fertig, das Bewußtsein meiner Isolierung als Individuum zu überwinden, so kann ich mich aus diesem Konflikt retten. Sich unendlich klein und hilflos zu fühlen, ist ein Weg zu diesem Ziel; sich von Schmerz und Angst überwältigen zu lassen, ist ein anderer Weg; und ein dritter Weg besteht darin, sich den Wirkungen eines Rausches auszuliefern.«[28]

Das übersteigerte Genießen der Ohnmacht und die Verstärkung der Angst durch die Mechanismen, sie loszuwerden, wird aber auch von religiösen Menschen gepflegt, die das Vergessen und die Eingebung in den Willen einer überirdischen und übernatürlichen Macht *outsourcen*. Wenn ein gottesfürchtiger Mensch einen Namen vergessen hat, sucht er die Ursache dafür nicht bei sich, sondern versteht das Vergessen als einen bedeutungsvollen Wink seines Herrn. Dagegen vermutete Sigmund Freud die Quelle des Vergessens in der physischen Natur des Menschen. Dass dem Bewusstsein im Zustand des Vergessens etwas vorenthalten wird, habe seinen guten Grund, den es selbst nicht kenne, der aber nirgendwo anders zu finden sei als im Inneren des Menschen selbst. Aber der Alltagsverstand legt Gründe, die er selbst nicht kennt, in den Verstand Gottes, ohne zu bemerken, dass er seinen eigenen Mangel auf Gott projiziert und dabei die Vorzeichen verkehrt, so dass aus dem Mangel ein Reichtum wird. Das Nichtwissen des Menschen verwandelt sich unter der Hand in die Allwissenheit Gottes.

Vergessen von Namen hat manchmal eine direkte Beziehung zu einem Wunsch oder einer Angst. In jedem Fall ist das Bewusstsein nicht so wichtig, wie es sich selbst einschätzt. Aber es muss beständig vor dieser Einsicht geschützt werden, weil sie mit Kränkung und Angst verbunden ist. Das bewusste Ich ist empfindlich wie eine Mimose. Leichter ist es zu ertragen, wenn der Schutz »von oben« – also vom Himmel – kommt. Gottesfurcht kann daher auch bloße Furcht vor der unbewussten Kraft im Menschen sein.

Das Bewusstsein ist eine arrogante Einrichtung, das seine Fähigkeiten und Zuständigkeiten stets überschätzt und meistens falsch bewertet. Wenn es Hilfe anerkennt, dann muss sie schon von Gott selbst kommen. Und indem dieser sich um uns kümmert, unterstreicht er unsere Bedeutung auch noch im Zustand der Hilflosigkeit.

Man muss kein Atheist sein, wenn man im frommen Gottesglauben in erster Linie das Ventil der psychischen Nöte der Menschen erkennt. Gott wird es den Menschen nicht nachtragen, wenn sie seine Existenz leugnen; aber ob er es verschmerzt, dass er sich um jede Prüfung, jede Angst und jedes Wehwehchen wie der Chefarzt einer riesigen Klinik selbst kümmern soll, das ist fraglich. »Gottlos aber ist nicht der«, schreibt schon der antike Philosoph Epikur, »der die Götter der Menge abschafft, sondern der, der den Göttern die Meinungen der Menge anhängt.«[29]

Illusionen und Täuschungen gehören zum gesunden Haushalt des bewussten »Ich«. Angst entsteht, wenn wir fürchten, dass diese Illusionen und Täuschungen entzaubert werden könnten. Und zum Schutz des empfindlichen »Ich« übernimmt das Unbewusste jede Aufgabe. »Ja, unser Unbewusstes mordet selbst für Kleinigkeiten; wie die alte athenische Gesetzgebung des Drakon kennt es für Verbrechen keine andere Strafe als den Tod, und dies mit einer gewissen Konsequenz, denn jede Schädigung unseres allmächtigen und selbstherrlichen Ichs ist im Grunde ein Kapitalverbrechen.«[30]

II. Evolution der Angst

Urerlebnis Angst und ihre »Doppelnatur«

Erinnern Sie sich noch an Ihre eigene Geburt? Das geht nicht, meinen Sie? Sie irren sich. Zwar sind die Gedächtnisspuren nicht in den gewohnten Speichern des Langzeitgedächtnisses anzutreffen, insbesondere des autobiographischen Gedächtnisses, aber das Erlebnis Ihrer Geburt hat eine starke emotionale Erinnerung in Ihrer Persönlichkeit hinterlassen. Eine Ahnung, wie sich die Geburt anfühlte, ist in Ihrem Gehirn nach wie vor präsent. Mag die Idylle vom »Geschenk des Lebens«, die Hoffnung auf Überleben der Familie, des Stammes und der Gattung ein schöner Gedanke sein, für das Individuum, das zur Welt kommt, ist die Geburt eine Katastrophe, ein Trauma. Sie zerstört seine gewohnte Umgebung mit ihrer Geborgenheit und Wärme und wirft es in eine Welt, in der es mitnichten – ohne fremde Hilfe – überlebensfähig ist. Das Erlebnis der Geburt ist für das Individuum begleitet von traumatischer Angst.

Mit der Geburt bemerkt der Fötus eine großangelegte »Störung in der Ökonomie seiner narzißtischen Libido«, wie Freud zuerst vermutete.[31] Nie gekannte Erregungssummen dringen zu ihm und erzeugen neuartige Unlustempfindungen. Die Organe, die das geborene Kind jetzt spürt, erzwingen sich erhöhte Besetzungen mit libidinöser Kraft. Zuvor machten sie sich kaum bemerkbar. Mit der Geburt aber besetzt der Mensch erstmals seinen gesamten Körper mit den Gefühlen der Lust und Unlust, was wie ein Vorspiel der bald beginnenden Objektbesetzung aussieht. Wie es sich anfühlte, zu essen, zu atmen, zu schreien, das wusste der Fötus bislang noch nicht.

Aber was bedeutet Objektbesetzung? Es bedeutet, dass

wir andere Objekte zum Träger unserer Emotionen machen, vor allem dann, wenn wir uns bestimmte Emotionen bei uns selbst nicht erlauben. Wir werden später sehen, dass die Angst vor den Toten, vor bösen Geistern, vor Worten und Gegenständen, dieser Fähigkeit entspringt.

Kaum hat der Säugling den Mutterleib verlassen, muss eine starke Empfindung, die seinen gesamten Körper durchzieht, die Atmung erstmals in Gang setzen. Der Moment ist lebensbedrohlich. Das Urerlebnis der Angst in der Stunde der Geburt legt zugleich die Angst vor Sterben und Tod fest. Bleibt die Atmung aus, war die Geburt bereits der Tod. Setzt die Atmung aber ein, muss das kleine Herz eine nie gekannte Höchstleistung erbringen. Einerseits gilt es, den Lungenblutkreislauf auf Touren zu bringen, andererseits ist die stark bedrohte Körpertemperatur zu erhalten, und schließlich muss die schnellere Zirkulation des Blutes einer Gefahr der Vergiftung vorbeugen. Was in den Momenten nach der Geburt geschieht, speichert das Gehirn als den Inbegriff der Unlust ab. Es hat noch keine Sprache, kein Gedächtnis für Worte und kann keine Begriffe bilden. Nur Emotionen – insbesondere die Angst – kennt der Säugling und kann ihre Wahrnehmung speichern sowie wiedererkennen.

Es hilft nur Schreien. Und das Schreien ist der erste Träger der Doppelnatur der Angst: zum einen Ausdruck der extremen Unlusterlebnisse, zum anderen die physiologische Notwendigkeit, um die Lungentätigkeit in Gang zu bringen. Hierbei wird erstmals in den elementaren Strukturen des Gehirns die Verschaltung zwischen Unlustgefühl und Schreien festgelegt. Ohne ein explizites Gedächtnis zu besitzen, ist das junge Gehirn bereits imstande, die unmittelbare Reaktion auf ein unangenehmes Gefühl herzustellen. Während Erwachsenen in vergleichbaren Situationen nur noch »zum Schreien« zumute ist, ohne dass sie es tun würden, kennt das Kind keinen Aufschub der Unlustbekämpfung. Es schreit sofort los.

Von nun an wird das Neugeborene dieses Gefühl der Unlust mit jeder neuen Bedrohung und befürchteten Gefahr verbinden. Die Reproduktion des Unlustgefühls, begleitet von den typischen Reaktionen des Herzens, der Lunge und der Körpertemperatur (Schweißausbruch), ist die Angst.

Entscheidend für die Angst in ihrem Urzustand ist es, dass nur diejenigen Hirnteile des Säuglings weit genug entwickelt sind, die lebenserhaltende Grundfunktionen haben. Wir alle wissen, was ein Säugling noch alles lernen muss. Doch er ist jetzt nur in der Lage, die für ihn bestimmten Dinge zu lernen. Das Klavierspiel oder Gedichte-Schreiben brauchen wir ihm noch nicht beizubringen, weil die Hirnareale, die für diese Künste benötigt werden, noch lange nicht entwickelt sind. Auch können wir einen Säugling nicht für sein bewusstes Handeln verantwortlich machen, weil diejenigen Hirnteile, die bewusstseinsfähig sind, kaum begonnen haben, sich zu entfalten. Dem Kind in diesem Alter Moral beibringen zu wollen, wäre also vergeblich.

Die Abwesenheit von Moral bei Kindern hat sich in den Kulturen in zahlreichen Bildern und Symbolen niedergeschlagen. Sie haben auf der einen Seite unsere Vorstellung geweckt, dass Kinder noch jenseits von Gut und Böse seien; auf der anderen Seite jedoch sahen viele Theologen und Priester in der Abwesenheit moralischer Wertungen bei Kindern den Beweis für die Existenz der Erbsünde. Es muss jedoch nicht gleich Zeichen der Erbsünde sein, wenn Kindern die Hemmung zum Töten fehlt. »Gut, dass Babys keine Waffenscheine besitzen, Blut würde fließen im Kinderzimmer«, kommentiert der *Focus* eine langjährige Studie des Psychologen Richard Tremblay von der University of Montreal an 1000 kanadischen Jungen. Sie hat bestätigt, was Eltern ahnen: Gemessen an der Zahl der aggressiven Akte, ist das Alter von zwei Jahren das gewalttätigste Lebensstadium. »Babys töten sich nur deshalb nicht, weil wir ihnen keinen Zugang zu Messern und Pistolen« gewähren, erklärte Tremblay im Fachblatt *Science*.[32]

Folgenreich für alles, was der Säugling nun an Verschaltungen in seinem Hirn festlegt, ist, dass diese von größerer

Dauer und stärkerer Festigkeit sind als alles, was er mit sich später entwickelnden Hirnstrukturen speichern wird. Diese Grundausstattung des Gehirns ist der am längsten bestehende, bewährteste und mit größter Geschwindigkeit arbeitende Teil des Gehirns.

Erlebnisse, die in den ersten Wochen unseres Daseins zur Wiedererinnerung gespeichert werden, haben einen anderen Charakter als die Erinnerungsspeicher des erwachsenen Gehirns. Es stehen keine Worte zur Verfügung, keine Bilder, keine expliziten Erinnerungen, an die man anknüpfen könnte, um durch leichte Veränderung daraus neue zu konstruieren. Die längste Zeit musste die Evolution ohne Sprache und die damit verbundenen Erinnerungen auskommen. Es sind einzig emotionale Färbungen von Erlebnissen, die das Gehirn seit Jahrtausenden in diesem Stadium seiner Entwicklung zu speichern fähig gewesen ist.

An Dauerhaftigkeit, an Schnelligkeit des Abspeicherns und Wiedererinnerns, aber auch an Präzision im Unterscheiden sind diese unbewussten Hirnstrukturen von den bewusstseinsfähigen nicht zu übertreffen. Das Bewusstsein wird später mit Neid und Missgunst jede Regung aus dem Unbewussten beargwöhnen, als wollte es sich selbst damit eine Bedeutung anmaßen, die es gegenüber dem Unbewussten niemals haben kann. Es ist, als habe das spätere Bewusstsein vor dem Unbewussten genau diejenige Angst, die ein Neugeborenes gegenüber seiner noch vollkommen fremden Lebenswelt haben muss.

Auch ohne ein explizites Gedächtnis, das unser Gehirn zum Zeitpunkt der Geburt noch nicht ausgebildet hatte, waren wir der Erinnerung fähig. »Prägung« nennen Verhaltensforscher seit Konrad Lorenz (1903–1989) die Speicherung von Erinnerung, die noch keine Wörter oder Bilder kennt. Prägung ist wirksam, wenn uns im späten Frühling ein Küken der Meisenfamilie nach dem ersten missglückten Flugversuch aus seinem vertrauten dunklen Nest unterm Dach vor die Füße flattert. Neugierig genug war es, um den

Eltern einmal nachzukriechen durch das kleine Loch im Nest hin zum Licht. Aber zum anhaltenden Flug sind die Muskeln noch zu schwach, die Federn nicht dicht genug. Die Ausstattung für den Erstflug reicht gerade aus, um nicht zu hart auf dem Boden aufzuschlagen. Dort angekommen, ist das Meisenküken aber nicht imstande, aus eigener Kraft wieder in die Luft zu steigen und davonzufliegen. Ohne Bewusstsein, nur mit einem emotionalen Gedächtnis, hat der Organismus Furcht vor dem unbekannten Umfeld erzeugt. Der Organismus reagiert so, dass diese Unlust verkleinert wird, weil er im Gedächtnis hat, wie es sich anfühlt, in der gewohnten Umgebung zu sein.

Diese Furcht ist vergleichbar mit der Angst des geborenen Menschenkindes. Wir verstehen das lebensrettende Verhalten des Kükens, das sich sofort einstellt, wenn wir uns bewusst machen, dass der harte Boden und die fremde Umgebung dem Vogel ein deutliches Unlustgefühl bereiten. Seine Prägung, die Erinnerung an den früheren Zustand der Abwesenheit von Unlust, legt das Verhalten des Tieres fest. Es hüpft, so schnell es kann, in eine dunkle Ecke, unter einen Busch, hinter einen Stapel Holz. Dort ist es am sichersten vor seinen Feinden. Das fluchtartige Wegrennen aus dem hellen Licht zum dunklen Busch basiert auf der Erwartung, dort die gewohnte Nestumgebung finden zu können.

Vernunft, Klugheit oder rationale Erwägungen müssen dabei nicht wirksam sein. Ein Küken erkennt herannahende Gefahren weniger, als es den Verlust der gewohnten Nestwärme wahrnimmt. Die vertraute Dunkelheit im Nest hatte den Zustand geprägt, in dem das Vögelchen sich wohlfühlen konnte. Außerhalb des Nests sind Angst und das sie begleitende Unlustgefühl die motivierenden Kräfte, sich in Sicherheit zu bringen. Indem das Küken dem Trieb folgt, das Unlustgefühl des Verlassenseins in unbekannter Umgebung wieder abzustellen und mit seiner Flucht in den Busch hinein dem Zustand im dunklen Nest ähnlicher zu machen, steigert es zugleich auch seine Überlebenschancen.

Um wie viel stärker aber muss das Erlebnis der Angst sich einprägen, wenn ein Neugeborenes keinem Reflex folgen kann, der es in eine annähernd dem Nest ähnliche dunkle Umgebung führt? So ist es beim Menschen, der nicht flüchten kann. Aber der Wunsch, nach der Geburt gleich wieder umzukehren und sich bald wieder im schützenden Uterus zu befinden, begleitet den neugeborenen Menschen nicht weniger als das aus dem Nest gefallene Küken.

Die Erinnerungen, die wir als Säugetiere nach der Geburt hatten, sind im Vergleich mit einem Küken natürlich recht komplex. Aber auch sie funktionieren mit den elementaren Strukturen, die das Gehirn schon aufgebaut hatte. An die Komplexität des später bei uns Menschen ausgebildeten Gedächtnisses ist noch lange nicht zu denken.

Die bewussten Leistungen unserer Großhirnrinde, insbesondere die des Präfrontalcortex, jener Masse hinter und unterhalb der Stirn, wo mit seiner vollständigen Ausbildung beim Menschen in der Pubertät ein moralisches Bewusstsein mit seinen sozialen Kompetenzen entsteht, sind für die Auslösung von Reaktionen auf elementare Erfordernisse ohnehin weitestgehend ungeeignet. In Situationen höchster Gefahr und lebensbedrohlicher Engpässe in der Versorgung mit Nahrung werden die bewussten Funktionen des Gehirns mitsamt seiner moralischen Rationalität auch zuerst stillgelegt – erstens, um Energie zu sparen, und zweitens, um sich ihrer oft zeitraubenden und vielfach unbrauchbaren Einwände zu entledigen. Diejenigen Strukturen unseres Gehirns, die im Moment der Geburt und in den Monaten davor bereits ausgebildet waren, können Gefühle, Emotionen und einfache Eindrücke speichern. Und diese Strukturen sind sehr viel dauerhafter als die expliziten Gedächtnisformen, die das Bewusstsein anlegt. Sie gehören zur Grundausstattung des Gehirns. Dass uns eine Prägung des Unlustzustands unserer Geburt bis zum Tode begleitet, ohne dass sie explizites Wissen wird, bildet die Grundlage der Angst.

Was Säugetiere nach der Geburt motiviert, sind offenbar

geschmackliche – also emotionsbeladene – Erinnerungen an die Aufgehobenheit und Geborgenheit im Mutterleib. Aber die Rückkehr ins Paradies ist uns versperrt. Nach der Geburt gibt es nur noch Ersatzhandlungen – Objektbesetzungen – für die Geborgenheit im Uterus, also Handlungen, die zwar etwas Ähnliches, aber nicht dasselbe hervorbringen. Wo man das Verhalten neugeborener Säugetiere genauer studieren konnte, ist man auf einen einfachen, aber sehr wirkungsvollen Mechanismus zielstrebigen Verhaltens gestoßen, der sich frühester Formen des Gedächtnisses bedient.

Die Zielstrebigkeit neugeborener Säugetiere, mit der sie die mütterlichen Milchdrüsen suchen und finden, wurzelt in einer chemischen Substanz, die man bei Ratten genauer untersucht hat. Wenn Forscher die mütterlichen Brustwarzen durch Abwaschen von einem bestimmten Duftstoff, der auch im Fruchtwasser enthalten ist, reinigen, finden die Säuglinge die rettende Brust nicht mehr. Zu viel Reinlichkeit war immer schon schädlich. Träufelt man Fruchtwasser auf das Rückenfell, dann suchen die Tiere die Warzen auf dem Rücken der Mutter. Dieses Verhalten verdankt sich einem Lernprozess. Schon im Uterus haben sich die Gedächtnisspuren für Geschmack und Geruch des Fruchtwassers tief ins Hirn eingeprägt. Denn die Rattenbabys müssen gar nicht explizit wissen, was Zitzen sind und wo sie diese – topographisch betrachtet – finden. Es genügt, dem Geruch nachzugehen. Und die emotionale Erinnerung, welches Wohlgefühl mit der Wahrnehmung des Geschmacks dieser chemischen Substanz ursprünglich verbunden war, leitet nun mit sicherer Führung die Nase an den Ort der Nahrung.

Im Fruchtwasser sind bei Föten bestimmte Verschaltungen der Geruchsbahnen mit dem Gefühl der Geborgenheit assoziativ festgelegt worden. Das ist einfacher, als pränatal einen »Lageplan« im Gedächtnis erzeugen zu müssen. Allerdings ist diese Einfachheit eine Erkenntnis neuester materialistischer Forschungsmethoden. Frühere idealistische

Ideologien und manche heutigen halten das Wissen von Neugeborenen für eine Eingebung, obwohl unstreitig ist, dass uns unser Wissen nicht von einer höheren Macht eingegeben werden muss, sondern dass wir es mit Hilfe der materiellen Beschaffenheit unseres Organismus erwerben können. Elementare Formen des Wissens werden durch Erfahrung geprägt.

Mit einer ähnlichen Prägung ist auch unser Gehirn für das zum Überleben notwendige Verhalten nach der Geburt ausgestattet. Die Prägung findet im Fundament des Gehirns statt, und sie behält ihre Spuren auch dann noch, wenn die darauf errichteten Gebäude zusammengestürzt sind. Viele Menschen, denen die gewonnenen Bewusstseinsspuren mit den Jahren ausgelöscht worden sind, werden in hohem Alter wieder wie die Kinder, denn die frühesten unbewussten Erinnerungen überstehen den Alterungsprozess am besten.

Der Mensch zahlt einen hohen Preis für seine frühe Geburt. Anders als die meisten anderen Tiere ist er in seiner Kindheit und oftmals lange darüber hinaus auf elterliche Fürsorge angewiesen. Während das Kleinkind heranwächst, begleitet es für viele Jahre eine frühe Angst: Angst vor dem Vermissen der geliebten oder ersehnten Person – der Mutter, dem Vater, dem Ernährer. Wo das Kind die Zeichen des Liebesentzugs bereits zu gut kennt, wird seine Angst sich entsprechend verstärken.

Wenn das Kind allein ist, vor allem in Dunkelheit, und wenn es eine fremde Person anstelle der ihm vertrauten Mutter findet, stellen sich Symptome der Angst ein. Angst ist beim Kind die Reaktion auf das Vermissen des Objekts der Liebe. Sie tritt auf in Situationen, die es als »Gefahr« wertet und gegen die der Mensch überhaupt versichert sein will. Solche Situationen enthalten tiefe Unbefriedigung. Sie sind gekennzeichnet, wie Freud sagt, von einem »Nichtnachlassen« der »Bedürfnisspannung«.[33] Der Mensch ist gegen sie ohnmächtig. Und hier wird Ohnmacht bereits mit einer unangenehmen Verbindung assoziiert, wodurch unsere später ausgeprägte Anfälligkeit für Versprechungen der Freiheit festgelegt wird. Das Gefühl der Freiheit vertreibt die Wahrnehmung und die Angst vor Ohnmacht. Deswegen ist es so schwer, den Menschen klarzumachen, dass viele Formen der Freiheit, insbesondere die Freiheit des Willens, eine Illusion sind. Wir erkennen hier auch, dass der Lernprozess des Säuglings vor allem darin besteht, zu begreifen, dass die meisten Angsterlebnisse grundlos sind. Erst wenn es gelernt hat, dass auch eine fremde Person ihm in der Dunkelheit Sicherheit und Geborgenheit vermitteln kann, wird es weitere Schritte zur Lösung von der Mutter tun können.

Der Säugling erlebt die Analogie zum Geburtserlebnis in jeder Wiederholung einer Gefahrensituation. »In beiden Fällen tritt die Angstreaktion auf, die sich auch noch beim Säugling als zweckmäßig erweist, indem die Richtung der Abfuhr auf Atem- und Stimmmuskulatur nun die Mutter herbeiruft, wie sie früher die Lungentätigkeit zur Wegschaffung der inneren Reize anregte. Mehr als diese Kennzeichnung der Gefahr braucht das Kind von seiner Geburt nicht bewahrt zu haben.«[34]

Jeden Menschen überfällt das Trauma seiner Geburt, aber jeder erlebt es anders. Niemand ist darauf vorbereitet, und wahrscheinlich wünscht es niemand herbei. Schwächere machen die ersten Erfahrungen intensiver als die Starken, sie bilden andere Grundlagen für ihr Sozialverhalten. Wenn die körperliche Schwäche sich über Jahrzehnte hinzieht und das Individuum die meiste Energie in seine intellektuelle Ausbildung steckt, haben Menschen eine gute Chance, ihre Schwäche in Stärke zu verwandeln. Eine Eigenheit der menschlichen Gesellschaft ist es, dass die weniger kräftig und gesund zur Welt Gekommenen den anderen leicht ein schlechtes Gewissen einreden können, wenn diese sich auf Dauer in der neuen Welt besser zurechtfinden werden. Wir haben mit diesem Mechanismus eine Strategie ausgebildet, die es erlaubt, auch die Leistungen der körperlich Schwachen und der emotional

Ängstlicheren zum Nutzen der Allgemeinheit verwenden zu können. Es ist der Mechanismus, der die moralischen Ängste erzeugt und eigentlich eine »Doppelmoral« beinhaltet. Wir erstreben Macht, indem wir Macht für nicht erstrebenswert erklären.

Kein geringerer als der Lieblingsdichter der Deutschen Johann Wolfgang Goethe hielt uns Menschen den Spiegel dieser Doppelmoral vor. »Es ist in der Welt nicht schwer zu bemerken«, teilt er in seiner autobiographischen Schrift *Dichtung und Wahrheit* mit, »daß sich der Mensch am freisten und am völligsten von seinen Gebrechen los und ledig fühlt, wenn er sich die Mängel anderer vergegenwärtigt und sich darüber mit behaglichem Tadel verbreitet. Es ist schon eine ziemlich angenehme Empfindung, uns durch Mißbilligung und Mißreden über unsersgleichen hinauszusetzen, weswegen auch hierin die gute Gesellschaft, sie bestehe aus wenigen oder mehr mehreren, sich am liebsten ergeht. Nichts aber gleicht der behaglichen Selbstgefälligkeit, wenn wir uns zu Richtern der Obern und Vorgesetzten, der Fürsten und Staatsmänner erheben, öffentliche Anstalten ungeschickt und zweckwidrig finden, nur die möglichen und wirklichen Hindernisse beachten und weder die Größe der Intention noch die Mitwirkung anerkennen, die bei jedem Unternehmen von Zeit und Umständen zu erwarten ist.«[35]

Nietzsche hatte diesen Gedanken am weitesten verfolgt. Mit den Systemen der Moral und Ethik kommt das Ressentiment gegenüber der Unbefangenheit in die Welt, mit dem sich die Starken, gut Gebauten, hoch Gewachsenen unbeschwert das nehmen, wonach ihre Bedürfnisse streben.

Moral stammt aus der Biologie des Menschen. Wie andere Strategien zur Anpassung ist sie von der Evolution hervorgebracht worden. Sie überträgt etwas Macht – manchmal auch zu viel – auf diejenigen, die von Natur aus wenig davon besitzen. Dass Moralen keine Machtsysteme seien, glauben nur die Moralisten. »Der kategorische Imperativ riecht nach Grausamkeit«, meinte Nietzsche[36]. Moral verändert die Gesellschaften von Grund auf. Zum Schrecken all derjenigen, die unbefangen Macht erleben, immunisieren sich Moral und Ethik gegen Kritik.

Verschiebung der Angst

Angst wird selbst zur Gefahr, weil wir sie auf nahezu alle Objekte übertragen können. Dem Säugling war diese Fähigkeit eine wichtige Errungenschaft. Denn zu den ersten Lernerfahrungen des Kleinkindes gehörte es, dass es den Unlustgefühlen der Angst ein Ende bereiten konnte. Die gefährlichen Situationen, die den Säugling an die eigene Geburt erinnern, verschwinden mit dem Auftreten eines in der Welt wahrgenommenen Objekts. Dieses Objekt war ursprünglich die Mutter. In Momenten der Angst ist die Nähe der Mutter die wirksamste Therapie. Die Angst des Kindes löst sich in ihrer liebevollen Nähe oder in der eines anderen Menschen, der das Objekt des Sicherheitsbedürfnisses ist, einfach auf.

Dadurch verschiebt sich der Inhalt der Gefahr. Nicht mehr die eigentliche Gefahr, nämlich das Ausbleiben der Versorgung, erzeugt die Angst, sondern dessen Bedingung. »Das Vermissen der Mutter wird nun die Gefahr, bei deren Eintritt der Säugling das Angstsignal gibt, noch ehe die gefürchtete ökonomische Situation eingetreten ist.«[37] So haben wir einerseits die Neuentstehung einer Angst vor Augen und andererseits zugleich die Reproduktion der Geburtsangst. »Geburtsangst« und »Säuglingsangst«, wie Freud sie nennt, gehören zusammen, denn sie beziehen sich beide auf die Trennung von der Mutter. Die erste Trennung, physisch schmerzvoller als die zweite, ist das Urbild, die zweite Trennung ist die Reproduktion, und diese enthält zunächst keinen aktuellen Angstgrund. Denn solange die Mutter bloß verschwindet, ist dies nicht schmerzhaft und auch nicht wirklich gefährlich. Erst wenn sie nicht wieder zurückkommt, hat die Angst eine aktuelle Grundlage. In dieser ersten Übertragung findet der Übergang von dem aktuellen Grund der Angst zum Erwartungshorizont einer Gefahr hin statt. Die erwartete Gefahr wird auch künftig den Großteil aller Angsterlebnisse abdecken.

Jedes Mal war die Rückkehr der Mutter, die uns in die Arme nahm, küsste, streichelte und mit ihrer Wärme Geborgenheit spendete, die größte Belohnung für das Aushalten der Angst. In den Monaten unserer größten Verletzlichkeit musste die Belohnung allumfassend sein. Sobald wir laufen und sprechen konnten, waren wir auch mit einem lobenden Wort und einer anerkennenden Geste zufrieden. Prägend war in jedem Fall das Erlebnis, dass die Angst verschwand, wenn jemand bei uns war. Wir haben sehr schnell gelernt, dass die Freude beim Verschwinden der Angst auf sehr viele andere Objekte übertragbar ist.

Für den Sozialverband ist es die entscheidende Erfahrung unserer Kindheit, dass die Angst verschwindet, wenn überhaupt jemand bei uns ist und uns liebt. Hierdurch werden assoziative Bahnen in unserem Gehirn festgelegt, die uns normalerweise das ganze Leben über begleiten.

Die größten Gefahren für die heutige Gesellschaft gehen davon aus, dass nicht bei allen Kindern eine dauerhafte Verschaltung jener assoziativen Bahnen erfolgte, weil sie das Gefühl zu selten oder gar nicht erlebt haben, dass die Angst verschwindet, wenn sie geliebt werden. Wenn diese Entwicklung ausbleibt, führen die Sicherheitsbedürfnisse, die Angst vor zermürbender Einsamkeit und tödlichem Hunger, in unglücklichen Fällen dazu, dass *Eros* nicht als lebensspendende Kraft wahrgenommen wird. Vielmehr erscheint er dann als die Gegenkraft, die Menschen in das Nichts hinausstößt, wo sie in Kälte und Dunkelheit erfrieren. Das Individuum fürchtet jetzt Liebe und Sexualität und meidet sie, weil diese ihm als Bedrohung der Sicherheit erscheinen. Sie machen Angst. Angst schafft Frustration. Der innere Druck wächst, weil die entspannenden Entladungen des Eros versagen. Die Frustration weckt neue Aggressionen; und diese lösen noch mehr Angst vor der Sexualität und der Liebe aus.

Es ist die Wertung des Abwehrens als feindlich oder die des Annehmens als freundlich. Freilich ist es ihre Hauptaufgabe, nicht passende Informationen als feindlich einzuordnen. Das Erkennen freundlicher Menschen ist zweitrangig hinter der Fähigkeit, Bedrohungen schnell und sicher zu erkennen. Das schnelle Erkennen des Feindlichen ist von größerer Wichtigkeit für das Überleben als das Erkennen des Freundlichen. Die meisten Menschen nehmen bedrohliche Gesichtsausdrücke deshalb schneller wahr als freundliche. Es bedarf oft des bewussten Trainings, das Freundliche dankbar anzuerkennen, während sich Missmut von selbst einstellt. Wir imitieren das Bedrohliche leichter als das Erfreuliche. So wie das misshandelte Kind auch seine eigenen Kinder misshandeln wird, so schlagen geprügelte Kinder oftmals auf den Schwächeren allein schon mit dem bösen Gesichtsausdruck ein, den sie ihrem eigenen Peiniger abgeschaut haben. Zuletzt identifizieren wir Menschen uns schneller mit dem Angreifer als mit dem Opfer. »Nichts fasziniert das Opfer so sehr wie der Täter, der es quält.«[38]

Genauer als der Erfinder der Psychoanalyse erkennen Neurobiologen heute die anatomischen Voraussetzungen für die einfache, aber wirkungsvolle Motivationsmaschine Angst. Sie motiviert meistens zu sinnlosen Handlungen, aber sie motiviert. Das Gehirn verarbeitet Angst vor allem in drei Regionen: dem präfrontalen Kortex, dem Hippocampus und der Amygdala, dem Mandelkern. Letzteres, eine kleine mandelartige Fortsetzung des Hippocampus, nach links und nach rechts im limbischen System angefügt, ist der Hauptsitz der Angst, hier geschieht die emotionale Auflading der gefahrvollen Erinnerungen. Freund-Feind-Schemata mit ihren verderblichen Konsequenzen für die komplexe Gesellschaft finden an der Amygdala ihre unübertreffliche Realisierung. Die Schnelligkeit, mit der sie die sensorischen Informationen in der Not verarbeiten muss, lässt kaum eine andere Reaktion zu als die Ja-Nein-Antworten, wobei sie zumeist dem Nein den Vorzug geben muss. In der Vorzeit unserer menschlichen Entwicklung garantierte diese einfache, aber schnelle Schaltung lebensrettende Entscheidungen.

Andererseits sind Menschen zu keiner Entscheidung mehr fähig, wenn die Amygdala geschädigt ist. So erklären uns Neurobiologen heute, dass die philosophischen Lehren der Entscheidung, die sich allein auf Vernunftgründe berufen, keine Gültigkeit haben können, weil der Hauptbestandteil einer jeden Entscheidung im limbischen System liegt. Natürlich müssen Philosophen jetzt um ihre seit Jahrtausenden beanspruchte Definitionshoheit in ethischen Fragen fürchten. Mit anderen Worten: sie haben Angst – speziell: Selbstverschwindensangst. Denn weil wir im Raum der Wissenschaft Theorien statt Menschenleben sterben lassen, wie es Karl R. Popper (1902–1994) einmal formuliert hat, werden Wissenschaftler stets von der Angst verfolgt, ihre Theorien könnten bald schon in die Bedeutungslosigkeit absinken.

Moralphilosophen haben naturgemäß die stärkste Angst davor, dass nicht rationale Vernunftgründe unser Handeln bestimmen, sondern irrationale Angst. Nicht weil es vernünftig ist, haben wir Moralen und Ethiken, sondern weil wir Strategien benötigen, um uns den intensiven sensorischen Stimuli nicht aussetzen zu müssen. Der Hauptgrund für die Existenz von Moral und Ethik liegt in der Vermeidung überbordender Stimuli wie Angst.

Zu diesen intensiven Stimuli gehört vor allen Dingen die Sexualität, aber auch die Erinnerung, dass wir Menschen von der Natur abstammen. Daher hören wir in den Moralgeboten, dass wir das Schamgefühl anderer Menschen nicht verletzen sollen und sie nicht an ihre Abstammung aus der Natur erinnern mögen. Der Vergleich des Menschen mit Naturwesen (Heuschrecken, Raubtieren, Kröten, Affen, Schweinen usw.) gilt als unmoralisch. Der Mensch will ein Vernunftwesen sein, das über der Natur steht. Moral hat durch ihre Angst vor der Natürlichkeit stets auch einen Hang zur Naturfeindlichkeit. Den Menschen als Herrn einzusetzen bedeutet, ihm die Natur untertan zu machen. Heute haben wir schwer damit zu kämpfen, ihm die Grenzen seiner Herrschaft über die Natur bewusst zu machen. Das Gute der Moral hat auch seine schlechten Seiten. Wer immer nur gut sein will, kann genau deswegen unaushaltbar sein.

Die Rede vom Menschen als einem Vernunftwesen erfüllt in erster Linie die Funktion, ihn von der unerträglichen Erinnerung abzulenken, dass er ursprünglich und eigentlich ein Tier ist. Es gibt Institutionen, die es verbieten wollen, vom Menschen als von einem Tier zu sprechen. Dies hat bereits 1860 eine viktorianische Dame formuliert. »Hoffen wir, meine Liebe, dass es nicht wahr ist«, sagte sie damals über Darwins Thesen seufzend zu ihrer Freundin, »aber wenn es wahr ist, wollen wir beten, dass es nicht allgemein bekannt wird!«[39] Man kann an der Bewertung der Abstammungslehre geradezu eine Angst vor Darwin erkennen. Sie hat sich übertragen von der Evolution auf deren Entdecker.

Unser moralisches Empfinden und die Grandiosität, die der Mensch sich selbst zuschreibt, lassen es dem Alltagsverstand geschmacklos erscheinen, wenn Philosophen wie Schopenhauer vermuten, dass das Wort »Anthropologie« viel zu hoch gegriffen sei und das Wort »Zoologie« vollkommen ausreiche, um das Wesen des Menschen zu verstehen.

Tatsächlich finden wir, dass die komplexeren und langsameren Verarbeitungsmechanismen der Großhirnrinde in ihrer intellektuellen Leistung durch Erinnerung an tierische Triebhaftigkeit und natürliche Sexualität sowie andere überbordenden Gefühle massiv gestört wird. Wenn Sie ein Buch lesen oder einen Brief schreiben wollen, dürfen Sie nicht ständig an Hunger, Durst und Sex denken. Tätigkeiten der Großhirnrinde werden gestört durch diese natürlichen Bedürfnisse. Umgekehrt ist nichts so lächerlich, wie die Intellektualisierung des Hungers oder des Sex.

Die »höheren« Formen der rationalen Moral und Ethik befördern durchweg eine Natur- und Leibfeindlichkeit.

»Ethik ist aber Triebeinschränkung«, diagnostizierte Freud deswegen mit Recht.[40] Sind dagegen die höheren Formen der Rationalität eingeschränkt, setzt sich die Natur wieder durch. So sehen wir, dass die schwersten Formen des Beherrschtwerdens von Angst alle unsere Entscheidungen stets wieder genau auf dieses einfache Ja-Nein-Bewertungssystem reduzieren. Traumatisierte Menschen haben jede Befähigung verloren, ihren Entscheidungen differenzierte Motive zugrunde zu legen. Sie nehmen nur die einfache Struktur des Alles oder Nichts wahr. Ihre Entscheidungen sind daher unangemessen, übersteigert, unverhältnismäßig.

Die jüngsten Erfahrungen unserer Gesellschaft mit Terroristen und Amokläufern scheinen die Theorie zu bestätigen. Der durchschnittliche Amokläufer ist wie der Suizidattentäter ein in seiner Sexualität gestörter Mensch. Seine Urteile stammen aus der Regression des Wahrnehmungsapparates auf die ursprüngliche Ja-Nein-Schaltung. Sie äußert sich in seinem dogmatischen Freund-Feind-Schema sowie im einfachen Muster von Gut und Böse und in der Zwanghaftigkeit, seinen verletzten Narzissmus sofort wieder zu stärken. Taten vermeintlich ausgleichender Gerechtigkeit dulden in seiner Wahrnehmung keinen Aufschub. »Der guckte so doof, da musste ich mich doch wehren!«, hören wir auch von Gewalttätigen nicht selten als Rechtfertigung.[41]

Regression der seelischen Organisationsmöglichkeiten bedeutet, dass der Erwachsene durch Angst, Stress und traumatisierten Narzissmus in das infantile Bewertungsschema zurückfällt. Der Entwicklungsstufe des Kleinkindes war dieses einfache Raster zwischen Reiz und Reaktion noch angemessen; für das ausgewachsene Gehirn bedeutet es jedoch einen Rückschritt. Auch unser seelisches System schreitet normalerweise von einfacheren zu komplexeren Formen fort. Sobald aber die komplexeren Formen nicht zustande kommen, stellt die Psyche ihre Tätigkeit nicht einfach ein, sonst fiele der Betroffene in ein Koma und müsste sterben. Der Organismus reagiert statt dessen auf seelische

Störung mit zahlreichen regressiven Handlungen, die stets primitiver funktionieren, als es dem Alter des Individuums angemessen wäre.

Die zahlreichen Rückfälle ins infantile Empfinden und Verhalten haben ihre Ursache in der Verminderung von Angst. Sie sind begleitet von einer Verwandlung des aktiven Handlungsmodus in Passivität. Statt die Langeweile durch Arbeit oder künstlerische Produktion zu vertreiben, müssen Zigaretten, Zigarren oder Flaschen zum ständigen Festsaugen als Ersatz für den Schnuller herhalten. Ein durch Angst gelähmter Erwachsener klagt daher lieber über die schlechte Versorgung durch den Staat, durch Vorgesetzte, Ehepartner und Freunde, als seine Versorgungslage selbst in die Hand zu nehmen. Sein seelisches System hat seine Tätigkeit partiell eingestellt und versetzt das Bewusstsein in einen komatösen Zustand. Dieses bejammert die mit seiner Tatenlosigkeit verknüpften Ausfälle an Entwicklung und Befriedigung. »Immer muss ich meine Freunde anrufen, meine eigene Frau redet ja nicht mit mir!« oder: »Wenn mich mein Mann lieben würde, hätte er doch nicht verlangt, dass ich meinen Beruf aufgebe.«

So bestimmt Regression auf archaische Ordnungsbedürfnisse auch viele Symptome der Zwangskranken. Es müssen einfache Mechanismen sein, welche geeignet scheinen, einen unordentlichen Zustand wie etwa schmutzige Hände in einen ordentlichen, nämlich saubere Hände, zu verwandeln. Der Mechanismus, mit dem der Zwang dann ausgeübt wird, ähnelt einer Sucht. Es ist die Sucht nach Entlastung der Angstspannung, und sie drückt sich in der Wiederholung der entspannenden Aktion aus. Hände werden so lange gewaschen, bis die strapazierte Haut schmerzt oder andere Zwänge keine Zeit zum Waschen mehr lassen.[42]

Unser Lebensglück hängt auch von der Glücksfähigkeit unserer Eltern ab. »Zufriedene Hauseltern« haben die günstigste Prognose für psychisch stabile Kinder. Danach kommen »zufriedene berufstätige Eltern«, während zuletzt »unzufriedene berufstätige Eltern« die drittbeste und schließlich

»unzufriedene Hauseltern« die schlechteste Prognose für psychisch stabile Kinder haben.[43]

Viel hängt also ab von der Art, wie uns Trennungsangst vom Moment der Geburt an erleichtert wird. Aber auch die weitere Entwicklung verläuft über einen nicht minder unsicheren Weg der Reaktion anderer auf unser Verhalten. Wir bewegen uns in größer werdenden Radien und erkunden neugierig unsere Umgebung. Wir riskieren dabei stets auch, die Verbindung zum »Nest« zu verlieren. Daher versichern wir uns nach jeder errungenen Bewegungsfreiheit der Zustimmung der Mutter. Stets müssen wir herausfinden, ob wir uns ihrer Liebe und Geborgenheit noch sicher sein können. Ob wir einmal in der Lage sein werden, durch ein Lächeln oder ein liebes Wort unsere Freiheit von Angst auch auf andere zu übertragen, hängt davon ab, ob sich in unserem Gehirn Verschaltungen dauerhaft gebildet haben, mit denen wir das Verschwinden von Angst und die vielfältige Nähe von liebenden Menschen assoziativ in Verbindung bringen können. Solange wir selbst in unserer Reaktion auf die Gefahr des Verlassenwerdens auf wenige Laute und Gesten eingeschränkt sind, erfordert eine optimale Ausbildung von jedem Elternteil geduldiges Einfühlungsvermögen.

Der stark geforderte, aber immer noch stolze Vater eines knapp Einjährigen erlebt nicht selten Nächte, in denen er bedingungslos seinen Schlaf unterbrechen muss, damit der plärrende Sprössling sein Fläschchen bekommt. Einmal vergisst der Vater, den Deckel zwischen Sauger und Inhalt zu entfernen. Vergeblich saugt der Kleine am Schnuller der Flasche, aber es kommt keine Nahrung durch. Jetzt schreit das Kind mit einem deutlich gesteigerten aggressiven Ton. Und obwohl die Ursache des Wutausbruchs schnell gefunden und beseitigt ist, dauert es eine halbe Stunde, bis sich das Kind beruhigt hat und erneut bereit ist zu trinken. »Der Sinn dieser elementaren narzisstischen Wut«, erklärt der Narzissmusforscher Schmidbauer, »ist eine Zeichensetzung. Die Selbstobjekte sollen wissen, was sie nicht tun dürfen.«

Keinesfalls dürfen sie das Selbstgefühl traumatisch überfordern.[44]

Verschaltungen in unserem Gehirn bilden, verstärken und halten sich nur dann flexibel, wenn sie gebraucht und genutzt werden. Die Bahnen der Angsterlebnisse und der Mechanismen ihrer Beseitigung sind deswegen so prägend für unser gesamtes Leben, weil sie so oft beansprucht werden. Nahezu alles, was das Kleinkind lernen muss, verursacht Unlustgefühle und Stress. Es kann nicht abschätzen, wozu es gut sein soll, Windeln zu wechseln, solange es sich nicht unwohl fühlt in den Windeln. Von den Eltern erfordert es viel Geduld und Einfühlungsvermögen, den Zeitpunkt genau zu bestimmen, wann dem Kleinen die Sache mit den Windeln so unangenehm wird, dass er sich gern helfen lässt. In einer Gesellschaft, die auf Angst aufgebaut ist, bringen jedoch immer weniger Menschen diese Geduld und dieses Einfühlungsvermögen auf. Sie hatten selbst kaum Gelegenheit, die Verschaltungen in ihrem Gehirn so zu festigen, dass der schnelle Rückfall in primitive Reaktionen nach dem Muster von gut und böse ausbleibt, wenn die unerfüllten Geborgenheitsansprüche des Kindes in Angst, Stress, Wut und Aggression umgeschlagen sind. Eine Gesellschaft, die ihre Bürger zu Vollstreckern von Rahmenrichtlinien erzieht, muss sich nicht wundern, wenn mehr und mehr Eltern kein Einfühlungsvermögen ausbilden können, um durch Geborgenheit, Lächeln und Liebe die Angst ihrer Kinder zu vermindern. Die reine Orientierung an allgemeinen Standards zerstört das Gefühl für das Individuum und die besondere Situation.

Mit dem Durchschneiden der Nabelschnur trennen wir die physische Verbundenheit mit der Mutter. Jetzt aber beginnt der Ausbau einer festeren Verbindung: die psychische Abhängigkeit.

Die unsichtbare Begleiterin

Haben Sie beim Einkauf im Supermarkt schon einmal nur das eingekauft, was Sie wirklich benötigten? Oder passiert es Ihnen regelmäßig, dass Sie nicht nur mehr Lebensmittel als nötig, sondern sogar allerlei Kleinkram mitnehmen, von dem Sie vor dem Einkauf nicht einmal wussten, dass es ihn gibt? Wenn Sie nicht zu dem Heer der Arbeitslosen oder zu den immer zahlreicher werdenden Familien gehören, die trotz doppelten Verdienstes kaum mehr über die Runden kommen, dann lautet die Antwort im ersten Fall »Nein« und im zweiten Fall »Ja«.

Denn während Sie einkaufen, haben Sie eine ständige Begleiterin, die Ihnen unsichtbar die Hände führt und die Beine lenkt. Sie heißt »Angst« und meint es gut mit Ihnen. Ihr Wohnort sind die tiefen Schichten Ihres Gehirns, wo sich die elementaren Lebensfunktionen und Daseinsbedürfnisse eingraviert haben. Sie macht sich nur bemerkbar, wenn Sie im Begriff sind, von vorgezeichneten Wegen abzukommen. Die vorgezeichneten Wege sind die bewährten Strategien zur Sicherung des Überlebens und zur erfolgreichen Weitergabe gesunden Erbmaterials. Deshalb meldet sich die Angst auch, wenn Sie etwa mit Vernunft einkaufen wollten.

Unsere vorsintflutlichen Vorfahren waren gut beraten, im Falle plötzlicher reicher Beute so viel zu fressen, wie sie nur konnten. Anders als in der Überflussgesellschaft war es damals nicht gewährleistet, dass sich am nächsten Tag schon wieder eine solche Gelegenheit bieten würde.

Sobald Sie zurückhaltend werden beim Zugreifen im Supermarkt, meldet sich bei Ihnen diese archaische Angst vor dem Verhungern. Sollten Sie sogar mit hungrigem Magen einkaufen, verstärkt sich der Druck zusätzlich. Sie spüren die Angst nicht unmittelbar, aber sie kennen das schöne Gefühl, wenn sie nicht da ist. Der Anblick der schmackhaft aussehenden Sachen, die Sie überall vorfinden, erzeugt die Erwartungshaltung, zuzugreifen. Wird die Erwartung erfüllt, bleibt der Unlustzustand aus, den andernfalls die Angst als Vorboten zur Beunruhigung Ihres Wohlbefindens geschickt hätte.

Versuchen Sie – falls Sie überhaupt daran denken –, beim nächsten Einkauf die Vernunft zu Wort kommen zu lassen. Finden Sie rationale Argumente, warum Sie diese oder jene Ware kaufen sollten. Sie werden sehen, dass Sie nicht viel weniger eingekauft haben. Aber etwas anderes ist geschehen. Sie haben sich bessere Rechtfertigungen durch rationale Argumente für Ihre Einkäufe eingeredet. So machen Sie vielleicht einmal mehr die verletzende Erfahrung, dass Ihr Handeln nicht von der Vernunft gesteuert wird, sondern von der Angst.

Doch es ist nicht alles verloren. Sie könnten sich vor dem Einkauf zu Hause eine Einkaufsstrategie zurechtlegen. Sie gehen emotionslos durch die Küche und schreiben sich nur das auf, was dort fehlt und was Sie einkaufen möchten. Anschließend gehen Sie im Supermarkt stur nach Ihrer Liste vor. Jetzt werden Sie wirklich sehen, dass Sie weniger eingekauft haben.

Aber Ihre Unvernunft meldet sich selbst bei diesem Verfahren zu Wort. Sie werden einerseits ständig gegen das mehr oder weniger starke Gefühl, die vernünftige Planung verlassen zu wollen, ankämpfen müssen. Und, was das Schlimmere ist, Sie werden andererseits auf Dauer nur mit dieser Strategie einkaufen gehen, wenn Sie ein emotionsarmer Mensch sind, den letztlich die Angst vor der Leidenschaft zu dieser vernünftigen Einkaufsstrategie getrieben hat.

Diäten sind in der Evolution nicht vorgegeben, und beim Einkauf begleitet Sie die Angst vor dem Verhungern. Deswegen ist es so schwer, sich an eine Diät zu halten, sofern man nicht zu den äußerst disziplinierten Menschen gehört. Durch die Evolution sind wir wie fast alle Lebewesen darauf festgelegt, Kalorien zu uns zu nehmen, wann immer sie verfügbar sind. Dabei nehmen wir Kalorien nicht pflichtbewusst zu uns. Sie müssen zugleich einen anderen Reiz befriedigen: Sie müssen gut schmecken. Dass kalorienreiche

Nahrung, wie Zucker, Eiweiß, Fett, gut schmeckt, ist eine biologisch fest programmierte Eigenschaft, die einen entscheidenden Nutzen für das Überleben hat. Was uns von der Natur so vorgegeben ist wie das Gefühl, wenn uns etwas gut schmeckt, das bedarf keiner Pflicht mehr, insbesondere keiner moralischen Pflicht, um ausgeführt zu werden. Bei unserer Lieblingsspeise greifen wir automatisch zu, wir müssen uns dabei nicht wie bei einer bitteren Medizin einreden, dass sie gut für unsere Ernährung sei. Und in dieser Motivation ist die natürliche Neigung der bloßen Pflichterfüllung stets überlegen. Pflichterfüllung muss immer auch fürchten, dass sich am Ende die Natur durchsetzen wird und nicht die Pflicht.

Während vieler tausend Jahre gab es für Individuen nicht das Problem, dem Reiz des angenehmen Geschmacks widerstehen zu müssen. Gegen Überernährung brauchte die Natur keine Vorkehrungen durch Veränderungen an der Hirnsubstanz zu treffen. Mit den sich rasend verändernden gesellschaftlichen Verhältnissen hat sich allerdings ein großer Anteil der reichen Länder der Welt inzwischen überernährt. Die Programmierung des Gehirns ist auf Nahrungsknappheit eingestellt, aber Menschen des Wohlstands benötigten heute ein Gehirn, das mit Nahrungsüberfluss umgehen kann.

Das Beispiel der Ernährung zeigt uns, dass unser Gehirn die weitaus meiste Zeit einer grundsätzlich menschen- und lebensfeindlichen Umwelt ausgesetzt war. Die angstauslösenden Gefahren aus dieser Vorzeit prägen uns noch heute, obwohl sie aus der Außenwelt weitgehend verschwunden sind.

Aber Angst ist eine Emotion, die die Evolutionsgeschichte zu tief in uns verankert hat. Sie kommt als verhaltenssteuernder Instinkt schon bei wirbellosen Tieren vor – sogar bei einem so emotionslosen Wesen wie der Seeschnecke. Wissenschaftler konnten das außerordentlich langsame Tierchen derart konditionieren, dass es auf Reize überempfindlich reagierte.[45] »Sensitisation« nennen Verhaltensforscher den Vorgang, der durch wiederholten Stimulus dazu führen kann, dass schließlich auch bei deutlich schwächerem Reiz die Schnecke mit gesteigerter Empfindlichkeit reagiert. Offenbar kann jedem Lebewesen eine neurotische Angstreaktion antrainiert werden – bei Menschen noch schneller als bei Seeschnecken. Dies ist eine der vielen schwachen Seiten der Angst. Doch hat sie auch eine starke Seite. Denn ohne diese Emotion könnten wir auf große und kleine Bedrohungen nicht entsprechend reagieren. Gäbe es die natürliche Angst nicht, die wir »Furcht« nennen, wäre die Menschheit schon der ersten Generation ausgestorben.

Die Vorgeschichte der Angst gehört in den Naturzustand des Menschen, wo Angst ein natürliches Frühwarnsystem war, das den Organismus in Alarmbereitschaft versetzte, zu höchster Aufmerksamkeit motivierte und die körperlichen Kräfte in Anspannung versetzte. Der Organismus war dadurch gegen Angriffe aus der rohen Natur gerüstet: dem Hunger wilder Tiere und Menschen, der Unberechenbarkeit des Klimas, der Laune der Götter.

In der modernen Welt ist dieses Frühwarnsystem in seiner ursprünglichen Ausstattung nicht mehr nötig. Aber wir können es nicht einfach entsorgen. Wir müssen mit seiner Präsenz weiterhin rechnen und leben. Das Frühwarnsystem Angst reagiert jedoch heute auf vollkommen andere Impulse. Sie stammen nicht mehr zum überwiegenden Teil aus der Natur, sondern sie kommen heute vor allem aus der Kultur. In dem Maße – so scheint es –, wie sich Angst gegenüber der Natur erübrigt, findet sie Eingang in unsere Systeme der Moral. Durch die Verwandlung der Angst vom Natur- zum Kulturphänomen erlangt sie eine vollkommen neue Bedeutung. Damit sind neue Chancen, aber auch neue Risiken für uns Menschen verbunden, mit denen wir uns längst nicht hinreichend auseinandergesetzt haben. Mit dem Auseinandertreten von Natur und Kultur wird es überhaupt erst sinnvoll, von Angst zu sprechen. Zuvor liegen Angst und Furcht so dicht beieinander, dass sie kaum voneinander zu unterscheiden sind. Beide sind anfangs an leibhafte Bedrohungen gebunden. Die Angst der Vorzeitmenschen vor den Göttern war noch nahezu identisch mit der Furcht vor der Unberechenbarkeit der Natur. Die reale Gefahr eines Gewitters drückte sich unmittelbar aus in der donnernden Gottheit.

Wie eine Sucht ist die Emotion Angst in unsere Köpfe eingeschrieben, als wäre sie ein Verlangen nach Kuchen, Fetten oder Religion. Welches aber sind die Gründe, die einen Teil der Bevölkerung der im Überangebot lebenden Menschen zum Verzicht bewegen kann, den anderen Teil jedoch nicht? Allein dieser große Unterschied zwischen den Verhaltensweisen menschlicher Individuen gegenüber dem Nahrungsangebot verweist auf das Maß, in dem sich der Mensch vom Tier unterscheidet. Wenn wir verstehen könnten, wie wir den Verlockungen in der Ernährung standhalten, können wir vielleicht auch verstehen, wie wir uns gegen die gefährlichen Auswirkungen der Angst zur Wehr setzen. Wir Menschen sind nicht vollkommen anders als Tiere, auch wenn unser Gehirn es akzeptiert, den einen Reiz durch einen anderen schneller zu ersetzen.

Um sich auf die moderne Lebensweise der Gegenwart einzustellen, hatte unser Organismus äußerst wenig Zeit. Das Zentrum für Angst ist es noch gewöhnt, stets in Alarmbereitschaft zu sein, aber die Umwelt gibt heute kaum noch Anlass, den Alarm sinnvoll auszulösen. Anders gesagt: Wir haben ein evolutionär fundiertes Bedürfnis, Angst erleben zu können. Und dieses Bedürfnis muss befriedigt werden. Von der Natur erhält der zivilisierte Mensch seine Angstreize nur noch in außergewöhnlichen Fällen. Wie sieht aber die »artgerechte« Angst für den Menschen überhaupt aus?

Seit Jahrtausenden leistet uns das menschliche Gehirn ohne nennenswerte Veränderungen in seiner Hardware große Dienste. Wir wissen, dass dieses Gehirn seit etwa 30 000 Jahren keine wesentlichen Veränderungen erfahren hat.[46] Es ist dieselbe Hardware, die dem Höhlenmenschen diente und nun im Computerzeitalter Schritt halten muss. Dieser Befund zeigt, wie anpassungsfähig dieses Gehirn ist. In ihm treffen zwei Welten aufeinander. Die eine stammt aus unserer Urvergangenheit und hat tiefe Spuren in der Hardware des Gehirns hinterlassen. Die andere ist so neu wie unser eigenes Leben und muss neue Programme mit alten Maschinen bewältigen. Menschen, denen Reize zur Verarbeitung im Gehirn fehlen, werden krank. Eine dieser Kulturkrankheiten ist die Depression. Sie hat mit der Angst vieles gemeinsam.

Entdeckung der Angst

Das Standardwerk *Psyche* des deutschen Gelehrten der Romantik Carl Gustav Carus (1789–1869) beschäftigt sich ausführlich mit den Gefühlszuständen Freude, Trauer, Liebe und Hass. Aber selbst unter den krankhaften Gemütszuständen taucht die Angst in seinem Buch nicht auf. Literatur und Philosophie der Goethe-Zeit zeigen denselben auffälligen Mangel. Haben die Menschen vor zweihundert Jahren weniger Angst gehabt, oder haben sie diese nur erfolgreicher verdrängt?

Beides scheint der Fall zu sein. Angst war nicht das beherrschende Thema, und die Themen, die wirklich Angst verbreiteten, lösten sich schnell auf in Gottesfurcht. Zur Behinderung im Lebensalltag durfte Angst nicht werden. Unermüdliches Arbeiten verdrängte die Angst erfolgreich. Die stetige Wiederholung des Gleichen im Tages-, Wochen- und Jahresrhythmus hielt die Angst in der Verdrängung. Der bewusste Umgang mit Angst und ihrer Verminderung ist ein Phänomen der Moderne. Und erst in der Gegenwart stoßen wir auf die überragende Bedeutung, die das Vermögen, Angst zu erleben, für das menschliche Handeln hat.

Die Menschen des Mittelalters und der frühen Neuzeit waren gezwungen, Angst anders wahrzunehmen als wir heutigen. Außer der Allgegenwart der Kirche gab es kein Massenmedium. Bevölkerungsexplosion, Ausbeutung natürlicher

Ressourcen, nukleare Bedrohungen und viele unserer heutigen Verlustängste waren weitgehend unbekannt. Dafür jedoch haben Existenz-, Jenseits- und Todesängste, aber auch Angst vor bösen Geistern, soziale Ängste und Angst vor Krankheiten sowie deren Behandlung durch hilflose Ärzte wahrscheinlich größere Verbreitung gefunden. Viel stärker als heute war auch die Angst vor der Wissenschaft ausgeprägt. Die Erforschung der Realität erhöhte das Risiko, vertraute Ordnungen zu verlieren. Die Vermeidung von Realität ist die Vermeidung von Angst. »Das Heilige ist der gesicherte Raum und das Versprechen als das Hinaustragen der Sicherung in die Welt sind die Grundcharakteristika von Religion«, lautet die Antwort auf die Frage, warum Religion und die Erforschung der Realität einander feindlich gegenüberstehen.[47] Religion ist Risikovermeidung; Realität jedoch birgt Risiken, die sich dem Glauben, Wünschen und Hoffen rücksichtslos widersetzen können. Die Menschen der vormodernen Epochen konnten es sich nicht leisten, sich bewusst zu machen, dass sie Angst hatten.

Dann geschah etwas Eigenartiges. Im Jahr 1855 diagnostizierte der irische Internist und Herzspezialist William Stokes (1804–1878) eigentümliche Symptome bei einem Mann mittleren Alters. »Er bekam öfters Paroxysmen von schneller und heftiger Herzbewegung, sie waren jedoch weder unregelmäßig noch intermittierend; dabei stellten sich heftige Präcordialangst und Beklemmung ein, mit einem peinlichen Gefühl herannahenden Todes. Die Respiration war beschleunigt und mühsam, und diese Anfälle kehrten so häufig und in so bedeutendem Grade wieder, dass der Kranke die Überzeugung gewann, er habe ein gefährliches Herz- und wahrscheinlich auch Aortaleiden. Seine Stimmung wurde gedrückt, und er erwartete nichts anderes, als dass er in einem dieser fürchterlichen Paroxysmen sterben würde. Die Dauer des Anfalls war unbestimmt; in der freien Zeit waren keine Symptome von einem Herzleiden vorhanden, Herzschlag und Töne waren ganz normal.«[48] Die Angstsymptome, die der Patient äußerte, nahm Stokes wahr, aber sie weckten um so mehr Verwunderung bei ihm, als er aufrichtig zugeben musste: »Der Mann litt nicht an Einbildung; er war kräftig gebaut, hatte die Erde umsegelt und die Beschwerden der Reise ohne Nachteil ertragen.« Stokes therapierte ihn wie einen Herzpatienten. Die Kur schlug an. Nach einer ärztlich verordneten kurzen Seereise und Einnahme einer Eisenmixtur verschwanden die Symptome. Der Arzt glaubte, eine neue Herzkrankheit entdeckt zu haben, die er unter dem Oberbegriff »Anomalien der Herzbewegung« einordnete. Tatsächlich war der kräftige Patient nicht herzkrank. Er war angstkrank. Stokes hatte die Angst als eine Krankheit entdeckt. Aber die Krankheit war nicht erst jetzt unter die Menschen gekommen.

Ein Philosoph der Spätantike und ein genauer Beobachter der Menschen hat dieses Phänomen bereits vor 2000 Jahren wahrgenommen. Aber seine Zeit war nicht reif für die Verwendung dieser Entdeckung. Selbst der modernen Wissenschaft ist der Philosoph als der eigentliche Entdecker der Angst bislang nicht aufgefallen. Die Rede ist von Seneca (4 v. Chr.–65 n. Chr.), dessen Lehre der Freiheit von Angst uns hilfreicher sein könnte als viele moderne Ethiken. Ihm war bereits klar geworden, dass es einen Unterschied zwischen Angst und Furcht geben müsse. Indem Geisteswissenschaftler heute zumeist davon ausgehen, dass der antike Mensch unsere Angst im Sinne einer unbestimmten »Weltangst« noch nicht gekannt habe, sondern stets nur das, was wir heute unter »Furcht« verstehen – nämlich die Reaktion auf eine konkrete Gefahr –, übersehen sie, dass Seneca sehr wohl eine Vorstellung von der unbewussten, unterschwelligen, emotionalen Färbung unseres Lebensgefühls kannte und sogar das Spezifische der Angst als einer Krankheit beobachtet hatte. Die Natur erinnere den Menschen nämlich auf Schritt und Tritt an seine Sterblichkeit. »Das ist nicht Furcht (lateinisch: timor)«, kommentiert der Philosoph den Zustand, wenn uns die Wahrnehmung eines tiefen Abgrunds an die Vergänglichkeit an sich erinnert, »sondern ein natürlicher Affekt, der dem Verstand unzugänglich ist.«[49] Hierdurch wird Seneca zum eigentlichen Entdecker der Angst. Er hatte noch kein Wort für dieses Phänomen. Er wusste nur, dass der Verstand ungeeignet ist, es zu erfassen, und war damit auf die Spur zum Unbewussten geraten.

Den Weg dorthin weist uns erst eine Modekrankheit in der zweiten Hälfte des 19. Jahrhunderts. Sigmund Freud (1856–1939) war am nächsten zu ihren Wurzeln vorgedrungen – die Hysterie. Hysteriekranke stellten im 19. Jahrhundert die vom Paradigma der Vernunft fehlgeleiteten Ärzte vor ein unlösbares Problem. Zunehmend füllten sich Irrenhäuser mit Menschen, die wirres Zeug redeten, zusammenhanglose Phantasiefetzen mit großem Pathos verkündeten und wie vom Teufel besessen schreiend in Krämpfe und Ängste verfielen. Die Therapie der Nervenärzte und Seelenheiler war kaum verschieden von den Methoden der Teufelsaustreiber des Mittelalters. Die Menschen mussten entweder zur Vernunft gebracht oder aus der Gesellschaft der Vernünftigen entfernt werden. Nur der Zustand der Vernunft war ein humaner Zustand. Was nicht der Vernunft fähig war, wurde auch nicht human behandelt. Güsse mit eiskaltem Wasser oder Elektroschocks sollten die Kranken wieder zur Vernunft zwingen. Da durchbrach der junge ehrgeizige Arzt Sigmund Freud das Tabu und legte die Hysteriekranken auf eine Couch. Seine einzige Tätigkeit war es dann, nichts zu tun – auch kein Vorurteil über die Unvernunft ihrer Aussagen zu haben.

Dass die Hysterie im 19. Jahrhundert eine Modekrankheit wurde, hat viel mit dem Verlust der Religion zu tun. Das 19. Jahrhundert ist ein Jahrhundert des Atheismus. Endgültig war den modernen Menschen der zivilisierten Welt das Vertrauen in die göttliche Macht verlorengegangen. Weltangst breitete sich aus in dem Maße, wie die Heilsgewissheit schwand. Es musste die irdische Welt mit anderen Angeboten für den Verlust der Religion entschädigen. Wo der Ersatz für die verlorene Religion fehlte, litten die Menschen am Dasein. Freud selbst hat später entdeckt, dass die Zwangsneurose Religion erfolgreich vor anderen Neurosen schützt.

In einer Welt, in der reale Gründe für Angst kaum mehr in alter Form gegeben sind und neue Gründe ständig ihr Erscheinungsbild ändern, kann Angst selbst zur Bedrohung werden. Wir müssen also lernen, mit dem Maß an Angst, das unser Körper unabhängig von einer realen Gefahr hervorbringt, sinnvoll umzugehen. Wer mit seiner Angst umzugehen gelernt hat, lebt glücklicher, kreativer und löst Probleme schneller. Ihm kann auch Stress weniger anhaben als anderen. Menschen, die nicht von ihren Ängsten beherrscht werden, sind zudem nettere Menschen. Sie sehen im anderen weniger die Bedrohung als die Bereicherung.

Was ein Mensch an Bosheit anderen antut, ist nicht selten der Reflex seiner eigenen Angst. Neonazistische Skinheads, die in Gangs durch die Straßen ziehen und anderen Leuten durch ihr Machtgebaren eine Bedrohung sind, haben eigentlich nur Angst. In ihrem Inneren steuert sie eine zutiefst instabile und ängstliche Charakterstruktur. Während sie Stärke demonstrieren, ist ihnen eigentlich ihre eigene Schwäche ganz nah. Lauthals grölende jugendliche Männer bekommen schnell Angst vor der eigenen Courage, wenn ihnen ein Mensch in Uniform gegenübersteht und ihnen mit dem Gesetz droht. Wo Religion noch lebendig ist, kann schon die Erinnerung an den strafenden Gott Ehrfurcht einflößen. Die Gesichter der Angst verstecken sich oft hinter Gebärden der Macht. Während wir andere Gefühle oder Emotionen wie Liebe und Glück als solche gern zur Schau tragen, tritt Angst in einer Verkleidung auf und wird so für das ungeübte Auge unkenntlich.

Von der Natur zur Kultur der Angst

Mit der Kultur entstehen neue Ängste in zuvor unbekanntem Ausmaß. Die Errungenschaft ideeller Werte wie Freiheit zieht neue Verlustängste nach sich. Menschen, die Freiheit nicht als einen Besitz betrachten, haben auch keine Angst vor ihrem Verlust. Bis weit in die Neuzeit hinein haben Rechtssysteme den Freiheitsentzug kaum als geeignetes Mittel des Strafvollzugs angesehen. Menschen durch Freiheitsentzug bestrafen zu wollen, setzt voraus, dass Freiheit als das höchste Gut betrachtet wird. Solange Menschen weder Freiheit noch Eigentum besitzen, erachten Gesellschaften Freiheitsentzug oder Bußgelder nicht als Strafe. Wir können dagegen sehen, dass Folter und körperliche Züchtigung in dem Maße als probates Mittel zur Domestizierung von Abweichlern betrachtet wird, wie körperliche Unversehrtheit als das einzige Gut der meisten Menschen gilt.

Angst erweist sich zunehmend als ein Kulturphänomen. Nicht nur entsteht mit der Errungenschaft von Freiheit und Eigentum auch die Angst, beides verlieren zu können.

Eine der fürchterlichsten Ängste ist die Angst vor Gottlosigkeit. Es sind die zahlreichen Asebie-Prozesse, die die Geschichte der Zivilisationen wie eine breite Blutspur durchziehen. Sokrates, Vanini und Giordano Bruno sind nur die berühmtesten der Namen von vermeintlich Gottlosen, die von ihren Kirchen deswegen angeklagt, zum Tode verurteilt und mit Rechtstitel grausam ermordet wurden. Asebie-Prozesse, also Prozesse wegen Gottlosigkeit, zählen bereits im Griechenland des Sokrates zu den häufigsten Verhandlungen.

Mit der Sprache entsteht der Zweifel und eine moderne Form der Angst. Denn Sprache kann sich mehr noch als alles symbolische Denken auf unwirkliche Dinge richten. Indem der Name für Gott gebildet war, bedeutete schon die Weigerung, seinen Namen auszusprechen, Gottlosigkeit. Das Wort Gottes wird nun zum wichtigsten Zeichen seiner Macht.

Worte und Begriffe können hilfreiche Bezeichnungen für Ereignisse und Gegenstände der wirklichen Welt sein. Als Stellvertreter leisten sie uns große Dienste. Aber sie haben auch die Eigenschaft, das Unwirkliche wirklich erscheinen zu lassen. So werden sie Träger der Angst und verstärken deren Tendenz, das Irreale für eine Gefahr zu halten. Die Nennkraft des Wortes verselbstständigt sich gegenüber den Dingen, die es benennt. »Nomen est omen«, sagen wir und meinen damit die magische Bedeutung von Worten und Begriffen. Wir kennen Schimpfworte und fügen Menschen allein durch ihr Aussprechen Leid zu. Wir kennen umgekehrt Losungsworte, mit denen ein Zauber gebrochen werden kann. Das Märchen vom *Rumpelstilzchen* ist sprichwörtlich für die Nennkraft des ausgesprochenen Wortes. Amerikanische Schulkinder müssen gemeinsam »jinx« sagen, wenn sie per Zufall gleichzeitig mit jemand anderem dasselbe Wort ausgesprochen haben. Sie verstärken den Effekt durch ein kompliziertes Bewegungsritual mit den Händen. Wer dabei alles richtig macht und sich dabei etwas wünscht, dem erfüllt sich der Wunsch, aber nur, wenn anschließend alle so lange stumm bleiben, bis sie von einem Dritten angesprochen werden.[50]

Im Zustand der Angst fürchten wir abstrakte Gedanken und Vorstellungen. Durch die Sprache wird dieser Prozess verstärkt. In der Kultur beggnen wir daher der Angst in stärkerem Maße als in weniger kultivierten Zeitaltern. Was Menschen fürchteten, als sie weniger über Sprache verfügten, hatte einen sehr viel stärkeren Wirklichkeitsbezug.

An manchen Stellen wirkt Sprache heute als Verdrängungsgehilfin. Viele Sprachgewohnheiten transportieren Angst vor Nähe. In einem modernen Unternehmen nehmen Menschen nicht mehr eine Kündigung entgegen, sie werden auch nicht rausgeschmissen. Mitarbeiter werden heutzutage »freigesetzt«. Solange sie noch Arbeit haben, prägt sie eine Geschäftspraxis, die die kalten Töne vorzieht: Um »Teilnahme wird gebeten«, wenn ein »Event« ansteht; »mit der

Bitte um Kenntnisnahme, Unterschrift und Rückgabe« reichen Vorgesetzte und Sekretärinnen Rundschreiben weiter. Warum sagen Menschen nicht: »Ich würde mich freuen, wenn Sie teilnehmen könnten« oder »Ich glaube, es ist wichtig, dass Sie teilnehmen« und »Ich bitte Sie, den Inhalt des Briefes zur Kenntnis zu nehmen und ihn unterschrieben an mich zurückzusenden«?

Wir begegnen jenen entfremdenden Sprachgewohnheiten dort, wo man sich vor Menschen und den von ihnen zu erwartenden Schwierigkeiten durch einen amtlichen und allgemein verbindlichen Ton schützen will. Schließlich könnten sie uns persönlich zur Rechenschaft ziehen, wenn wir die Distanz zu ihnen durch ebenso persönliche Worte verringerten.

Das Vorbild des distanzierten Sprechens und Schreibens stammt natürlich aus den Amtsstuben der Staatsdiener und dem Stil der Rechtsformen. Schließlich muss der Apparat aus Beamten Beschlüsse umsetzen, die er nach außen hin als Interessen der Obrigkeit vertreten soll. Ein Beamter soll ja nicht seine privaten Anliegen unter die Menschen bringen.

Die amtliche Sprache schützt auf der einen Seite den Sprecher davor, selbst geradestehen zu müssen für die Ansprüche des Systems. Wer auf Beamte einschlägt, um die Obrigkeit zu treffen, schlägt den falschen. Auf der anderen Seite versteckt sich die Autorität der Obrigkeit hinter der anonymen Sprache des Sprechers, der sich nunmehr als Vollstrecker von Systemzwängen versteht. Er tut ja nur seine Pflicht, wenn er einen Pfändungsbeschluss vollstreckt, eine Baugenehmigung verweigert oder einen Befehl zum Töten ausführt. Die Wut der Opfer richtet sich gegen die Ausführenden eines Befehls oder eines Beschlusses, nicht gegen die Macht hinter den ausführenden Organen.

Diese Anonymität funktioniert deshalb so gut, weil sie sich auf eine natürliche Neigung der Menschen stützt: die Angst, als Individuum Verantwortung übernehmen zu müssen. Sie macht uns Menschen geneigt zur Konformität in der Herde. In bestimmten politischen und sozialen Systemen kann sie sich verstärken. Als Bestandteil einer Herde vermindern wir unsere Angst. Wer sich als Individuum »outet«, wird angreifbar. Auch gegen die Angst vor dem Alleinsein, vor Einsamkeit und Veränderung schützt die Herde, denn sie hat den unvergleichlichen Vorteil: Sie ist von Dauer. Löst sich eine Herde auf, bildet sich sofort eine neue.

Stabilisierende Ängste

Das 21. Säkulum begann mit den beiden Donnerschlägen in den Türmen des World Trade Center, deren Einsturz die Menschen rund um die Erde in Echtzeit erschütterte. Das Fernsehen ermöglichte es, Hunderte von Millionen Menschen gleichzeitig mit der Angst der Bürger von New York anzustecken. Der Verlust der rund 3000 Menschen ist schmerzvoll. Warum aber verbreitet sich nicht Angst vor dem Straßenverkehr ebenso schnell um den Erdball, wo wir doch wissen, dass allein in Deutschland auch in diesem Jahr rund 5000 Menschen durch Verkehrsunfälle ums Leben kommen werden?

Unser Risiko, bei einem Terrorangriff zu Schaden zu kommen oder getötet zu werden, wäre eigentlich eine zu vernachlässigende Größe unter all den Risiken, mit denen wir leben. In unserer Wahrnehmung spielt sie jedoch eine Hauptrolle. Wir sind bereit, die »Opfer« des Straßenverkehrs ohne große Bedenken hinzunehmen, aber wir möchten dem Terrorismus keine »Opfer« darbringen. Nicht der Terrorismus ist die Gefahr, und es sind auch nicht wirklich die durch ihn zu erwartenden Toten, die wir beklagen. Es ist die Erwartung, dass Terrorismus unser System stören könnte, deshalb jagen uns die erwarteten Opfer des Terrorismus größere Angst ein als die realen Opfer im Straßenverkehr. Medien bedienen diese Erwartung. Sie versorgen unser Angstbedürfnis mit den entsprechenden Meldungen und Bildern. Folgen wir nämlich den

Darstellungen in den Medien, dann erscheint das Risiko, Opfer eines Terroranschlags zu werden, größer, als dem Straßenverkehr auf deutschen Straßen zum Opfer zu fallen. Würden – was vollkommen unrealistisch ist – Medien nicht über Terrorattentate berichten, würden die meisten von ihnen ganz von selbst unterbleiben. Terror funktioniert nur durch die Aufmerksamkeit, die ihm entgegengebracht wird, und die Angst, die er deshalb zu erzeugen in der Lage ist. Weil wir dem Terror Aufmerksamkeit schenken, lenken wir auch von Gefahren ab, die wir nicht sehen wollen. Indem wir uns vor dem Terror fürchten dürfen, stabilisieren wir zugleich unser System. Als eine soziale Gemeinschaft fürchten wir vornehmlich die Dinge, die dem System schaden könnten, weniger uns selbst.

Interessant ist auch die Sättigung des Angstbedürfnisses. Solange uns die Angst vor Terror und Klimakollaps fesselt, haben wir kaum mehr Zeit, uns von der Angst vor BSE, AIDS, Atomkriegen, Werteverlust und Meteoriten aus dem Weltall gefangennehmen zu lassen. Hat ein Thema unser Angstzentrum besetzt, scheint es immun für weitere Besetzungen zu sein. Wer hin und wieder die Abenteuer von Asterix und Obelix verfolgt, weiß, dass sie einem kleinen gallischen Volk angehörten, das vor nichts Angst hatte – außer davor, dass ihnen eines Tages der Himmel auf die Köpfe stürzen könnte.

Solange wir Terroristen jagen, müssen wir uns nicht mit der Schwäche des Wirtschaftssystems oder politischen Verhältnissen auseinandersetzen. Terror eignet sich überhaupt vorzüglich zur Ausbreitung von Angst. Denn der Brennstoff, der die erstickende Kraft der Angst unterhält, bildet sich meistens dort, wo wir den Feind nicht sehen können. Jeder Nachbar kann plötzlich ein »Schläfer« sein, der das Terrornetzwerk unterstützt. Jedes Kleinflugzeug über der Stadt kann jetzt auch eine Bombe sein und jeder abgestellte Koffer auf einem öffentlichen Platz verursacht Stress. Die Gegenwart von Angst in einer Gesellschaft kann zu einer Epidemie werden. Zweimal seit 2001 hat ein Kleinflugzeug über einer deutschen Großstadt Panik ausgelöst, zuletzt 2005, als ein Pilot Suizid mit einem Doppeldecker beging und in Berlin auf den Rasen zwischen Reichstag und Bundeskanzleramt stürzte. Daraufhin haben die Behörden im Radius von drei Meilen um den Reichstag eine Kontrollzone eingerichtet. Die Panik war so überflüssig wie der Aktionismus der Behörden. Der Schaden, der beim Absturz eines Kleinflugzeuges entsteht, ist nicht größer als der Schaden, den ein Autounfall verursachen kann. Nur die Angst der Menschen ist größer, wenn sie ein Flugzeug sehen. Aber offenbar kann die unsinnige Angst der Menschen durch ebenso unsinnigen Aktionismus beschwichtigt werden. Denn die Kontrollzone im Umkreis des Reichstags durchfliegt ein solches Flugzeug in zwei Minuten. Wer ihre Grenze unerlaubt passiert, kann heute so wenig zurückgehalten werden wie vormals. Immerhin können wir uns damit trösten, dass auch der Schaden heute nicht größer sein wird als früher.

Wie wichtig uns Menschen offenbar die Beruhigung unserer Angst ist, selbst wenn sie nutzlos ist, zeigt die Ausstattung von Flugzeugen mit Schwimmwesten. Es wird der Fall berichtet, dass nach einem Flugzeugabsturz im Südpazifik einmal sechs Menschen gerettet wurden, weil drei von Ihnen Schwimmwesten hatten.[51] Tatsächlich weiß niemand, wie viele Menschen in den extrem selten vorkommenden Abstürzen eines Flugzeuges über Wasser durch Schwimmwesten gerettet werden könnten. Unsere Angst vor einem kleinen Risiko ist unvergleichlich größer als die Angst vor zahlreichen weitaus größeren Risiken.

Solange wir uns nicht gegen die Faktoren wehren, die als allgemein beängstigend anerkannt sind, stabilisieren wir das gesellschaftliche System. Doch wer versucht, sich nicht von einer Hysterie anstecken zu lassen, macht sich schnell zum Außenseiter. In einem überfüllten Reisezug stand ein Koffer nicht weit von meinem Sitzplatz. Als eine Schaffnerin vorbeikam, fragte sie, ob der Koffer mir gehörte. Ich verneinte, aber fügte spaßeshalber hinzu: »Vielleicht ein herrenloser Koffer.« Mit bösem Blick gab die Schaffnerin zurück: »Mit so etwas macht man heutzutage keine Witze!« Dass ich ihre Angst nicht teilte, machte mich in ihren Augen zum Außenseiter.

Angst vor der Bedeutungslosigkeit

Es gehört zur Ironie der Allgegenwart von Angst, dass sie sich selbst so lange vor den Augen der Wissenschaftler und Ärzte verstecken konnte, bis sie Ende des 19. Jahrhunderts den Ärzten auffiel. Ihr Wesen ist es, sich im Unsichtbaren zu entfalten. Denn bei jeder Angst spielt die Angst vor der Angst eine Hauptrolle.

Ausschlaggebend für die lange Inkubationszeit der Entdeckung der Angst ist auch eine Eigenart unseres Wahrnehmungsvermögens. Unser Bewusstsein ordnet Eigenschaften stets einem Träger zu. Manchmal denkt es sich dabei die Eigenschaft als Ursache des Trägers und manchmal umgekehrt. Ersteres findet in den Vorstellungen des Idealismus statt, deren bekanntester Ausdruck die These René Descartes' (1596–1659) ist: »Ich denke, also bin ich.« Letzteres findet sich in den Lehren des Materialismus, deren bekannteste These von Karl Marx (1818–1883) stammt: »Das Sein bestimmt das Bewusstsein.« Unserem Bewusstsein kommt es so vor, als sei Descartes im Recht. Naturwissenschaftler aber zeigen uns, dass Marx im Recht war. Das Bewusstsein stellt sich stets verspätet ein. Es kann ja auch nur bewusstes Sein sein. Wenn etwas bewusst wird, muss es zuvor nicht-bewusst da sein.

Die Frage, was das Erste ist, betrifft von Anfang an auch das Umfeld von Angst und Furcht. Haben die Götter die Angst gemacht oder hat die Angst die Götter gemacht. Der Materialismus hatte den Mechanismus früh durchschaut. »*Primus in orbe Deos fecit timor* – die Angst hat als Erste in der Welt die Götter gemacht«, lautet ein von Materialisten gern in Anspruch genommener Satz des römischen Satirikers Petronius (14–66). Der Materialismus ist die am meisten gefürchtete Denkhaltung in Philosophie und Theologie. Strenggläubige Menschen können niemals Materialisten sein, denn sie vertauschen Ursache und Wirkung im Verhältnis von Bewusstsein und Sein. Sie machen das Zweite zum Ersten. Sie glauben an ein Bewusstsein, bevor es ein Sein gegeben habe. Für sie ist das Sein die Folge eines göttlichen Bewusstseins. Materialisten dagegen behaupten, dass nur auf der Basis des Seins ein Bewusstsein entstehen konnte. Bewusstsein ist dabei verstanden als das bewusste Sein. Im Glauben frommer Menschen muss Gott oder müssen die Götter auch die Ursache von Angst und Furcht sein, nicht umgekehrt, wie Petronius behauptete. Man erkennt bereits hier, dass es eine ursprüngliche Angst vor dem Materialismus geben muss. Denn Angst vor dem Materialismus ist identisch mit der Angst vor Gottlosigkeit. Materialistische Vorstellungen und Lehren bringen die göttliche Ordnung durcheinander.

Dass Bewusstsein und Denken mächtiger als das Sein sind, gehört zu den Dogmen des idealistischen Denkens. Darin liegt eine Überschätzung der Leistungsfähigkeit des Denkens. Sie kann sich steigern zur krankhaften Überschätzung des menschlichen Geistes, und sie bringt dadurch Angst vor der Entzauberung seiner Macht hervor.

Leider ist diese Überschätzung der Zuständigkeit von Denken und Geist gegenüber der Materie auch die am meisten verkannte Quelle fundamentalistischer Gesinnung. Auf die Frage, was ihn am Märtyrertum reize, sagte einer der Gotteskrieger des Dschihad: »Die Macht des Geistes zieht uns nach oben, die Macht des Materiellen zieht uns nach unten. Wer unbedingt Märtyrer werden will, ist immun gegen die Macht des Materiellen.«[52] Zwar erlebt der Gotteskrieger die Macht als ein Hochgefühl, aber dadurch maskieren sich die feindseligen Absichten des Märtyrers mit dem Schleier des Guten. Weil die Überschätzung der Macht des Denkens sich gegen ihre Verminderung zwanghaft zur Wehr setzt, liegen die gutgemeinten Lehren vom Vorrang des Geistes in unmittelbarer Nachbarschaft zur Zwangsneurose. Denn wer dem Geist und dem Denken übernatürliche Fähigkeiten zuerkennt, muss jede Reduktion des Geistes auf Natur abwehren.

Materialismus wendet sich gegen die Vorstellung von der Allmacht des Denkens. Stets überschätzt das Denken – mit sich allein gelassen – seine Fähigkeit, auf die reale Welt einwirken zu können. Die offensichtliche Überschätzung bezeichnen wir als Aberglauben. Abergläubische Menschen erleben Gedanken als unmittelbare Ursache eines – zumeist feindseligen – Ereignisses. Im Aberglauben begegnen wir daher unter anderem der Angst vor einem bösen Blick, weil man dahinter das Böse höchstpersönlich vermutet. Wer in seinem Denken einem Begriff vom Bösen begegnet, ist davon überzeugt, dass es »das Böse« auch außerhalb seines Denkens gibt. Er fürchtet sich aber nicht vor dem Bösen in seinem Denken, sondern nur vor dem vermeintlich Bösen außerhalb. Die Macht der Gedanken ist zwar groß, aber sie wird trotzdem maßlos überschätzt.

Angst trägt stark dazu bei, dass wir uns von Dingen und Gedanken bedroht fühlen, die eigentlich gar nicht gefährlich sind. Dafür aber verlieren wir reale Gefahren aus den Augen.

Aber die von der Angst aufgenötigten Handlungen sind selten geeignet, den Zweck zu erfüllen, den sie ausdrücklich anstreben. Daher macht Angst uns abergläubisch. Sie zwingt uns dazu, Sicherheiten in sekundären Bindungen zu suchen. Wir binden uns an Objekte, Ideen, Zahlen, Götzen und andere Menschen. Angst vor Ohnmacht und Zweifel können sie manchmal binden. Aber diese sekundären Bindungen können eine vernichtende Herrschaft über uns ausüben, weil sie, im Zustand ihrer Herrschaft, von uns nicht in Zweifel gezogen werden.

Der Fall einer Landarbeiterin, von dem Zeitungsberichte schon vor gut hundert Jahren mit Staunen berichtet haben, ist heute so gut möglich wie damals. Die Frau hatte sich einen rostigen Nagel in den Fuß gerammt. Daraufhin bat sie ihre Tochter, den Nagel gut mit einer Heilsalbe einzureiben, damit sich die Wunde nicht entzünde. Wenige Wochen später starb die Frau wegen der versäumten Antisepsis.

Die Landarbeiterin war nicht etwa geisteskrank. Sie lebte in der Tradition eines Glaubens, der ihr die Handlung vollkommen rational erscheinen ließ. In manchen Naturvölkern herrscht der alte Brauch, den Bogen, mit dem der Pfeil abgeschossen wurde, durch den ein Jäger oder Krieger verletzt worden ist, in die Gewalt des Verletzten zu bekommen. Die Pflege dieses Bogens soll bewirken, dass der Verletzte schnell wieder gesund wird. Groß in Mode sind bei manchen Menschen der westlichen Zivilisation Voodoo-Bräuche. Sie martern eine Puppe mit Nadelstichen, weil sie davon überzeugt sind, dass dies bestimmten Menschen Schmerzen bereite, die sie mit der Puppe identifiziert haben. Weniger bösartig, aber auch der Überschätzung magischer Wirkungen geschuldet, die aus der Angst vor naturwissenschaftlichen Erklärungen folgt, ist der Ratschlag der Demeter-Bauern: »Um die Düngewirkung des Stallmistes zu erhöhen, empfiehlt es sich, Schafgarbe in die Harnblase eines Hirsches zu stopfen. Dann die gefüllte Blase in der Sonne trocknen und einen Winter lang in der Erde vergraben. Wieder ausbuddeln und in den Mist mischen – fertig.«[53]

Im Aberglauben steigert sich ein heimlicher Wunsch zu einer unheimlichen Vorahnung. Abergläubische Menschen bekommen sozusagen regelmäßig Angst vor der eigenen Courage, indem sie im Unheimlichen dasjenige fürchten, was sich im Geheimen als ihr eigener Wunsch entlarven lässt. Die Überschätzung der Macht der eigenen Gedanken beruht auf der Unterdrückung der Wünsche. Populärstes Beispiel für diese Überschätzung der eigenen Gedanken ist der Aberglaube vom freien Willen. Dass Handlungen vom freien Willen verursacht sein könnten, gehört paradoxerweise zur Ideologie solcher Menschen, die bei sich selbst am heftigsten

Wünsche unterdrücken. Menschen, die eine starke Bindung an Tabus und Moralverbote haben, die für die Funktion ihres Lebens feste Ordnungen benötigen, beharren am stärksten darauf, auch einen freien Willen zu besitzen. Die verdrängten Wünsche und die Angst davor, determiniert sein zu können, erzeugen ihnen die Illusion vom freien Willen.[54]

Hinzu kommt, dass die Vorstellung vom freien Willen und die Angst vor dem Bösen unmittelbar miteinander verknüpft sind. »Wenn wir das Böse nicht mit dem Willen tun, fällt das ganze Christentum dahin.«[55] Theologen und Priester haben niemals die Existenz des freien Willens geleugnet. Denn sie gäben das entscheidende Kriterium ihrer Existenz aus der Hand, wenn sie bestreiten wollten, dass Menschen durch freien Willensentschluss Böses tun könnten. Wofür sollten sie denn dann im Jüngsten Gericht bestraft werden? Wir werden später sehen, welche vernichtende Hysterie aus der Angst vor dem metaphysischen Bösen in den dunkelsten Zeitaltern unserer Kulturgeschichte erzeugt wurde.

Weniger metaphysisch wirkt die Vorstellung vom freien Willen, wo sie zu einer Art Schmerz- oder Betäubungsmittel verwendet wird, mit welchem Menschen ihre Angst vor der eigenen Ohnmacht und Bedeutungslosigkeit lindern können. Der freie Wille verhält sich zu unserem Handeln wie eine okkulte Qualität, die nach der aristotelischen Physik einem Körper seine Schwere einhauchen sollte. Metaphysiker haben auf diese Weise bis ins Zeitalter Newtons hinein erklären wollen, warum Regen nach unten fällt. Okkulte Qualitäten treten nicht in Erscheinung, sie sind nicht messbar und haben keinerlei materielle Eigenschaften. Von ihnen anzunehmen, sie könnten mächtiger als die Materie sein, ist reiner Aberglaube, der auf der Überschätzung geistiger Kräfte beruht. Aber bedenken Sie nur den Widerstand, der sich bildet, wenn Gelehrte hin und wieder die Existenz des freien Willens in Frage stellen. Solche Gelehrte waren Spinoza, Goethe, Schopenhauer, Nietzsche, Freud, und heute schließen sich zahlreiche Hirnforscher ihnen an.

Was Sigmund Freud über einen Kurgast in einem Heilbad schildert, der klug genug war, seinen erlebten Heilerfolg nicht unbedingt dem Wasser zuzuschreiben, sondern der jungen Dame im Nebenzimmer in seinem Hotel, steht für eine verbreitete Neigung zum Aberglauben. »Als er dann zum zweitenmal in diese Anstalt kam, verlangte er dasselbe Zimmer wieder, mußte aber hören, daß es bereits von einem alten Herrn besetzt sei, und gab seinen Unmut darüber in den Worten Ausdruck: Dafür soll ihn aber der Schlag treffen. Vierzehn Tage später erlitt der alte Mann tatsächlich einen Schlaganfall. Für meinen Patienten war dies ein ›unheimliches Erlebnis‹.«[56]

Für dieses »unheimliche« Erlebnis ist kein Beweis nötig und keine Widerlegung möglich. Es ist eine Illusion, deren Kraft darin liegt, dass sie stets als wirklich gedacht wird und niemals der Prüfung ausgesetzt werden kann. Sie ist jeder Empirie enthoben. Trifft man unverhofft auf eine empirische Bestätigung dieser Selbstverständlichkeit, weiß man plötzlich selbst nicht, wie sie zustande gekommen ist, und ängstigt sich vor dem Ungewissen. In einem psychiatrischen Krankenhaus kam vor wenigen Jahren ein Schizophrener zu seinem Arzt. Er war ungewohnt ruhig und entspannt, vollkommen glücklich und sagte: »Ich habe Gott gesehen.« Wenig später beging der Schizophrene Suizid.[57]

Religionen leben von dieser illusionären Kraft. Sie ist jedes Beweises und jeder Widerlegung enthoben. Wer die Forderung stellt, man müsse, bevor man vollkommen Unsinniges glaubt, erst einmal prüfen, ob dies überhaupt möglich sei, verhält sich wie ein Geisteskranker innerhalb der Religion. Wem plötzlich das Numinose – der göttliche Wille – zum empirisch Realen wird, erlebt einen unaushaltbaren Kategorienwechsel.

Die Eigenheit des Denkens, mit der wir es hier zu tun haben, können wir *Verdinglichung* nennen. Unser bewusstes Denken betreibt eine Verdinglichung von Funktionen, Handlungen und Eigenschaften. Es behandelt Gedanken wie reale Dinge in der Welt, und es hat dabei eine besondere Vorliebe für solche Vorstellungen, die jeder empirischen Überprüfung entzogen sind. Aus der Beobachtung, dass Menschen einander lieben, entsteht die Frage, was »die Liebe« sei. Ebenso entsteht aus der Beobachtung, dass Menschen irgendwann auch einmal tot sind, die Frage, was »der Tod« sei; aus der Beobachtung, dass Menschen böse sind, die Frage, was »das Böse« sei; aus der Beobachtung, dass Menschen zweckvoll handeln, die Frage, was »der Endzweck« der Welt sei. Folgenreich für unsere sozialen und moralischen Systeme ist es, dass wir aus den Beobachtungen, dass Menschen bewusst handeln können, »das Bewusstsein« gemacht haben, und dass aus der Beobachtung, dass Handlungen stets für etwas gut sind, sehr früh schon die Idee entstanden ist, dass es »das Gute« geben müsse.

Antworten sind dann auch schnell gefunden und pflanzen sich fort, selbst wenn sie unsinnig sind. Und die Lehrbücher über den Endzweck der Welt, über das Bewusstsein, über das Gute füllen Bibliotheken. Die Entzauberung dieser Verdinglichungen ist mühsam, denn ihr steht die Angst gegenüber, diese Dinge, an die man sich halten wollte, wieder verlieren zu können.

Aber auch ein anderer Vorgang der Verdinglichung ist Quelle von Angst. Aus der Macht des Gedankens entstehen plötzlich reale Dinge, denen wir uns voller Angst unterwerfen. Das Geld ist dafür ein gutes Beispiel. Eigentlich ist es eine vollkommen irreale Größe, die durch die geistigen Kräfte des Menschen geschaffen wurde. Aber der Mensch unterwirft sich ihm und fürchtet es, als sei es eine höhere, geradezu göttliche Macht. In der Denkweise des Menschen tritt Geld nicht als eine von Menschen erfundene Größe auf. Vielmehr betrachten sie es als eine Substanz – gleich einem Gott – in der Welt. Wir fürchten sie, unterwerfen uns ihr und haben Angst davor, dass diese Macht uns abhandenkommen könnte. Wir haben die Eigenschaft der Waren, in Geld gemessen werden zu können, vergegenständlicht.

Eigenschaften begreifen wir leichter, wenn wir sie mit einem Ding identifizieren können. Daher war es so schwierig, eine Psychologie zu errichten. Denn die Psychologie hielt zu lange fest an dem Gedanken, dass die Psyche, die Seele, eine feinstoffliche Substanz sein müsse, die sich vom Körper lösen, von einem Körper zum anderen wandern und gegebenenfalls am Tag des Jüngsten Gerichts wieder in den ursprünglichen Körper einkehren könnte. Die Vorstellung, dass die Psyche kein eigenständiger Stoff sei, sondern nichts anderes als der Ausdruck leiblicher Zustände, der sich in Nichts aufgelöst haben wird, wenn der Leib nicht mehr lebt, diese Vorstellung stürzt Menschen seit eh und je in fürchterliche Angst. Aber für die ersten wissenschaftlichen Begriffe von Angst war es naheliegend, sie als Eigenschaft von einem bestimmten Ding, einem Organ, dem Herzen, aufzufassen. Dass wir unserem Ich die Fähigkeit zu Unsterblichkeit, zur Wiedergeburt, zu einem Dasein nach dem Tode zuschreiben, bleibt der Überschätzung der Macht der Gedanken geschuldet. Wer an dieser Überschätzung leidet, der erlebt unaushaltbare Angstzustände, wenn er für einen Moment nur den Gedanken auf sich wirken lassen soll, dass es vielleicht kein Jüngstes Gericht, keine Erlösung der Seelen, ja nicht einmal die geringste Wahrnehmung mehr geben könnte, wenn seine Lebensfunktionen erloschen sind. Er wird ähnliche Krankheitsbilder entwickeln wie der beschriebene Herzpatient von Stokes.

Obwohl in den beschriebenen Fällen von Stokes keine Anomalien des Herzens festgestellt werden konnten, betrachteten er und seine Kollegen beharrlich das nervöse Herzklopfen als eine Art Herzkrankheit. Die Patienten unterstützten das Missverständnis durch ihre eigene Wahrnehmung. Angstpatienten neigten immer schon dazu, ihr Herz für ihre Angst verantwortlich zu machen, nicht umgekehrt. Sie verwechseln – wie so oft im Umfeld der Angst – Ursache und Wirkung. Für Stokes war es selbstverständlich das Herz, das den Träger der Eigenschaften von Angst spielen musste.

Dass Angst nicht mit einem Ding, mit einem Organ, mit einem identifizierbaren Träger verbunden sein muss, sondern eine Eigenschaft des gesamten Organismus – gesteuert durch das limbische System – sein kann, die sich mal hier, mal dort manifestiert, tritt im Verständnis der Wissenschaften erst spät auf. Am ehesten kommt Sigmund Freud das Verdienst zu, Angst als Sublimierung leiblicher Zustände erkannt zu haben.

Zudem müssen wir bedenken, dass unser wissenschaftlicher Verstand ebenso wie der Alltagsverstand Ursache und Wirkung manchmal nicht nur miteinander vertauscht, sondern auch einander ähnlich denkt. Etwas, das Angst macht, muss selbst angstartig sein. Daher war die Ursache von Angst stets etwas Böses. Wer spontan von Angst attackiert wird, greift nach der nächsten Ursache: böse Geister, der Teufel, Hexen oder Strafe Gottes. Wo diese Projektionen ausbleiben, macht er das Symptom zur Ursache: Das Herzklopfen. Daher betrachten Angstpatienten mit hypochondrischem Eifer ihren Puls und versuchen ihr Herz unter Kontrolle zu bringen. Hierbei verstärken sie gleichzeitig den Angstmechanismus, der sich auf ihr Herz auswirkt, bis sie am Ende wirklich ein krankes Herz bekommen.

Aber die Angst als eine physisch manifeste Krankheit nimmt den kleineren Raum im Angstgeschehen ein. Die Gegenwart der Angst, die nicht als Krankheit diagnostiziert zu werden braucht, beherrscht nahezu alle unsere Kultur stiftenden Anstrengungen.

Jedes Zeitalter prägt seine ihm eigenen Ängste. Nur in der Gegenwart erleben wir ihre gesteigerte Quantität und vervielfältigte Qualität – auch deswegen, weil wir ihr größere Aufmerksamkeit widmen. Von einem Zeitalter der Angst, von einem Jahrzehnt der Angst, von einer »Angstgesellschaft«[58] reden inzwischen viele. Aber wir wissen auch, dass die Konfrontation mit der Angst ihre Wirkung abschwächt. Wir können auf die meisten Steigerungen der Angst gut verzichten, aber wir sollten dennoch reale Gefahren fürchten.

Wenn man das 20. Jahrhundert das »Jahrhundert der Angst« genannt wird, sollte das 21. das Jahrhundert des Sichfürchtenkönnens werden.

Erlebnis der Ohnmacht

Wer sich nicht fürchten kann, gilt als dumm. Der Held des US-amerikanischen Romans von Winston Groom, Forrest Gump, rennt unerschüttert durch die Hölle Vietnams und steigt eine steile Karriereleiter hinauf, solange er nichts von der Angst weiß. Verona Feldbusch wurde zu Beginn ihrer Karriere verlacht, weil sie zu dumm wirkte, um sich fürchten zu können vor Blamagen im Fernsehen.

Auch in dem Märchen der Brüder Grimm *Von einem der auszog, das Fürchten zu lernen* ist der ältere von zwei Brüdern klug und gescheit, stellt sich bei allem gut heraus und begreift schnell. Der andere ist der Dumme, er begreift und lernt nichts. Der Intelligente hat in diesem Märchen nur einen Nachteil: Der Vater kann ihn nachts nicht mehr auf die Straße schicken, weil es ihn gruselt, und er kann ihm abends keine Geschichten erzählen, ohne dass es ihn gruselt. Das macht den Bruder betroffen, denn er versteht nicht, was die Menschen meinen, wenn sie sagen: »Es gruselt mir.« Er ist zu dumm dazu.

Trotzdem versteht er schnell genug, dass es offenbar ganz wichtig ist, das Gruseln zu erlernen. Er begibt sich auf die Wanderschaft und will das Fürchten lernen. Aber weder Tote noch Lebende und auch keine Gespenster können ihn das Gruseln lehren. Am Ende erhält er die schöne Tochter des Königs, weil er in seiner unerschrockenen Dummheit das Schloss des Königs vom Spuk der Geister und zahlreicher Teufel befreit hat.

Der schönen Jungfrau gelingt schließlich, was alle vergeblich versuchten. Sie bringt ihm das Gruseln bei – und zwar in der Hochzeitsnacht im Bett, als sie ihm die Bettdecke vom Leib reißt und über seine nackte Haut einen Eimer kalten Wassers mit lebenden Fischen ausgießt. Das schlüpfrige Gefühl der zappelnden Fische und die vom kalten Wasser erschreckte nackte Haut brachten also dem Einfaltspinsel das Gruseln bei. Der einfältige Glückspilz aus dem Märchen der Brüder Grimm hat seine Angst vor der Sexualität und vor der Frau entdeckt, bewusst erlebt und zugleich verloren. Er kennt jetzt das Gefühl des Sich-fürchten-Könnens und hat seine Angst verloren.

Dass wir noch weit entfernt sind davon und dass wir keineswegs gelernt haben, reale Gefahren statt der irrationalen zu fürchten, können wir täglich erleben. Im ersten Winter des Jahres 2008 fand ich etwas bestätigt, wovon andere mir schon oft berichtet hatten. In der Maschine einer deutschen Fluggesellschaft war die Sitzreihe 13 nicht ausgewiesen. Und überdies fiel mir beim Durchzählen auf, dass die Reihe 17 ebenfalls nicht angeschrieben war. Als ich mich bei der Stewardess erkundigte, warum diese beiden Reihen nicht ausgewiesen seien, antwortete sie, dass Deutsche häufig vor der Zahl »13« und Araber vor der Zahl »17« Angst hätten. Ob sie selbst denn auch glaube, dass Flugzeuge, in denen die Reihen 13 und 17 ausgewiesen seien, weniger sicher seien, fragte ich zurück. Die Dame bemerkte, dass auch andere Fluggäste zuhörten und versteckte so gut es ging ihre Verlegenheit. Trotzdem kam die Antwort »Ja« unsicher heraus.

Obwohl die Stewardess nicht die richtige Ansprechpartnerin war, machte ich sie darauf aufmerksam, dass dieses Vorgehen doch Etikettenschwindel sei. Durch einfaches Nachzählen könnte schließlich jeder feststellen, dass sowohl die Sitzreihe 13 als auch die Sitzreihe 17 vorhanden seien. Die Fluggesellschaft habe nur eine andere Zahl darauf geschrieben. Sie schwieg verlegen, und ich bekundete, dass es mir meinerseits ein ungutes Gefühl mache, wenn Verantwortliche für ein Flugzeug ihr Handeln aus dem Aberglauben begründeten.

Leider war das Gespräch mit der Stewardess jetzt beendet, weil sie mich keiner Antwort mehr würdigte. Stattdessen zeigte mir ihr Blick, dass sie mich im Verdacht hatte, die Sicherheit an Bord des Flugzeuges zu gefährden, denn ich stellte den Sinn der Angst vor Zahlen für die Verbesserung der Flugsicherheit in Frage.

Die Angst vor der Zahl »13« gehört in die Zwischenwelt zwischen Religion, Aberglaube und Rationalität. Aberglaube lässt sich mit Scheinargumenten rationalisieren. Die Zahl »13« ist in der abendländischen Angstmetaphysik eine Schwelle zum Nichts. So hat man sich früh schon einen rationalen Grund für die Angst vor dieser Zahl eingeredet. Von heiliger Bedeutung ist im Christentum die Zahl »12«. Es gab 12 Apostel, der Kalender hat 12 Monate, der Tag zweimal 12 Stunden. Die magische Kraft, mit der diese Zahl aufgeladen ist, lässt der nachfolgenden Zahl offenbar nichts mehr an Kraft übrig. In unglaublichen Situationen rufen wir aus: »Jetzt schlägt es dreizehn.« Aber es schlägt niemals 13. Mit 12 endet das Zifferblatt gewöhnlich. Daher muss »13« dem Abergläubischen die Angst vor dem Nichts wecken.

Es kann passieren, dass Sie beim Überqueren einer verkehrsreichen Straße von einem Auto erfasst und ernsthaft verletzt werden. Nehmen wir an, dies sei an einem Freitag, dem 13., geschehen. Vielleicht waren Sie bisher nicht abergläubisch. Nun besteht aber die Gefahr, dass Sie sich bei der Erinnerung an Ihren Unfall und die damit verbundenen Leiden stets auch an den Freitag, den 13., erinnern. Da liegt es nahe, dass Sie Angst bekommen vor einem solchen Datum. Was ist geschehen? Die reale Gefahr eines Autounfalls hat sich verbunden mit der irrationalen Angst vor einer Zahl, vor einem Datum. Das Entscheidende dabei ist, dass das Datum in keiner Weise gefährlich ist, während der Autoverkehr eine reale Gefahr darstellt. Gegen den Autoverkehr können Sie aber wenig oder gar nichts unternehmen. So verfallen Sie möglicherweise in den neurotischen Aberglauben, das Datum, einen Wochentag, verbunden mit einer Zahl, zu bekämpfen. Sie unternehmen zahlreiche Handlungen, um die vermeintliche Gefahr abzuwehren. Sie benötigen Rituale, die Ihnen die Angst vor dem Datum verkleinern, statt sich bewusst um die Sicherheit im Straßenverkehr zu kümmern. Vielleicht kommen Sie auf die Idee, dass ein dreimaliges Kreuzzeichen auf der Stirn die Gefahr abwehren könnte. Oder möglicherweise glauben Sie, dass Sie vor dem Verlassen des Hauses an einem solchen Datum einen aus Mehlwürmern gewonnenen Extrakt zu sich nehmen müssen. Die Einfälle zur vermeintlichen Abwehr einer Gefahr oder zum Gewinn eines Glücks sind im Zustand der abergläubischen Angst vor vermeintlichen Gefahren grenzenlos.

Woher beispielsweise die Angst vor dem Mathematikunterricht stammt, beschreibt Jonathan Swift *Gullivers Reisen* am Beispiel der bizarren Lehrmethoden, die an der Mathematikschule Lagado auf der Insel Balnibarbi verwendet werden: »Ich war auch in der Schule für Mathematik, wo der Lehrer seine Schüler nach einer Methode unterrichtete, die man sich bei uns in Europa kaum vorstellen kann. Lehrsatz und Beweis werden sauber mit einer aus Gehirnflüssigkeit hergestellten Tinte auf eine Oblate geschrieben, die der Schüler auf nüchternen Magen schlucken muß. Drei Tage lang darf er dann nichts als Wasser und Brot zu sich nehmen. Ist die Oblate verdaut, steigt die Flüssigkeit in den Kopf und nimmt den Lehrsatz mit. Doch waren die Erfolge, die man bisher erzielte, ziemlich mäßig, teils weil man sich im Quantum oder in der Zusammensetzung der Flüssigkeit geirrt hatte, teils wegen der Bockigkeit der Schüler, denen diese Arznei so widerlich ist, dass sie sich heimlich verdrücken und sich übergeben, ehe die Wirkung einsetzt. Auch hat sich bis jetzt noch keiner überreden lassen, so lange zu fasten, wie es die Vorschrift verlangt.«[59]

Gerade für Schüler wäre es wichtig, zu erfahren, welche Methoden den Lernstoff eingängig machen, damit sie nicht mit abergläubischen Mitteln die Angst vor dem Versagen bekämpfen müssen. Wenn Karl morgens mit dem Bus zur

Schule fährt, hat er meistens ein ungutes Gefühl. Hausaufgaben macht er selten, und wenn in der ersten Stunde der Deutschlehrer stichprobenartig Hausaufgaben einsammelt, darf die Wahl nicht auf ihn fallen. Schon im Bus beginnt er in seiner Phantasie mit Bitten an eine anonyme höhere Macht, sie möge ihm beistehen, dass seine Hausaufgaben nicht kontrolliert werden.

Das ungute Gefühl ist stundenlang sein Begleiter, und nicht selten wird es durch die Bloßstellung vor der Klasse verstärkt, wenn er zugeben muss, dass er die Hausaufgaben nicht gemacht hat. Auch der Frust für den Rest des Tages ist ihm eine Last und steigert seinen Hass auf die Schule.

Sicher wäre das Unlustgefühl von kürzerer Dauer, wenn Karl seine Hausaufgaben regelmäßig machte. Es ist abzusehen, dass es nur einer Stunde am Nachmittag bedurft hätte, um bei ihm die Angst vor dem folgenden Morgen im Bus und dem Schulbeginn abzustellen. Aber Karl lässt alles auf sich zukommen und greift im letzten Moment zum Gebet, zur Bitte an die anonyme Macht, sie möge sich seiner erbarmen.

Für Karl liegt die Unmöglichkeit, dass jemand sein Beten erhört, näher als der Glaube, dass allein die fleißige Arbeit an seinen Hausaufgaben geeignet ist, die Gefahr in der Schule abzuwehren. Viele werden sagen, dass sei Missbrauch des Glaubens oder Aberglaube.

Doch jeder Gläubige hält die Rituale der Andersgläubigen für Aberglaube. Einen universellen Inhalt von Wahrheit gibt es im Reich des Glaubens nicht, auch wenn manche Glaubenswächter ihren Glauben als objektive Wahrheit bezeichnen. Tatsächlich vermindern die Rituale der Gläubigen und Aberglubischen gleichermaßen ihre Angst. Eines dieser Rituale ist das Beten.

Als *United Airlines 93* von vier Entführern am Morgen des 11. September 2001 von ihrem Kurs von San Francisco weg – und auf die Hauptstadt der USA zugesteuert wurde, ahnten die Passagiere, was ihnen in weniger als einer Stunde später zustoßen würde. Einige konnten über ein Telefon ihre Angehörigen über die Situation im Flugzeug informieren. Drei Menschen, ein Mann und zwei Frauen um die sechzig, sitzen beisammen und halten sich gegenseitig die Hände. Der Mann liest mit gleichmäßiger Stimme aus der Bibel vor. Zwar steht ihnen die Angst ins Gesicht geschrieben, aber das Erlebnis im gemeinsamen Gebet vermindert ihre Qual.

Ähnlich können wir uns die Lage einiger Menschen an der Südwestküste Sumatras vorstellen. Mehrfach seit dem schweren Erdbeben von 2004 mit dem dadurch ausgelösten Tsunami haben sich seither vor der Küste Erdbeben ereignet. Am schlimmsten im September 2007. Wer flüchten und sich ins Landesinnere zurückziehen konnte, tat dies. Aber denken wir uns in Menschen hinein, die aus irgendwelchen Gründen ihre Hütten an der Küste nicht verlassen haben. So wie die meisten von uns werden sie dort am Abend und in der Nacht, nachdem sie vom Meeresbeben hörten, gebetet haben.

Ganz gleich, ob es ein Ohr hinter der Sonne gibt, das die Stimmen der Betenden erhört und sich ihrer erbarmt oder nicht, selbst von den entschiedensten Atheisten werden einige in einer ähnlichen Situation anfangen zu beten. Sie werden die letzte Zuflucht suchen, um ihre Angst zu vermindern. Ihnen wird das Gefühl, dass Beten eine Möglichkeit sei, den Gang der Ereignisse zu beeinflussen, die angemessene Reaktion auf die Angst sein. In diesem Erlebnis ist es kaum mehr möglich, zwischen Angst und Furcht zu unterscheiden. Der konkrete Gegenstand der Furcht, nämlich dass ein Tsunami in Minuten mein Leben und meine Habseligkeiten wegspülen könnte, zieht alle Register der Angst.

Aber welche Religion beruht auf echtem Glauben und welche nur auf Aberglauben? Wir wissen es nicht. Dennoch hat jeder Abergläubische die gleiche Angst vor Entheiligung seines Glaubens wie der »richtige« Fromme. Sind wir daher gut beraten, wenn wir durch unser Handeln, Denken und Reden in jedem Fall vermeiden wollen, dass bei anderen Angstempfindungen geweckt werden? Welche Art Rücksicht üben wir, wenn wir es Menschen nicht zumuten, starke Emotionen aushalten zu müssen, und welche Art Empfindlichkeiten pflegen und fördern wir dadurch? Werden wir nicht selbst zu Mitverursachern neurotischer Gewaltausbrüche, wie Amokläufer und religiöse Fanatiker sie durchleben, wenn wir durch unsere Kultur der Angst jedem ein Mittelchen verkaufen wollen, das ihm verspricht, für eine Weile seine irrationalen Ängste nicht fühlen zu müssen?

Wer Angst vor der Zahl 13 hat, möge ein Flugticket bei der Fluggesellschaft X kaufen; wer Angst vor jugendlichen Ausländern hat, der möge bei der nächsten Landtagswahl Herrn Y zum Ministerpräsidenten wählen; wer Angst vor dem sozialen Abstieg hat, dem hilft das totale Bekenntnis zur Konsumgesellschaft und die Vollstreckung der Systemzwänge, die sie ihm auferlegt hat; wer Angst vor dem Bankrott seiner Sparkasse hat, soll sein Geld nur an derjenigen Bank anlegen, die das Rettungspaket der Bundesregierung nicht nötig hat. Stets sollen Handlungen geeignet sein, unsere Unlustgefühle zu beruhigen, weil wir verlernt haben, sie auszuhalten.

Während wir mit emsigem Fleiß und ohne Scheu vor Kosten solcherlei Pseudo-Gefahren vertreiben, versäumen wir es, Angst abzubauen und unsere Aufmerksamkeit den wirklichen Gefahren zuzuwenden. Dies alles ist möglich, weil unser Verhalten und Handeln nicht – wie es Moralphilosophen entgegen allen empirischen Beobachtungen behaupten – von der Vernunft gesteuert wird, sondern in erster Linie von der irrationalen Angst. So legen die einen eine Spur der Angst, die zu »Heuschrecken« führt, und die anderen leiten sie um zu »jugendlichen Ausländern«, die auf Bahnhöfen Rentner zusammenschlagen. Wenn wir uns von der Angst bedroht fühlen, sind keine weiteren Gründe für die Einschränkung von Freiheiten und für die Diskriminierung von Minderheiten nötig.

Übermenschliches leisten die Menschen durch das Wechselspiel zwischen Angst und ihrer Überwindung. Die Gefahr, dass uns dieser Mehrwert an Leistung gern abgeschöpft wird, ist groß. Wo wären unsere Kulturdenkmäler, unsere Errungenschaften der Technik und unsere Utopien der Humanität, wenn es nicht eine Angst vor Unvollkommenheit gäbe? Wie würden wir mit unseren Verstorbenen verfahren, wenn es nicht eine Angst vor dem Tode und dem Sterben gäbe? Auf welcher Stufe ihrer Entwicklung wären Religionen steckengeblieben, wenn es nicht die Angst vor dem Numinosen, vor dem Allmächtigen, vor dem Schicksal gäbe? Wie blass wäre die Ästhetik der Mode, wenn es nicht die Angst vor Nacktheit und Sexualität gäbe? Und welchen Verlust würden wir Menschen erleiden, wenn es keine Liebe gäbe, weil wir nicht erfahren hätten, wie schön es ist, wenn die Angst vor dem Verlassenwerden und dem Alleinsein verschwindet, sobald sich Menschen liebevoll um uns sorgen?

Wie Angst der Motor der Errungenschaften unserer Zivilisation ist, so stammt alle Gefahr für diese ihrerseits aus Angst. »Warum reißen wir das Holstentor in Lübeck nicht ab«, fragt der Philosoph Hans Blumenberg, »dieses verkehrshinderlichste Monstrum, das je einer Stadt die Hauptschlagader abgedrosselt hat? Weil es schon so alt ist?«[60] Monumente der Zivilisation nehmen uns die Angst vor der Bedeutungslosigkeit. Wir kommen uns selbst monumental vor, wenn wir sie um uns pflegen. Dem kurzfristigen Nutzen, wie dem fließenden Straßenverkehr, wollen wir sie nicht preisgeben.

Ansteckende Angst

Ansteckende Krankheiten kennen einen Übertragungsweg. Dabei werden Viren oder Bakterien vom einen Wirt auf den anderen übertragen. Aber es gibt eine Ansteckung, die keinen stofflichen Träger benötigt. Gähnen Sie einmal in Gesellschaft. Sofort können Sie reihum beobachten, wie eine Welle gähnender Gesichter sich ausbreitet. Heiterer als Gähnen ist das Lachen. Wer in einer Gruppe aus freiem Herzen zu lachen beginnt, kann sicher sein, dass er die meisten anderen mitreißen wird.

Solche Gesten sind ansteckend. Ihre Ansteckung beruht auf Spiegelung. Spiegelung heißt, dass wir wie ein Spiegel dem anderen zeigen können, dass wir Signale von ihm erhalten haben. Sie sind zwar alles andere als ein identisches Abbild, aber sie sind eine Nachahmung des Wahrgenommenen. Wenn wir einen anderen Menschen nachahmen, dann zeigen wir, dass wir ihn anerkennen. Selbst Feinden und Autoritäten, die wir nachäffen, bekunden wir dadurch Anerkennung.

Hervorgerufen werden Spiegelungen von eigenartigen Zellstrukturen unseres Gehirns, den Spiegelneuronen. Sie werden bei uns Menschen unmittelbar aktiv, wenn wir ein bestimmtes Verhalten bei anderen beobachten. Sofort und ohne bewusste Überlegungen wiederholen wir das Beobachtete bei uns selbst. Schlägt der Vorgesetzte in einem persönlichen Gespräch ein Bein über das andere, macht es der Mitarbeiter nach; lächeln wir ein Kleinkind im Kinderwagen an, antwortet es uns mit einem Lächeln; sehen wir einen anderen Menschen leiden, stellt sich bei uns Mitleid ein. Stets ist es die Funktion der Spiegelneuronen, erlebte Wahrnehmungen aus der Umgebung bei uns durch Nachahmung zur Resonanz zu bringen.

Schüler verkleinern sich ihre Furcht vor der Macht eines autoritären Lehrers, indem sie ihn nachäffen; Medizinmänner in unzivilisierten Völkern ahmen das Gewitter, den Sturm oder den Regen nach, um Macht über die Naturereignisse zu bekommen und die Angst vor ihnen zu verringern. Ja, selbst Naturwissenschaftler vollziehen im Experiment nichts anderes als die Nachahmung eines Naturphänomens, um es zu domestizieren.

Wie weitreichend die Fähigkeit zur Resonanz und Nachahmung menschlicher Emotionen und Gefühle ist, kennen Sie von dem Erlebnis des Verliebtseins. Verliebte interessieren sich für die Interessen des Partners. Der Partner oder die Partnerin ist bei jeder Handlung und zu jeder Gelegenheit anwesend, zumindest in Gedanken. Partner spüren, was sich im Gefühlsleben des anderen abspielt. Zumindest machen sie sich ein Bild davon. Leidet der eine Partner, dann erzeugt dies eine Resonanz im anderen. Wenn es sogar gelingt, das Bild des oder der Geliebten mit Sprache nachzuahmen, vielleicht in einem Gedicht zur Resonanz zu bringen, dann festigt dies die Bindung. Wir steigern unser Glück, indem wir Glücksmomente durch wechselseitige Resonanz und Spiegelung verstärken.

Dass diese Erlebnisse für unsere sozialen Bindungen entscheidend sind, erkennen wir leicht, wenn wir Paare beobachten, deren Liebe erloschen ist. Sie haben verlernt, die Erlebnisse des anderen bei sich zur Resonanz zu bringen. Wird das Interesse eines von beiden spontan auf einen Brennpunkt gelenkt, herrscht beim Partner Funkstille. Andererseits können Sie in ihrem Partner oder Ihrer Partnerin schon beim Abholen vom Arbeitsplatz oder von einer Reise am Bahnhof durch Ihr Lächeln eine Vorstellung erzeugen, wie der weitere Verlauf des Tages aussehen könnte. Wenn das tatsächliche Erlebnis die Erwartungen erfüllt oder sogar übertrifft, werden Sie beide Glück erleben.

In einer Form ist Nachahmung allerdings nicht so heiter wie die geschilderten Beispiele. Denn die Ausbreitung von Angst bedient sich ebenso wie das Gähnen und Lachen der stofflosen Übertragung durch Nachahmung und Resonanz. Auch Angst ist ansteckend, so ansteckend wie viele andere Emotionen auch. Wer Angst hat, findet schnell Nachahmer. Zahlreiche Studien und Bücher über die Psychologie der Massen unterstreichen die Verstärkung des irrationalen Charakters der Angst, wenn sie sich auf Gruppen oder eine ganze Gesellschaft überträgt. Wenn der Einzelne ein bestimmtes Risiko vor Augen hat, das seine Angst auslöst, dann vergrößert sich diese Angst in der Gruppe in der Weise, dass selbst solche, die das Risiko für nicht besonders hoch halten, von der übersteigerten Angst angesteckt werden.

Hier erkennen wir einmal mehr, welche Rolle den Medien bei der Verstärkung von Angst zufällt. Ein Ereignis, das im Jahr 1938 in New Jersey mehr als eine Million Amerikaner in Panik versetzte, unterstreicht diese These.[61] Radiosender sendeten damals einen Bericht über die Landung von Marsmenschen in New Jersey. Der Sozialpsychologe Cantril hat in der 1940 erstmals publizierten Studie die Reaktion der Amerikaner auf das Märchen untersucht. Er fragte sich, »Warum mehr als eine Million Amerikaner sich so stark ängstigen konnten und sich ›ins Beten, Weinen und in den Wahnsinn flüchteten‹«.[62] Nicht fehlende Intelligenz machte sie anfällig für das Märchen, sondern der Scharfsinn der Programmgestalter des Radiosenders und die sozialen Verhältnisse jener Zeit. Die Meldung fühlte sich glaubhaft an, weil glaubhafte Menschen professionell davon sprachen. Das sollte uns nachdenklich machen.

Wenn Medien von einem deutschen Arbeitslosen auf Florida berichten, dann bekommen die Menschen Angst vor der Ausbeutung unseres Sozialsystems; wenn Medien über ein abgestürztes Flugzeug berichten, verstärken sie die Flugangst im ganzen Volk; wenn Medien über den Geburtenrückgang berichten, wecken sie Angst vor dem Aussterben der Deutschen; und wenn sie von einem ausländischen Gewalttäter berichten, stärken sie die Politik derer, die Ausländer am liebsten hinter einem realen oder virtuellen Gitter der totalen Kontrolle sehen möchten. Die modernen Bilder abschmelzender Gletscher in den Alpen und ähnlicher Klimaschäden anderswo konnten die Angst vor dem »Klimagas Kohlendioxid« flächendeckend entzünden, obwohl wissenschaftliche Studien belegen, dass Kohlendioxid nicht die Ursache der Klimaerwärmung, sondern bislang stets nur dessen Folge gewesen ist. Genaue wissenschaftliche Untersuchungen, die Angst als unbegründet darstellen, sind niemals so ansteckend wie die Angst. Der Wissenschaftsjournalist Dirk Maxeiner hegt daher den Verdacht heimlich gültiger Gebote des Öko-Glaubens, deren erstes er ausspricht als: »Du sollst dich fürchten! Das furchtbarste Szenario ist das wahrscheinlichste. Wenn es einmal gut ging, so kommt es beim nächsten Mal umso schlimmer.«[63] Freilich, Maxeiner hätte von »ängstigen« sprechen sollen, wenn er sich unserer Terminologie bedient hätte. Aber seinen Ausführungen entspricht, dass wir immer geneigt sind, ein Szenario des Unheils, das wir allein aus Berichten kennen, stets für gefährlicher zu halten, als es ist. In der medial aufgeschaukelten Angst vor künstlich und gentechnisch verbesserten Nahrungsmitteln übersehen wir vollkommen, dass Brokkoli in großen Mengen Indolcarbinol enthält, mit dem man im Tierversuch Krebs auslösen kann. Würden Ökofreunde auch hier den Grenzwert für synthetische Pestizide anwenden, »dann dürfte ein Erwachsener am Tag nicht mehr als ein Milligramm Brokkoli zu sich nehmen«, errechnete ein Chemiker. »Würden Himbeeren (…) statt in der Natur zu wachsen, künstlich hergestellt, müssten sie laut deutschem Lebensmittelrecht verboten werden.«[64] Denn dort hat die Natur chemische Stoffe eingebaut, ohne die vom Gesetzgeber vorgeschriebenen Grenzwerte einzuhalten.

Wie gefährlich auch immer die globale Erwärmung sein mag; wie schädlich auch immer künstlich veränderte Lebensmittel sein mögen; das Maß der gefühlten Angst vor ihnen stammt aus der medial verstärkten Bereitschaft, der Erwartung einer großen Gefahr sehr viel größeren Glauben zu schenken als der Entwarnung. Die Angst vor der Klimakatastrophe verbaut uns den Blick auf Chancen, die sie bieten wird.

Auch haben Gruppen stets mehr Angst als die ängstlichsten Individuen in ihr. Paniken können Gruppen befallen, nachdem sich ihre Mitglieder über eine furchtbare Sache beraten haben. Diese Gruppen-Panik-Attacken machen Menschenmassen so gefährlich. Wir sollten daher genau darauf achten, ob Nichtregierungorganisationen (NGOs) wie *BUND* oder *Greenpeace*, in denen Angsthändler und Angsterfüllte sich vorwiegend in ihrer Gruppenangst gegenseitig bestätigen, gemeinnützig oder eher gemeingefährlich sind.[65]

Gruppenängste entstehen aufgrund der Vernachlässigung der Wahrscheinlichkeit eines Risikos. Während auf der einen Seite die Fälle stehen, in denen Menschen es auf törichte Weise versäumen, Vorkehrungen zu treffen, bewirkt die selektive Blindheit auf der anderen Seite stets die Annahme des schlimmsten aller zu erwartenden Fälle. Niemals ist das Maß der Angst dem sie auslösenden realen Faktor geschuldet, erst recht nicht bei Gruppenpanik.

Folgende falsche Wahrnehmungen bewirken solche Angst-Attacken auf Menschengruppen: Stets erscheinen uns bestimmte Risiken besonders wahrscheinlich, unabhängig davon, ob sie es tatsächlich sind. Darüber hinaus schenken wir nur oder vor allem dem schlimmstmöglichen Fall Beachtung. Dabei spielt es keine Rolle, wie wahrscheinlich dieser Fall eintreten wird. Auch stehen die von Menschen getroffenen Entscheidungen oder alle künstlichen Prozesse unter einem Generalverdacht. Während Worte wie »naturbelassen« eine Beruhigung der Angst bewirken können, wecken Worte wie »künstlich erzeugt«, »chemisch« und »unnatürlich« Misstrauen beim Hörer. Und schließlich verkennen Menschen, dass Risiken in einem systematischen Zusammenhang stehen. Dies bedeutet, dass jeder Eingriff in dieses System und jede natürliche kleine Änderung an ihm selbst vollkommen unvorhersehbare Auswirkungen haben kann.[66] So hat wahrscheinlich die neurotisch betriebene Zurüstung zahlreicher Felder mit Raps und anderen Rohstoffen für den Hunger im Tank den Hunger in der Welt nur vergrößert. Auch Biosprit belastet die Umwelt erheblich. Denn der Anbau von Feldfrüchten, aus denen die Treibstoffe gewonnen werden, steigert den Druck auf die Ökosysteme, und es entsteht eine neue Konkurrenz für die Nahrungsmittelproduktion. Zudem kann die deutsche Rohstoffproduktion den Bedarf nur durch Importe decken. »Als Grundlage für Biodiesel dienen vor allem Raps- und Palmöl – und gerade das Palmöl ist bekannt für umweltschädliche Anbaumethoden. Vor allem in Malaysia und Indonesien werden Jahr für Jahr große Regenwaldgebiete für neue

Plantagen gerodet. Auch aus Soja wird Bio-Diesel hergestellt.«[67]

Vergegenwärtigen wir uns die Resultate dieser fehlerhaften Risikoeinschätzung und der Vernachlässigung wechselseitiger Abhängigkeiten, dann erkennen wir, wie leicht manipulierbar der moderne Mensch ist. Ein herrenlos herumstehender Koffer auf einem Bahnhof erleichtert dem Innenminister die Propaganda für ein totales Videoüberwachungsprogramm; eine Salmonellenvergiftung im Hochsommer ruiniert flächendeckend den Umsatz der Eisverkäufer; und der Angriff eines Hais an der Pazifikküste verleidet vielen noch an der heimischen Kiesgrube den Badespaß.

Mögen diese Beispiele noch Einzelfälle bleiben, so werden die meisten von uns zugeben, dass sie keine ihrer Versicherungspolicen benötigten, wenn sie die tatsächliche Wahrscheinlichkeit des Eintritts des Versicherungsfalles klar erkennen könnten. In der Angst betreiben wir eine Überschlagsrechnung, in welcher wir uns normalerweise erheblich verschätzen – zugunsten der Gefahr.

Die Sache wird umso schlimmer dadurch, dass wir nur selten fähig sind, unsere Fehlkalkulation einzugestehen. Nehmen wir an, die Angst vor dem drohenden Klima-Kollaps sei wirklich ein abgekartetes Spiel globaler Mächte, wie das Kritiker der Umweltprogramme behaupten. Nehmen wir an, sie sei eine dieser perfekt inszenierten Gruppen-Paniken, die stets geeignet sind, dem Angstbedürfnis der Massen Rechnung zu tragen und sie gefügig zu machen, damit ihnen die Konzentration auf ein vielleicht wirklich beängstigendes Thema gründlich vergeht. Wir würden diese Täuschung nicht zugeben können.

Zum einen benötigt unsere Tendenz zum Alarmismus beständig neue Stimuli. Wo keine anderen Stimuli Angst auslösen, genügt der geringste, aber naheliegende Anlass. Zum anderen, so haben Wissenschaftler beobachtet, neigen Testpersonen dazu, sich eher an der jeweils erschreckenderen Darstellung zu orientieren. Detaillierte Aufklärung über

Schreckliches halten die Menschen fortwährend für objektiver als eine genaue Beschreibung der Gefahrlosigkeit. Dies bestätigt, dass Informationen, denen zufolge ein beschriebenes Risiko hoch ist, gewöhnlich als informativer eingeschätzt werden. Demnach können gründlich erarbeitete wissenschaftliche Theorien, die den globalen Klimawandel als ungefährlich darstellen, niemals vergleichbare Popularität gewinnen wie die Szenarien vom Wärmetod des Erdballs. Dabei spielt es keine Rolle, ob sie richtig oder falsch sind.[68] Übrigens ist die Angst vor dem Wärmetod mindestens so alt wie die moderne Thermodynamik. Als diese im 19. Jahrhundert von Joule, Kelvin, Helmholtz und anderen formuliert worden war, stürzte die Erkenntnis von der Entropie die Menschen in eine Angst vor dem Wärmetod des Weltalls. Viele von ihnen sind dann in einem der beiden Weltkriege umgekommen, deren unberechenbare Dynamik und Gefahren die Verantwortlichen vollkommen falsch eingeschätzt hatten.

Unser Angstzentrum im Gehirn bewirkt eine irrationale Asymmetrie. Es ist die Neigung der Menschen, den Wert von Analysen zu überschätzen, denen zufolge ein bestimmtes Risiko hoch ist. Wer Menschenmassen manipulieren will, weiß stets auch, dass seine Zielgruppe sich bei Informationen unabhängig von ihrem Inhalt auf den schlimmstmöglichen Fall konzentrieren wird. Wenn in der Ethik die Fähigkeit zum Mitleid der Grund des Humanen ist, so erzeugt das gesteigerte Mitleid in Panikgruppen manchmal erst die Gefahr, vor der sich alle fürchten.

Unseren Politikern könnten diese Ergebnisse der Forschung eine bemerkenswerte Lehre sein. Auch würden sie, wenn Journalisten sie befolgten, die Berichte über Gewalt, Verbrechen, Katastrophen und Perversionen auf ein vernünftiges Maß beschränken. Diese Berichte stünden dann wahrscheinlich sogar dem realen Wert der Geschehnisse näher. »Es ist nicht immer hilfreich, die Bürgerinnen und Bürger mit einer großen Bandbreite an Informationen zu versorgen, die von beruhigenden zu eher beunruhigenden

Darstellungen reicht. Im Ergebnis werden sie den Menschen Angst einjagen.«[69]

Das Maß der Irrationalität, die durch Angst gefördert wird, ist abhängig von dem Ohnmachtserlebnis, durch das sie ausgelöst wird.

Kollektive und individuelle Ängste

Es gibt Ängste, die wir als Mitglieder einer Gesellschaft kollektiv erleben. Sie prägen das moralische Klima einer Gesellschaft. Gegenüber diesen moralischen Ängsten mit gesellschaftlichem Ausmaß gibt es die individuell erlebten Ängste. Sie sind weniger ansteckend als die kollektiven Ängste. Bei ihnen ist es dem Einzelnen überlassen, was er dagegen unternimmt. Zumindest übt das kollektive Empfinden wenig Zwang auf diese Individuen aus. Kollektive Ängste stützen sich meist auf moralische Werte. Es ist nicht übertrieben, zu sagen, dass ein Kollektiv durch moralischen Druck Angst erzeugt. Individuelle Ängste benötigen dagegen keinen moralischen Bezug. Schauen wir uns einige dieser Fälle, die gesellschaftlich harmlos sind, aber für das Individuum eine starke Einschränkung bedeuteten, näher an. Wir unterstreichen damit, dass die wirksame Verminderung der Emotion Angst nicht in der Vermeidung und in der Abwehr, sondern in der Konfrontation zu finden ist.

Jana spielt gern mit großen Hunden und fürchtet sich nicht vor gefährlichen Situationen. Aber eines kann sie nicht aushalten: Spinnen in ihrer Nähe. Trifft ihr Blick während einer Autofahrt eine Spinne am Rückspiegel, und mag sie noch so klein sein, gerät sie in Panik. Und Jana erspäht selbst die verstecktesten Spinnen schneller als Menschen ohne Spinnenphobie.

Das verglaste Treppenhaus im modernen Mietkomplex durchrennt sie jeden Morgen auf dem Weg zur Arbeit und jeden Abend auf dem Weg zurück zu ihrer Wohnung. Es gibt dort höchstens drei oder vier kleinere Spinnen, die sich auf sie herabfallen lassen könnten. Doch diese Vorstellung genügt bereits, um bei ihr Angstreaktionen auszulösen. Größe und Anzahl der Spinnen spielen dabei keine Rolle. Ein Picknick im Freien ist für sie undenkbar. Dass sie eigentlich keine Angst vor Spinnen haben müsste, weiß sie selbst; auch dass alle Spinnen in unseren Breiten harmloser als die großen Hunde sind, mit denen sie gern spielt.

Aber das Wissen hat keinen oder nur wenig Einfluss auf unsere emotionalen Erlebnisse. Bloßes intellektuelles Wissen kann unsere Gefühle nicht ergreifen, kann den von Affekten beherrschten Leib nicht steuern. Wir müssen Wissen stets auf-, ja zubereiten wie eine Speise, damit es verdaulich wird. Wir können auch unser Wissen über Angst aufbereiten und organisieren, und zwar im Hinblick auf die Beschaffenheit der physischen Strukturen, die Angst in unserem Organismus hervorrufen. Es ist also eine bestimmte Verwendung unseres Wissens nötig, um es für unser Fühlen und Erleben wirksam zu machen.

Man schätzt, dass etwa 200 000 Menschen in Deutschland an einer Spinnenphobie leiden. Es könnte sein, dass sie eine eingebildete Angst pflegen. Doch wie wenig uns der herkömmliche Vorwurf: »Du bildest dir deine Angst doch nur ein!«, tatsächlich erklärt, verstehen wir besser, seit wir mit Hirnscans Einbildung von Wirklichkeit unterscheiden können. Die eingebildete Angst ist nicht weniger fürchterlich als die wirkliche Angst. Denn jede Angst löst nahezu identische Körperreaktionen aus. Ja, man kann sogar sagen, die scheinbar nur eingebildete Angst ist die wirkliche, wie wir gleich sehen werden.

Wissenschaftler sind sich bis heute nicht einig, wodurch diese verbreitete Angst vor Spinnen hervorgebracht worden sein könnte. Eine der interessantesten Theorien ist die Theorie der Urangst vor Spinnen, weil Spinnen einmal größer und gefährlicher für Menschen gewesen sein sollen als heute. Natürlich haben nur diejenigen Menschen überlebt, die eine wirkungsvolle Angst vor Spinnen ausgebildet hatten. Nun sind die großen gefährlichen Spinnen zwar ausgestorben, aber die tief eingewurzelte Urangst treibt in unserem Seelenleben nach wie vor ihr Unwesen.

Gegen die Theorie der Urangst vor Spinnen spricht die Tatsache, dass in den Bernsteinfunden mit eingeschlossenen Insekten der Urzeit nur kleine Spinnen entdeckt werden konnten. Sie unterscheiden sich kaum von unseren heutigen. Auch andere Fossilien zeugen nicht von großen gefährlichen Spinnen. So ist die Theorie der überdimensionalen Urspinne eine Spekulation, die bislang durch keinerlei empirische Befunde gestützt werden konnte. Auch gibt es Kulturen, die gar keine Angst vor Spinnen kennen. Warum sollten Menschen mit der gleichen Urvergangenheit verschiedene Reaktionen auf gefährliche Spinnen ausgebildet haben?

Für unser Verständnis von Angst und den Umgang mit ihr ist Janas Spinnenphobie aufschlussreich. Sie hat sich an der TU Dresden für eine ganze Reihe von Experimenten zur Verfügung gestellt. Deren Ziel ist es, die Spinnenphobie zu heilen. In einem Experiment sitzt Jana für 45 Minuten an einem Computer. Sie soll am Bildschirm eine Art Memory-Spiel spielen. Dabei sind verschiedene Karten mit Motiven sichtbar, die geeignet sind, die Konturen einer Spinne erkennen zu lassen, obwohl diese gut versteckt bleibt. Normale Menschen übersehen diese Konturen. Nur dem geschärften Blick der Probandin entgeht keine einzige. Im Gegensatz zu anderen Menschen erkennt Jana alle versteckten Spinnen eindeutig. Ihr Bewusstsein hat keinen Einfluss darauf, ob ihr Auge Spinnen entdeckt oder übersieht. Es muss nur mit der Angst fertig werden, die ebenso unbewusst ausgelöst wird.

In einem anderen Experiment wird Janas Puls gemessen, während ihr die Experimentleiterin Spinnen und Spinnenbilder zeigt. Janas Puls klettert auf sagenhafte Werte. Auch im Kernspintomographen, der die Aktivität einzelner Gehirnareale genau messen kann, reagiert Jana eindeutig. Sie schaut sich Bilder an von Pilzen und ungefährlichen Spinnen. In ihrem Gehirn sorgen allerdings die Bilder von Spinnen für große Aufregung. Die Bilder von Pilzen dagegen erzeugen erwartungsgemäß eher Langeweile – obwohl einige davon hochgradig giftig sind. Nur der Anblick von harmlosen Spinnen löst Alarm aus. Die Messungen zeigen, dass diejenigen Regionen ihres Gehirns besonders aktiv sind, die für die Verarbeitung visueller Erlebnisse, für schnelle Angstreaktionen, für Angstverarbeitung und für das subjektive Erleben zuständig sind. Janas Spinnenangst ist also keine Einbildung. Die Angst entsteht ohnehin erst im menschlichen Subjekt; die Gegenstände selbst können nichts für die Angstzustände, die sie bei uns auslösen. Aber sie müssen oft dafür büßen, dass wir Angst vor ihnen haben.

Der Blick in die Arbeitsweise des Gehirns zeigt, dass Janas Großhirnrinde entwarnende Signale an das limbische System senden müsste, nachdem sie die Spinne bewusst erkannt hat. Genau dies bleibt aber aus. Unbewusst hatte Janas Gehirn auf den Anblick der Spinne hin blitzschnell eine Schreckreaktion ausgelöst. Der nachfolgende nüchterne Blick auf die harmlose Spinne hätte die Produktion der Botenstoffe im Gehirn unterbrechen sollen. Denn das Angsterlebnis, das wir fühlen, wird von nichts anderem verursacht als von diesen Botenstoffen. Mit einem gewissen Recht hat Janas Gehirn Angst vor den Botenstoffen. Denn diese, nicht der Anblick der Spinne, verursachen ja erst das Angstgefühl. Wenn die Botenstoffe im Gehirn nach dem Anblick einer Spinne nicht erzeugt werden, entsteht auch die Angst nicht.

Statt mit der Erkenntnis, dass die Spinne keine Gefahr darstellt, Janas limbisches System zu beruhigen und damit die Produktion der Angstsubstanzen zu unterbinden, richtet ihr Bewusstsein die Aufmerksamkeit auf die Angst machenden Botenstoffe im Gehirn und kommt zu der Einschätzung: »beängstigende Situation«. Hierauf reagiert das limbische System mit gesteigerter Produktion von chemischen Botenstoffen und Hormonen, welche Gefahr signalisieren. Die einzige

Gefahr aber sind die Gefahr signalisierenden Hormone im Blut. Weil ihre Ausschüttung aufgrund der fehlenden Entwarnung gesteigert wird, steigert sich auch das Angsterlebnis. Nun gerät das Bewusstsein erst recht in Panik. Es betrachtet längst nicht mehr die Spinne, sondern nur die Angst, und bewertet die gesteigerte Angst als gesteigerte Gefahr. Die arme Spinne an der Decke spielt jetzt ohnehin keine Rolle mehr. Der Stoffwechsel zwischen Großhirnrinde und limbischem System hat sich längst verselbstständigt. Die Großhirnrinde interpretiert mit Angst die Botenstoffe aus dem limbischen System, und das limbische System produziert verstärkt Botenstoffe, solange die Großhirnrinde keine Entwarnung gibt. Mit der in Paniksituationen erreichten Botenstoffkonzentration ist das Bewusstsein jetzt vollkommen überfordert. Es versäumt, die erlösende Frage zu stellen, ob denn der Menge an produzierten Angsthormonen auch ein reales Ereignis entspreche.

Doch ist Janas Angst trotzdem keine Einbildung. Einbildungen werden in anderen Zentren im Gehirn verarbeitet als Janas Angst. Eingebildete Angst müsste deswegen anders behandelt werden als die wirkliche. Mit bewussten Befehlen kann Jana die aktiven Areale des Gehirns nicht im mindesten beeinflussen. Sie sind zudem viel schneller aktiv als bewusstes Erleben es jemals sein könnte. Daher ist es auch korrekter zu sagen, dass das bewusste Angsterlebnis ein Zustand ist, den uns das Gehirn durch den Ausstoß von Botenstoffen und Hormonen überhaupt erst ermöglicht hat.

Die bewusst wahrgenommene Reihenfolge ist eine verkehrte. Unser Alltagsverstand verschafft uns den Eindruck, als wäre die bewusste Erkenntnis einer beängstigenden Situation der Auslöser der Angst. Tatsächlich jedoch ist unser Bewusstsein der Letzte, der davon erfährt, dass es gilt, Angst haben zu müssen. Unser bewusstes Angsterlebnis stellt sich ein, wenn bestimmte Botenstoffe und Hormone von der Amygdala im limbischen System als Reaktion auf ein gefährliches Signal ausgestoßen wurden. Diejenigen Menschen, bei denen die schnelle Reaktion des limbischen Systems nicht funktioniert hatte, bei denen das viel zu langsame Bewusstsein erfolgreich die Kontrolle über die Frage »Weglaufen oder Standhalten?« übernommen hatte, sind allesamt ausgestorben. Nur das limbische System in unserem Gehirn reagiert schnell genug, um eine angemessene Reaktion auf gefährliche Situationen einzuleiten. Die Amygdala steuert unser Angstgefühl. Die Frage »Fliehen oder den Kampf aufnehmen?« ist bereits entschieden, bevor unsere Großhirnrinde die Spinne wahrgenommen hat. Das Bewusstsein kann dann feststellen, dass es keine Gefahr bedeutet. Im »gesunden« Menschen erfolgt diese Feststellung dann auch nach angemessener Zeit. Beim Phobiker kann das Bewusstsein den Alarm nicht mehr abschalten. Vielmehr kommt es zur einer Art Rückkopplung der Reaktion, zur Verstärkung und Überreaktion auf den Angst auslösenden Faktor.

Zahlreiche Untersuchungen bestätigen inzwischen, dass wir eine Gefahr nicht erst bewusst wahrnehmen müssen, um auf sie zu reagieren. Menschen reagieren mit Herzklopfen und Angstschweiß, allein dann schon, wenn sie ein riskantes Vorhaben erwägen. Das »ungute Gefühl« tritt bereits auf, bevor wir sagen können, worin genau die Gefahr liegt. Wir verdanken dies der schnellen Reaktion des limbischen Systems. Leider werten wir das »limbische Denken« allzu oft gegenüber dem rationalen Bewusstsein ab und verschenken dadurch die Aufmerksamkeit auf ein wesentliches Kriterium der menschlichen Entscheidung. Offenbar haben wir Menschen Angst vor der Kraft unbewusster Entscheidungen und der Leistungsfähigkeit des limbischen Systems. Als einer der einflussreichsten Management-Lehrer belegte Fredmund Malik kürzlich eine ganze Reihe »Managementwörter« mit einem moralischen Tabu. Vorrangig richtet sich Maliks Leidenschaft gegen das »limbische Denken« und die These, dass im Management »viele Entscheidungen aus dem ›Bauch‹ getroffen würden«[70]. Ihm ist jedoch nicht klargeworden, dass er in seiner leidenschaftlichen Abwehr der Bedeutung des limbischen

Systems diesem selbst zum Opfer gefallen ist. Wäre nicht die »limbisch« verursachte Angst vor dem Verlust seiner Lehre von der rationalen Entscheidung wirksam geworden, dann hätte Malik niemals das Buch gegen »gefährliche« Managementwörter geschrieben.

Wenngleich der Autor das Unbewusste beim Zustandekommen von Entscheidungen unterschätzt, so ist ihm doch darin zu folgen, dass wir uns hüten sollten vor Wortfetischen, deren Sinn dem Sprecher selbst nicht klar ist. »Coaching«, »Charisma«, »Vision« und »Risikofreude« gehören zu jenen Worthülsen, die kaum ein Manager mit klaren Inhalten füllen kann. Doch Malik verfällt streckenweise der Versuchung, Gefahren von der Sache auf das Wort zu verschieben. Wenig Beruhigung schafft er, wenn er trotzdem betont: »Das Wort ›Vertrauen‹ ist als solches nicht gefährlich. Es ist aber mit zwei Gefahren verbunden. Die erste ist, daß man die Bedeutung von Vertrauen übersieht, weil man auf Motivation fixiert ist. Die zweite ist, daß man aus Vertrauen ein emotionales Problem macht.«[71] »Angst« spielt in Maliks Wörterbuch allerdings keine Rolle.

Aushalten statt Vermeiden der Angst

Was Janas Spinnenphobie weitgehend heilen konnte, war die Konfrontationstherapie: dreieinhalb Stunden Spinnenanschauen; Fotos von Spinnen anfassen, dann echte Spinnen im Glas näher an sich heranschieben, Zentimeter für Zentimeter, bis sie das Glas unmittelbar vor ihren Augen hat. Die Spinne bewegt sich im Glas. Jana nimmt das Glas in die Hände und spielt nach einer Weile mit dem Glasbehälter. Danach wird die Spinne in einer Schale freigelassen. Nun kann Jana die Spinne durch die trennende Glaswand beobachten. Am nächsten Tag hält ihr die Psychologin eine Vogelspinne auf der Hand hin. Jana hat Angst, ihr Puls steigt, aber ihre Angstreaktionen sind schwächer als zuvor. Der Trick besteht also im genauen Hinschauen. Wenn wir die Dinge, die unsere Phobien auslösen, genau betrachten, löst sich die Angstreaktion Schritt für Schritt auf. So wie sich Angst antrainieren lässt, so können wir sie also auch abtrainieren. Dies setzt aber voraus, dass wir die Angst nicht im Unbewussten belassen.

Eine andere individuelle Angstkrankheit, von der Individuen geheilt werden können, ist die soziale Angst. Ihr widmet sich ein Forschungsnetzwerk. Es beschäftigt sich mit den Ursachen sozialer Phobie und bietet Betroffenen Hilfe an.[72]

Eine Mitarbeiterin, die in ihrem neuen Job Handys verkaufen soll – früher war sie Postbeamtin –, ergreift Panik. Obwohl sie wie ihre Kunden cool, attraktiv, modisch aussehen soll, ist ihr eigentlich zum Heulen zumute, wenn sie auf andere Menschen trifft. Verstecken möchte sie sich, grau und unsichtbar sein. Der Kontakt mit den Kollegen und Kunden ist ihr äußerst unangenehm.

Unsere Patientin rechnet, wie alle, die unter einer schweren sozialen Phobie leiden, stets mit dem Schlimmsten, wenn sie Kontakt mit Menschen hat. Sie ist beherrscht von der Angst zu versagen und auf Ablehnung zu stoßen. Manfred Beutel, der Direktor der Klinik für Psychosomatische Medizin und Psychotherapie des Mainzer Universitätsklinikums schätzt den Anteil an Menschen in unserer Gesellschaft, die irgendwann im Lauf ihres Lebens von dieser Störung betroffen sind, auf 13 Prozent. Aber die meisten von ihnen sind zu scheu, Hilfe zu suchen und anzunehmen.

Das Netzwerk *SophoNet* bietet diese Hilfe seit einer Weile gezielt an. Voraussetzung ist eine detaillierte Kenntnis der Ursachen, die soziale Angst begünstigen. Eine vermutlich geringe Ursache liegt in der Erbanlage. Weitaus prägender als diese sind Erfahrungen der Kindheit. Eltern, die ihre Kinder ständig kritisieren, weil sie ihren Erwartungen nie gerecht werden, ersticken sehr wahrscheinlich die Entwicklung des nötigen Selbstbewusstseins ihrer Kinder. Die Schule tut dann das Übrige: »Viele unserer Patienten«, teilt Professor Beutel mit, »wurden die ganze Zeit über lächerlich gemacht. Immer waren sie es, die mit Zahnpasta beschmiert, gehänselt oder verprügelt wurden.«

Wer solche Demütigungen regelmäßig erlebt hat, wird als junger Erwachsener bei der Partner- und Jobsuche beachtliche Schwierigkeiten haben. Prüfungsangst und Kontaktscheu sind nur Beispiele für eine ganze Palette von Ängsten. Beutel weiß, dass diese Menschen zwar im Beruf funktionieren, »aber sie sind nicht in der Lage, mit ihrem Nachbarn ein Gespräch anzufangen«.

Dass Betroffene fast immer hinter ihren Möglichkeiten zurückbleiben, sollte unsere auf Leistung ausgerichtete Gesellschaft aufwecken. Denn unter diesen Patienten finden wir diejenigen, die Herausforderungen meiden, nicht befördert, dafür aber schneller entlassen werden, zu Depression und Drogensucht neigen. Die dem Netzwerk angeschlossenen Therapeuten können beachtliche Erfolge aufweisen. 50 bis 70 Prozent der Sozialphobiker werden durch geeignete Therapien geheilt. Ein Baumarkt-Angestellter berichtet stolz, dass er beinahe seinen Job verloren hätte wegen seiner unerträglichen Angst vor Kunden. Nach der Therapie und einem Berufspraktikum war die krankhafte Phobie beseitigt und der Job wieder sicher.

Weniger Angst ist mehr Leben

In der Behandlung individueller Phobien sind wir progressiv. Hier haben Experten Diagnosen und Therapien verfeinert. Sie helfen Menschen, von bestimmten Ängsten frei zu werden, weil ihnen andernfalls zu viel Lebenskraft durch Angst verlorengehen würde. Hierbei ist es leicht zu entscheiden, dass wir die Angsterlebnisse verkleinern, uns in Therapie begeben sollten, weil wir ohne diese Angst sehr viel besser leben können. Andere Ängste, besonders moralische Ängste mit gesellschaftlicher Auswirkung, von denen noch zu sprechen sein wird, werten wir allerdings mit einem anderen Maß. Auch sie verbrauchen Energie, um unbewusst zu bleiben. Aber es herrscht kein Problembewusstsein für die Schäden, die sie anrichten können.

Wenn es auch nicht unser Ziel sein kann, Angst vollkommen abzuschaffen – schließlich ist sie auch ein Warnsystem und ein kulturschaffender Faktor –, so ist es unredlich, Angstzustände unnötig zu vermehren. Angst vermindert auf Dauer unsere Leistungsfähigkeit. Das ist sicher, und aus diesem Grund kann ein zur Innovation und Wettbewerbsfähigkeit verpflichtetes Wirtschaftssystem nicht daran interessiert sein, Angst zu erzeugen, zu wecken, zu verbreiten oder zu erhalten. Denn schließlich ist auch unser persönliches Wohlergehen abhängig vom Angstmaß, das unser Leben beherrscht.

In einer weiteren Hinsicht scheint es geboten, unsere Gesellschaft mit Ängsten zumindest nicht zu traumatisieren. Traumatisierte werden von der Ökonomie ihres Überlebenswillens dazu gezwungen, alle Dinge zu vereinfachen. Ihre Fähigkeit zur Reizverarbeitung ist derart eingeschränkt, dass ihnen jedes Schwarz-Weiß-Muster als das plausibelste erscheint. Die kleinste Abweichung der Realität von ihrem Erwartungshorizont kann sie nicht nur in Angstzustände, sondern auch in unbeherrschbare Wutanfälle versetzen. Es ist ein Kennzeichen des ins Reaktionäre abgleitenden konservativen Denkens, wenn die Phantasie unterdrückt wird, sich eine Welt vorzustellen, die anders ist als die unsere, ohne vor dieser Offenheit Angst zu bekommen. Und überhaupt beginnt Weltveränderung mit der Vorstellung, dass es anders sein könnte.

Wenn wir die heutige Denkhaltung der westlichen Welt beispielsweise mit den Idealen der Achtundsechziger vergleichen, dann fallen uns zwei Eigenheiten auf. Auch die Generation der Rebellen wusste nicht wirklich, wie eine bessere Gesellschaft aussah. Aber sie hat sich vom Establishment keine

Angst vor Veränderung der Gesellschaft einreden lassen. Ihr Handeln war bestimmt von der Überzeugung, durch die Tat etwas verändern zu können und nicht durch reaktionäre Anpassung. Sie ängstigte weniger als uns Heutigen die Vorstellung von Konsumverlust, Besitzverlust, Gewohnheitsverlust. In den westlichen Zivilisationen stellen sich dagegen heute Veränderungen nicht mehr deswegen ein, weil wir eine Vision von einer künftigen – vielleicht besseren – Gesellschaft haben. Uns fehlt der positive Begriff von unserer Zukunft. Statt dessen erleben wir, dass Handlungen und Veränderungen in nie dagewesenem Maße von Angst gesteuert werden. Fast sieht es aus, als müsste erst eine bestimmte Angst aufgebaut und verstärkt werden, damit Menschen zur Aktivität motiviert werden können. Ein Antrieb zum Handeln und Tätigwerden, der sich entweder aus der Vision einer besseren Welt oder aus der Freude am Gestalten und der Lust an der Arbeit speist, scheint vollkommen verdeckt von überdimensionalen Ängsten, die zu zweifelhaften Reaktionen führen.

Der Schweizer Politökonom Guy Kirsch gab unlängst in einem Interview zu bedenken, dass wir uns von einer großen Angst umgeben sehen, die das Resultat der Tatsache sei, dass die Welt für viele unverständlich geworden ist. Kompliziert war die Welt immer schon. Aber nun erwächst aus einer jedem zugänglichen Informationsflut, die uns die Welt im Detail erklärt, eine inhaltsleere Fülle an Daten, die uns keine Weisheit mehr vermitteln kann. »Mit bürokratischen Regeln machen Regierungen uns das Leben schwer.«

Wer sich schwach fühlt und keinen Ausweg sieht, fühlt das soziale Ungleichgewicht umso stärker. »Objektiv ist Hartz IV ein Beleg für den sozial engagierten Staat«, sagt Kirsch. »Stattdessen ist es für die meisten zum Synonym für Angst geworden. (…) Deutschland hat es geschafft, dass der Sozialstaat, der eigentlich die Kälte des Marktes mildern soll, Angst einjagt. Das ist doch pervers.«[73]

Inzwischen wird uns bewusst, dass uns die Energie, die zum Verdrängen von Angst benötigt wird, zum Handeln fehlt. Aber aus den therapeutischen Erfolgen mit individuellen Ängsten wie der Spinnenphobie und der sozialen Angst lernen wir, dass nicht bedingungslose Rücksicht und Pflege der Angst den Raubbau stoppen kann, sondern nur die Konfrontation mit der Angst. Doch der Konfrontation mit Angst widersetzt sich die Angst selbst. Und sie verfügt oftmals über nahezu unüberwindliche Kräfte.

Die falsche Gefahr

Angst lenkt unsere Aufmerksamkeit von den eigentlichen Gefahren ab. Ihr Wesen ist es, ihre Ursache im Unbewussten zu belassen und mit bewussten Scheinlösungen die Oberflächen glatt zu halten. Wir leben in einer Kultur der Angst. Oberflächliche und gespielte Emotionen bilden meist die Grundlage unseres Handelns. Wer in uns sentimentale Stimmungen und grobe Unduldsamkeit hervorrufen kann, dessen Ziele machen wir zu unseren eigenen. So erleben wir, wie sich Anfälle von Rachegefühlen zu ethischen Werten ummünzen lassen und Neid an der Oberfläche unseres Haushalts der Gefühle als Klage gegen Ungerechtigkeit erscheint.

Obwohl Angst eine so schlechte Ratgeberin ist, übertönen ihre Alarmglocken am lautesten alle anderen Warnungen. Der Ertrinkende klammert sich in seiner Not an einen Strohhalm, besagt das Sprichwort. Das Angsterlebnis verdrängt die rationale Einsicht, dass der Strohhalm ihn nicht wirklich retten kann. In der Angst vergisst der Ertrinkende, dass tüchtiges Schwimmen die sicherste Rettung ist. Es gab schon Menschen, die vor einem Wohnungsbrand in ihrem allein stehenden Haus zum Fenster geflüchtet sind, um »Hilfe« zu schreien. Die Vernunft hätte ihnen sagen können, dass kein Mensch sie hören wird, und dass es besser wäre, über das Treppenhaus aus dem Haus zu laufen. Und wie oft muss das

Rednerpult den Redner stützen? Wie oft dient das Mikrofon ihm nur dazu, sich festzuklammern? Wer hat nicht schon ein Blatt Papier in der Hand genutzt, um Halt während einer öffentlichen Rede zu finden? Nach solchen hilflosen Dingen greifen wir, wenn wir Angst haben. Doch wovor haben wir Angst? Oft ist es die Angst vor der Angst.

Karl Marx hatte vor 150 Jahren erkannt, dass das Klammern an sekundäre Bindungen zu den bekannten Formen des Warenfetischs führt, wodurch Menschen verleitet werden, wertlosen Objekten so große Macht beizumessen, dass sie diese Objekte um beinahe jeden Preis besitzen wollen. Er hatte den Mechanismus offengelegt, nach welchem es möglich ist, auf einfachem Weg steinreich zu werden. Dass sich so wenige Menschen mit den Erkenntnissen von Marx auf den Weg zum Reichtum machen, hat einen paradoxen Grund: Menschen, die reich werden wollen, lesen die Schriften von Marx nicht, und diejenigen, die die Schriften von Marx lesen, geben vor, nicht reich werden zu wollen.

Gleichwohl erfahren wir im Kapitel über den *Fetischcharakter der Waren und sein Geheimnis* im ersten Band des *Kapitals*, dass wir Menschen aus unserer starken Bindung zu wertlosen Dingen, an die wir uns klammern können, sowohl übermäßigen Reichtum auf der einen Seite der Gesellschaft als auch unverhältnismäßig große Armut auf ihrer anderen Seite produzieren. Schon im Verhalten der Naturvölker können wir an dem Gebrauch von Fetischen und Totems erkennen, dass in einer Gesellschaft der bloße Besitz eines wertlosen Holzes, Knochens, Metalls oder Steines dieses jeweils mit einer magischen Kraft auflädt. Ein Fetisch oder ein Totem ist nicht wegen seines Gebrauchswertes wertvoll. Denn er ist so gut wie nutzlos. Er wird erst wertvoll, indem er seinem Besitzer die Zugehörigkeit zu einem Stamm, einer Gruppe, einem Clan oder einer Familie versichert. Gegenstände, an die wir uns klammern, versprechen uns Zugehörigkeit. Sie verdrängen die Angst vor dem Verlassensein, der Einsamkeit, der Ohnmacht und der Bedeutungslosigkeit.

Die Zugehörigkeit zu einer Familie bekunden wir in aufgeklärten Gesellschaften mit einem abstrakten Kennzeichen, dem es auf den ersten Blick nicht mehr anzusehen ist, dass es dieselbe magische Funktion der Zugehörigkeit ausübt. Wir geben uns denselben Namen. Nicht anders, nur abstrakter als der Fetisch, verspricht der gemeinsame Name die Zugehörigkeit zu einer Gruppe, in deren Gegenwart wir unsere Angst vor der Einsamkeit verringern. Auf dieser starken Triebkraft, dem Dazugehörenwollen, beruht die magische Anziehung von Waren.

Wenn Sie sich vornehmen, steinreich zu werden, dann müssen Sie nur einen Gegenstand von geringem Herstellungs- und Materialwert produzieren, der gleichwohl den potenziellen Käufern glaubhaft die Zugehörigkeit zu einer begehrten Gruppe verspricht. Dadurch lädt sich die Ware mit der gewünschten magischen Anziehungskraft auf, so dass jeder sie erwerben will. Sie verspricht ihm für eine gewisse Weile Freiheit von der Angst, nicht irgendwo dazuzugehören. Fast alle unsere Luxusgüter haben einen solchen Fetischcharakter. Wir können uns eigentlich nur an sie klammern. Erstens benötigen wir sie meistens nicht wirklich und zweitens erfüllen sie den Zweck der Erzeugung von Zugehörigkeit nur für eine gewisse Zeit. Danach sind sie – wie etwa Autos, Handys oder Computer – oftmals nur noch ein Haufen Sondermüll. Der Gipfelpunkt dieser Entwicklung zum reinen Wert ohne den geringsten Gebrauchswert ist das Geld. Es ist an sich nichts wert, aber verspricht Ihnen, überall dazugehören zu können. Wenn Sie viel davon in der Tasche oder auf dem Konto haben, dann hält es die Angst vor der Bedeutungslosigkeit in der Verdrängung und gibt Ihnen das Gefühl, alles Lebensnotwendige zu besitzen.

Einer der Irrtümer von Karl Marx war die Hoffnung, das Bestreben der Menschen, sich mit zahlreichen wertlosen Gegenständen zu umgeben, die einen geringen Gebrauchswert, aber einen hohen Fetischwert haben, ließe sich abstellen. Ihm ist nicht klargeworden, wie wichtig diese Dinge sind, um uns

Menschen die Angst vor Ohnmacht und Alleinsein im Unbewussten zu belassen. In der Welt, in der reale Bedrohung durch Natur weniger auftritt, erschafft sich der Mensch die Angst vor dem Verlust erworbener Gegenstände.

Handlungen und Dinge, die die Emotion Angst verdrängen, haben die Aufgabe, unser Gefühl der Ohnmacht zu vermindern. Es wird etwas getan oder es ist etwas da, auch wenn es vollkommen wirkungslos ist. Nicht selten haben sich Ertrinkende in ihrer Todesangst so fest an ihren Retter geklammert, dass beide ertrunken sind. Dinge erfüllen oftmals nur das Bedürfnis des Ängstlichen, sich an etwas klammern zu können.

Die Betrachtung der vielfältigen Übertragbarkeit von Angst und der Kraft, mit der sie in nahezu allen Handlungen als Motiv mehr oder weniger beteiligt ist, rückt den Aspekt verstärkt in unser Aufmerksamkeitsfeld, dass sich Angsterlebnisse von der Furcht vor natürlichen Gefahren auf das Feld abstrakter Normen verlagern. Die Flut von Verordnungen, durch die wir regiert und verwaltet werden, konditioniert unser Angsterlebnis in einem nie da gewesenen Ausmaß. Es belegt die Wahrnehmung vieler Menschen, anonymen Strukturen ausgeliefert zu sein. Gerade die zweite Hälfte des Jahres 2008 schickte die Menschen von einem Angstschauer in den nächsten. Zuerst waren es die enorm gestiegenen Rohstoff-, Öl- und Lebensmittelpreise, vor denen die Medien uns Angst machten, dann kam die Finanz- und Wirtschaftskrise, schließlich die Angst vor der Rezession, die die Bürger mit der Nachricht aufschreckte: »Angst vor fallenden Preisen.«[74] Es sind Nachrichten von Ereignissen, auf die einzuwirken der Einzelne keine Möglichkeit sieht, die allenfalls sein Ohnmachtsgefühl verstärken können.

Wenn nahezu alle Veränderungen mit Angst markiert werden, verlieren wir die ohnehin nur schwach veranlagte Einschätzung der Verhältnismäßigkeit zwischen Angsterlebnis und realer Ursache. Staatlich organisierte Abwehr von Gefahren und Risiken, aber auch vorbeugend gegen Angst in der Bevölkerung getroffene Maßnahmen, werden dem Bürger als verstärkte Regulierung zurückgegeben. Wer sich gegen zunehmende staatliche Regulierung zur Wehr setzt, wird meistens in die Schublade des »Neoliberalismus« abgeschoben. Dabei stehen Regulierung und Freiheit in einem einfachen Wechselverhältnis zueinander. Wenn wir Risiken und Angst vor ihnen mit mehr Regulierung bekämpfen wollen, vermehren wir manche Sicherheiten, aber wir verlieren Innovation, Kreativität und Freiheit. Wollen wir umgekehrt mehr Freiheit und Innovation, dann müssen wir mit weniger Regulierung auskommen und ein stärkeres Maß an Angst vor Risiken aushalten können. Zu Letzterem sind wir Deutschen kaum fähig.

In unserem Verhalten weichen wir offenbar bevorzugt den Folgen der Überschreitung von abstrakten Normen und Gesetzen aus, nicht den natürlichen Folgen unseres Handelns. Das Resultat dieser Übertragung der Angst von einem natürlichen auf ein abstraktes Objekt ist die verminderte Aufmerksamkeit für die Bedürftigkeit des individuellen Menschen und seiner biologischen Natur.

Diese Übertragung vollzog sich bereits im Prozess der philosophischen Aufklärung. Sie hat sich wesentlich auf dem Feld der theoretischen Moral abgespielt. Vernunftwesen sollten die Menschen sein, die ihre natürliche Lebensweise zugunsten einer Organisation von Rechtssubjekten überwinden. Dass daraus am Ende Subjekte einer verwalteten Welt wurden, haben bislang nur wenige bemerkt. Herbert Marcuse bezog sich mit Recht auf Schiller, der zuerst entdeckt habe, dass das Sicherheitsbedürfnis der Kultur durch Unterdrückung der Sinne dem modernen Menschen »eine Wunde« zufüge. »Der Genuß wurde von der Arbeit, das Mittel vom Zweck, die Anstrengung von der Belohnung geschieden«, heißt es in Schillers Werk *Über die ästhetische Erziehung des Menschen*. »Ewig nur an ein einzelnes kleines Bruchstück des Ganzen gefesselt, bildet sich der Mensch selbst nur als Bruchstück aus; ewig nur an das eintönige Geräusch des Rades, das er umtreibt, im Ohr, entwickelt er nie die Harmonie seines Wesens, und, anstatt die Menschheit in seiner Natur auszuprägen, wird er bloß zu einem Abdruck seines Geschäfts, seiner Wissenschaft.«[75] Weil die kulturelle Moral die Moral der verdrängten Triebe sei, forderte Marcuse die Befreiung der Letzteren und eine Herabsetzung der Ersteren. Wie Schiller glaubte Marcuse, der Mensch sei nur dort frei, wo er frei von Zwang ist, von äußerem und innerem, von physischem und von moralischem – wenn er weder vom Gesetz noch »Bedürfnis genötigt ist«[76]. Doch gerade von der regulierenden Kraft des Gesetzes droht heute die größte Einschränkung der Freiheit.

Zu wenig erinnern wir uns daran, dass uns die Normen der Zivilisation enormen Triebverzicht auferlegen. Die Forderung nach einer »Befreiung der Sinne« und einer »Revolte der Natur« (Herbert Marcuse) erweiterte den Gedanken der Aufklärung in der zweiten Hälfte des 20. Jahrhunderts und stellte ihn in den Dienst einer an den Bedürfnissen des Menschen orientierten Gesellschaft. Befreiung der Sinne und Revolte der Natur kann nicht ein bloßes »Zurück zur Natur« bedeuten. Der Rückweg ins Paradies ist den Menschen nach wie vor versperrt. Es bedarf der Strukturen, in denen wir Emotionen und Gefühle entfalten können, ohne uns zu archaischen Lebensformen zurückzuentwickeln. Aber genau letztere infantile Regression begünstigt die moderne Leistungsgesellschaft eher als einen ausgeglichenen Triebhaushalt. Singende Lolitas, halberwachsene Sportcracks und kindliche Eiskunstläuferinnen gelten als beneidenswerte Stars, aber ihre äußeren Triumphe stehen in umgekehrtem Verhältnis zur inneren Zufriedenheit und psychischen Widerstandskraft. Ihre Karrieren sind mit unsäglichem Triebverzicht erkauft. Immer öfter bleiben Jugendliche erst von den elterlichen Erwartungen und später vom Publikumsapplaus abhängig. Ihre infantile Unreife und besondere Verletzbarkeit durch Misserfolge spiegeln einen grundlegenden Charakter der modernen Gesellschaft wider. Immer mehr Erwachsene machen sich in gleicher Weise abhängig vom Zustrom äußerer Bestätigungen. Bleiben sie irgendwann einmal aus, folgt nicht selten ein Absturz in tiefe Verunsicherung und Verzweiflung. Für Horst-Eberhard Richter ist sie »Ausdruck einer zuvor nur oberflächlich verdeckten narzisstischen Störung«. In diesem seelischen Zustand bereiten wir unsere Kinder nicht auf wirkliche Gefahren vor, sondern übertragen unsere Ängste auf sie. »Das Kind wird als Ersatzpartner ›verzogen‹. Als Singles lebende oder in einer Partnerschaft unerfüllte Väter oder Mütter klammern sich an Töchter oder Söhne – Töchter werden zu heimlichen Geliebten des Vaters, Söhne zu Prinzgemahlen ihrer Mutter.«[77]

Natürliche Wachsamkeit gegenüber Gefahren hat den Menschen in seiner prähistorischen Entwicklung tüchtig gemacht zur Bewältigung seiner Aufgaben. Die zusätzliche Definition eines Leistungsprofils war nicht nötig und wegen der fehlenden Sprache auch nicht möglich. Durch die Veränderung der Produktionsweise des Wohlstandes und der Gefahren für diesen Wohlstand hat sich der Mechanismus des Standhaltens oder Weglaufens in den Kreislauf von Leistungsdruck und Versagen transformiert.

Einerseits entwickeln wir Menschen immer eine natürliche Konkurrenz. Alle Individuen streben nach Weitergabe ihres Erbgutes zur Arterhaltung. Dies steckt ihnen in den »Knochen« oder besser in den Genen. Andererseits aber ist der Inhalt der ursprünglichen Konkurrenz in Vergessenheit geraten. In der Kultur ist die Erinnerung an ihre Herkunft aus der Natur verdrängt worden. Wir denken nicht mehr daran, dass selbst der Sexualmoral das natürliche Paarungsverhalten zugrunde liegt. Unsere Vorfahren haben ihren Nachwuchs dadurch gesichert, dass sie Konkurrenten bei der Paarung erfolgreich verdrängten. Die patriarchal verfassten Stämme der Vorzeit waren so eingerichtet, dass Kinder stets die Kinder des Mannes waren. Ihre Gesellschaft war darauf ausgerichtet, dass sich Frauen nicht mit weiteren Männern paarten. Denn Männer sind im Naturzustand vor allem daran interessiert gewesen, für den *eigenen* Nachwuchs Sorge zu tragen. Später übertrug sich diese Sorge darauf, dass Männer ihrem Nachwuchs ihren Namen und ihren Besitz vererbt haben.

Jede Erinnerung an diese Herkunft birgt die Angst davor, dorthin zurückfallen zu können. Es erweist sich heute, dass die Dinge, vor denen die moderne Gesellschaft Angst hat, ein fundamentaler Bestandteil ihrer Existenz sind. Insbesondere Krankheiten und ihre Prävention offenbaren diesen bizarren Zusammenhang. So haben wir in Schulen und anderen öffentlichen Gebäuden vor einem halben Jahrhundert aus Angst vor vernichtendem Feuer den brandhemmenden Stoff Asbest eingebracht. Inzwischen ist Asbest selbst zum Risiko geworden, mit großem Aufwand arbeitet man daran, den Stoff wieder zu entfernen. Dabei ist die Beseitigung des Asbests aus den Gebäuden das eigentlich Gefährliche. Und es spielt bei der Beseitigung der Angst vor Asbest durch Beseitigung dieses Stoffes offenbar keine Rolle, dass es weitaus gesundheitsschädlicher ist, den Stoff zu entfernen, als ihn an seiner Stelle zu belassen.

III. Kultur der Angst

Katastrophilie

Am 13. Mai 1855 erschreckte eine Reihe lauter Explosionen am Himmel die Menschen. Es war ein Sonntag, und die Bürger des Dorfes Gnarrenburg südöstlich von Bremerhaven waren gerade auf dem Weg zur Kirche. Als sie zum Himmel aufschauten, konnten sie leuchtende Zeichen mit einem Schweif aus Rauch auf sich zufliegen sehen. Nur wenige Augenblicke später standen sie in einem Hagel aus bis zu faustgroßen schwarzen Steinen, vor deren Einschlägen sie sich unter Vordächer und Bäume flüchteten. Die am Boden liegenden Steine waren warm.

Für die Gnarrenburger Bürger war dies freilich ein Zeichen Gottes. Sie hatten Angst. Aber das Phänomen war bereits bekannt. Ein Meteorit war eingeschlagen. Auf dem Land interessierte sich dennoch niemand für die Newtonsche Erklärung der Bewegung der Himmelskörper. Hier glaubten die Menschen viel lieber an ein Wunder. Germanen und Kelten nannten die Meteoriten Donnersteine, weil sie mit dem Donner der Explosion, der ihr Auseinanderbrechen in der Erdatmosphäre begleitet, ihren Einschlag ankündigen. Die längste Zeit der Kulturgeschichte fügten sich Meteoriteneinschläge ins religiöse Weltbild ein. Menschen werteten sie stets als Zeichen Gottes. Die Meteoritenangst wurde zu einer bedeutenden kulturschaffenden Kraft. Das lehren die Mythen von sagenhaften Waffen.

Meteoriten enthalten gediegenes Eisen, also elementares Eisen, das nur noch geschmolzen und geschmiedet werden muss. Dieses Eisen war einstmals ein wahrhaftes Geschenk. Für Jahrtausende galt das aus Meteoriten gewonnene als das einzig zugängliche Eisen, weil die Menschen nicht wussten, wie dieses Metall in größeren Mengen aus seinen Erzen durch Verhüttung gewonnen werden kann. Königsschwerter wurden aus ihrem Eisen hergestellt. Kein Geringerer als Tutanchamun besaß ein solches Schwert, das von außerordentlicher Härte gewesen sein soll.

Auch den Weltreligionen heute ist die Meteoritenverehrung bekannt. So gilt der Lichtschweif eines Kometen als Wegweiser für die heiligen drei Magier Caspar, Melchior und Balthasar, den damals mächtigen Königen auf ihrem Weg zum Geburtsort Jesu. Und in der islamischen Welt pilgern Millionen Moslems alljährlich nach Mekka, um dort dem Meteor-Monolithen Kaaba nahe zu sein und ihn zu berühren.

Manche sagen, dass der Hüter der Schwelle am Übergang zwischen Natürlichem und Übernatürlichem, der Erzengel Michael, ein aus Meteoreisen geschmiedetes Schwert führte, während er den Suchenden zuruft: micha-El – Wer ist wie Gott?[78]

Meteoriten haben während der langen Erdgeschichte entscheidenden Einfluss auf die Entwicklung des Lebens auf unserem Planeten gehabt. Möglicherweise ist der Einschlag eines kohlenstoffhaltigen Asteroiden auf die Erde vor vielen Millionen Jahren überhaupt der Beginn des auf Kohlenstoff aufgebauten organischen Lebens gewesen. Sicher hingegen ist, dass ein Meteoriteneinschlag in Mexiko vor 75 Millionen Jahren das Leben folgenreich veränderte. An der vom Einschlag ausgelösten Klimakatastrophe starben mit den Sauriern auch drei Viertel aller Lebewesen aus. Es ist wie eine Spur im kollektiven Gedächtnis, wenn Mythen die verklärende Angst vor Meteoriten widerspiegeln.

Dass sie meistens als moralische Kategorie, nämlich als Boten des Bösen, auftreten, hat damit zu tun, dass es keine gesetzliche Ordnung gibt, nach der die Astronomen früher das Auftreten dieser Himmelskörper berechnen konnten. Denn während gerade am Sternenhimmel alles seine Ordnung hat und die Erscheinungen mit einer berechenbaren Gesetzmäßigkeit wiederkehren, zerstören Meteoriten diese

Ordnung, indem sie einfach auftreten und Unheil androhen. Was sich nicht der gewohnten Ordnung fügt, interpretiert das moralisierende Bewusstsein stets als das moralisch Verwerfliche und macht es nicht selten zur Ausgeburt des Bösen. Da fehlt es dann auch nicht an magischen Deutungen des Wortes Lucifer, wenn man »luci« als »Licht« und »fer« als »fallen« oder »Eisen« deutet. Dann wird Lucifer, der gefallene Engel, zur Metapher des Daseins von eisenhaltigen Meteoriten.

Heute ist weder die Herkunft des Eisens notwendigerweise als ein Geschenk Gottes zu deuten, noch sind uns die Gesetze der Bewegung der Meteoriten unbekannt. Für die von uns Menschen überschaubare Zeitspanne geht keine reale Gefahr von Meteoriten aus. Wo wir dennoch der Meteoritenangst begegnen, handelt es sich um eine moderne Art, Langeweile zu bekämpfen. Wir können sie als »Katastrophilie« bezeichnen – eine Wortschöpfung des Umweltsoziologen Carlo Jäger.[79] Sie spricht eine der vielen menschlich-paradoxen Neigungen an: die Liebe zur Katastrophe. Zwar lässt sie sich neurobiologisch erklären, doch das macht sie nicht weniger gefährlich.

Gefährlich ist nicht die erwartete Katastrophe, sondern der Mensch, der die Angst vor ungefährlichen Gefahren aufbaut. Solche Menschen übertragen ihre eigene Unfähigkeit, wirkliche Gefahren von eingebildeten zu unterscheiden, auf andere. Sie haben es nicht gelernt, sich zu fürchten. Stattdessen verstehen sie sich darauf, Angst zu verbreiten vor etwas, das wir nicht fürchten müssten. Wenn wir das Fürchten lernen wollen, müssen wir unsere Genauigkeit im Einschätzen realer Gefahren steigern. Einerseits stellt sich Angst grundlos und ungerufen ein, weil unser Alarmsystem ungenau arbeitet und jede sich bietende Gelegenheit nutzt. Aus dieser Gewohnheit entsteht ein regelrechtes Angstbedürfnis. Andererseits will die entstandene Angst sofort wieder verdrängt werden und ermuntert uns dabei, Dinge zu tun, die dieser Verdrängung hilfreich sind. Furcht hingegen konzentriert unsere Aufmerksamkeit nicht auf die Verdrängung, sondern auf die Erfordernisse zur Abwehr einer als real zu betrachtenden Gefahr.

Als der zur Jahrtausendwende erwartete Computer-GAU ausgeblieben war, ereilte die Amerikaner im Jahr 2000 die Meldung, dass sich eine wilde Horde Killerbienen von Texas ausgehend nach Nordwesten ausbreite, um Amerika zu erobern. In zwei Jahren sollten sie bis Arizona vorgedrungen sein. Die aggressiven Bienen kamen jedoch nie. Auch die Geschichte von einer in einem Apfel versteckten Rasierklinge verfehlte ihre Wirkung nicht: Lange Zeit durften Kinder nicht mehr aus dem Haus gehen und Süßigkeiten annehmen. Aber es gab nie eine Rasierklinge in einem Apfel. Auch starben überhaupt nur zweimal Kinder an Halloween-Süßigkeiten, und die wurden von Verwandten vergiftet. Es gibt kaum etwas, das sich nicht eignete, um Menschen durch die Befriedigung ihres Angstbedürfnisses in eine Massenemotion zu stürzen. Rolltreppen, Schlankheitspillen – einmal hatte ein Fuchs einen Mann beim Rasenmähen angefallen. Und als die Meldung herauskam, das jeder Amerikaner an mindestens einer psychischen Krankheit leide, riet das Gesundheitsministerium jedem Amerikaner, sich sofort untersuchen zu lassen. Es war ein Riesengeschäft für Psychologen und Psychiater. Inzwischen muss keine furchterregende Meldung mehr begründet werden.

Der amerikanische Autor des Buches *The Culture of Fear*, Barry Glassner, macht darauf aufmerksam, dass man selbst in Los Angeles täglich auf den Nachrichtenkanälen Schwarze sieht, die Böses getan haben sollen, oder Geschichten darüber hört. Nichts ist besser geeignet, die Angst vor Farbigen zu nähren, um sie anschließend besser kontrollieren zu können. Inzwischen wird jeder unbekannte Täter im Sinne eines »gewöhnlich verüben Schwarze solche Verbrechen« stigmatisiert.[80] Da passt es gut ins Angstschema, dass die Killerbiene ebenfalls aus Afrika eingeschleppt worden sein sollte. Nur die schlechten Nachrichten sind gute Nachrichten, lautet des Prinzip der Medien. Aber es ist keineswegs so, dass sie dieses Prinzip zum Verderben erfunden hätten. Sie bedienen nur den Geschmack des Kunden.

Fälle, in denen Menschen es versäumen, Vorkehrungen zu treffen, finden wir nicht weniger täglich in der Presse. Oft begegnen wir dabei einer bewussten Verschleierung der Einsicht in die realen Gefahren durch Politiker und Interessengruppen. Ins Gerede gekommen ist kürzlich das aus der DDR übernommene Atomendlager Morsleben in Sachsen-Anhalt. Experten warnten 1991 mit nüchternen Gutachten vor dem Weiterbetrieb des Bergwerks als Endlager. Die Bundesanstalt für Geowissenschaften erstellte ein Gegengutachten, das später als Gefälligkeitsgutachten entlarvt wurde. Jetzt kostet die Sanierung den Steuerzahler Milliarden.

Als reale Gefahr aus dem Umgang mit riskanten Wertpapieren existierte für viele sichtbar sogar die Finanzkrise vor ihrem Eintreten. Kenner haben sich darauf eingestellt und wurden weniger von ihr getroffen. Real sind auch Gefahren aus dem Klimawandel. Wir müssen Vorsorge treffen, um einen Nutzen aus dem Wandel zu ziehen. Angst vor der Klimakatastrophe ist dagegen nicht sinnvoll. Sie wird uns eher dazu verleiten, Dinge zu tun, die zwar unser Gewissen beruhigen, wahrscheinlich auch teuer, aber wenig effizient sind. Sträflich vernachlässigt werden auch reale Gefahren aus der Ungleichheit der Menschen sowie der Überbevölkerung. Es wird zu Verteilungskämpfen kommen, die sich sogar durch die Menschenrechte legitimieren werden. Denn die Privilegierten und Reichen der Weltbevölkerung – das sind rund 900 Millionen Menschen – verbrauchen derzeit 86 Prozent des Weltkonsums, mehr als die Hälfte der Weltenergie und verfügen über 79 Prozent des Welteinkommens, während das ärmste Fünftel der Menschen auf der Welt nur 4 Prozent der Energie verbraucht, Mangel an allem aushält und keine Aussicht hat, seine Situation zu verbessern. Wenn die Ärmsten der Welt ihr Menschenrecht auf Mobilität ernst nehmen, treffen sie auf Länder und Staaten, die die Norm der Gleichheit an ihren Grenzen enden lassen. Die Angst vor Ungleichheit existiert offenbar nur im nationalen Maßstab. Zustände der Ungleichheit werden dort enorm vergrößert, während Ungleichheiten zwischen nationalen Gesellschaften ausgeblendet werden. »Die ›Legitimation‹ globaler Ungleichheiten beruht also auf institutionalisiertem Wegsehen.«[81] Hierdurch verkleinern wir freilich unsere Angst davor, einsehen zu müssen, welche Ungerechtigkeiten unser Gerechtigkeitsdenken hervorbringt.

Wenn sich dieses besondere Unlustgefühl, die Emotion Angst, wieder einmal bei Ihnen einstellt, überlegen Sie einen Moment länger als gewöhnlich, ob Sie sich wirklich anstecken lassen wollen von einer neuen Angst, die gerade auf dem Markt gehandelt wird. Überlegen Sie sich, ob sie wirklich aus einer Gefahr für Sie und Ihre Zukunft stammt. Lernen Sie gleichzeitig, wirkliche Gefahren zu fürchten, während Sie der Angst als einer Krankheit ausweichen. Das Fürchten müssen wir lernen, Angst stellt sich ungerufen von selbst ein.

Religion der Angst

Gegen Ende des 16. Jahrhunderts wird die Stadt Bonn von der Pest heimgesucht. Anderen europäischen Städten ging es an der Schwelle zur Neuzeit nicht besser. Scheinbar unaufhaltsam breitet sich die Pest in Europa aus. Die Menschen sind traumatisiert von der Wahllosigkeit, mit der der Schwarze Tod jeden treffen kann. Es herrscht Massenhysterie. Ihre Ursache ist Angst. In solchen Situationen werden Menschen von ihren Ängsten und Phantasien zu vollkommen wirkungslosen, aber gleichwohl verderblichen Abwehrmaßnahmen getrieben. Wir erleben, wie das Groteske zur Wahrheit wird. Eine Heidelberger Publikation von 1585 erklärte verbindlich, dass »das ganze Universum, inwendig und auswendig, Wasser und Luft, überall voller Teufel, böser und unsichtbarer Geister« sei.

Manche wollen geisterhaftes Tanzen und Springen, begleitet von »rumorenden« Geräuschen, entdeckt haben; unheimliche Reiter werden nachts gesehen, Pfeifen und Trommeln vernommen und teuflische Gesellen in Menschengestalt bei ihren Vergnügungen wurden beobachtet.

Traumatisierte Menschen erleben die Welt in stark vereinfachten Mustern. Ihre Fähigkeit zur Reizverarbeitung ist erschüttert. Probleme, auf die sie stoßen, werden auf ein einfaches Muster von Schwarz und Weiß reduziert. So reagieren sie auf jeden abweichenden Gesichtsausdruck und ungewöhnlichen Menschen mit Schrecken und vernichtendem Aktivismus. Die Ursache der Krankheit in ihrer Umgebung müssen für sie böse Geister sein, die ihre Gegenwart im abweichenden Aussehen und Verhalten von Menschen zu erkennen geben.

Die kollektive Angst der Kulturgeschichte schlägt in ihrer Rat- und Perspektivlosigkeit nach vielen Seiten um in Aggression. Ein Priester schildert das Ausmaß: »Es geht gewiß die halbe Stadt drauf. Denn allhier sind schon Professores, Candidati juris, Pastores, Canonici und Vicarii, Religiosi eingelegt und verbrannt. Ihre Fürstlichen Gnaden haben siebzig Alumnos (Zöglinge des Priesterseminars), welche folgends Pastores werden sollten (…), gestern eingelegt; zwei andere hat man aufgesucht, sind aber ausgerissen. (…) Am Abend unserer lieben Frauen (7. September) ist eine Tochter allhier, so den Namen gehabt, daß sie die schönste und züchtigste gewesen von der ganzen Stadt, von neunzehn Jahren, hingerichtet, welche von dem Bischofe selbst von Kind an auferzogen. Einen Domherrn mit Namen Rotensahe habe ich sehen enthaupten und folgends verbrennen sehen. Kinder von drei bis vier Jahren haben ihren Buhlen (Buhlteufel). Studenten und Edelknaben von neun, von zehn, von elf, zwölf, dreizehn, vierzehn Jahren sind hier verbrannt. Summa, es ist ein solcher Jammer, daß man nicht weiß, mit was Leuten man conversieren und umgehen soll.«[82]

Aggression, die sich die Angst vertreibt, schafft sich ihr

Feindbild und benennt die zu fordernden Opfer: Juden, christliche Ketzer, Hexen, Homosexuelle, Andersdenkende. Mit ihrer Vernichtung hoffte man immer schon auch die bösen Geister besiegen zu können. Im Zeitalter der Renaissance stoßen die Kräfte der wissenschaftlichen Aufklärung und deren Gegenkräfte im Okkultismus heftiger denn je aufeinander. Auf der einen Seite wollen die Erklärungen des naturwissenschaftlichen Denkens die Angst vor dem Tod, dem Jenseits, der Rache der Götter und Dämonen beseitigen, und auf der anderen Seite fürchtet eine Orthodoxie den Verlust wirksamer Herrschaftsinstrumente mehr als die hysterischen Aufladungen der Irrationalität.

Einer jungen Frau aus Köln, deren Bruder ein vornehmer Domherr war, wurde diese Aggression 1627 wie vielen anderen zum Verhängnis. Sie widerstand allen Foltern und leugnete, eine Hexe zu sein. So wurde sie zum Scheiterhaufen verurteilt. »Nahe Freunde wagten einen letzten Rettungsversuch und engagierten einen kaiserlichen Notar, der in einem förmlichen Protestschreiben Verwahrung gegen das Willkürverfahren einlegte. Als er der Verurteilten, bereits auf dem Gang zum Richtplatz, die Verwahrungsurkunde zur Unterschrift reichte und sie nur mit der linken Hand unterzeichnen konnte, erklärten dies die begleitenden Jesuiten dem gaffenden Volk als weiteren Beweis für die Rechtmäßigkeit des Urteils, das eine Hexe den Flammen übergebe. Da riss die geschundene Frau ihre Verbände herunter und zeigte, ihre Unschuld beteuernd, der Menge ihre durch die Folter verstümmelte rechte Hand. Mitleid begann sich zu regen, Unmut machte sich breit. Doch die Jesuiten waren Herr der Situation. Laut übertönten ihre Psalmengesänge die Proteste und Zweifel, und ungehindert bewegte sich der Todeszug seiner Bestimmung entgegen.«[83] Das Auge der Gerechtigkeit sitzt stets im Gesicht der herrschenden Klasse. Im Klima der kollektiven Angst herrschen Priester, Okkultisten und Fanatiker staatlicher Bevormundung. Sie sind ihrerseits beherrscht von der Angst und verbreiten Angst vor der Angst.

Die Angst vor der Angst schaukelt sich in Deutschland im Zeitalter der Hexenverfolgung auf zu einer Massenhysterie. Beispiellos ist die Hexenverfolgung wegen der unglaublichen Verderbnis, die eine vollkommen unbegründete Angst hervorbringen kann. Je weiter sich Hexenverfolgung verselbstständigte, um so mehr zeigte sie sich als Angst vor dem Verlust eines Instruments zur Bekämpfung von Angst. Mit der barbarischen Behandlung vermeintlicher Magier und Hexen muss sich die Irrationalität magischer Riten der Rechtgläubigen abgrenzen. Auf die Ausübung von Zauberei hält die Kirche mit ihren Priestern das Monopol, und sie nennt es Wandlung und Heilung. Magier und Alchimisten maßten sich demnach Zuständigkeiten an, die ihnen die kirchlichen Funktionäre versagten. Angst vor Macht- und Funktionsverlust auf Seiten der Kirche wird dadurch zu einem Zündstoff des gigantischen Scheiterhaufens am Ursprung der neuzeitlichen Welt.

Mit der Entdeckung naturwissenschaftlicher Rationalität musste ein anderer Feind der Wahrheit als die Magie des katholischen Denkens ausfindig gemacht werden. Magier, Hexer und Ketzer traf der verderbliche Bannfluch aus Angst davor, selbst als Magier und Zauberer enttarnt werden zu können.

Gleichwohl war der Machtverlust der Kirche nicht mehr aufzuhalten. Denn die eigentliche Wandlung des einen Naturstoffes in einen anderen gehörte von nun an in den Zuständigkeitsbereich einer rationalen Wissenschaft. Damit nicht der magische Akt der Wandlung von Brot in Fleisch aus dem Allerheiligsten der katholischen Messe das Ziel des Kampfes gegen den Irrationalismus werden musste, bildete sich der Unterschied zwischen guter und schlechter – auch weißer und schwarzer Magie – heraus. Die Angst vor Magiern, Hexen und Zauberei kann nur innerhalb des magischen Denkens entstehen. Sie war Teil des Systems.

Die Hexenverfolgung schließlich ist das Resultat zahlreicher Ängste. Der französische Staatstheoretiker des Absolutismus Jean Bodin (1529–1596) beschäftigte sich eingehend mit der schwarzen Magie der Hexen und warnte vielfach vor einem laxen Umgang mit den Zauberern. Hexen und Hexer seien Menschen, die vom christlichen Glauben abgefallen sind. Sie hätten einen Vertrag mit dem Teufel und seien mit ihm verbündet. Ihre Umtriebe bestünden in Satanskulten, Sabbatbesuchen, Hexenflügen und Tierverwandlungen.[84]

Dass weitaus mehr Frauen als Männer zum Richtplatz geführt wurden, lag an den Erklärungen des *Hexenhammers*, der die Angst vor Frauen mit der Angst vor bösen Geistern in Verbindung brachte. »Also schlecht ist das Weib von Natur, da es schneller am Glauben zweifelt, auch schneller den Glauben ableugnet, was die Grundlage für Hexerei ist«, heißt es dort; oder: »Alles geschieht aus fleischlicher Begierde, die bei ihnen unersättlich ist. (...) Darum haben sie auch mit den Dämonen zu schaffen, um ihre Begierden zu stillen. (...) Daher ist auch folgerichtig die Ketzerei nicht zu nennen die der Hexer, sondern der Hexen, damit man die Sache von der Hauptsache her bezeichne.«

Vier Tatbestände machten eine Hexe zur Hexe: Teufelspakt, Eheschließung, Schadenzauber, Hexensabbat. Nicht Willkür, sondern eine peinlich genau einzuhaltende Abfolge von juristischen Untersuchungen ging dem Hexenprozess voraus.

Der Tatbestand des Teufelspakts bedeutete: Ein Mensch, in den meisten Fällen eine Frau, schließt mit dem Teufel einen Pakt und schwört Gott ab. Darauf folgte die Eheschließung: Sie konfirmiert den Pakt durch den Vollzug des Geschlechtsverkehrs mit dem Teufel. Weiterhin musste Schadenzauber nachgewiesen werden: Die Hexe schädigt, vernichtet oder belästigt Menschen und Tiere sowie die materiellen Grundlagen des Lebens (Ernten, den finanziellen Ertrag, Grundbesitz, das Vieh auf dem Feld – Kühe hören beispielsweise auf, Milch zu geben). Schließlich musste jemand die Hexe am Hexensabbat gesehen haben: Die Hexe nimmt an den üblichen Zusammenkünften mit dem Teufel und ihren »Kolleginnen« teil. Waren diese vier Tatbestände als gegeben erkannt, musste die weltliche Obrigkeit den göttlichen Willen vollstrecken.

Die Angst vor bösen Geistern und der Macht der Menschen, die sich auf Magie einließen, brachte im Namen des Rechts und der göttlichen Gerechtigkeit übelste Verbrechen hervor. Eine Sammlung von Fallbeispielen führt auch den Bericht über den Vollzug eines Urteils vom 17. September 1604 wegen Hexerei an dem Braunschweiger Stadtkommandanten und Rechtsgelehrten Hennig Brabant an. Er vermittelt einen kleinen Einblick in den hysterischen Wahnsinn, den die Angst vor ungefährlichen Dingen hervorbringen kann. In den Folterkammern der Inquisition wurden Brabant zwei Finger der rechten Hand abgehauen. Ohnehin hatten ihn vorherige Torturen in einen bejammernswerten Zustand versetzt. Dann wurde er mit glühenden Zangen an den Armen und an der Brust gezwickt, hierauf nackt auf einen Schlachttisch gelegt und entmannt. Dabei hatten die Folterknechte darauf zu achten, dass Brabant nicht ohnmächtig wurde. Sie hielten ihm »Kraftwasser« vor die Nase, damit er dem vollen Schmerz aller Peinigungen nicht entgehe. »Der Henker zerschlug ihm dann langsam die Brust mit einem hölzernen Hammer, ritzte den Leib auf, riß das Herz heraus und schlug es dem Sterbenden ins Gesicht. Sein Körper, in fünf Teile zerstückelt, wurde an den fünf Toren der Stadt aufgehängt.«

Angst schlägt hier auf fürchterliche Weise um in Grausamkeit, die man auf den vermeintlichen Urheber der Angst projiziert hatte. Dieser irdische Vernichtungswille bedient sich der Hölle, die der Fromme so leidenschaftlich bekämpfte. Gegenüber Fällen wie dem geschilderten mag es daher als eine Gnade erscheinen, wenn 1666 ein Münchner Urteil gegen einen Greis, dem Hostienschändung und jahrzehntelanger Umgang mit dem Teufel nachgesagt wurden, mit dem Kommentar schließt: »Wiewohl er einer härteren Strafe würdig gewesen wäre, ließ Se. Kurf. Durchlaucht ihm noch Gnade widerfahren, indem er ihn auf beiden Armen und an der rechten Brust mit glühenden Zangen zwicken, an einen Pfahl binden und auf dem Scheiterhaufen verbrennen ließ. Er starb dem Ansehen nach mit bußfertigem Herzen und Bereuung seiner Missetaten.«[85]

Der Delinquent gestand also, was ihm vorgeworfen wurde, und trug somit bei zu Verschärfung des Hexenglaubens mit all seinen apokalyptischen Ausgeburten. Die Furcht der Opfer vor den entsetzlichen Schmerzen und Verstümmelungen trugen hierdurch zur Steigerung der allgemeinen Angst bei. Die Angst vor der Angst schaffte sich ihre eigene Bestätigung. Aus Angst, jeder könnte eine Hexe oder ein Magier sein, gab es mancherorts ein perfektes Überwachungssystem, das mit seismographischer Empfindlichkeit jeden zum Verdächtigen machen konnte. Kinder denunzierten ihre eigenen Eltern und lieferten sie den Flammen aus; schwangere Verurteilte kamen zuweilen gegen Kaution frei und mussten nach der Niederkunft auf die Richtstätte.

Die Mächtigen der Kirche und die Landesfürsten versuchten der Selbstjustiz des Hexenwahns in Städten und ihren Gerichten Einhalt zu gebieten. Aber das System hatte sich an vielen Stellen verselbstständigt. Die Angst vor Geistern und deren unkontrolliertem Unwesen entlud sich in Misstrauen, Grausamkeit und Aggression, deren öffentliche Präsenz wiederum die Angst verstärkte, die sich ihrerseits in gesteigerter Grausamkeit entlud. Ein Teufelskreis.

Das Kulturgut Religion trägt von Anfang an eine Hauptlast bei der Entfesselung Angst abwehrender Mechanismen. Nicht minder stützte und beförderte die seit der Antike vorherrschende Metaphysik von Gut und Böse die Massenpsychose und kollektive Angstneurose, die sich nicht zuletzt im Hexenwahn auslebte. Angst vor dem Tod und vor dem Jenseits, vor bösen Geistern und den mächtigen Kräften verdrängter Sexualität fügen sich in das philosophische Weltbild ebenso wie in das der kirchlichen Autoritäten. Schließlich tragen Pest und die sich ebenfalls furchterregend ausbreitende Syphilis zur Verschärfung der ohnehin bestehenden

Angst vor der eigenen Leiblichkeit erheblich bei. Ausbildung und Pflege solcher Ängste betreiben auch die Heiligenbiographien der katholischen Kirche. Sie bedienen sich der Psychologie der Angst und holen den Menschen statt der versprochenen Befreiung und Erlösung die Hölle auf ihre Erde.

Angst vor den Toten und dem Tod

Angst vor den Toten gehört zur Grundstimmung unserer Kultur. Dies zeigt sich schon an der anziehend-abstoßenden Kraft von Friedhöfen. Jugendliche verschaffen sich Mutproben, indem sie nachts über Friedhöfe schleichen. Aber welche Art Mut wird da auf die Probe gestellt? Welchen Gefahren kann man auf einem Friedhof begegnen? Hinter der schillernden Lust am nächtlichen Friedhof verbirgt sich die archaische Angst vor den Toten. Sie ist in gleichem Maße wie der Tod aus unserer Gegenwart verbannt und sucht sich in den nächtlichen Heimlichkeiten ein Schlupfloch, um wieder ans Licht zu kommen. Es scheint geradezu, als würde nicht gestorben in dieser Welt. Woran erkennen wir also die Gegenwart des Todes?

Tom Sawyer und Huckleberry Finn haben sich einmal das Abenteuer gegönnt, ihrer eigenen Beerdigung beizuwohnen. Ihr Erfinder Mark Twain lässt sie mit einem Boot auf eine Insel auf dem Mississippi flüchten, wo sie sich versteckt hielten. Die Bürger ihrer Stadt glaubten, sie seien ertrunken. Ganz wie in den großen Mythen der Kulturgeschichte haben sie sich das Reich der Toten durch Wasser vom Reich der Lebenden getrennt vorgestellt. Die beiden jugendlichen Abenteurer imitierten im Spiel, was die Phantasie ganzer Völker vor ihnen erschaffen hatte. Immer schon begrub man die Toten gern auf Inseln oder auf der anderen Seite des Flusses, damit sie den Lebenden nichts mehr anhaben konnten. So entstand die Vorstellung von einem Jenseits und einem Diesseits. Den

Übergang besorgte meist ein Fährmann, der vielfach als Allegorie des Todes erschien. Manche sagen auch heute, wenn ein Mensch gestorben ist, sei er »über den Jordan gegangen«. Tom Sawyer und Huckleberry Finn haben mit ihrem Abenteuer ein Stückchen Selbstaufklärung geleistet. Sie haben sich spielerisch die Angst vor dem Tod, zumindest dem eigenen, verkleinert. Damit haben sie auch gegen die Vorstellung angekämpft, sie seien als Tote gefährlicher denn als Lebende.

Während ursprünglich alle Toten wie Vampire gefürchtet waren, hat sich diese Furcht später abgeschwächt und auf die Ermordeten beschränkt. Wer das Tötungsverbot übertrat und zum Mörder wurde, musste die Rache des Ermordeten fürchten. Dass wir eine Scheu vor dem Töten haben, während wir gleichzeitig eine Lust oder eine Notwendigkeit dazu kennen, zeigen uns die Rationalisierungen, die wir benötigen, wenn wir den Tod bewusst herbeiführen wollen. Menschen haben stets einen aufwändigen intellektuellen Apparat eingeschaltet, um großangelegtes Morden legitim erscheinen zu lassen, und die Lust, die damit befriedigt werden soll, hinter vernünftigen Erklärungen zu verbergen versucht. Heute sind es die Reden vom »gerechten Krieg«, die den Handelnden ihre Schuldgefühle vermindern, wenn sie gegen ihr eigenes Gebot: »Du sollst nicht töten«, verstoßen. Gibt dagegen einer seine Lust zum Morden – sei sie als Rache oder Vergeltung maskiert – ungeniert zu, muss er mit drakonischen Strafen rechnen. Wer einen Menschen ermordet, fürchtet heute weniger die Rache des Getöteten als vielmehr das Gesetz und seine ausführende Gewalt, die an die Stelle des Getöteten getreten sind. Sie üben stellvertretend für den Toten im Mordfall Rache oder Vergeltung und vermitteln das Gefühl von Gerechtigkeit. Die Angst vor den Toten ist kulturschaffend geworden. Indem wir nichts Schlechtes über Tote sagen, indem wir prunkvolle Grabmäler fertigen und Geschichten von Seelenwanderungen tradieren, pflegen wir die Angst vor den Toten als Kulturgüter.

Das Objekt der Angst hat sich vom Toten auf ein abstraktes Rechts- und Moralsystem übertragen. Moralsysteme und Gesetze verschaffen sich auf abgeschwächte Weise, den rituellen Kulthandlungen ähnlich, Eingang in das menschliche Gewissen und deren Schuldgefühle. Weil das Reich der Toten heute eine geringere Bedeutung hat, pflegt unsere Gesellschaft vorwiegend die Angst vor der Härte der Strafe im Diesseits. Wie tief uns aber die Angst vor den Toten als furchterregende Geister dennoch in den Knochen sitzt, zeigt die Lust an Horrorfilmen, in denen Tote die Hauptrolle spielen. Ein beliebtes Motiv sind nach wie vor die Vampire nach dem Muster des Grafen *Dracula*.

Vampire trachten den Lebenden nach dem Leben und wollen ihnen Schaden zufügen. Indem sie ihnen das Blut aussaugen, verwandeln sie die Lebenden ebenfalls in Vampire. Dass sie dann auch tot sind, ist allerdings in diesen Vorstellungen zur Nebensache geworden. Kein zum Vampir gewordener Mensch scheint unter diesem Zustand zu leiden. Wichtig ist offenbar allein, dass den Lebenden von der Seite der Toten kommend Gefahr droht.

Graf *Dracula* verkörpert die Feindseligkeit der Toten gegenüber den Lebenden. Sie rauben den Lebenden den Lebenssaft und machen sie sich ähnlich. Als wäre der Biss eines Vampirs ansteckend, wird jeder zum Vampir, dem sich ein Vampir nähern konnte.

Wo die Vorstellung vom Vampir fehlt, transportiert der Leichnam die Vorstellung von einem bösen Geist. Horrorfilme greifen gern das Motiv von Toten auf, die – halb verwest – im Leichenhemd Lebende verfolgen. Aber in den feindseligen Toten begegnen wir keiner realen Gefahr. Nichts ist so ungefährlich wie ein Toter. Wir könnten uns getrost zurücklehnen und uns sagen, noch keinem Lebenden hat ein Toter wirklich einen Schaden zugefügt. Der von den Lebenden betriebene Aufwand, sich vor der Bösartigkeit von Toten zu schützen, wendet keinerlei reale Gefahr ab, sondern allein die Angst.

In den Vorstellungen der Naturvölker entdecken wir vielfach noch heute Reste der ursprünglichen Haltung zu den Toten. Sie zeigt eine merkwürdige Paradoxie: Wer uns im Leben lieb war, verwandelt sich nach dem Tod in einen bösen Geist. Woher stammt dieser Gesinnungswandel? Warum wird aus den geliebten Lebenden ein gefürchteter Geist?

Die Beantwortung dieser Fragen erklärt uns den Mechanismus der Verschiebung und Verdrängung, mit denen Regungen des Unbewussten im Bewusstsein verarbeitet werden können. Die Verarbeitung geschieht derart, dass die ursprünglichen Intentionen unerkannt bleiben können. In der Angst vor dem Toten erlebe ich das Gefühl nicht bewusst, dass ich den Lebenden ursprünglich liebte und ihm gleichzeitig auch mal feindselig begegnen konnte. Ich spüre nur die Angst, und diese ist da, um mich nicht daran zu erinnern, dass der Lebende einmal Grund gehabt haben könnte, vor mir Angst zu haben. Sichtbar werden diese verkehrten Zusammenhänge erst in den Übertreibungen. Bei normaler Auslastung unseres Gefühlslebens treten die Mechanismen weniger deutlich hervor.

Übertreibungen des Gefühlslebens sind die besonders starken Emotionen und Gefühle bei auffallend schwachen Anlässen. Die stärksten Gefühle erleben wir bei Trauer und im Sexualleben. Übertreibungen der Trauer haben es in der Gesellschaft weniger schwer, anerkannt zu werden, als sexuelle Übertreibungen. Übertreibungen der Trauer treffen wir in Fällen der Untröstlichkeit im Anschluss an Schuldgefühle. Es gibt Menschen, die sich nach dem Verlust eines geliebten Menschen unsägliche Vorwürfe machen. Sie haben sich in die Vorstellung verirrt, dass sie selbst eine Schuld treffe am Tod der geliebten Person. Sie schreiben sich durch eine besondere Nachlässigkeit oder Unvorsichtigkeit die Ursache am Tod zu.

Die Triebfeder dieses Leidens stammt aus dem inneren Haushalt widersprüchlicher Gefühle. Es sind die Gegensätze von Liebe und Hass, die unser Bewusstsein nur langsam zum Ausgleich bringen kann. Betroffen ist beim besten Willen manchmal nicht zu vermitteln, dass der Trauernde den Tod des Verstorbenen nicht wirklich verschuldet hat, selbst wenn er eine andere Gefühlsregung in sich verspürt. Ihn beherrscht die Illusion, dass er dem Toten irgendwann einmal den Tod oder ähnlich Schlimmes gewünscht haben könnte.

Im Gefühlsleben des Trauernden ereignet sich daher der Konflikt zwischen Liebe und Feindseligkeit. Das Ausleben dieser Konflikte ist für die Stabilität der Individuen und der Gesellschaft notwendig. Aber unser Bewusstsein bevorzugt nur die liebenden Momente. Es verdrängt die feindseligen Aspekte aus unseren Gefühlsregungen und Emotionen. Sollten wir aber Schuldgefühle bei einem trauernden Menschen wahrnehmen, dann treten die früher einmal hinter den fürsorglichen Handlungen versteckt gewesenen feindseligen Momente wieder hervor. Sie erzeugen Angst, die in der Trauer abgewehrt werden muss. Je größer die Schuldgefühle, um so stärker oder länger anhaltend muss der Trauernde die Rituale der Trauer ausführen.

Kulturgeschichtlich ist die Verschiebung der eigenen Feindseligkeit auf die Toten besonders wichtig. Um das starke Gefühl, dass wir anderen Menschen einmal den Tod gewünscht haben könnten, erfolgreich abzuwehren, erklären wir die Toten selbst für feindselig.

Die Toten handeln also in »berechtigter« Notwehr. Sie spiegeln nur die Feindseligkeit dessen wider, der sich vor ihnen ängstigt. Ich erlege mir Einschränkungen, Buße, Verzicht in der Phase der Trauer auf; ich halte keine Reden über die schlechten Taten des Verstorbenen, um ihn nicht zu provozieren. Irgendwie habe ich also ein schlechtes Gewissen dem Toten gegenüber. Schließlich bereinige ich dieses Gewissen durch Trauerarbeit. Solche Reinigungen sind offenbar für unser Seelenleben wichtig.

Indem wir auf eine lange kulturgeschichtliche Tradition zurückblicken, erleben wir, wie sich mit der Übertragung der eigenen Feindseligkeit auf die Toten eine tiefe Angst vor ihnen eingeprägt hat. Alles was mit Leichnam, Tod und Verwesung zu tun hat, ist mit einem Tabu belegt. Die Angst vor den Toten ist auch in unserer Gesellschaft geblieben. Nur ihre rationale Verarbeitung – der rationale Überbau – hat sich verändert. In der Gesellschaft erleben wir die Auswirkungen der von manchen Individuen gepflegten Angst nur am Rande.

Aber in den Resten europäischer Religion erfahren wir noch heute die Wirksamkeit der Angst vor den Toten. Das Reich der Toten haben katholische Gelehrte über Jahrhunderte hinweg genau vermessen, um es wirksam gegen die Menschen einzusetzen. Um das Jahr 1200 herum erhält es den Namen »Purgatorium« – das Fegefeuer. Sein Ursprung ist die Angst vor den Toten. Es dient der Domestizierung von Menschen.

Lebende Tote

Die Ägypter der Pharao-Zeit verehrten das Krokodil. Sie erklärten es zum Gott, beteten es an, bestatteten es nach seinem Tod und legten Beigaben in das Grab. Wer so mit einem gefährlichen Tier umging, konnte leichter glauben, von ihm nichts zu befürchten zu haben. Eigentlich war das Krokodil ein gefürchteter Feind. Aber wenn man das Tier zu einem Gott erklärte, konnte man es wenigstens um Gnade bitten. Das Gefürchtete erscheint den archaischen Völkern häufig als das Göttliche.

Was auf der einen Seite zur Heiligkeit verklärt wird, ist auf der anderen Seite ein Kult des Bösen. Das Feuer, wenn es auch wärmt, gart und zum frühesten Kulturgut aufsteigt, in seiner eigentlichen Natur ist es vernichtend und furchterregend. Es eignet sich hervorragend als Träger einer Doppelnatur. Zudem ist es das wichtigste Element aller Jenseitsvisionen und Unterweltphantasien. Das Fegefeuer bildete sich schließlich als der mächtigste Träger der Angst vor den Toten und Lebenden im katholischen Mittelalter aus.

In seiner *Geschichte der Franken* gibt uns der Erzbischof Gregor von Tours einen Einblick in die Vision eines fränkischen Abtes aus dem 6. Jahrhundert. Sunniulf, der Abt von Randau, erlebte das Fegefeuer, »als wenn er an einen feurigen Strom geführt wurde, zu dem kam von dem einen Gestade viel Volk, wie Bienen zu einem Bienenkorb, und sie versanken alle darin, einige bis an die Hüften, andere bis an die Achseln, manche auch bis an das Kinn, und sie schrien und wehklagten, daß sie vom Feuer schreckliche Qualen litten. Es führte aber auch eine Brücke über den Fluß, so schmal, daß sie kaum eines Fußes Breite tragen konnte. Und an dem andern Gestade war ein großes Haus, das außen weiß verputzt war.

Von dieser Brücke wird herabgestürzt werden, wer sich bei der Leitung der ihm anvertrauten Herde nachlässig zeigt, wer aber eifrig gewesen ist, geht ohne Gefahr hinüber und gelangt voll Freude in das Haus, das du am anderen Ufer siehst.«[86]

Solche Berichte von »Augenzeugen« der Unterwelt verstärkten schon vor mehr als tausend Jahren die Angst vor den Strafen der Hölle und des Fegefeuers. Die Menschen des Mittelalters kannten den genauen Unterschied zwischen Vision und Wirklichkeit nicht. Eine Schilderung, insbesondere wenn sie von einem Geistlichen stammte, war unantastbar. Sie repräsentierte das, was wirklich geschehen war. Vom Unbewussten und von der Kraft der Projektion weiß der Mensch erst seit dem 19. Jahrhundert. Wer zuvor Auskünfte kirchlicher Autoritäten bezweifelte, dem drohten sie die schlimmsten Qualen an.

Nichts ist besser geeignet, das Angstbedürfnis der Menschen für eigene Interessen zu nutzen als ein fürchterliches Szenarium, das keine Wirklichkeit besitzt. Überprüfbarkeit durch empirische Beobachtung oder gar wissenschaftliche Forschung ist der ärgste Feind der Angst. Wissen befreit von Angst. Aber das Wissen ist schwach. Es erstreckt sich nur auf das Diesseits, und es ist fehlbar. Der Glaube ist ihm stets an Macht überlegen.

Wissen vermag es nur, die Systeme schwächen, die sich des Nicht-Wissens bedienen. Daseinsangst bedient sich des Nicht-Wissens vom Zustand des individuellen Seins nach dem Tode. Was Menschen nicht wissen, füllen sie mit Phantasie an. Nur solange Sie nicht wissen, was mit den Toten geschieht, können ihre Angehörigen für sie das Beste erbitten und erbeten. Die Herrschaft der Angst erfährt eine Stütze aus unserem Urbedürfnis, sich um die Toten zu sorgen. Alle Religionen befriedigen dieses Bedürfnis. Der Fürsorge für den ungeborenen wie für den toten Menschen widmen sich zahlreiche Rituale. Schließlich hält der überall in der christlichen Welt eingerichtete Feier- und Gedenktag *Allerseelen* Verbindung zwischen Lebenden und Toten. Das Leben selbst erscheint hier plötzlich vor dem Hintergrund des Todes.

Die allgemeine Sorge um die Toten schuf eine Ausdehnung der Angst vom Diesseits auf das Jenseits. Weil des Menschen Schicksal im Wesentlichen durch seinen Lebenswandel vor dem Tod bestimmt war, gewannen Glaube und gute Werke in der frühen Gesellschaft einen ausgezeichneten Wert, während Frevel und schwere Sünde mit der Hölle bestraft wurden. Nur die Tadellosen, die Märtyrer, Heiligen und vollkommen Guten sollten angstfrei leben können. Sie kamen ohne den Umweg über das Fegefeuer ins Paradies. Alle anderen müssen heute noch fürchten, dass ihre heimlichen und unheimlichen Vergehen schlimme Folgen im Jenseits und manchmal schon im Diesseits haben werden.

Beruhigend wirkte daher die Predigt des Abts Guerric aus der Zisterzienserabtei Igny des Jahres 1158, die sich der Angst vor dem Jenseits bediente. Er zeichnete den Gegensatz im guten und im schlechten Feuer mit emotionalen Farben: »Wieviel sicherer und süßer ist es, liebe Brüder, durch die Quelle anstatt durch das Feuer gereinigt zu werden! Es ist gewiß, daß, wer nicht jetzt durch die Quelle gereinigt wird, so er es überhaupt verdient, gereinigt zu werden, durchs Feuer gereinigt werden wird, an dem Tag, an dem der Herr selber zu Gericht sitzen wird wie ein Feuer, bereit zu schmelzen, zu schmelzen und das Silber zu reinigen, und die Söhne Levi reinigen wird (…). Und ich versichere ohne Zaudern: Wenn das Feuer, das der Herr Jesus Christus auf die Welt gesandt hat, in uns so glühend brennt, wie der, der es geschickt hat, es wünscht, wird das Reinigungsfeuer, das die Söhne Levi beim Jüngsten Gericht reinigen wird, in uns weder Holz noch Heu und auch kein Stroh zu verzehren finden. Gewiß, beide sind Reinigungsfeuer, aber auf ganz verschiedene Art. Das eine läutert durch seine Salbung, das andere durch sein Brennen. Hier ist es ein erquickender Schauer, da ein rächender Atem, ein brennender Atem (…).«[87]

Die Angst um das Schicksal der Verstorbenen und um die eigene Zukunft im Jenseits war die am meisten verbreitete Angst im Mittelalter. Nicht allein Theologen gossen beständig Öl in das Feuer der Hölle, auch die profane Welt der Literatur schürte ihre Glut. Es ist die Glut der Angst davor, im Jenseits bezahlen zu müssen, was zu leisten man im Leben versäumt hatte.

Während die Gegner der offiziellen römischen Kirche immer wieder den Glauben ans Fegefeuer angegriffen haben und durchweg überzeugt waren, dass das Schicksal der Menschen im Jenseits allein von ihren Verdiensten und vom Willen Gottes abhänge und dass mit dem Tod alle Würfel gefallen seien, formulierte die römische Kirche seit dem 12. Jahrhundert das Dogma vom Fegefeuer zum Kampf gegen ihre Widersacher: die Häretiker, die Heiden, und später die Protestanten. Mit einer detaillierten Beschreibung der Zeit nach dem Tod steigerten die Mächtigen ihre Herrschaft über die Menschen.

Nach Vorstellung der katholischen Kirche und vieler anderer Religionen ist der gestorbene Mensch nicht wirklich tot. Christliche Kunst versinnbildlicht vielfach die Vorstellung, nach der die Seele des Frommen als nacktes kleines Menschlein mit dem letzten Atemzug den Leib verlässt.

Über das, was dann geschieht, sind sich die Theologen und Priester der Patristik sowie des Mittelalters nicht einig. Einige glauben, die Seele des Frommen kehre unmittelbar in den Himmel ein, andere ziehen es vor, ihnen eine Reinigung im Fegefeuer zuzusprechen.

Ganz gleich, wie lange wir uns diesen paradoxen Zustand eines Lebens nach dem Tod vorstellen, für ihn hat der Lebende Sorge zu tragen. Denn nach katholischer Vorstellung können Sünden in dieser Zeit gelöscht werden. Manche Vergehen aus dem richtigen Leben werden dann weniger streng oder gar nicht bestraft. Allerdings steht der verstorbenen Seele selbst keine Macht über den Sündenerlass zu. Sie hat zu Lebzeiten Unverstorbene gewinnen müssen, nämlich die Mitglieder ihrer kirchlichen Gemeinde. Diese sollten durch Beten, Fürbitten, Messfeiern sowie Kerzenanzünden und Ähnliches den Schaden für den Toten begrenzen.

Damit die Gemeinde auch wirklich tätig werden konnte, musste der Lebende sich zuvor in ihr verdient gemacht haben. So funktionierte moralische Konditionierung im Mittelalter. Das fromme Leben in der Gemeinde, für alle sichtbar und von allen anerkannt, war die beste Versicherung für den Sündenerlass.

Die Macht der Kirche über die lebenden Toten dokumentiert eine recht junge Gepflogenheit in streng katholischen Ländern, die als eine Art Sozialversicherung fürs Jenseits den Ablasshandel fortsetzte. Im 18. Jahrhundert gab es dort professionelle Institutionen, die dem Gläubigen und seinem schlechten Gewissen Beruhigung gestatteten. Bruderschaftsvereinigungen aus Laien unter geistiger Leitung gewährten gegen Entgelt der Seele soziale und religiöse Dienste, vor allem für die Zeit nach dem Tod. Wer im Moment des Sterbens den Mitgliedsausweis einer solchen Gemeinde besaß, konnte sich ihrer Fürbitten sicherer sein als andere. Sofern er den Ausweis mit Namen, Eintrittsdatum und Heiligenbildchen stets bei sich trug, konnte er seinem letzten Stündlein ruhig entgegensehen. Das ist gerade so wie bei einer Patientenverfügung heute, mit der wir verhindern können, dass unser möglicherweise qualvolles Sterben durch ärztliche Pflichterfüllung verlängert wird. »Nach dem Tode ist dieser Zettel unverweilt in löbl. Widum obiger Pfarre abzugeben«, lautet es auf dem Tiroler Bruderschaftszettel der Maria Steinhaußer aus dem Jahr 1829, »damit sogleich die H. Messe gelesen, und der Rosenkranz für die abgelebte Seele abgebetet werde.«[88]

Zu allen Zeiten in allen Völkern haben sich die Menschen eine Vorstellung von der Fortdauer des Individuellen nach dem Tode gemacht. Den Kontext dieser Vorstellungen finden wir in der Religion. Sie ist das Gegengift gegen die Gewissheit des endgültigen Todes. Aber Kirchen walten über Religionen. Sie haben das Monopol auf den Kultus. Von dem Gegengift zu kosten, heißt zugleich die Macht der Kirche stärken. Denn die Funktionäre der Kirche haben die Geschäftsführung über die Organisation der jenseitigen Pflichten an sich gerissen.

Bereitwillig haben immer schon Kirchen die Aufgaben der Menschenbildung und -erziehung dem Staat abgenommen. Sie verfügen daher über die starken Mittel der Angsterzeugung. Es ist ihr Geschäft, die egoistischen Triebe – Genusssucht, Trägheit und Rachsucht – der Menschen im Zaum zu halten. Für Jahrtausende war das Halsband, an das sie ihre Kette zur Führung der Menschen anlegte, die Angst. Wenn der Mensch seine Angst zügeln könnte, würden auch die Ketten des kirchlichen Strafgerichts brüchig.

Lebens- und Sozialversicherungen nicht minder als Bruderschaftsgenossenschaften und Kirchen betreiben einen gewinnbringenden Handel mit der Angst. Ihr Geschäft stützt sich auf die Neigung der Menschen, unglaubliche Geschichten für besonders wahr zu halten. Nur so ist es zu erklären, dass Zahlen und Wochentage, aber auch Worte und Gedanken, Menschen Angst einjagen können.

In unserer Kulturgeschichte treten zwei entgegengesetzte Kräfte auseinander. Nach der einen Seite betreibt eine Ideologie die Verbreitung der Angst vor einem Weltzustand, an dessen Beginn sich vielleicht kein ordnender Geist und kein allmächtiger Baumeister etwas gedacht haben mag. Es ist ein Weltanfang ohne Wissen, ohne Ordnung, ohne Gott und ohne Geist. Ganz gleich wie es wirklich gewesen ist – wir werden es niemals wissen –, die eine Ideologie der Kulturgeschichte traut es den Menschen nicht zu, dass sie diesen Gedanken auch nur für eine Zigarrenlänge werden aushalten können. Sie rät daher, vorbeugend ein Betäubungsmittel einzunehmen. Das Betäubungsmittel ist der Weihrauch der Kirchen im weitesten Sinn beider Worte.

Nach der anderen Seite begegnen wir der Ideologie, dass der Mensch erst dann wirklich auf der Welt angekommen sei, wenn er sich seiner Angst stellt und sie dadurch zu einer Lebensbegleiterin machen kann, die ihn nicht mehr verkleinert. Es ist dies die Lehre eines *Jenseits von Gut und Böse*, wie sie zuletzt der Epikureer Nietzsche im späten 19. Jahrhundert zur Begeisterung einer nachfolgenden Generation verkündete. Sein Ziel war der starke Mensch, der Sinn und Kraft des Lebens nicht verliert, wenn er sich vorstellt, dass es vielleicht keine ordnende Macht jenseits des Diesseits geben könnte.

Nietzsches Überzeugung hat sich im Studium der Zwischenwelten antiker griechischer Philosophie gebildet. Dort begegnete er dem Ursprung einer diesseits orientierten und ohne Angstverbreitung auskommenden Philosophie. Einer seiner Gewährsmänner ist Epikur (341–270 v. Chr.). Insbesondere bleibt dessen Lehre der Gewissheit verpflichtet, dass die Menschen den Tod nicht zu fürchten brauchten. Es bedürfe nicht der Angst vor dem Tod. Der Tod, sagt er, geht uns nichts an. Denn wenn der Tod ist, dann sind wir nicht mehr, und solange wir sind, ist der Tod nicht. Beide begegnen sich also niemals.

Epikurs Lehre will den Menschen ausdrücklich die Angst vor dem Tod nehmen. Er strebt nicht weniger an als die Entmachtung derjenigen, die es immer schon gut verstanden haben, menschliche Angst vor dem Tod auszubeuten. Wenn es – wie Epikur glaubte – kein individuelles Fortbestehen der Seele gibt, lässt sich die Angst vor ihrer jenseitigen Qual nicht mehr verteidigen. Die Bestandteile von Körper und Seele – nämlich die Atome – fallen nach dem Tode auseinander. Es gibt nach dem Tode nichts mehr, was Empfindungen haben könnte. Der Mensch braucht also den Tod nicht zu fürchten und schon gar nicht Angst vor ihm zu haben. Alles ist dann nämlich für ihn zu Ende. Ein Schicksal der Seelen oder der Toten gibt es demzufolge nicht. Wir brauchen uns um die Toten daher keine Sorgen zu machen. Auch unsere individuelle Seele kann nach dem Tod weder bestraft noch belohnt werden. Diese einfache Lehre ist das Werkzeug der radikalen These der Sorg- und Angstlosigkeit der Epikureer.

Aber was zur Befreiung von Angst konzipiert war, stürzte die abendländische Kultur erst recht in tiefste Ängste. Epikur und seine wenigen Nachfolger führten nämlich den heroischen Kampf gegen die Angst vor dem Tod und gegen diejenige Angst fort, die sich von Priestern und Mythen immer schon leicht verbreiten ließ. Es ist die Angst davor, dass die Götter die Menschen nach deren Tod für ihre Taten zur Rechenschaft ziehen würden. Epikur sprach aus, was die institutionalisierten Kräfte der Moral entmachten konnte: Diese Angst vergiftet das Leben der Menschen untereinander und schadet dem Seelenfrieden mehr, als sie ihm wirklich nützt.

Epikurs berühmtester Nachfolger, Lukrez (100–50 v. Chr.), feiert ihn gegen den Geist der Zeit als Retter der Menschen vor den Schrecken der Religion und des Todes. Im ersten Teil seines umfangreichen Lehrgedicht *De rerum natura* erlebt Epikur eine Art Auferstehung, wenn es dort lautet:

»Als das Leben der Menschen darnieder schmählich auf Erden / lag, zusammengeduckt unter lastender Angst vor den Göttern, / welche das Haupt aus des Himmels Geviertel prahlerisch streckten, / droben mit schauriger Fratze herab den Sterblichen dräuend, / erst hat ein Grieche gewagt, die sterblichen Augen dagegen / aufzuheben und aufzutreten als erster dagegen.«[89]

Auch die stoische Philosophie eines Seneca konnte mit unschuldiger Selbstverständlichkeit diese Angst, die Weltangst, verkleinern, ohne sie selbst zuvor aufbauen zu müssen. Stoiker lehrten in ihrer Ethik die Ataraxie, die Unerschütterlichkeit des Gemüts, zu erreichen. Wenn wir uns fragen, warum Ataraxie ein hohes Gut sein kann, so hoch, dass es den Ansprüchen ethischer Werte genügt, dann erkennen wir wieder den Mechanismus der Angstverminderung. Wenn wir die Dinge nicht ändern können, dann müssen wir unsere Einstellung ändern. Ataraxie ist die innere Antwort auf die Unveränderbarkeit der äußeren Umstände. Damit ein schweres Schicksal aushaltbar wird, müssen wir die Schwäche in Stärke verwandeln. Der Druck der äußeren Umstände, an denen wir zu zerbrechen drohen, erzeugt einen inneren Gegendruck. Das Individuum gewinnt Selbstbewusstsein durch das Gefühl, dass es selbst stärker ist als die äußere Welt.

Der Wirkung der Ataraxie entspricht auch die Wirkung der beiden weiteren Kategorien der stoischen Ethik: Autarkie (Selbstgenügsamkeit) und Apathie (Unabhängigkeit von Affekten). Auch diese Haltungen vermindern diejenige Angst, die sich aus der Fremdherrschaft durch Dinge und falsche Autoritäten ergeben könnte.

Dass die Stoiker die Natur und den Kosmos zum höchsten Maßstab der Werte erklären, unterstreicht ihre sozialethische Forderung, dass wir uns in erster Linie als Bürger des Kosmos (Kosmopoliten) ansehen sollten und erst in zweiter Linie als Staatsbürger. Die kosmopolitische Forderung der Stoiker zieht eine Toleranz gegenüber den verschiedenen staatlichen und religiösen Ansichten nach sich und lenkt die Aufmerksamkeit auf das Verbindende unter den Menschen. Das Trennende soll nicht von Händlern der Angst missbraucht werden können.

Wenn auch stoische und epikureische Philosophie ein Höchstmaß an ethisch-moralischer Bildung ermöglichen und dabei vor allem eine Befreiung des Menschen von Angst anstreben, so gilt doch insbesondere für die stoische

Denkweise, dass sie den Umschlag zur Verselbstständigung ethischer Wertungen durch die Vorstellung einer Weltvernunft vorbereitet hat. In Senecas Vorstellung, dass es eine reine Weltvernunft – das *pneuma* – gebe, versteckt sich die Projektion, dass wir rationale Entschlüsse so erleben, als hätten sie unabhängig von unserer individuellen Entscheidung universelle Geltung. Gleichwohl befriedigt weder Epikurs Lehre noch der Stoizismus die narzisstische Überheblichkeit des Menschen. Weitaus erfolgreicher in der Geistesgeschichte des Abendlandes war daher diejenige griechische Philosophie, die sich am besten mit dem Geist des Evangeliums im Christentum amalgamieren konnte. Sie bedient den Anspruch des Menschen, Gott ähnlich zu sein. Der Angst der Menschen vor ihren eigenen Schwächen und ihrem Wunsch, Gott ähnlich und von ihm auserwählt zu sein, begegnen wir in den großartigsten Mythen.

Ödipus

Der berühmteste Mythos, den Künstler und Wissenschaftler stets neu aufgegriffen haben, ist wahrscheinlich der Mythos des Königs *Ödipus*. Er war der Sohn des Königs von Theben, namens Laios, und seiner Frau Iokaste. Beiden hatte das Orakel von Delphi geweissagt, dass sie einen Sohn haben würden, der seinen Vater erschlagen und seine Mutter heiraten würde. Als Iokaste den Ödipus gebar, ließ der König ihn in einer wüsten Gegend aussetzen. Ein Diener des Königs führte dieses Geschäft aus, indem er das Kind mit den Füßen an einen Baum band.

Phorbas, der Aufseher der Herden des Königs Polybius, der Korinth beherrschte, fand das Kind in diesem Zustand. König Polybius adoptierte es und gab ihm wegen der geschwollenen Füße den Namen Ödipus, was so viel bedeutet wie »Klumpfuß«.

Jahre danach befragte Ödipus als junger Mann selbst einmal das Orakel von Delphi. Dieses verriet jedoch seine Abkunft vom König von Theben nicht, sondern warnte ihn nur vor der Rückkehr in sein Vaterland. Denn dort würde er seinen Vater töten und seine eigene Mutter zur Frau nehmen. Aber für Ödipus war nicht Theben sein Vaterland, sondern Korinth. Weil er der Weissagung entgehen wollte, floh er also aus Korinth nach Theben. Doch was er tat, um seinem Schicksal zu entkommen, führte ihn auf geradem Weg diesem entgegen. Er stieß unterwegs auf König Laios, geriet mit ihm in Streit und erschlug ihn, nicht wissend, dass dies sein eigener Vater war. Der erste Teil des Orakels war damit erfüllt.

In Theben angekommen, begegnete Ödipus der Sphinx, einem geflügelten Ungeheuer in Löwengestalt und mit jungfräulichem Antlitz, das die Einwohner ängstigte. Sie saß auf einem Felsen nicht weit von Theben und gab den Vorbeigehenden ein Rätsel auf: was für ein Tier am Morgen auf vier, am Tage auf zwei, am Abend auf drei Füßen gehe. Wer dies Rätsel nicht lösen konnte, den stürzte sie von dem Felsen hinab.

Ödipus verstand das Rätsel und antwortete: Der Mensch krabble als Kind am Morgen seines Lebens auf Händen und Füßen; am Mittag wandle er aufrecht auf zwei Füßen, und am Abend, vom Alter geschwächt, gehe er gebückt am Stock. Weil König Laios tot war, ohne dass man seinen Mörder kannte, sollte derjenige, der das Rätsel der Sphinx lösen und das Land von diesem Ungeheuer befreien würde, die Königin zur Frau und die Herrschaft über Theben zum Brautschatz erhalten. Dieses zweischneidige Glück fiel nun Ödipus zu, und der schreckliche Orakelspruch ging schonungslos und vollständig in Erfüllung. Ödipus nahm, ohne es zu wissen, seine eigene Mutter zur Frau.

Doch die Tragik seines Lebens und seiner gesamten Familie ist damit nicht zu Ende. Sie enthält Stoff für zahlreiche weitere Tragödien, die zunächst Sophokles kunstvoll auf die Bühne brachte. Es sind die tragischen Lebenswege der Söhne des Ödipus Eteokles und Polynikes sowie seine eigene Flucht vor der ihm inzwischen bewusst gewordenen Blutschande.

Der Mythos des Ödipus ist schließlich zur allgegenwärtigen Wirklichkeit geworden, indem Sigmund Freud nahezu alle Zwangshandlungen auf den Ödipus-Komplex zurückführte. So wird der Mythos des Ödipus zum Ausdruck der Reinigung des Seelenlebens der Menschen. Wie sich das Unbewusste von bedrohlichen Befürchtungen des Tages im Traum Befreiung verschafft, so schwächt der Mythos und seine Darstellung im Theater die Bedrohung derr sittlich-religiösen Ordnung. Der Mythos spiegelt den Konflikt zwischen feindseligen und liebenden Aspekten wider, den wir oben als Voraussetzung der moralischen Angst gekennzeichnet haben. Unbewusst bleiben dem Ödipus die feindseligen Aspekte, die schließlich im Vatermord enden. Sichtbar für das Bewusstsein sind nur die guten, die liebenden Seiten des jungen Mannes, der seinen Eltern den Sohn erhalten will und die Stadt Theben vom Ungeheuer erlöst. Von den Anfängen der Zivilisation ist uns dieser Konflikt des Ödipus vererbt worden, der sich auf den stärksten Trieb, den Sexualtrieb, und seine gesellschaftlich notwendige Hemmung bezieht. Ödipus ist das Sinnbild dafür, wie das Verbotene eines Triebes hinter seiner Maske die Regie unseres Lebens führt.

Das erste leibhaftige Objekt seiner Liebe und Begierde ist für den Knaben die Mutter. Sie nährt ihn mit ihren Brüsten, sie überträgt ihre unbedingte Liebe auf ihn, und sie weckt stets einen Hauch des Begehrens, zumal der strenge Vater sie auch liebt, zwar anders als der Knabe, aber doch in einer Weise, wie es der Knabe noch lernen soll. Bezüglich der natürlichen Befriedigung der erotischen Neigung zur Mutter als dem ersten Objekt der Liebe des Knaben hat jedoch die Zivilisation ein Tabu errichtet. Es stammt wahrscheinlich aus der verinnerlichten Wahrnehmung, dass Inzest dem Fortbestehen der eigenen Gruppe gefährlich werden kann. So stehen sich in diesem Konflikt der Wunsch und seine Hemmung derart gegenüber, dass sich in der funktionierenden sittlich-moralischen Ordnung nur die Hemmung durchsetzen wird und vom Wunsch kaum eine Spur der Ahnung wahrzunehmen ist.

Wie ist es möglich, dass sich eine Macht wie der Sexualtrieb allein durch gesellschaftliche Normen hemmen lässt? Wodurch werden Verbote so stark, dass sie den Wunsch übertreffen? – Indem Angst als Motor zum Einsatz kommt. Die hemmende Kraft der Angst kann stärker sein als der Sexualtrieb. Aber Kulturen zahlen auch einen hohen Preis für diese Verdrängung – von der Verteufelung des mutmaßlichen Atheismus über die blutige Ausfechtung von Glaubenskriegen hin zu einer Enterotisierung unserer komplizierten Gesellschaft durch die Allgegenwart des Erotischen.

Damit Angst den triebhaften Wunsch hemmen kann, muss sie ihn in der Unsichtbarkeit des Unbewussten halten. Wir haben bereits gesehen, dass Religionsausübung diese Funktion am besten erfüllt. Wo Religionen an Einfluss verlieren, nehmen die Angstneurosen zu. Betrachten wir hier zunächst den Ödipus-Mythos zum Verständnis dessen, wie die Hemmung des Wunsches und des Triebes wirkt.

Was wir tun sollen und was wir zu lassen haben, erlebt unser Bewusstsein wie einen Befehl aus dem Munde einer höheren, übernatürlichen Macht. Wir wissen, dass Inzest gefährlich sein kann. Doch dieses Wissen allein ist machtlos, wenn es Inzest wirklich vermeiden soll. Die bloße Einsicht in die Wahrheit eines Sachverhalts zieht keine Handlungen nach sich. Damit wir handeln können, benötigen wir Emotionen. Es wird uns nicht gelingen, einen Einbrecher von seinem Vorhaben abzubringen, indem wir an seine Einsicht appellieren, dass er durch ein falsches Vorbild einen gesellschaftlichen Schaden verursacht. Erst wenn er die zu erwartenden Schäden als ein Tabu wahrnimmt, wird er sein Handeln verändern. Wirksamer als bloßer Appell wäre der Glaube, aus dem heraus wir den Einbrecher daran erinnern könnten, dass Gott sein Verbrechen sehr wohl zur Kenntnis nehme und ihn in der Hölle entsprechend bestrafen werde.

Ebenso wenig haben Menschen aus Einsicht in die Schädlichkeit des Inzests für die Gattung vom Inzest Abstand genommen. Nur das in seiner Herkunft nicht lokalisierbare Gefühl, Inzest müsse etwas Fürchterliches sein, konnte die Lust begrenzen. Nicht aus vernünftiger Einsicht, sondern aus Angst vor der Tabuverletzung werden wir zum moralischen Handeln bewegt. Am wirkungsvollsten ist es freilich, wenn wir eine allmächtige Vaterfigur als einen real existierenden Gott imaginieren dürfen, der uns Inzest verbietet. Das Verbot tritt in unserem Bewusstsein in der Form auf: »Aus Selbstverständlichkeit und weil ich es gesagt habe, ist dir die Mutter tabu.«

Aber das Gebot steht stets im Widerspruch zum Wunsch. Es wertet den Wunsch in sittlich-moralischer Hinsicht ab. Als Zeichen dieser Abwertung des natürlichen Wunsches muss sich der Knabe Zeichen und Beweise schaffen, dass er gar kein natürliches Begehren in Bezug auf die Mutter kennt. Beim Gedanken an die erotischen Wünsche gegenüber der Mutter wird dem Knaben jetzt übel. Gleichwohl ist der Wunsch nicht beseitigt. Er hat sich mehr auf ein anderes Objekt verlagert. Jetzt schaut er interessiert und gebannt auf die Tragik im Leben des Ödipus, als wäre Ödipus ein ganz anderer Mensch als der Knabe selbst. Während er von den Tribünen des Theaters herab das Schicksal des Ödipus verfolgt, erlebt er eine Befreiung aus der Macht seiner Wünsche und die Schlichtung der Angst, die ihn überfiele, wenn er sich bewusst machen müsste, dass Ödipus kein anderer ist als die Verkörperung seiner eigenen inneren Seelenwünsche. Aristoteles nannte diese Befreiung in seiner *Poetik* die »Katharsis« – Reinigung.

Der Wunsch, sich der Mutter mit erotischen Absichten zu nähern, ist dem Knaben untersagt. Es bedarf nicht einmal der autoritären Stimme des Vaters, um das Tabu auszusprechen. Das Tabu wirkt selbstverständlich, so wie ein Gewissen und Schuldgefühle sich stets ungerufen einstellen. Der Knabe ist sich nicht einmal des Wunsches bewusst, dass er die Mutter begehrt. Der verdrängte Wunsch erzeugt Bilder, in denen er in verkleideter Gestalt auftritt und die Aufmerksamkeit des

Betroffenen fesselt. Wiederum weiß der Betroffene nicht, dass das Bild ein Abbild seines inneren Wunsches ist. So wenig wie Ödipus etwas wusste von seiner Feindseligkeit gegenüber dem Vater, so wenig wissen wir Menschen in unserem moralischen Urteilen etwas von der Feindseligkeit, die diese Urteile in der Verdrängung halten müssen.

Von der verdrängten Angst zur mörderischen Zwangsneurose

»Manchmal habe ich Angst«, schreibt eine berühmte Nonne, der es gelungen ist, aus ihrer Angst eine Tugend zu machen. »Manchmal habe ich Angst, weil ich gar nichts habe, keinen Verstand, keine Bildung, keine Fähigkeiten, die eine solche Arbeit erfordern.«[90] Schon vor der Gründung ihres eigenen Ordens besuchte sie jeden Sonntag die Armen in den Slums von Kalkutta. »Ich kann ihnen nicht helfen, weil ich ja gar nichts besitze, aber ich gehe zu ihnen, um ihnen Freude zu schenken.«[91] Die so schreibt, ist die Helferin Mutter Teresa von Kalkutta. Sie leidet, und sie erbringt große Opfer, um den ärmsten der Menschen zu helfen. Aber sie hat keine Angst, während sie für andere aufopfernd tätig ist. Im Gegenteil. Aufopferung ist ihr eine Lust – eine sublimierte freilich, die sich nicht als Lust zu erkennen gibt. »Wie sehr ich mich danach sehne, mich aufzuopfern«, vertraut sie nur ihrem Tagebuch an.[92] Bei ihrem Vorgesetzten bedankt sie sich: »Sie müssen sehr viel für mich gebetet haben – ich habe im Leiden das wahre Glück gefunden, aber die Qual ist manchmal unerträglich – Sie wissen nicht, wie elend und was für ein Nichts ich bin.«

Angst überfällt sie nur in der Zeit, in der sie ruht, nicht für andere arbeitet, sondern mit sich alleine ist. Dann nämlich holt sie das Realitätsprinzip ein, und der Zweifel setzt sich durch. »Mein Herz ist so leer. – Ich fürchte, dass die Exerzitien ein einziges langes Leiden werden – doch denken wir lieber nicht daran.« Aber durch die Steigerung der Qualen bringt die Heilige ihre Angst wieder zum Verschwinden: »Ich möchte ganz intensive Exerzitien machen.« Ihr Zweck ist ein überirdischer, und nur dieser macht das Irdische für sie erträglich. »Ich will eine Heilige gemäß dem Herzen Jesu sein, sanft und demütig wie Er. Das ist alles, was jetzt wirklich wichtig ist für mich.« Sie erlebt die volle Sinnlosigkeit des Lebens und gewinnt allein aus stetiger Steigerung der Jenseitsvorstellung Kraft zum Überleben. Als keine Steigerung mehr möglich ist, steht sie wieder im Bannkreis irdischer Depressionen: »Mein Gott – wie schmerzhaft ist dieser unbekannte Schmerz. Es schmerzt ohne Unterlass. – Ich habe keinen Glauben. – Ich wage nicht, die Worte & Gedanken auszusprechen, die mein Herz bedrängen – & die mich unsagbare Agonie erleiden lassen. So viele unbeantwortete Fragen leben in mir – Ich habe Angst davor, sie zu enthüllen – wegen der Gotteslästerung. Wenn es einen Gott gibt, verzeih mir bitte. – Vertraue, dass alles im Himmel mit Jesus enden wird. – Wenn ich versuche, meine Gedanken zum Himmel zu erheben – erlebe ich eine solch überzeugende Leere, dass diese Gedanken wie scharfe Messer zurückkehren & meine innerste Seele verletzen. – Liebe – das Wort – es bringt nichts. – Man erzählt mir, dass Gott mich liebt – jedoch ist die Realität von Dunkelheit & Kälte, Leere so überwältigend, dass nichts meine Seele berührt. Bevor das Werk anfing, gab es so viel Einheit – Liebe – Glaube – Vertrauen – Gebet – Opfer. – Habe ich den Fehler gemacht, mich blind dem Ruf des Heiligsten Herzens hinzugeben? Am Werk ist kein Zweifel – weil ich davon überzeugt bin, dass es Sein und nicht mein ist. – Ich fühle nichts – nicht ein einziger einfacher Gedanke oder eine Versuchung befällt mein Herz (…).

Die ganze Zeit lächeln. – Die Schwestern & die Leute machen solche Bemerkungen. – Sie glauben, dass mein ganzes Wesen von Glaube, Vertrauen & Liebe erfüllt ist & und dass die Vertrautheit mit Gott und das Einssein mit Seinem Willen sein ganzes Herz durchdringen müsste. – Wenn sie nur wüssten – und wie meine Fröhlichkeit nur der Deckmantel ist, unter dem ich die Leere & das Elend verberge.«[93]

Die erschütternden Bekenntnisse der Nonne offenbaren die feindseligen Aspekte auf der anderen Seite ihrer liebevollen Hingabe an die Menschen. Es sind die feindseligen Aspekte des Zweifelns an Gott. »In meiner Seele fühle ich eben diesen furchtbaren Schmerz des Verlustes – dass Gott mich nicht will – dass Gott nicht Gott ist – dass Gott nicht wirklich existiert.«[94]

Mutter Teresa hatte eigentlich verfügt, dass ihre Aufzeichnungen vernichtet werden, wohl schon in der Annahme, dass diese die Kraft des Glaubens schwächen könnten. Wozu der Glaube fähig ist, belegen diese Bekenntnisse und ihre säkulare Auslegung. Er verwandelt Angst in Tatkraft. Und die Tatkraft ist um so stärker, je heftiger der damit verbundene Zweifel bekämpft werden muss. Hier ist es die helfende Tatkraft. Bei anderen Menschen lebt sich fanatischer Glaube in zerstörerischer Tatkraft aus.

Einer der Aufklärer des Mechanismus im christlichen Asketentum war Arthur Schopenhauer. Er erkannte auch, dass der asketische Mensch selbst schon eine gefährliche Grenze überschritten hat. »Nämlich es genügt ihm nicht mehr, Andere sich selbst gleich zu lieben und für sie soviel zu thun, wie für sich; sondern es entsteht in ihm ein Abscheu vor dem Wesen, dessen Ausdruck seine eigene Erscheinung ist, dem Willen zum Leben, dem Kern und Wesen jener als jammervoll erkannten Welt.«

Und was in Schopenhauers Diagnose des Asketen weiter zur Sprache kommt, spricht die verdrängte Angst vor der Sinnlichkeit aus: Der asketische Mensch »verleugnet daher eben dieses in ihm erscheinende und schon durch seinen Leib ausgedrückte Wesen, und sein Thun straft jetzt seine Erscheinung Lügen, tritt in offenen Widerspruch mit derselben. Wesentlich nichts Anderes, als Erscheinung des Willens, hört er auf, irgend etwas zu wollen, hütet sich seinen Willen an irgend etwas zu hängen, sucht die größte Gleichgültigkeit gegen alle Dinge in sich zu befestigen. – Sein Leib, gesund und stark, spricht durch Genitalien den Geschlechtstrieb aus; aber er verneint den Willen und straft den Leib Lügen: er will keine Geschlechtsbefriedigung, unter keiner Bedingung. Freiwillige, vollkommene Keuschheit ist der erste Schritt in der Askese oder der Verneinung des Willens zum Leben. (...) Die Natur, immer wahr und naiv, sagt aus, daß, wenn diese Maxime allgemein würde, das Menschengeschlecht ausstürbe.«[95]

Die Wächter des frommen Glaubens müssen dieser Entlarvung des aufklärenden Denkens stets entgegenwirken. Insbesondere der Zusammenhang zwischen der Angst vor Sexualität und religiösem Asketentum, wie ihn Schopenhauer als ein Vordenker der Psychoanalyse erkannt hatte, weist Mutter Teresa eher als eine Zwangsneurotikerin aus denn als eine Heilige. Das Übermenschliche erfordert, wie es auch ihre Ordensregeln vorsehen, »absolute Armut – und wir müssen fähig sein, Gott in den Armen zu sehen. (...) Engelhafte Keuschheit und bereit sein, stets zu Seiner Verfügung zu stehen. – Freudiger Gehorsam.« Für Mutter Teresa sind sie zugleich die Bedingungen des Ausbleibens der Angst.[96] Ideologen sehen es nicht gern, dass Gesetze gegen Blasphemie den Vergleich zwischen Heiligen und Zwangsneurotikern nicht unter Strafe stellen. Ihre Initiativen sind getrieben von der Angst, dass die Mechanismen zur Verminderung der Angst durch radikale Aufklärung wirkungslos werden könnten.

Psychologen sehen in der Angst vor Sexualität das Bindeglied zwischen religiösem Asketentum und explosivem Narzissmus, wie er Suizidattentäter beherrscht. »Die Angst vor der Sexualität in eine grandiose Tugend umzumünzen, war schon immer ein Privileg der Religion. Sexuelle Befriedigung ist ein gesunder Rausch, eine tiefe Lust, die uns dem Animalischen mehr annähert, als es narzisstischen Vorstellungen von Erhabenheit und Reinheit teuer ist.«[97]

In beiden Fällen ist die Verbindung zum Leben durch eine gestörte Sexualität geschwächt. Den Ausgleich zur Schwäche muss eine übertriebene Tugend wiederherstellen. Auch der Mann, der die Ziele der Französischen Revolution durch Terror zu errreichen suchte, Maximilien Robespierre, betrachtete den Terror als Ausdruck der Tugend, zumindest als den kürzesten Weg, sie wiederherzustellen. Selten sind Diktatoren von anderem getrieben als einem peinlichen Trieb nach Reinheit – Rassenreinheit, Tugendreinheit, Reinheit der Kunststile und vielem mehr. Sie betrachten es als eine höhere moralische Pflicht, Ordnung in ihrem Volk herzustellen. Ihr Antrieb ist die Angst vor der Unordnung und vor dem unbeherrschbaren Chaos. Ein Beispiel dafür sind die Forderungen, die Hitler mehrfach, nicht zuletzt in *Mein Kampf* unterstreicht: »ein Volk braucht (...) gemeinsame Auffassungen, seien sie religiöser oder sonstwie weltanschaulicher Grundlage. Es muß etwas da sein, das ein festes Fundament bildet.«

Dass es gerade daran in der Gegenwart mangle, heben Diktatoren zu allen Zeiten hervor: »Das ist das Furchtbare, was wir heute vor uns sehen. Es herrscht kein Glaube mehr und kein Vertrauen, keine Zuversicht und keine Hoffnung, alles ist in Lethargie versunken.«[98] Leidenschaftlich war der Diktator hinsichtlich der Macht über das ihm ergebene Volk. Leidenschaft in erotischer Hinsicht war ihm hingegen offenbar ebenso fremd wie den vielen anderen, die in der Sexualität bloß eine notwendige Einrichtung zur gezielten Züchtung geeigneten Nachwuchses für den Menschenpark sehen können.

Was wir von Atta, einem der Terror-Piloten des 11. September 2001, aus seiner Zeit in Hamburg während des Ingenieursstudiums von seinen Kommilitonen wissen, lässt ihn uns als einen intelligenten, pflichtbewussten Mann erscheinen, der vor allem eine deutliche Scheu vor Sexualität zeigte. Durch sie fühlte er sein Sicherheitsbedürfnis bedroht. Die Angst vor der Bedrohung vermindert sich im moralischen Gebot der Keuschheit. Sie hat mit Reinheit zu tun. Die Kämpfer des Dschihad verleugnen ihre Ängste und Gefühle der Sinnlosigkeit dadurch, dass sie sich in die Maske der Erhabenheit gegenüber jeder Angst flüchten. Wer nur noch die

Sorge hat, Allah nicht gerecht werden zu können, ist gegenüber anderen Zwangsneurosen immun. Allen modernen Märtyrern ist eine Schamhaftigkeit gegenüber Ausscheidungen des Leibes gemeinsam. Genau das, was ihre Angst weckt, das Blut als Inbegriff der Körperflüssigkeit, sei es beim Schlachten oder bei einer Krankheit, wird im Terrorakt vergossen, wenn sich der Täter im eigenen und fremden Blut auflöst, um die Welt von vermeintlichen Sünden zu reinigen. Das Verdrängte tritt also in qualvoller Wirklichkeit in der Zwangshandlung wieder in Erscheinung. Im allgemeinsten Sinne haben wir es hierbei mit der Angst vor der eigenen Lust zu tun.

Wie nah das Menschliche und das Unmenschliche beieinander liegen, spricht das bekannte Zitat Thomas Jeffersons (1743–1826) aus, das ebenso gut von einem neuzeitlichen Fanatiker stammen könnte: »Der Baum der Freiheit muss von Zeit zu Zeit erfrischt werden mit dem Blut von Patrioten und Tyrannen.« Und wie ähnlich amerikanische Freiheitsideologie und religiöser Fundamentalismus sein können, belegt eine Losung der Hamas und Khomeinis: »Der Baum des Islams kann nur wachsen, wenn er ständig mit dem Blut der Märtyrer getränkt wird.«[99]

Die Existenz der Lust am Leben hat die ihr gleiche Gegenkraft hervorgebracht. Und im Verdrängungskampf zwischen Lust und Angst sind die Kulturgüter geboren, die uns heute als das wichtigste Zeugnis des Menschseins gelten. Lust ist das Lebensprinzip des Leibes und das Prinzip der Freude, aber sie hat sich ebenso als die sinnloseste Kraft zum Töten, Ausbeuten und Unterdrücken entlarvt. Um ihre Lust in geordnete Bahnen zu lenken, konnten sich die Menschen bislang offenbar nur der Mechanismen der Angst bedienen.

Zwei starke Emotionen können Menschen zwangskrank machen. Aus Weltangst und Angst vor dem Tod flüchten sie in Religion; und der Angst vor Lust und Sexualität suchen sie durch übertriebene Keuschheit zu begegnen. Die Übertreibung einer gewöhnlichen Handlung ist das Kennzeichen der Zwangsneurose.

Wir alle haben Angst. Das sollte uns nicht beunruhigen. Beunruhigend sind aber diejenigen, die sich auffällig ohne Angst geben. Es sind die Märtyrer und Gotteskrieger aller fundamentalistischen Religionsauslegungen. Es kann nicht unser Ziel sein, Angst zu beseitigen. Aber wir können die Wirkungen der Angst durch Einsicht in ihre Mechanismen verändern und abschwächen. Nur werden gerade die Betroffenen stärksten Widerstand gegen die Einsicht entfalten, dass ihr Mut die Angst ist, die sie nicht zeigen. Weil wir in unserer Gesellschaft vielseitig ein verkehrtes Bewusstsein von Angst aufrechterhalten, greifen wir auch zu den falschen Mitteln, wirkliche Bedrohungen abzuwenden.

Homophobie

Im Mai 2006 wird einem Abgeordneten des Deutschen Bundestags, der an einer Demonstration für die Rechte Homosexueller in Moskau teilnahm, mit nackter Faust von einem Rechtsradikalen ins Gesicht geschlagen. Der Grund für diesen Gewaltakt ist das Bekenntnis des Abgeordneten zur Homosexualität. Warum bekämpft ein Rechtsradikaler die Homosexualität eines anderen Menschen? Erinnern wir uns an ähnliche Fälle. Beispielsweise – wieder ein Parlamentarier – ein US-amerikanischer Politiker, der immer wieder durch Forderungen nach Sanktionen gegen Schwule hervorgetreten war, wird im Sommer 2007 von Agenten des FBI bei homosexuellen Handlungen auf einer öffentlichen Herrentoilette überrascht. Er leugnete bis zuletzt, dass er homosexuelle Neigungen habe. Politischer dagegen ist die Äußerung des iranischen Präsidenten an einer amerikanischen Universität ebenfalls im Sommer 2007 auf die Frage eines Studenten, wie man im Iran Homosexuelle behandele: »Bei uns gibt es keine Homosexuellen«, erklärte Mahmud Ahmadinedschad kaltschnäuzig. Das war gelogen. Aber auch die Lüge verkleinert den Menschen die peinliche Gefühlslage, durch die sich feindselige Regungen ankündigen. Feindselig ist in diesen Beispielen die verdrängte Lust am eigenen Geschlecht. Sie äußert sich auch in der iranischen Strafgesetzordnung, wo der Umgang mit Homosexuellen geregelt ist. Diese werden, sofern von Sittenwächtern auf frischer Tat ertappt, gefilmt, danach verprügelt und im schlimmsten Fall anschließend erhängt.

Die Fälle zeigen, wie die unmittelbare natürliche Äußerung unseres Leibes unserem Bewusstsein Angst bereiten kann. Dass es sich nur um eine Furcht vor dem Verfall der Sitten handele, bleibt ein bloß vorgeschobenes Argument. So wurde vor ein paar Jahren im Iran eine vergewaltigte Frau zu 100 Peitschenhieben verurteilt, während die Vergewaltiger nur jeweils 30 bekamen. Das Schamgefühl dieser Menschen schreibt dem Weiblichen offenbar einen großen Anteil von Sünde zu. Solche Handlungen stärken die Vermutung, dass es die Angst vor dem Weiblichen ist, die starke Männer befallen kann und die sie dadurch abwehren, dass sie Frauen und Homosexualität – verstanden als das Weibliche im Mann – missachten.

Wenn Männer sich daran erinnert fühlen, dass sie selbst manchmal Anteile des Weiblichen in ihrer Sexualität haben, dann müssen sie sich offenbar mit aller Härte beweisen, dass dies nicht wahr sein könne.

Im Iran weiß jeder, dass Homosexuelle mit der Höchststrafe rechnen müssen. In Deutschland haben wir einen großen Teil der Angst vor Homosexualität abgebaut, ohne dass es uns geschadet hat. Dadurch erhalten vereinzelte Äußerungen von Homosexuellenfeindlichkeit etwas Skurriles. Lothar Matthäus bescheinigte noch vor gut zehn Jahren homosexuellen Männern, dass sie nicht Fußball spielen könnten, weil sie keine richtigen Männer seien. Andere Trainer und Nationalspieler wie Philipp Lahm pflichteten ihm bei. Und in der Tat, im deutschen Fußball gibt es keine Homosexuellen, zumindest nicht offiziell. Wenn es Schwule im Fußball gäbe, dann fürchteten sie wohl die Konsequenzen.

Fußball sei archaisch, erklären die Funktionäre. Mit einem archaischen Männerbild ist es nicht vereinbar, dass Männer an »weibische Züge« ihrer eigenen Natur erinnert werden. Dabei sind die vorgeschobenen Gründe, Schwule könnten nicht »vernünftig kämpfen und rennen«, längst allgemein widerlegt. Der homosexuelle Fußballspieler Marcus Urban, der mit 23 Jahren seine Karriere beendete, weil er den Druck in der Oberliga des DDR-Fußballs nicht aushielt, hätte das Zeug zum Nationalspieler gehabt.[100]

Die Kulturanthropologin Tatjana Eggeling hat in ihren Studien über das Verhältnis zwischen Sport und Homosexualität überdies herausgefunden, dass wie in allen Bereichen der Gesellschaft auch etwa fünf Prozent der Fußballer homosexuell sein dürften. Aber die Expertin rät keinem Schwulen im Sport, sich zu erkennen zu geben. Es würde wahrscheinlich das Ende seiner Karriere bedeuten.[101]

Zweifellos ist die Angst vor Homosexualität im Männerfußball – im Frauenfußball verhält es sich vollkommen anders – außergewöhnlich hoch. Wir können daran erkennen, dass der Männlichkeitswahn vor allem dazu da ist, das Andere der Männlichkeit erfolgreich zu verdrängen. Wenn Männer miteinander Kräfte messen und kämpfen, beweisen sie sich ganz nebenbei auch gegenseitig – nicht etwa Frauen gegenüber –, wie männlich sie sind. Zur archaischen Natur des Mannes gehört es, dass er die Angst vertreiben muss, vielleicht nicht männlich genug zu sein.

In seiner Beispielsammlung *Das Buch der Ängste* führt Wolfgang Schmidbauer die gut begründete These an, dass der Mensch bisexuell angelegt ist. Im Laufe seiner Erziehung wird die Präferenz für Hetero- oder Homosexualität vorgenommen. Sie ist oftmals instabil und führt daher auch zu aggressivem Verhalten nach außen, wenn innere Widersprüche bekämpft werden müssen. Das Auftreten einer Angst vor Homosexualität, die für die geschilderten gesellschaftlichen Vorurteile verantwortlich ist, erklärt sich aus dieser Instabilität. »Je nach dem innerem Druck«, erklärt

Schmidbauer, »mit dem heterosexuelle Anpassungen aufrechterhalten werden, wächst auch die Angst vor jenen Personen, welche diese Fassade in Frage stellen. Die Homophobie bringt die Gefahr einer latenten Förderung von Angriffen auf Homosexuelle und politische Diskriminierung (wie in der NS-Zeit) mit sich. Manchmal schlägt sie auch in direkte Aggression um, wenn sich beispielsweise zwei Männer zusammen betrinken, um ihre homosexuellen Wünsche anschließend durch eine Schlägerei abzuwehren.«[102]

Folgen wir der Psychoanalyse, dann stellt sich Eifersucht im Wesentlichen als eine Angst vor der eigenen homosexuellen Wunschvorstellung dar. Eifersüchtige Frauen projizieren ihren homosexuellen Wunsch auf den Mann und wehren ihn damit zugleich ab: »Nicht ich liebe all diese Frauen, sondern er liebt sie.« Der Mann kann dabei tun und lassen, was er will, er kann eine gegebenenfalls krankhafte Eifersucht der Frau niemals durch Treue kurieren, weil sie ja gerade die Vorstellung, dass der Mann die anderen Frauen liebe, benötigt, um ihren eigenen Wunsch vor seiner Bewusstwerdung zu schützen. Eine wesentliche Rolle im Haushalt von Angst und ihrer Abschwächung durch Verdrängen spielt also das Unbewusste. Angstverdrängung wirkt nur so lange, wie das Bewusstsein dieser Angst, die es vermindern soll, nicht ins Auge schauen muss. Hitlers Biographen bescheinigen ihm ein ungewöhnliches Verhältnis zur Sexualität. Gerüchte, er sei homosexuell gewesen, können zwar nicht bestätigt werden, doch scheint bei ihm eine Art A-Sexualität vorgelegen zu haben.[103] Denn so wenig wir von einer homosexuellen Beziehung Hitlers wissen, so wenig wissen wir etwas über eine heterosexuelle Beziehung. Das Verhältnis zu Eva Braun machte auf Beobachter kaum den Eindruck einer erotischen Beziehung. Die psychische Energie und Leidenschaft, die in seinen Reden steckt, scheint den Mangel an sexueller Motivation ausgeglichen zu haben.

Die Angst des Menschen vor der Sexualität ist der Grundgedanke der Psychoanalyse Sigmund Freuds. Der Mechanismus dieser Angst wird durch das Tabu der sexuellen Sphäre ausgelöst. Die von der Gesellschaft mit einem Tabu belegten Bereiche des Sexuellen werden zum Auslöser der Angst, wenn sie zwar als Lust gesucht, aber als Verbot zu meiden sind.

Die Überlegungen zur Angst vor der verdrängten Sexualität und die Beispiele über Homosexualität führen uns zu wichtigen Einsichten. In unserer Gesellschaft ist die Angst vor Homosexualität inzwischen eine vollkommen unbegründete Angst. Aber diese Angst wehrt in keiner Weise eine reale Gefahr von außen ab, sondern nur die Gefahr aus dem Inneren des Geängstigten. Aufgeklärte Gesellschaften haben gezeigt, dass Aggression, die aus Homophobie entsteht, merklich reduziert wird, wenn die Gesellschaft damit aufhört, die Angst vor Homosexualität zu nähren. Probleme treten fast immer im Kontext der kirchlichen Moral auf. Wo religiöser Glaube maßgeblich ist, um Angst zu unterdrücken, hat Toleranz selten eine Chance. Wenn katholische Staatsmänner – etwa der italienische Europa-Minister und Opus-Dei-Freund Rocco Buttiglione – Homosexualität beharrlich als eine Sünde verleumdet, dann bekennt er damit auch, dass die Funktionäre der Kirche kein Interesse daran haben, die Angst vor der Homosexualität aufzulösen.

Der offenkundige Zusammenhang zwischen Angst vor Sexualität und religiösem Fanatismus lässt große Zweifel daran aufkommen, ob wir mit dem Vordringen selbsternannter neuer Sittenwächter den rechten Weg gegen die Bedrohungen der Gegenwart eingeschlagen haben. Verwenden wir nicht vielleicht zu wenig Anstrengungen auf Überlegungen, wie wir das Leben der Menschen lustvoller gestalten können, statt ihnen mehr und mehr Ängste zu verordnen? In Zeiten der kriegerischen Bedrohungen kann nichts so sehr die Gefahr mindern, bemerkte Sigmund Freud, wie die Stärkung der Kräfte der Libido. Auf die Gefahr hin, dass in den seltensten Fällen religiöse Askese eine Mutter Teresa hervorbringt, aber mit Sicherheit männliche, gewaltbereite menschliche Bomben, sollten wir uns nicht voreilig von Freud verabschieden.

IV. Moralische Ängste

Weltstadt Güllen

Die Bürger der Stadt Güllen erwarten den *Besuch der alten Dame*. Friedrich Dürrenmatt hat die Stadt mit ihrer reich und berühmt gewordenen Bürgerin Claire Zachanassian ersonnen und in die Schweiz verlegt. Doch was sich dort abspielt, spiegelt nicht die Eigenheiten einer Nation, sondern die des Menschen wider.

Dürrenmatts Drama legt nämlich einen eigentümlichen Doppelcharakter des Moralischen offen, indem eine subtile Angst die Hauptrolle spielt. In einem perspektivischen Blick eröffnet uns der Autor die gleichzeitige Sicht auf die Innenseite und die Außenseite der Moral. Manche möchten das, was sich da zeigt und beispielhaft vorgeführt wird, eine »falsche Moral« nennen. Aber dies setzte voraus, zu wissen, was die »richtige Moral« sei. In ihrem Doppelcharakter offenbaren sich die üblen Seiten des Moralischen. Sie erzeugen das Klima der Angst, das seinerseits Misstrauen und Egoismus hervorbringt.

Claire Zachanassian, die alte Dame und frühere Bürgerin der Stadt, ist vor Jahrzehnten von Alfred Ill verführt, geschwängert, anschließend mit moralischer Schuld belastet und aus der Stadt vertrieben worden. Inzwischen ist sie durch Ausnutzung der Schwächen der Männer zur Milliardärin geworden und hat der insolventen Stadt ihren Besuch angekündigt. Bürger und Bürgermeister setzen auf Ills Charme, der sich bei ihr einschmeicheln und sie zu einem großzügigen Rettungspaket überreden soll.

Zunächst sieht alles gut aus, und Claire Zachanassian verspricht, der Stadt mit einem beispiellosen Geldgeschenk aus der Finanzkrise zu helfen: eine Milliarde sollen Bürger und die Stadt erhalten. Aber Claire stellt eine Bedingung: Sie will, dass Ill getötet wird.

Den leeren Sarg hat sie gleich mitgebracht, denn Sie zweifelt nicht daran, dass sie das Handeln der Güllener exakt vorausberechnet hat. Kaltblütig stellt sie ihre Forderung, und unverkennbar ist, dass Claire Rache will.

Aber in ihrer Rede taucht das Wort »Rache« nicht auf. Im hellen Licht des Bewusstseins gibt sie vor, etwas anderes zu wollen: Gerechtigkeit.

Die Bürger Güllens sind schockiert, aber der Zuschauer im Theater und der Leser des Dramas fühlt mit der Betrogenen. Ihr Leben in der Stadt wurde durch den Meineid des Liebhabers und der falschen Zeugen zerstört. Unter der Hand sind wir damit einverstanden, dass die üble Äußerung des Charakters, der Rache fordert, sich hinter dem moralischen Wert der Gerechtigkeit verstecken darf. Unser Einverständnis beruht auf natürlichen Wirkmechanismen der Moral. Diese kleiden automatisch die Forderung des mörderischen Affekts in eine Geste der Menschenfreundlichkeit. In der Wahrnehmung der Beteiligten handelt Claire nicht aus Egoismus oder verletztem Narzissmus, sondern aus Pflicht gegenüber einer vermeintlich höheren moralischen Weltordnung, die ihren weltlichen Ausdruck in dem Begriff der Gerechtigkeit gefunden hat. Der Doppelcharakter des moralischen Empfindens erlaubt uns die Präsentation eines falschen Gesichts nach außen.

Aber hier fallen wir als Zuschauer schon wieder der Eigendynamik des moralischen Wertens zum Opfer. Es kommt uns nur schwach zu Bewusstsein, dass das Geld den Charakter der Güllener gar nicht verdirbt. Es bringt lediglich ihren wahren Charakter zum Vorschein. Der Zuschauer hat Sympathien für die Milliardärin, weil er wie diese weiß, dass Menschen – in ein solches Szenarium gesetzt – kein anderer Charakter antrainiert zu werden braucht, sondern dass sie auf berechenbare Weise nach einem erkennbaren Mechanismus denken, reden und handeln werden.

Nicht nur Claire verdeckt in ihrer Rede von der Gerechtigkeit, dass sie Rache will, auch die Bürger reagieren nach diesem Mechanismus. Nach außen zeigen sie sich zwar bestürzt über das unmoralische Angebot. Rufmord fordere sie, und dies sei unannehmbar, weil unmoralisch. Natürlich wollen die Menschen sich selbst als humanitär erleben und vor allem nach außen so darstellen. Aber ihre moralisierende Haltung ist ein reines Oberflächenphänomen. Sie ist der nach außen gerichtete menschenfreundliche Aspekt, hinter dem die dunkle Feindseligkeit zum Verschwinden gebracht werden soll. Zum Verschwinden muss sie gebracht werden, weil die Menschen den Blick in die wahren Triebkräfte ihres Handelns nicht aushalten würden. Sie haben Angst vor ihrer eigenen Lust, ihrem eigenen Egoismus und ihrer eigenen Bereitschaft, aus dem Leiden anderer einen Vorteil zu ziehen. Denn die Bürger Güllens leben so, als hätten sie das Kopfgeld schon in der Tasche: Die Sparkasse gewährt wieder Kredite, und die Bürger leben wieder über ihre Verhältnisse. Schließlich werfen die Gemeindevertreter Ill vor, seinerzeit in unverantwortlicher Weise und im großen Stil Betrug betrieben zu haben. Sie legen ihm nahe, sich selbst umzubringen, um sein Verhalten wiedergutzumachen.

Nach kürzester Zeit herrscht in Güllen das Klima des Misstrauens und der Falschheit, der heimlichen Intrigen und der Angst. Während Alfred Ill mit Recht um sein Leben fürchtet – Claire bekommt am Ende, was sie will –, haben die Bürger Angst vor der eigenen Feindseligkeit. Diese Angst ist die Kraft der Missgunst und des Misstrauens, die wir im Bühnenstück erleben, aber sie ist auch die Kraft, die sich nach außen die Maske der Wohltätigkeit aufsetzt.

Keiner der Bürger gibt zu, dass er das Geld nehmen möchte. Nur an ihrer Genuss- und Konsumlust erkennen wir ihre eigentliche Gesinnung. Und diese verkleidet sich mit moralisierenden Vorwürfen gegenüber Ill, durch sie kann der Schein der Menschenfreundlichkeit gewahrt bleiben.

Kaum ein literarisches Werk hat den Doppelcharakter des

Moralischen so unverkennbar herausgestellt wie Dürrenmatts *Besuch der alten Dame*. Es offenbart eine wesentliche Aufgabe der Moral: die Abwehr der Erinnerung an egoistische Triebe durch Einhüllung ihrer Forderungen in menschenfreundliche Gesinnung. Moral erscheint hier als Wirkung einer Angst vor der Lust und dem Egoismus, als Angst vor der eigenen Feindseligkeit, die der Mensch nur aushalten kann, weil sie sich im Bewusstsein mit Begriffen der Gerechtigkeit bis zur Unkenntlichkeit maskiert haben.

Erst auf der Rückseite des Spiegels erkennen wir, dass Moral kein Geschöpf des Guten ist, sondern ein Produkt der Angst. Wir finden in Dürrenmatts Drama die Anwendung der bereits beschriebenen psychoanalytischen Formel: Wenn Lust verdrängt wird, dann wird sie zur Angst.

Moralische Angst und Realangst

Welche Ängste sind eigentlich nützlich? Um diese Frage zu beantworten, sollten wir uns an die eingangs ausgeführte begriffliche Unterscheidung zwischen Angst und Furcht erinnern. Sie wird an einem Beispiel endgültig verständlich. Wenn Sie in einer Schwimmsporthalle zum ersten Mal auf den 10-Meter-Turm steigen und vom Sprungbrett auf die Wasseroberfläche herabschauen, bekommen Sie wahrscheinlich ein beklemmendes Gefühl. Sie vergessen alles, woran Sie zuvor gedacht hatten, Ihr Atem verkürzt sich. Wenn Sie dann jemand fragt, was Sie gestern zu Abend gegessen haben, werden Sie auf diese Frage nicht reagieren. An eine Antwort ist nicht zu denken. Auch sind Sie nicht mehr in der Lage, einfache Rechenaufgaben im Kopf durchzuführen. Sie werden vollkommen konzentriert nach dem Geländer greifen, ohne dabei den Kopf viel zu bewegen, und langsam ein paar Schritte zurücktreten. Sie haben Angst. Genau genommen haben Sie »Realangst«. Denn Ihr Organismus signalisiert Ihnen, dass der nächste Schritt geradeaus nicht vergleichbar ist mit den üblichen Schritten. Zudem hat Ihre Wahrnehmung unbewusst eine Vorstellung errechnet, was aller Wahrscheinlichkeit nach passieren wird, wenn Sie dort hinabspringen. Vergleichbare Situationen kennt Ihr Organismus möglicherweise nicht. Die unangenehme Stimmung Ihres Organismus ist ein Warnsignal, das von einer realen Bedrohung verursacht wurde.

Aus diesem Grund nennen Sigmund Freud und Freudianer diesen Affekt »Realangst«. Sie stellt sich als Reaktion auf die berechtigte Erwartung einer Gefahr für den Organismus ein. Etwa wenn Sie als Bergsteiger sehen, dass sich über Ihnen ein Felsblock löst; wenn Sie als Autofahrerin plötzlich ein überholendes Fahrzeug auf Ihrer Fahrspur entgegenkommen sehen; oder wenn Sie in einem Flugzeug beim Blick aus dem Fenster bemerken, dass ein Triebwerk in Brand geraten ist. Realangst versetzt Ihren Organismus in Alarmbereitschaft und stellt innerhalb kürzester Zeit Ressourcen bereit, um davonzulaufen oder den Kampf aufzunehmen. Sollten Sie eine Sekunde zuvor noch Müdigkeit oder Langeweile verspürt haben, hat sich dies unmittelbar in nichts aufgelöst. Viele Autoren – wir haben uns ihnen angeschlossen – bezeichnen diesen Alarmzustand der Realangst als »Furcht«. Entscheidend ist, dass Furcht keinerlei moralische Implikationen hat. Sie ermöglicht uns, eine Gefahr präzise einzuschätzen. Angst zerstört diese Fähigkeit zur Präzision. Deshalb ist es nötig, das Fürchten zu lernen, während wir uns Ängste bewusst machen und sie aushalten sollten, um ihre gefährlichen Auswirkungen zu vermindern.

Furcht arbeitet unabhängig vom Gewissen und bewahrt uns davor, ein zu hohes Risiko einzugehen. Kein Mensch sagt sich, wenn er vor einem Abgrund steht: »Es ist meine Pflicht, jetzt nicht weiterzugehen.« Realangst oder Furcht stellt sich ohne moralische Konditionierung ein. Das ist ihr Vorteil, denn sie bedarf nicht einer Autorität, die sich zwischen die Gefahr und unsere Reaktionen schaltet. In der Furcht handeln wir, um einer Gefahr zu entkommen, in der

Angst aber, um einer Autorität – und sei es auch nur die Autorität der moralischen Pflicht und des Gewissens, wie Fromm hervorhob – zu gehorchen. Moralische Ängste sind subtil gewachsene Mächte, sie erzeugen Zwang und Tabu auf eine andere Weise als durch reale Bedrohungen.

Der Bildung der Angststimmung geht das Erlebnis einer ausweglosen Situation voraus. Dies können wir bei realen Ängsten am besten studieren. Sie stehen in einem Lift, der unversehens zwischen zwei Stockwerken steckenbleibt. Wenn sich bislang bei Ihnen keine besonders unangenehmen Gefühle bei der Vorstellung von engen Räumen eingestellt hatten, so werden Sie in Zukunft umso mehr mit diesen rechnen müssen, je länger Sie in jenem defekten Lift eingeschlossen sind. Nach einigen Stunden wird die Situation für Sie wahrscheinlich so unaushaltbar geworden sein, dass Ihnen später jeder Gedanke an das Fahren im Aufzug zur Qual wird.

Ihr Organismus wird zur Vermeidung dieser Qual später höchstwahrscheinlich die Erinnerung an das Erlebnis erfolgreich ausblenden. Sie werden sich vielleicht nie wieder Kinofilme über Aufzugskatastrophen anschauen. Sie werden schon Gesprächen über solche Erlebnisse aus dem Weg gehen. Wenn dies Ihrem Bewusstsein lächerlich vorkommen sollte, dann wird Ihr Organismus stets einen rationalen Grund erfinden, warum es Ihnen nicht möglich sein kann, an einem solchen Gespräch beteiligt zu sein – zu viel Arbeit, Einkäufe sind zu erledigen, Sie sind zu müde. Der Organismus wird alles tun, um das Unangenehme für Sie zu verkleinern. Sie sind konditioniert, auf einen schwachen Stimulus mit einer heftigen Angstattacke zu reagieren. Diesen Effekt der Verstärkung haben wir weiter oben »Sensitisation« genannt.

Christoph und Marcel haben die Bruchlandung des thailändischen Urlaubsflugzeuges in Phuket am 16. September 2007 überlebt. Sie verbringen nicht enden wollende Tage im Krankenhaus. Aber sie haben Glück und fliegen nach kaum zwei Wochen zurück nach München. Doch es ist der schlimmste Flug ihres Lebens. Schon der Anblick der Maschine auf dem

Rollfeld versetzt einen von ihnen in Bedrängnis. Atemnot, Stress, Angstzustände lassen vor allem Christoph nicht los. Die Verletzungen waren nicht nur äußerlich. Schlimmer ist jetzt die innere Verletzung – das Trauma. Sie verschwindet vielleicht nie wieder. Aber es gibt Wege der Heilung.

Die Situationen der Ausweglosigkeit sind unzählbar, und die Mechanismen, das mit ihnen verbundene Erlebnis des Unwohlseins zu verkleinern, sind ebenso unüberschaubar. Stets aber sind bei der Heilung drei Funktionen zu erfüllen: Die Ausweglosigkeit muss aushaltbar sein oder überwunden werden; die spätere Erinnerung an den unaushaltbaren Zustand muss mehr oder weniger getilgt werden; und trotzdem muss die Erinnerung so stark präsent bleiben, dass ähnliche Situationen rechtzeitig erkannt und vermieden werden.

Ein Erlebnis der Angst zieht also einen weiteren Konflikt nach sich. Einerseits soll die Erinnerung an den Zustand gemindert oder vernichtet werden, und andererseits muss die Erinnerung so stark sein, dass der Organismus künftig vorab einen ähnlichen Zustand wiedererkennt, um ihn zu vermeiden. Das ist das Wesen der Angst: anwesend und abwesend zugleich zu sein. Sie muss sich verschleiern, um ihre Aufgabe zu erfüllen, nämlich das lähmende Unwohlsein zu vermindern. Aber indem sie sich verschleiert, trägt sie im Verborgenen zu neuen Hemmungen und Lähmungen bei.

Reale Ängste sind lebensnotwendig. Wie aber steht es mit den moralischen Ängsten? In welchem Maße sind sie lebensnotwendig oder wenigstens lebensdienlich? Wir werden diese Fragen verfolgen und dabei erstaunliche Einsichten in die Wirkungsweise von Moral und Religion sowie deren vermeintliche und wirkliche Nützlichkeit für das Leben gewinnen.

Wodurch unterscheiden sich moralische Ängste von der angemessenen Reaktion auf eine wirkliche Gefahr? Eines können wir aus dem Gesagten bereits festhalten: Moralische Angst gleicht am meisten einer unsichtbaren Begleiterin, die Ihnen ein gutes Gefühl bereitet, indem sie sich nicht zeigt, während sie gleichwohl tätig ist. Die Reaktion auf eine wirkliche Gefahr dagegen ist nur dann da, wenn sie gebraucht wird. Wir haben es bei Letzterem mit einem angemessenen Verhältnis zwischen Ursache und Wirkung zu tun. In diesem Verhältnis spielt Vernunft keine Rolle. Alles spielt sich im Bereich der Emotionen ab, die im beratenden Verstand nach rationaler Verstärkung ihrer Präferenzen suchen.

Entscheidungen ohne Vernunft sind möglich, Entscheidungen ohne Emotionen jedoch nicht. So werden wir uns wahrscheinlich dauerhaft damit abfinden müssen, dass unser Handeln nicht – wie uns Moralphilosophen und andere Vernunftwissenschaftler entgegen allen empirischen Anzeichen seit Jahrtausenden einreden wollen – von Vernunft gesteuert wird. Die Forderung, sich von der Vernunft als dem Motor unseres (moralischen) Handelns verabschieden zu sollen, löst allerdings bei vielen Menschen moralische Angst aus.

Noch immer verdrängen wir die Einsicht, dass auch unsere Moralsysteme nicht Vernunft zur Geltung bringen, sondern die Auswirkungen von Angst. Dies hängt damit zusammen, dass Angst am wenigsten sichtbar ist, wenn sie sich in moralischen Tabus und Zwängen versteckt hat. Dann verweist ein gutes Gefühl auf ihre Abwesenheit. Doch wenn sich beim Handeln ein schlechtes Gewissen meldet, dann hat Angst vor Überschreitung der moralischen Ordnung den Platz des guten Gefühls eingenommen. Gewissensangst war als Wächterin bereits auf der Hut, bevor wir einen Entschluss zum Handeln gefasst haben. Gewissensangst ist auch dann wachsam, wenn wir von ihr nichts spüren.

Aber so wie es sich anfühlt, eine gute Tat vollbracht zu haben, so wollen wir uns immer fühlen. Mit diesem Gefühl belohnt uns die Angst, wenn sie sich im Verborgenen aufhalten darf. Das gute Gefühl determiniert unser Gewissen, unsere moralischen Empfindungen, unsere Schuldgefühle, unsere Religion und unseren Atheismus. So bedient sich implizit auch die moralische Angst des Lustprinzips, das sie explizit verleugnet. Gewissensangst, die bei bestimmten

Handlungen entsteht, verweist auf die Überschreitung von Tabus und Verboten; Schuldangst tritt auf, wenn wir gegen unser Gewissen gehandelt haben; und in der Ausübung religiöser Bräuche halten wir die Angst vor der Einsamkeit, vor dem Verlassensein und vor dem Tod in Schach.

Angst ist der stärkste Motor unseres Handelns. Und selbst wer die Gültigkeit dieser These spontan verneint, bestätigt sie durch die Tat. Auch ihn hat die Angst vor dem Verlust seiner moralischen Weltordnung getrieben. Seine Kraft zum Widerspruch stammt nämlich aus der Emotion, die eine andere Ordnung verteidigen will. Auch bei ihm hat sich Vernunft erst als Zweites gemeldet, um rationale Argumente für eine Präferenz zu erfinden. Gerade für die zivilisierte Gesellschaft gilt diese Reihenfolge in besonderem Maße. Wir dürfen uns nicht dadurch verwirren lassen, dass heute an die Stelle der Götter und Dämonen vielfach Vernunft und ethische Pflicht getreten sind. Pflicht wirkt nicht anders als religiöse Rituale durch die Angst, die beim Überschreiten von Tabus eintritt. Erich Fromm hat die Verwandlung der religiösen Autorität in die Autorität der moralischen Pflicht mit der Ausbildung des autoritären Charakters in direkten Zusammenhang gebracht. Pflicht, Gewissen oder Über-Ich sind für ihn die Resultate der »Entwicklung des modernen Denkens vom Protestantismus bis zur Philosophie Kants«, die dadurch charakterisiert sei, »daß die äußere Autorität durch eine internalisierte Autorität ersetzt wurde. (...) Man kann das Schicksal philosophisch als ›Naturgesetz‹ oder als ›Los des Menschen‹, religiös als ›Willen des Herrn‹ oder moralisch als ›Pflicht‹ rationalisieren«, stellt er fest, »für den autoritären Charakter ist es stets eine höhere Macht außerhalb des einzelnen Menschen, der sich jeder nur unterwerfen kann. Der autoritäre Charakter verehrt die Vergangenheit. Was einmal war, wird in alle Ewigkeit so bleiben. Sich etwas noch nie Dagewesenes zu wünschen oder darauf hinzuarbeiten, ist Verbrechen oder Wahnsinn.«[104]

Es ist die Autorität der moralischen Ängste, von denen unser Sozialverhalten wesentlich bestimmt wird. Ihre Gefahr liegt in einer besonderen Form der Ungenauigkeit. Wir können das Maß der erlebten Angst mit der Größe ihrer Ursache nicht mehr in ein rationales Verhältnis setzen. Die Fähigkeit zu moralischen Ängsten macht uns Menschen daher in hohem Maße manipulierbar. Moralische Ängste entstehen weniger schnell als die realen. Sie haben sich auf lange Zeit in unser Unbewusstes eingegraben und üben eine subtile Herrschaft aus. Anders als bei realen Ängsten wie der Spinnenphobie, der Sozialangst, der Höhenangst, sind sie kaum einem Objekt eindeutig zuzuordnen. Der Schutz, nach dem sie verlangen, ist nicht vergleichbar mit der rettenden Reaktion, wenn wir vor einem Abgrund stehen und uns vor einem Absturz fürchten. Nicht unser Gewissen, nicht Schuldgefühle oder Gottesfurcht steigern unsere Wachsamkeit in der Nähe eines Abgrundes, sondern eine klare Einschätzung der wirklichen Gefahr. Aber zu dieser sind wir unter der Macht moralischer Ängste nicht fähig.

Doppelte Buchführung

Unter den Ängsten sind diejenigen besonders zu fürchten, von denen wir nichts wissen. Sie haben sich von bewusster Wahrnehmung und Rationalität verabschiedet. Sie sind im wahrsten Sinne des Wortes frei. Im Unbewussten führen sie ein Eigenleben. Und von dort aus steuern sie unsere Erlebnisse. Werden starke Ängste auf Dauer in der Verdrängung gehalten, werden wir psychisch krank. Angstkranke Menschen verrichten Handlungen, die vollkommen unmotiviert scheinen. Sie geben Ziele vor, die gar nicht erreicht werden sollen, und ziehen sich selbst sowie ihre Mitmenschen ins Chaos.

»Ich habe Angst.« Wer diese Worte sagen kann, der hat das Schlimmste überstanden. Er weiß bereits, was geschehen muss, damit sich seine Angst auflöst. Wer die Gefahr kennt, kann sich auf sie einstellen.

Wo sich jedoch Angst unsichtbar für unser waches Auge einnistet, verbraucht sie Lebenskraft. Vor allem moralische Ängste geben sich als solche nicht zu erkennen. Sie steuern unser Handeln vom Unbewussten aus und gaukeln uns im bewussten Erleben andere Motive für unser Handeln vor. Ein Mensch, der durch Neid zur Forderung nach sozialer Gerechtigkeit getrieben wird, erlebt im Bewusstsein nicht das Gefühl des Neides, sondern die rationale Kraft des Gedankens der Gerechtigkeit. Je mehr es tatsächlich zutrifft, dass Neid das stärkste Motiv seiner Forderung ist, um so weniger wird er in der Lage sein zu sagen: »Ich habe Angst vor meinen eigenen Wünschen, weil sie mir peinlich sind.« Stellvertretend für andere Beispiele haben wir oben Claire Zachanassian aus Dürrenmatts *Der Besuch der alten Dame* zitiert, die offensichtlich Rache fordert, aber von »Gerechtigkeit« spricht.

Im moralischen Werten und Urteilen ist in unserer modernen Gesellschaft das Motiv *Angst* unbemerkt zum Hauptfaktor geworden. Die moralische Angst hat den Raum eingenommen, den wir für die Vernunft vorgesehen hatten. Sobald wir aber die Funktion der Angst im moralischen Fühlen und Werten erkennen, minimiert sie ihre Wirkung bereits. Das ist derselbe Mechanismus, der auch einen Placebo unwirksam werden lässt, wenn der Patient weiß, dass ihm der Arzt einen solchen verordnet hat. Je besser wir also die unser Verhalten bestimmenden Antriebe kennenlernen, umso besser werden wir auch in der Lage sein, ihre unheimliche Macht zu brechen und mit ihnen zu leben. Mit dem Verständnis der moralischen Angst beginnen wir, unsere Persönlichkeit, unser Handeln und unsere Wirkung auf andere Menschen zu verstehen und zu verändern. Dabei lernen wir, anzuerkennen, dass der eigentliche Herr im Hause unserer Persönlichkeit das Unbewusste ist.

Welche Leistungen erbringt das Unbewusste und warum haben Menschen Angst vor dem Unbewussten? Was sich im Unbewussten abspielt, finden wir mit starken und schönen Worten von seinem maßgeblichen Mitentdecker beschrieben, von Georg Groddeck (1866–1934). »Bitte nehmen Sie den Ausdruck wörtlich«, schreibt er in seinem *Buch vom Es* über das Verdrängen, »was verdrängt wird, verschwindet nicht, es bleibt nur nicht an seinem Platz; es wird an irgend eine Stelle geschoben, wo ihm sein Recht nicht wird, wo es sich eingeengt und benachteiligt fühlt. Es steht dann immer auf den Fußspitzen, drückt mit aller Kraft von Zeit zu Zeit nach vorn zu dem Ort hin, wo es hingehört, und sobald es eine Lücke in dem Wall vor sich sieht, sucht es sich da durchzuquetschen. Das gelingt ihm vielleicht auch, aber wenn es nach vorn gekommen ist, hat es all seine Kraft verbraucht und der nächste beste Stoß irgend einer herrischen Gewalt schleudert es wieder zurück.«[105]

Das Verdrängte ist stets die Lust oder eine Unlust; die Kraft, mit der es zurück gestoßen wird, wenn es unter großem Energieverbrauch nach vorn gekommen ist, das ist die Angst. So wird das Verdrängte gezwungen, ein Eigenleben zu führen, auf das Einfluss zu nehmen mit jedem Rückfall schwieriger wird.

Alle unsere Erlebnisse werden zu dem, was sie für uns sind, indem unsere Psyche sie nach Art einer doppelten Buchführung verarbeitet. So ist auch Angst das Resultat dieser doppelten Buchführung. Ein Teil der Verarbeitung unserer Erlebnisse geschieht im Unbewussten, den anderen Teil erledigt unser bewusstes »Ich«.

Probleme im Haushalt unserer Gefühle und Emotionen entstehen, weil das bewusste »Ich« von den unbewussten Verbuchungen nichts erfährt oder nichts wissen will. So bildet es sich leicht ein, allein verantwortlich zu sein für die Ordnung der Wahrnehmungen und für das Handeln in der Welt.

Eine der gefährlichsten Formen der Angst entsteht, wenn das »Ich« den Verdacht schöpft, dass an anderer Stelle ebenfalls ein Haushaltsbuch geführt wird, von dem es nichts weiß. Dann nämlich vergeudet es wertvolle Energie, um sich die Illusion zu erhalten, dieser Verdacht sei unbegründet.

Beim Erhalt dieser Illusion spielt Angst die Hauptrolle.

Sie ist ein emotionaler Seismograph. Auf die leisesten Anzeichen einer von der bewussten Wahrnehmung abweichenden Erwartung des Unbewussten reagiert das bewusste »Ich« mit heftigen Abwehrmaßnahmen. Angst ist jetzt die gefühlte Kraft, mit der eine dem Bewusstsein widersprechende Anschauung der Dinge und Ereignisse verdrängt wird. Dem bewussten »Ich« soll jegliche Kränkung so lange wie möglich erspart bleiben.

Sie können bei sich vielleicht die Kraft der Abwehr spüren, wenn sie sich mit dem oben vorausgesetzten Gedanken auseinandersetzen, dass nicht Vernunft unser Handeln bestimmt, sondern Angst. Sofern Sie einen starken Begriff von Vernunft haben, werden Sie sich gegen diesen Gedanken sperren, ganz gleich ob er wahr ist oder nicht. In der Abwehr befürchteter Kränkungen des bewussten »Ich« interessieren uns weniger objektive Tatbestände. Die bloße Verteidigung der gewohnten Weltanschauung wird zum dominanten Faktor unseres Denkens.

Der deutsche Aufklärer Gotthold Ephraim Lessing (1729 bis 1781) hat in seiner *Erziehung des Menschengeschlechts* dem Menschen bescheinigt, nicht fähig zu sein, die Wahrheit unverhüllt ertragen zu können. Das ist richtig. Denn wenn wir fromme Angehörige eines bei einem Grubenunglück Verschollenen beim Beten erleben und ihnen mitteilen, dass Beten bei der Suche des Vermissten nichts helfe, werden wir nicht nur auf Unverständnis stoßen, sondern auch Groll auf uns ziehen. Die Betenden interessieren sich nicht dafür, ob jemand das Gebet erhört, sondern sie suchen Erleichterung ihrer Angst. Aber genau über dieses Thema sollten wir mit Betenden im Moment des Betens niemals sprechen. Wir müssten den Betenden unsere Botschaft verhüllt mitteilen. Etwa indem wir die Vermutung aussprächen, dass das Beten in profaner Umgebung nicht wirkungsvoll sein könne oder dass die Betenden nicht aufrichtig genug an Gott glaubten.

Verhüllungen – manchmal kommen sie dem Lügen gleich – erleichtern uns die Auseinandersetzung mit ungewöhnlichen

Weltbildern. Erich Fromm spricht in diesem Zusammenhang vom »Pseudo-Denken«.[106] Es gibt vor, sich mit rationalen Gedanken zu befassen, verschleiert aber in erster Linie ein tieferliegendes irrationales Dafürhalten oder eine Angst. Wie gut uns dieser Mechanismus bekannt ist, erkennen wir, wenn wir bei folgendem Witz schmunzeln: Eine Frau hat sich von einer Nachbarin einen Glaskrug ausgeliehen und ihn zerbrochen. Als sie aufgefordert wird, ihn zurückzugeben, antwortet sie: »Erstens habe ich ihn schon zurückgegeben; zweitens habe ich ihn mir nie von Ihnen ausgeliehen und drittens war er schon kaputt, als Sie ihn mir gegeben haben.« Unsere unkontrollierbaren Abwehrmaßnahmen gegen das Auftauchen der Angst sind – wie nicht nur diese Fehlleistung zeigt – selten geeignet, Probleme wirklich zu lösen. Sie erfüllen nur den Zweck, dem Bewusstsein Beruhigung zu verschaffen.

Eine schöne Entspannung der Angst ist das Lachen. Es ist übrigens eine der größten Gefahren für die dauerhafte Unterdrückung von Lust durch Angst. Wer ununterbrochen Witze erzählen kann, vertreibt sich damit meistens eine tiefsitzende Angst vor innerer Leere. Im Witz kommt das Verdrängte bis dicht an die Oberfläche und kann sich dort in seiner Kraft abschwächen. Aber nicht immer tritt Angst als Furcht vor einer bestimmten Situation spontan in Erscheinung und löst sich dabei auf. Oft werden wir dauerhaft von der Grundstimmung der Angst begleitet.

Wie entstehen moralische Ängste?

Moralische Ängste entstehen aus der gleichzeitigen, aber unverträglichen Gegenwart von feindseligen und freundlichen Aspekten in unseren Empfindungen. In dieser Unverträglichkeit gewinnen stets die freundlichen Aspekte den Vorrang im Bewusstsein, indem sie die feindseligen verdrängen und im Unbewussten halten. Wir alle erkennen diese

Unverträglichkeit an unserem Wunsch, anderen zu gefallen. Denn wir sind immer bestrebt, unsere Vergehen dadurch zu verteidigen, dass wir das »Gute« an ihnen hervorheben.

Aber nicht nur unsere kleinen Vergehen, sondern selbst die übelsten Verbrechen gegen die Menschlichkeit haben Täter in den Mantel der Menschenfreundlichkeit hüllen und dadurch mit gutem Gewissen verrichten können. Hexenprozesse, Völkermorde und Eugenik nicht weniger als die Experimente am lebendigen Leib von Menschen durch nationalsozialistische Ärzte haben ihre Vollstrecker stets in den Dienst der Abwendung von Unheil vom Menschen zu stellen verstanden. Kein Krieg der Menschheitsgeschichte gab sich selbst zu erkennen als die Ausgeburt der Feindseligkeit; stets hat er sich selbst maskiert mit dem guten Gesicht, das Böse bekämpfen und das Gute mit Gewalt durchsetzen zu müssen.

Feindseligkeit begegnen wir überall, sie fehlt nirgendwo; doch gefallen wir Menschen uns nicht darin, feindselig zu sein oder auch nur sein zu können. So sind wir stets dispositioniert, das Feindselige auszublenden und zumindest dem Schein der Menschenliebe den Vorrang zu geben. Ist dies vielleicht der Grund, warum uns ängstlichen und neurotischen Zivilisationsmenschen Moral und Ethik so wichtig scheinen?

Der Mensch ist eben nicht von Natur aus böse. Aber er ist auch nicht in dem Sinne von Natur aus gut, wie es fromme Individuen gern hervorheben, weil sie zwanghaft jede Erinnerung an ihre eigene Feindseligkeit verdrängen. Solche Menschen sind überbetont nett, umgänglich und ducken sich lieber, wenn sie auf Widerstand stoßen, statt sich zu wehren. Wo immer es geht, halten sie sich aus Kontroversen heraus, und lernen frühzeitig, jederzeit gefällig zu sein, nicht anzuecken und immer vorsichtig auf sich aufzupassen. Wenn sie jemandem Schaden zufügen, dann stets aus der sicheren Deckung und dem Hinterhalt heraus, damit kein Verdacht auf sie fallen kann. Die offene Demonstration der Macht ist ihnen peinlich, und Aussagen wie diejenige Richard Nixons weisen sie energisch zurück, weil sie fürchten, sie könnte wahr sein: »Menschen handeln aus Angst und nicht aus Liebe. Das wird zwar so nicht in der Sonntagsschule ausgesprochen, aber es ist wahr.«[107]

In unserem Haushalt der moralischen Wertungen haben die freundlichen, liebenden Aspekte nicht nur die Aufgabe, Menschenliebe, Ethik und Altruismus zu pflegen, sondern auch die Erinnerung an Feindseligkeiten mit geeigneten Mitteln abzuwehren. Schon ein freundlicher Gruß wie das selbstverständliche »Guten Morgen« rückt in den Hintergrund, dass wir eine feindselige Gesinnung gegenüber einem anderen haben könnten, den wir grüßen.

Feindselige Aspekte bestehen nicht in erster Linie aus bösen Absichten, sondern aus individuellen Neigungen, die ein Mensch zur Verminderung von Unlust sowie zum Erlebnis der Lust, aber auch zum privaten Vergnügen zeigt. Im weitesten Sinn sind dies die egoistischen, aber auch die dem Selbsterhalt dienenden Werte, Erwartungen, Interessen, Bedürfnisse (WEIBs). Nur der unbefangene Mensch kann sie im vollen Umfang genießen und sich ihrer erfreuen. Von anderen wird ein derart unbefangener Mensch aber als schamlos, egoistisch und rücksichtslos wahrgenommen. Zum Glück schämen wir uns dieser unverträglichen Charaktereigenschaften meist und verhalten uns rücksichtsvoll. Denn mit Moral halten wir egoistische Interessen, die wir uns nicht erlauben, in der Verdrängung.

Schamlose Menschen aber kennen die feindselige Haltung gegenüber eigenen Ansprüchen nicht. Mögen sie unbeliebte Zeitgenossen sein, diesen einen Vorzug vor anderen haben sie: Sie artikulieren ihre Ansprüche unmissverständlich. Aber sie verfügen nur über wenige Strategien, sozial integrativ zu wirken. Eine gewisse Angst vor Tabubrüchen ist sicher weniger schädlich als vollkommene Schamlosigkeit. Dass sich im evolutionären Prozess Schamlosigkeit nicht als Erfolgsfaktor hat durchsetzen können, liegt eben an ihrer sozialen Unverträglichkeit. Wer dauerhaft die Moral- und Schamgefühle der Gemeinschaft verletzt, wurde immer schon automatisch von dieser ausgegrenzt und war somit größeren Gefahren ausgesetzt, die seine Überlebenschancen verminderten, selbst wenn er sonst zu den Tüchtigsten gehörte. Erziehung sowie kulturelle Gewohnheiten verstärken Schamhaftigkeit, wenn sie nicht sogar deren Ursache sind.

Feindselige Aspekte müssen in ihrer Feindseligkeit nicht sonderlich auffällig sein. Sie können sich an alltäglichen Begebenheiten zeigen, wie etwa auf dem Weg zu einer Parkbank am Weg, auf die ich zugehe, um mich zu setzen. Gleichzeitig mit mir mag ein anderer dort ankommen, der ebenfalls Platz nehmen möchte. Wir könnten uns die Bank zwar teilen, aber der Genuss ist nicht so groß, wie er wäre, wenn ich mich dort allein hätte breitmachen können.

Unser menschliches Sozialverhalten kommt auch dadurch wirkungsvoll zustande, dass wir auf kleine und kurzfristige Bequemlichkeiten verzichten oder diese aufschieben können, um nicht größere Nachteile oder einen Streit zu riskieren. Daher wird nur selten eine Parkbank der Auslöser einer handfesten Streitigkeit sein. Aber selbst in einem so einfachen Sozialakt wie dem Teilen einer Parkbank mit einem Fremden begegnen sich feindselige und liebende Aspekte. Feindselig ist der Gesichtspunkt, dass Ruhebedürfnis, Bequemlichkeit und der Anspruch auf ein eigenes Territorium in mir den Wunsch wecken, der andere wäre nicht da.

Dieser Wunsch mag schwach oder stark ausgeprägt sein. Ist er stark ausgeprägt, steht er auch stärker in Konkurrenz mit liebenden Aspekten. Sie bestehen unter anderem aus meinem eigenen Bedürfnis nach Sozialkontakten, aus meiner Fähigkeit, das Bedürfnis nach Bequemlichkeit des Anderen nachzufühlen, und auch aus natürlicher Bereitschaft zur Rücksichtnahme. Sind beide Aspekte gegenwärtig, so finden die liebenden Aspekte leichter Eingang in das Bewusstsein und verdrängen die feindseligen. Ist die Verdrängung eines großen Maßes an Feindseligkeit so perfekt, dass das Individuum im Bewusstsein nichts mehr von ihnen wahrnehmen kann und deswegen auch diese bei sich selbst nicht mehr bekämpfen zu müssen glaubt, dann ist der Boden für neurotisches Verhalten bereitet. Wer sich feindselig zu eigenen Lustmomenten verhält, ohne sich dessen bewusst zu sein, muss diese Feindseligkeiten bei anderen Menschen aufspüren und oftmals mit ins Maßlose gesteigerter Intensität auch dort bekämpfen. Denn was sich im eigenen Leib nicht mehr abwehren lässt, weil es sich vollkommen unsichtbar gemacht hat, benötigt ein anderes Objekt, um wahrgenommen zu werden. Hier wandelt sich die moralische Angst vor der eigenen Feindseligkeit von einem hilfreichen Faktor sozialer Bindungsfähigkeit in sozialen Sprengstoff.

Wie aber sieht diese Wandlung bei genauerem Hinsehen aus? Täglich kann jeder von uns Zeuge werden, wenn sich moralische Ängste entfalten. »Guten Tag, ich bin der Uwe«, stellt sich der Mann vor, der gerade in die Berliner S-Bahn eingestiegen ist. Er eilt von Fahrgast zu Fahrgast, hält die Hand auf und bittet um Geld – einen Euro, fünfzig Cent. Fast alle Fahrgäste haben plötzlich ein komisches Gefühl. Viele kennen Uwe, denn er ist täglich unterwegs.

Es baut sich bei den Fahrgästen ein emotionaler Druck auf. Bei einigen wenigen bewirkt dieser Druck, dass sie Uwe tatsächlich eine Münze schenken. Aber woher stammt dieser emotionale Druck? Er wird hervorgerufen durch die gleichzeitige Präsenz von feindseligen und menschenfreundlichen Aspekten in meinem Empfinden. Sie geraten in Konflikt miteinander. Dabei setzt sich der menschenfreundliche Aspekt in meiner Selbstwahrnehmung durch, und zwar selbst dann noch, wenn der feindselige der stärkere Affekt ist. Als Menschenfreund will ich Gutes tun und helfen.

Aber wenn Uwe in der S-Bahn bettelt, bin ich nicht erfreut. Ich möchte eigentlich nicht reagieren. Wenn auch nur schwach, so bildet sich doch der Wunsch, dass Uwe gar nicht da wäre. Es ist dies wieder der Aspekt der Feindseligkeit, der aus meinen WEIBs entsteht. Ich habe andere Werte, Erwartungen, Interessen und Bedürfnisse, die mir der andere streitig machen könnte.

Die Situation wird von mittelstarken Unlustgefühlen begleitet. Der Zustand ist mir unangenehm. Ohne mein bewusstes Zutun stellen sich daher sofort Abwehrreaktionen ein. Abgewehrt wird die Vorstellung, dass in meiner Gesinnung Feindseligkeit sein könnte. Eine naheliegende Abwehrreaktion ist es, einfach so zu tun, als hätte ich den Mann gar nicht gesehen und seine Worte überhört. Wenn dies nichts hilft, treten Rationalisierungen in meinem Bewusstsein auf. Ich werde mein Verhalten vor mir und gegebenenfalls vor anderen rechtfertigen, indem ich mir sage, dass ich das Recht habe, in der S-Bahn nicht durch Betteln belästigt zu werden. Ich rede mir also ein, ein Recht auf Anonymität zu besitzen. Auch könnte ich mir einreden, dass ja ein anderer Fahrgast – ein besser situierter – sein Portemonnaie öffnen möge.

Von hier aus ist der Schritt zum Moralisieren nicht mehr weit. Es kommt zum Vorschein, wenn ich mein Verhalten dadurch rechtfertige, dass ich vom Standpunkt der Allgemeinheit aus argumentiere. Dann sage ich mir zunächst, dass in meiner Situation schließlich jeder andere auch so handeln würde. Dabei kommt das verallgemeinernde »man« zur Geltung: »Man muss ja nicht jedem Bettler etwas geben«; oder: »Man muss ja nicht so aufdringlich um Geld betteln«. Dieses kleine Wörtchen »man« kann ein erstaunlich großes Maß an Angst vermindern.

Die meisten Menschen schämen sich, wenn sie öffentlich zugeben sollen, dass sie – wenn auch nur ein bisschen – egoistisch und bequem sind. Lieber haben sie es, wenn sie, statt von der eigenen Schwäche zu sprechen, sich auf allgemeine menschliche Schwächen beziehen können. Sie sagen dann: »Man muss sein hart erarbeitetes Geld nicht verschenken; man schenkt mir schließlich auch nichts.«

Wenn wir das Wörtchen »man« verwenden, bringen wir die verdrängte Angst davor zum Ausdruck, selbst für eine Sache geradestehen müssen. Statt aufrichtig zu sagen: »Ich möchte mein Geld nicht verschenken«, verstecke ich mich hinter dem »man«, das es mir erlaubt, den Sachverhalt so zu formulieren, als würde ein für jeden Menschen gültiges Gebot mir die Pflicht auferlegen, mein Geld nicht zu verschenken. Auf diese Weise hält sich mein Gewissen rein von der Gefahr, vielleicht einen Fehler gemacht zu haben.

Alle Rationalisierungen und Moralisierungen haben die eine Funktion, mir den feindseligen Aspekt meines Gefühls vom Bewusstsein fernzuhalten. Es soll mir nicht in den Sinn kommen, dass ich eigentlich nur zu bequem bin, einen Euro aus der Tasche zu kramen; dass ich keine Lust dazu habe und dass ich den Umfang meiner Bedürfnisse durch Festhalten am eigenen Geld leichter befriedige. Ich habe also Angst vor der bewussten Einsicht in meinen eigenen Egoismus.

Der moralische Druck, Uwe schließlich doch einen Euro zuzustecken, verstärkt sich, wenn mein Freund neben mir, ohne zu zögern, dies gerade getan hat. Ein größeres Maß an Scham müsste ich jetzt aushalten, wenn ich unnachgiebig bleiben wollte. Es wäre für mich weniger leicht, die feindseligen Aspekte in meiner Gefühlslage zu ertragen. Mit meiner Spende kann ich mein »Gewissen« aber erleichtern und in mir das Gefühl der Menschenfreundlichkeit steigern und zugleich einen guten Eindruck auf meinen Freund machen.

Wie Aristoteles bereits erkannte, sind wir Menschen soziale Wesen. Dies bedeutet allerdings auch, dass wir uns in der geheuchelten Menschenfreundlichkeit immer noch besser gefallen als in der offenen Feindseligkeit. Leider ist dieser Vorgang in dem Maße neurotisch, wie er in erster Linie dazu dient, Feindseligkeit in den anderen hineinzuprojizieren, weil diese zwar im eigenen Leib vorhanden, dort aber nicht mehr wahrgenommen wird. So kann es passieren, dass sich plötzlich ein feindseliges Individuum selbst als Opfer fremder Feindseligkeit erlebt, das sich nur rechtmäßig verteidigt. Es verteidigt sein Recht auf seinen Besitz. Denn in seiner Wahrnehmung ist jetzt der andere entweder aufdringlich oder Mitglied einer als minderwertig angesehenen Volksgruppe oder sogar hinterlistig. Die Verteidigung seines Rechts ist der anerkannte Ausdruck der Verteidigung eigener Ansprüche unter dem Schutz des Moralwortes »Gerechtigkeit«.

Im moralisierten Zustand hat das limbische System unseres Gehirns vollständig Herrschaft über unsere Entscheidungen gewonnen. Es ist dem Bewusstsein unzugänglich. Seine Aufgabe ist allein die Erzeugung eines starken Gefühls oder einer starken Emotion wie Angst. Sie breitet sich aus und sucht Bestätigung im rationalen Denken, das sich im Anschluss an solche Gefühle aufbaut. Wenn Sie das Gefühl haben, einem Bedürftigen Geld zustecken zu müssen, sind Sie zunächst von Emotion, Mitgefühl oder unreflektiertem Mitleid ergriffen. Sie suchen ihren Ausdruck im angemessenen Handeln. Werden Sie aber gefragt, warum Sie etwas gespendet haben, rechtfertigt Ihr rationales Denken die Handlung, als sei Vernunft der Grund für die Handlung.

Wer in einem starken christlichen Glauben lebt, dem wird das Leiden anderer Menschen nur im Kontext seiner Religion plausibel erscheinen. Sein Gefühl, helfen zu müssen, wird er mit dem Argument rechtfertigen, dass Gott dies verlange oder weil Jesus auch gelitten habe. Durch seine Tat schafft sich ein frommer Mensch deshalb stets auch die sichtbare Bestätigung seines Glaubens. Zweifelt er am Glauben, wird ihm der Sinn seiner Handlungen auch zweifelhaft – wie wir am Beispiel Mutter Teresas gesehen haben. Wer ein ausgeprägtes moralisches Bewusstsein hat, wird den rationalen Grund seines Handelns durch die moralische Pflicht der Vernunft rechtfertigen oder sich auf das Zauberwort »Werte« berufen. Auch er bestätigt sich unbewusst durch seine Tat verhärtete moralische Vorurteile.

Nur die wenigsten Menschen sind imstande zu sagen: »Ich habe dem bettelnden Menschen einen Euro geschenkt, weil mich mein Bedürfnis dazu verleitet hatte. Es geht mich nichts an, wie er die Spende verwendet, und ich werde bei Gelegenheit wieder etwas spenden.« Doch weil wir immer bestrebt sind, den Grund unseres Handelns als ein allgemeines Gebot auszuweisen, nicht als eine persönliche Neigung, suchen wir nach Rationalisierungen. Sie verdrängen unsere Emotionen und sind uns manchmal wichtiger als die Handlung selbst. Oft üben wir auf andere und uns selbst moralischen Druck aus und erklären: »Man darf nicht egoistisch sein.« – »Die Gerechtigkeit fordert mein Handeln.« – »Ich folge dem Auftrag meines Gottes.« – »Ich tue es für mein Land.« Hierbei rechtfertigen wir nebenbei immer andere Motive, die wir gleichzeitig mit unserem Handeln auch befriedigen und durch die wir anderen gefallen wollen.

Der moralische Mensch

Wenn es mir gelungen ist, jeden noch so kleinen Anflug von Feindseligkeit in meiner Geste der Aufmerksamkeit dem bettelnden Mann gegenüber auszublenden, lebe ich in einer moralischen Selbstverständlichkeit. Ich werde ohne sonderliche Neigung und Anteilnahme einem Bettelnden in der Straßenbahn von meinem Geld etwas abgeben, und zwar mit dem emotionslosen Grund, weil »man« das eben so macht. Ich bin mir im Moment des Handelns meiner Gründe hierfür nicht bewusst. Die feindseligen Aspekte sind der vollkommenen und selbstverständlichen Güte – in diesem Fall zumindest – gewichen. Es ist dies der Zustand, in dem wir uns Menschen in unserer Umgebung wünschen. Unsere moralische Erziehung zielt darauf hin, solche Menschen zu haben. Wir sagen zu jemandem, der so ist, er sei gut. Ihn soll möglichst die ungeheuchelte Menschenliebe zum guten Handeln drängen. Leider ist es nicht möglich, exakt festzustellen, wann die Menschenliebe echt und wann sie nur die Maske der Feindseligkeit ist.

Wenn uns das Leiden anderer Menschen besonders nahegeht, werden wir ihnen gegenüber aufmerksamer und mildtätiger verfahren als sonst. Moralsysteme aber möchten, dass wir ihretwegen handelten – nicht aus Anteilnahme am Schicksal anderer oder zur Beruhigung eines unguten Gefühls. Das Unzweckmäßige der moralischen Ängste besteht also darin, dass sie – wie wir es von allen Ängsten kennen – in erster Linie darauf abzielen, ein Unlustgefühl beim Handelnden zu vermindern, während rationale Erklärungen vorgeben, nur dem Empfänger der Handlung Gutes tun zu wollen. Auch eine staatlich verordnete Gerechtigkeit führt nicht zu mehr Menschlichkeit, selbst wenn sie dafür sorgen kann, dass Bedürftigen das ihnen Zustehende unabhängig von der Wankelmütigkeit unserer Emotionen zukommt. Die Übertragung des Fürsorgeprinzips auf den Staat entzieht zugleich den Individuen den Raum, in dem sie ihr soziales Verhalten trainieren. Individuen kümmern sich in dem Maße persönlich weniger um das Schicksal anderer, wie der Staat dies als seine Aufgabe betrachtet.

Die Anteilnahme am Schicksal und eine darauf bezogene Ethik ist tatsächlich viel schwerer zu erreichen, als es uns der inflationäre Gebrauch von Moralworten vorgaukelt. Wollten wir nämlich die wirkliche Anteilnahme am Schicksal eines bedürftigen Menschen stärken, müssten wir uns alle sehr viel mehr auf die Bedürfnisse und Interessen anderer einstellen können. Aber in dieser Kunst werden wir nur tüchtig, wenn wir sie trainieren. Es fehlt uns Praxis im Umgang mit anderen Menschen, um in uns eine präzisere Empfindung für ihre eigene Bedürfnislage zu erzeugen. Wir können bei uns nur ungenau zur Resonanz bringen, woran es einem anderen Menschen wirklich mangelt, und neigen zu über- oder untertriebenen Reaktionen. Solange wir uns nicht die Zeit nehmen, Einfühlung in andere zu üben, sollten wir ehrlich sein und einem Bedürftigen spenden, weil uns unser Gefühl oder unsere Emotion dazu getrieben hat. Wir sollten aufhören, dieses Handeln durch Rationalisierungen zu rechtfertigen, die nicht halten, was sie versprechen. So kann es zwar vorkommen, dass meine Hilfsbereitschaft missbraucht wird, aber im Ganzen folgen wir einem Mechanismus des unbürokratischen Ausgleichs von Chancen und Gütern.

Eine Gesellschaft funktioniert am besten mit Menschen, die sich ohne innere Widerstände rücksichtsvoll verhalten können. Ihnen kommt deswegen – in moralischer Hinsicht – eine Vorbildfunktion zu. Nach ihrem Muster haben wir unser Ideal von »guten« Menschen gebildet. Ihre Fähigkeit zur Selbstlosigkeit, ihre Geduld, ihre Belastbarkeit sehen wir gern. Den Gedanken, dass auch diese Menschen ein gewisses Maß an Angst verdrängen, wehren wir ab. Wir wollen sie uns als Vorbild einer reinen Wirkung des Guten erhalten. Aber gleichwohl ist auch hier nicht alles gut, was glänzt. Und zudem leben wir stets in der Angst, die Ideale zu verlieren. Wer den Glauben an die Selbstlosigkeit missbraucht, den trifft drakonische Verachtung.

Wie kompliziert der Mechanismus des Verdrängens feindseliger Aspekte in seinem Verhältnis zu aufrichtiger Anteilnahme am Schicksal eines Schwächeren ist, variiert von Individuum zu Individuum.

Meistens können wir zwar nicht erkennen, ob eine gute Tat stärker motiviert wurde durch die Verdrängung eigener Feindseligkeit oder von aufrichtiger Einfühlung in das Gefühlsleben und in die Bedürftigkeit des Nächsten. Aber unsere moderne Gesellschaft mit ihrem sozialen Anpassungsdruck begünstigt die Ausbildung geheuchelter Menschenfreundlichkeit. Damit moralische Angst nicht andere Schäden anrichtet, benötigt sie von Zeit zu Zeit eine Projektionsfläche. Das ungute Gefühl, das sich bei mir einstellte, also die Scham, die mich überfiele, wenn ich anderen gegenüber meine Ansprüche verteidigte, muss hin und wieder abgewehrt, muss verdrängt werden. Sollte ich nämlich bemerken, dass ich der einzige Fahrgast in der S-Bahn war, der Uwe einen Euro gegeben hat, während alle anderen ihn ignoriert haben, werde ich wieder an meinen Egoismus erinnert. Jetzt bekämpfe ich ihn aber nicht bei mir, sondern bei den anderen. Sie werden zur Projektionsfläche für meine Abwehrreaktionen und ziehen den Groll auf sich, der eigentlich gegen mich selbst gerichtet ist. In meiner Wahrnehmung erscheinen jetzt die anderen

Fahrgäste als schamlos und egoistisch. Meine Feindseligkeit gegen die Lust auf Egoismus konnte gegenüber den anderen offen zutage treten, wobei sie sich bei mir entspannte. Ich habe mich einmal aufregen dürfen. So wird es mir leichter, weiterhin die eigene Schwäche in der Verdrängung zu halten, und ich muss geringere Kraft für geheuchelte Menschenfreundlichkeit aufwenden.

Freilich verspürt nicht jeder den neurotischen Zwang, sich aufregen zu müssen. Nicht jeder verbraucht Energien, um seine Lust zu verdrängen, um Nächstenliebe zu heucheln. Die eigentlichen Träger des guten Benehmens können auf manche Bequemlichkeit verzichten, ohne ihre Lust darauf zu jeder Gelegenheit bekämpfen zu müssen.

Aber wir alle sind ein bisschen neurotisch, und die Konstellationen unserer modernen Gesellschaft befördern zwangsneurotische Handlungen. Im Schutz der Gesellschaft leben immer noch diejenigen am besten, die den Schein des Guten vor sich hertragen. Sie erlauben sich selbst keine Verletzung von Tabus, aber sie jagen mit besonderer Eifrigkeit jenen nach, die öffentlich Tabus verletzen. Die moralischen Ängste beherrschen unsere Gesellschaft und prägen einen Großteil unseres neurotischen Verhaltens.

Mit einem einfachen Experiment können Sie sich die Wirkungsweise moralischer Ängste jederzeit vergegenwärtigen. Stellen Sie einmal in Gesellschaft die Behauptung auf, dass ein Leben ohne Behinderung besser sei als ein Leben mit Behinderung. Ich denke dabei allerdings an eine schwere Behinderung, die Ihnen ein Leben ohne ständige Hilfe von anderen nicht möglich macht. Sofern Sie nicht selbst mit einer solchen Behinderung leben müssen, werden sie die Behauptung als Ihre aufrichtige Überzeugung zum Ausdruck bringen. Die Mehrzahl der Menschen wird allerdings Ihre These als eine Diskriminierung von Behinderten zurückweisen. »Man« habe nicht die Ansicht zu vertreten, dass ein Leben ohne Behinderung besser sei als ein Leben mit Behinderung. Es wird Ihnen vorkommen, als hätten Sie nicht Ihre eigene Präferenz ausgesprochen, sondern den Wunsch geäußert, dass Behinderte schlecht zu behandeln seien. Es wird Ihnen nämlich unterstellt, Sie hegten feindselige Absichten gegen Behinderte.

Nach dieser Behauptung werden Sie also stets mit Abwehr rechnen müssen, selbst wenn Sie ausdrücklich hervorheben, dass Behinderte den besonderen Schutz und die besondere Fürsorge durch andere bedürfen und diese auch leicht erhalten sollten. In Ihrer Denkweise resultiert dieser Schutz und diese Fürsorge aus der Einsicht in die Ungleichheit zwischen Behinderten und Nichtbehinderten. Allgemeiner ausgedrückt, stützt sich ihre Behauptung auf die mit unserem Verständnis von Menschenrechten nicht im Einklang stehende These, dass Menschen von Natur aus ungleich sind. Dadurch unterstreichen Sie aber die Schutzbedürftigkeit der Behinderten. Und darin liegt der Keim der Diskriminierung. Sie bestätigen den Zustand, statt ihn zu verdrängen. Der Impuls zur Hilfe soll nämlich nicht aus Ihrer besseren Position kommen, sondern aus der Einsicht, dass eine sowohl für besser als auch für schlechter Gestellte gleichermaßen gültige Pflicht zur Gerechtigkeit Sie motiviere.

Wenn Sie jene Behauptung einmal äußern, dürfen Sie sich also nicht wundern, wenn andere Ihnen vorwerfen, die Rechte von Behinderten beschneiden zu wollen, obwohl das überhaupt nicht ihre Absicht oder Gesinnung ist. In der Wahrnehmung vieler Menschen ist Ihre Äußerung so verstanden worden, als seien Behinderte minderwertig.

Der aus Angst vor eigener Feindseligkeit aufgebaute moralische Druck fordert daher von Ihnen eine unaufrichtige Auskunft: Denn selbst wenn es Ihre wirkliche Überzeugung ist, dass ein Leben ohne Behinderung besser ist als ein Leben mit Behinderung, dürfen Sie im moralisierten Klima niemals ungestraft aussprechen, was Sie wirklich für wünschenswert halten. Wie weit die Folgen solcher Auskünfte reichen, ist in der Darstellung Peter Singers, *Wie man in Deutschland mundtot gemacht wird*, nachzulesen.[108]

Behinderten ist das zwanghafte positive Denken ihrer

»gesunden« Mitmenschen zuweilen selbst unaushaltbar. Wie sehr unsere geradlinige Therapiegesellschaft eigentlich zum Lachen ist, macht die norwegische »Feel-Bad-Komödie« *Die Kunst des negativen Denkens*, die im Jahr 2007 in die Kinos kam, sichtbar. Geirr sitzt seit seinem schweren Unfall im Rollstuhl und ist nur noch schlecht gelaunt. Als es seine Freundin nicht mehr aushält, lädt sie eine Gruppentherapeutin samt ihrer Truppe »vorbildlicher« Behinderter ein. Schlimmer als seine Krankheit ist jetzt aber für Geirr das positive Denken der Therapeutin und der Heuchler, die sie mitgebracht hat. Doch der Weltuntergangsdenker Geirr weiß sich zu helfen.

Aber auch die reale Gegenwart bietet unentwegt Beispiele für die Gültigkeit dieses Mechanismus. Eine der größten jemals beschlossenen Ausgaben der Bundesregierung war das Rettungspaket für in Finanznot geratene Banken im Herbst 2008. Die Tinte, mit der es unterzeichnet wurde, war noch nicht trocken, da hörten wir den Chef der Deutschen Bank, Josef Ackermann, sagen, er würde sich schämen, das Geld anzunehmen. Die moralische Entrüstung in der Öffentlichkeit und bei Abgeordneten war entsprechend ungehalten. Ackermann hatte den Sachverhalt auf den Punkt gebracht: Es gibt im Zustand der Ungleichheit solche, die Hilfe benötigen, und solche, die sie nicht benötigen. Das moralische Tabu fordert aber, dass von denjenigen, die Hilfe in Anspruch nehmen, nicht auch noch sichtbar wird, dass sie diese nötig haben. Eingetreten ist, was befürchtet wurde: Die Banken schämten sich zunächst, und manche schämen sich noch heute, das Geld anzunehmen. Ackermann wurde gescholten, weil er mit seinem Ausspruch den eigentlichen Grund der Hilfe zum Ausdruck gebracht hatte, nämlich die schlechte Lage der Banken. So kam es, dass ihm die Schuld zugeschoben wurde für das Ausbleiben der Anträge auf Förderung und nicht dem Schamgefühl der zahlungsunfähigen Banken.

Der Mechanismus der moralische Ängste bewirkt, dass der eigentliche Grund für eine helfende, menschenfreundliche,

Gefahren abwehrende Handlung in der Verdrängung bleibt, während im Bewusstsein nur der Eindruck der Pflichterfüllung zum Vorschein kommt. Daher haben Kritiker es als einen Konstruktionsfehler des Rettungspakets betrachtet, dass es Banken freigestellt sei, es in Anspruch zu nehmen oder nicht. Sie forderten, dass es den Banken ganz im Sinne des Regulierungsanspruchs der Regierung zur Pflicht hätte gemacht werden müssen, die Gelder anzunehmen. Dann hätten betroffene Banken nach außen sichtbar nicht mehr aufgrund der beschämenden Bedürftigkeit gehandelt, sondern aus Pflichterfüllung.

Wir wollen uns in den folgenden Kapiteln der Scham, die durch Moralisieren verdrängt werden kann, mit weiteren Beispielen widmen.

Neid

Der Mechanismus der moralischen Ängste stellt Neid unter ein Tabu. Die katholische Kirche betrachtet Neid als eine Todsünde. Es wird uns abverlangt, nicht neidisch zu sein, aber wie wir das erreichen könnten, erklären uns Moralisten nicht. Am Anfang einer Therapie des Neides stünde aber die Einsicht, dass unser »Ich« im höchsten Maße narzisstisch ist. Auch *Schneewittchens* Schwiegermutter mordete die Schöne wegen ihrer gekränkten Eitelkeit. Nachdem ihr der Spiegel wiederholt bestätigt hatte, dass die Königin die Schönste im ganzen Land sei, und sie dennoch hören musste: »Aber Schneewittchen ist tausendmal schöner als ihr«, erschrak die Königin und »ward gelb und grün vor Neid. Von Stund an, wenn sie Schneewittchen erblickte, kehrte sich ihr das Herz im Leibe herum, so hasste sie das Mädchen. Und der Neid und Hochmut wuchsen wie ein Unkraut in ihrem Herzen immer höher, dass sie Tag und Nacht keine Ruhe mehr hatte.« Erst als ein Jäger das Mädchen vermeintlich erschossen hatte, kehrte Ruhe bei der Schwiegermutter ein.

Wir kennen alle die moralische Selbstverständlichkeit, dass wir nicht bewusst Neid bei anderen Menschen provozieren sollten. Nichts macht Menschen so unglücklich wie das Glück anderer. Aber Moral schwächt solche überbordenden Gefühle ab und macht sie unschädlich. Sobald Überreaktionen des Neides jedoch nicht länger gepflegt werden, kann ich mich meines Glückes auch erfreuen, ohne den Neid anderer fürchten zu müssen.

Regeln, die uns den Umgang mit Neid erleichtern, sind zugleich Regeln, die unsere Angst vermindern. Wir sollten unseren Neid zugeben. Dadurch hört das quälende Gefühl auf. Wir können der Ursache des Neids auf den Grund gehen. Dann erfahren wir, aus welchem Minderwertigkeitsgefühl heraus wir uns unnötigerweise tyrannisieren lassen. Wir erkennen dabei auch den Typ unseres Neids. Handelt es sich um »schwarzen Neid«, der zerstören will, einfach nur weil der andere hat, was wir nicht haben? Oder handelt es sich um den »weißen Neid«, der uns ehrgeizig, aktiv und kreativ macht? Auch erkennen wir bei genaueren Hinschauen die Ursachen des Erfolgs anderer, der oftmals auf harter Arbeit beruht, auf die wir vielleicht gar nicht neidisch sein wollen.

Was moralische Ängste leisten müssen

Leider gründet unsere heiligste Sozialeinrichtung – die Ethik – auch in Ressentiment und Neid, in Schwäche und Rachegefühlen. Angst baut sich dann auf, wenn die Gefahr besteht, dass uns dies bewusst wird. Friedrich Nietzsche wurde dadurch veranlasst, die moralischen Instinkte als die den Menschen verkleinernden Instinkte zu bezeichnen. Warum, fragt Nietzsche, wird ein Verbrecher bestraft? Weil er sich etwas herausgenommen hat, was andere sich nicht getraut haben. Ganz falsch ist seine Beobachtung nicht.

Moral ist der Mechanismus, über den ein Sozialverband

Druck auf die Normierung des Verhaltens der Individuen ausübt. Hierbei bedient sie sich der beiden Kräfte *Tabu* und *Zwang*. Sie bewirken zuweilen, dass starke und von der Natur oder dem Zufall begünstigte Individuen an der Entfaltung ihrer Stärke zugunsten des Fortwirkens der Gesamtheit behindert werden. Aufs Ganze ausgerichtet, »weiß« der Gruppeninstinkt, dass in der Summe die Gruppe stärker sein wird als die Summe der Stärke der einzelnen Individuen. Auf individuelle Empfindlichkeiten nimmt der Sozialverband in vielen Fällen keine Rücksicht.

Besonders Risikofreudige mögen sich im Straßenverkehr dadurch behindert fühlen, dass die Verkehrsregeln – insbesondere Geschwindigkeitsbegrenzungen – so ausgelegt sind, dass auch »schwache«, weniger risikofreudige Verkehrsteilnehmer den Überblick nicht verlieren und am Straßenverkehr teilnehmen können. Die Anerkennung eines Schwächeren besteht darin, dass er sich nicht wegen seiner Schwäche verteidigen muss, sondern sich auf den sozialen Druck des ethisch-moralisch Gebotenen berufen kann, um sich als Mitglied der sozialen Gemeinschaft zu erfahren. So muss sich in unserer Gesellschaft eine Mutter mit ihrem Kind an der Fußgängerampel nicht als schwaches Glied der Gesellschaft wahrnehmen, das den Verkehr aufhält, weil sie vorbildlich dem Kind gegenüber das Erscheinen des grünen Männchens abwartet, bevor sie die Straße überquert. Vielmehr gibt ihr das befolgte moralische Gebot, nicht bei Rot über die Straße laufen zu sollen, ihrerseits das Gefühl, die Stärkere gegenüber den ungeduldigen »Verkehrssündern« zu sein, die es selbst verantworten wollen, unbeschadet die Straße überqueren zu können, ganz gleich ob die Ampel Rot zeigt oder Grün.

Jeder Sozialverband bildet moralisch-ethische Gebote aus, die es dem schwächeren Glied in der Gesellschaft erlauben, Anerkennung zu finden. Wer zum ersten Mal in einem amerikanischen Supermarkt einkaufen geht, staunt vielleicht über die Angestellten, deren Aufgabe es ist, die eingekauften Lebensmittel hinter der Kasse in die großen braunen Papiertüten zu packen. Solche Arbeitsplätze gibt es bei uns in Deutschland nicht. Der Deutsche denkt sich, das kann er auch selber einpacken, und wertet damit die Qualität des Angestellten hinter der amerikanischen Kasse ab. Er diskriminiert ihn. Der amerikanische Arbeiter dagegen hat nicht das Bewusstsein, eine minderwertige Arbeit zu verrichten. Das moralische Tabu, seine Arbeit abzuqualifizieren, führt dazu, dass selbst solche Arbeiter, die keinerlei Qualifikation haben, Arbeit bekommen und ihren Teil zum Ganzen beizutragen, ohne sich minderwertig fühlen zu müssen. (Freilich zu einem so geringen Lohn, dass wir dies in unserem Land für unmoralisch hielten.)

Der kaum zu überschätzende Nutzen der Moral besteht also darin, dass sie auch den schwächeren Gliedern eines Sozialverbandes das Erlebnis, zum Ganzen der Gemeinschaft dazuzugehören, vermittelt. Sie stattet die von der Natur mit weniger Chancen Begünstigten mit zusätzlichen Vorteilen aus. Damit Moral aber wirken kann, darf dieses Prinzip nicht bewusst ausgesprochen werden. Sie erzeugt eine Angst vor der Einsicht in dieses Prinzip. Ein schwaches Glied der Gemeinschaft fühlt sich nur dann als vollwertiges Mitglied, wenn es Rücksichtnahme nicht als Almosen oder Belastung der anderen erlebt. Das Moralisieren löst die ursprüngliche Motivation in eine Selbstverständlichkeit auf.

Stellen Sie sich vor, Sie treffen zufällig im Supermarkt einen früheren Freund, der Ihnen beichtet, dass er inzwischen Hartz IV bekommt. Wenn Sie dann aus Mitleid mit seiner Armut Ihr Portemonnaie öffnen und ihm 100 Euro zustecken, kann es passieren, dass er sich beleidigt fühlt. Zwar haben Sie gehandelt, um sein Leid zu vermindern, tatsächlich aber haben Sie ihm neues Leid zugefügt, indem Sie die Erinnerung an seine Schwäche verstärkt haben. Wir halten es für ethisch-moralisch geboten, dass Bedürftige das ihnen Zustehende nicht aus persönlicher Betroffenheit, Gutdünken und dem Mitleid der besser Gestellten erhalten, sondern weil Bedürftige das Gefühl haben sollen, es stehe ihnen aus Gründen der inneren sozialen Organisation zu und müsse ihnen auch von einer öffentlichen Instanz zugeteilt werden. Moralische Angst ist der Motor dieses Mechanismus, weil hier die für Angst charakteristische Verschiebung von der wirklichen Gefahr auf die Reinhaltung eines Gewissens oder die Abwehr einer Unlustwahrnehmung stattfindet. Verschiebung bedeutet, dass Sie jetzt mit Ihrer Geste der Großzügigkeit dem Hartz-IV-Empfänger gegenüber nicht mehr in erster Linie die Gefahr größeren Leids bei Ihrem früheren Freund abwehren sollen. Dieses eigentliche Ziel ist zum sekundären geworden. Das moralische Empfinden fordert stattdessen von Ihnen, dass Sie aus dem Gefühl der Pflicht, gerecht sein zu sollen und moralische Empfindlichkeiten zu vermeiden, ihm zukommen lassen, was ihm »objektiv« zustehe. Moral hat sich demnach zwischen die ursprüngliche Ursache und den Zweck unseres Handelns geschoben. Manchmal ersetzt Moral beides und wird zur Ursache und zum Selbstzweck.

Wir erleben einen ähnlichen Mechanismus im Small Talk. Wer die Regeln des Small Talk beherrscht, fragt nicht nach dem Beruf des anderen und spricht die Themen Sex, Politik und Religion nicht an. Alles Unwichtige und Uninteressante aber darf zur Sprache kommen. Small Talk ist eine höfliche Form der Heuchelei. Er entsteht aus der verdrängten Angst, einen unerfüllten Wunsch oder ein verletztes Tabu zu berühren. Wenn Sie wissen, dass Ihr Gesprächspartner Hartz-IV-Empfänger ist, dann verbietet Ihnen die Moral des Small Talk, diesen Sachverhalt zu Sprache zu bringen. Ein wenig erzieht der Small Talk daher zur Lüge, denn man muss oft verschweigen, wie und was man wirklich denkt, während man beim anderen eine Erwartung hervorruft. Das Lügen erfüllt also durchaus eine wichtige gesellschaftliche Funktion. Manchmal bewirkt die Angst vor den Tabus, dass das Festhalten am Small Talk zum Selbstzweck geworden ist.

Wir wollen es nicht hören, dass das Moralisieren oftmals eher eine Zwangsneurose befördert als das gute Leben. Moralisches Empfinden wehrt solche Beschreibungen ab. Man könnte sogar sagen, dass das moralische Empfinden Angst hat vor der Entzauberung der Moral.

Angst vor der Autorität

Warum gibt es beispielsweise kein moralisches Verbot, das uns sagte: »Du sollst nicht auf eine heiße Herdplatte fassen«? Wir alle wissen, dass ein Kind, das sich einmal an einer heißen Herdplatte verbrannt hat, diese nicht ein zweites Mal anfassen wird. Das Kind verhält sich so, als hätte eine Autorität gesagt: »Du sollst nicht auf eine heiße Herdplatte fassen!« Aber das Aussprechen des Verbots ist keine notwendige Bedingung für das Unterlassen der Handlung. Es bedarf der gebietenden Stimme in diesem Fall nicht, um seine Wirkung hervorzurufen. Denn das Kind würde auch ohne das Aussprechen des Verbotes den Schmerz vermeiden wollen.

Diese Emotion des Kindes, die sein Handeln motiviert, ist nur dadurch von einer moralischen Handlung verschieden, dass es allein schon aus natürlicher Furcht vor dem körperlichen Schaden, den der Griff auf die heiße Platte bewirken würde, diesen unterlassen wird. Die Handlung unterbleibt automatisch, durch die natürliche Einschätzung einer realen Gefahr und die ihr korrespondierende Furcht ohne Hilfe moralischer Wertungen.

Dass das gebrannte Kind das Feuer scheut, beruht auf einem Naturgeschehen. Und dass Naturgeschehnisse vollkommen verschieden sind von unserem moralischen Werten, Urteilen und Handeln, betonen selbst Ethiker und Moralisten. Aber sie erklären den Unterschied aus der unterschiedlichen Natur von Geist und Materie. Moral und Ethik gehören nach ihrer Denkweise dem Geistigen an, während Naturgeschehnisse den Gesetzen der materiellen Welt folgen. Moralisten und Ethiker haben sich dadurch eine neue Angst geschaffen, die Angst vor dem Verlust des Geistes und der Reduktion allen Seins auf physische Natur.

Im Bereich des Moralischen erleben wir Verbote als eine notwendige Bedingung für das ihnen gemäße Unterlassen einer Handlung. Wir glauben, dass sie ohne den Machtspruch der Autorität nicht zustande kommen würde. Hinzu kommt, dass im Ethisch-Moralischen nicht Handlungen geboten oder verboten werden, die eine reale und direkte Gefahr für uns bedeuteten, und die wir aus Furcht vor ebenso realem Schaden von selbst unterlassen oder vornehmen würden. Vielmehr sind im Reich des Moralischen solche Handlungen unter Tabu gestellt, die zu verrichten wir eine unausgesprochene Tendenz, eine heimliche Neigung oder eine unheimliche Lust verspüren. In einem weiteren Sinn mögen uns diese Handlungen manchmal auch Schaden zufügen können, doch zunächst sind sie deswegen tabu, weil eine heimliche Lust, sie zu begehen, herrscht, die wir uns aber keinesfalls zugestehen wollen.

Oft genügt es, dass wir diese Lust kennen, ohne sie selbst zu verspüren. So verspüren nur die wenigsten Väter eine Lust auf inzestuöse Beziehungen zu ihren Töchtern, aber all diesen Vätern ist sie bekannt. Nicht schwer ist es, sich in die Stimmung eines Vaters hineinzuversetzen, der seinen Töchtern gegenüber keine inzestuösen Wünsche fühlt, aber sie bei einem anderen Vater dessen Töchtern gegenüber wahrnimmt. Er wird die Handlungen oder Gefühle des zum Inzest neigenden Vaters um so heftiger moralisch verurteilen, je mehr er fürchten muss, durch das Beispiel des anderen bei sich selbst bislang verdrängte Wünsche geweckt zu sehen. Auch lieben und hassen wir nur dasjenige, das ein Teil von uns selbst sein könnte.

Tabu und Zwang handeln nicht mit realen Gefahren, sondern mit der Irrationalität der Ängste. Mag es hinter ihnen auch eine reale Gefahr geben, die moralischen Ängste stammen stets aus der Illusion des Gefährlichen. Daher ist es nicht schwer, Kinder für neurotische Charakterstrukturen zu dispositionieren.

Betrachten wir erneut hierzu das Kind und die heiße Herdplatte. Ängstliche Erwachsene könnten sich stärker als nötig verantwortlich fühlen, das Kind vor einem imaginierten Schaden bewahren zu wollen. Ein Erwachsener würde dann vielleicht schon die Annäherung des Kindes an die heiße Herdplatte als bedrohlich empfinden und dem Kind die Warnung aussprechen: »Ich habe dir doch gesagt, dass du nicht auf die heiße Herdplatte fassen sollst!«

Wenn Erwachsene besonders neurotisch sind, werden sie sich vielfach ähnlich verhalten. Schnell lernt das Kind dann, nicht wegen der Gefahr die heiße Herdplatte zu meiden, sondern weil es die Autorität verboten hat. Es hat dann eine Übertragung der Furcht vor der Gefahr auf die Angst vor der Autorität vorgenommen. Vielleicht werden sogar besonders neurotische Menschen befinden, dass es ein nicht hinnehmbarer Mangel sei, dass es keine gesetzliche Regelung für das Anfassen von heißen Herdplatten gibt und eine solche fordern. Dadurch wird die Verwandlung eines Prozesses, der sich auf natürliche Weise selbst regeln würde, in einen durch rechtliche Verordnung geregelten Prozess vollkommen. Weil jedes Rechtssystem die Tendenz hat, sich selbst regulierende natürliche Prozesse durch Rechtsordnungen und bürokratische Strukturen zu ersetzen, sind wir alle ständig einer Neurotisierung ausgesetzt, in der unsere Sicherheit in der Wahrnehmung einer wirklichen Gefahr zugunsten der irrationalen Angst geschwächt wird. Ethik und Moral folgen derselben Tendenz, in der wir bestimmte Regeln nicht deswegen übertreten, weil dies gefährlich ist, sondern weil es verboten ist.

Die subtilste Art der Angst ist die Angst vor der Autorität des Gewissens. Sie hat ihren höchsten Ausdruck in den Religionen gefunden. Denn was Menschen zumeist unter Religion verstehen, bildet sich aus Lehren und Verheißungen, die dem Menschen die Rätsel dieser Welt mit beneidenswerter Vollständigkeit erklären. Wichtiger noch ist die

Versicherung der Religionen, dass eine sorgsame Vorsehung über unser Leben wachen und etwaige Versagungen in einer jenseitigen Existenz gutmachen wird. Den Ursprung der Angst vor der Autorität des Gewissens liegt nun darin, dass sich der Mensch diese Vorsehung nicht anders als in der Person eines großartig erhöhten Vaters vorstellen kann. »Nur ein solcher kann die Bedürfnisse des Menschenkindes kennen, durch seine Bitten erweicht, durch die Zeichen seiner Reue beschwichtigt werden.«[109]

Mit der Entwicklung der Kultur ist die Autorität des göttlichen Vaters von der jenseitigen Welt in die Innerlichkeit des Menschen eingekehrt. Der aufgeklärte Mensch vernimmt heute nicht mehr die Stimme eines Gottes, den er in der Wüste, hinter Bäumen oder hinter anderen natürlichen oder übernatürlichen Konstellationen vermutet. Vielmehr verortet er die Stimme der moralischen Autorität jetzt in seinem Inneren – in seinem Herzen oder in seiner Vernunft. Die Vaterfigur der europäischen Aufklärung war Immanuel Kant. Er hat dieser Autorität einen neuen, wirkmächtigen Namen gegeben, den »kategorischen Imperativ«. Auf der Höhe ihres Zenits erhält hierdurch die unnatürliche Begründung der Ethik ihren bis heute weit verbreiteten akademischen Ausdruck. Nicht die Befolgung eines Gebots, weil seine Übertretung Schaden bringen könnte, fordert diese künstliche Moral, sondern Befolgung, weil es der kategorische Imperativ befehle.

Es kommt uns so vor, als hätte eine fremde Stimme die Imperative in unser Bewusstsein eingeprägt, weil wir nicht sehen können, wie sie von unseren Denkprozessen selbst erzeugt werden. Daher denken wir uns zum Eindruck eines Imperativs stets einen Imperator oder auch nur eine mächtige Autorität – einen Über-Vater – hinzu. Ethiken von der Struktur der Kantischen Moral- und Rechtsphilosophie konditionieren uns, unser Handeln weniger auf die Wahrnehmung realer Gefahren, sondern auf die Angst vor der Überschreitung einer Regel, eines Gesetzes oder eines Tabus auszurichten. Sie pflanzen die Vorstellung eines autoritären Vaters, der der Autor der moralischen Gebote war, fort und konditionieren unser Handeln aus der Angst vor dieser Autorität.

Seit den achtziger Jahren des vergangenen Jahrhunderts warnt der Psychoanalytiker Horst-Eberhard Richter vor den gesellschaftlichen Gefahren, die durch Moralisieren als dem Verschieben der Furcht vor einer realen Gefahr auf die Angst vor Tabuverletzungen entstehen. Als Beispiel führt er die Aids-Paranoia an.»Von einem regelrechten Aids-Paranoid ist zu sprechen«, führt Richter aus,»wenn sich die Ansteckungsangst in stärkerem Grad mit Haß auf die Infektionsträger und die sogenannten Risikogruppen mischt. Das Böse wird von den Viren auf ihre ›Verbreiter‹ verschoben. Homosexuelle, Prostituierte, Drogenabhängige werden zu einem Feindbild verschmolzen. Der neu geschaffene Begriff ›Verbreiter‹ läßt an Täter denken. Anstelle des vorläufig unbesiegbaren Virus hat man es nun mit ohnehin stigmatisierten Minderheitsgruppen zu tun, gegen die man zu Felde ziehen kann.«[110]

Moralisieren dient kaum dem Erhalt und der Beförderung sozialer Lebendigkeit, sondern vorwiegend oder allein der Abwehr von Angst im Individuum, das sich moralisch wertend äußert. Moralische Ängste – das Motiv des Moralisierens – werden neurotisch, wenn sie nicht mehr dem Lebensimpuls folgen, sondern Leben unterdrücken.

Im Einzelfall können wir nicht erkennen, ob beispielsweise ein Partner dem anderen rät, sparsam mit der Haushaltskasse umzugehen, weil er weitsichtig und an der Lebendigkeit des gemeinsamen sozialen Systems interessiert ist. Es könnte nämlich auch sein, dass er vom Charakter des Geizes beherrscht ist, der nur darauf wartete, sich bei Gelegenheit der knappen Haushaltskasse in der rationalen Maske des Gebots der Sparsamkeit zu offenbaren. Dem Geizigen kann das funktionierende soziale Leben völlig gleichgültig sein. Sein Impuls zum Geiz entsteht aus der neurotisch gewordenen Angst vor der eigenen Ohnmacht, die sich in den Charakter des Geizes geflüchtet hat. Seine

Angst muss er mit Geiz und Moralisieren abwehren, nicht jedoch die Gefahren für das soziale Ganze. Aber das vorgeschobene Interesse am sozialen Ganzen ist für moralisierende Menschen eine wirkungsvolle Verkleidung ihrer überwältigenden inneren Zwänge, die sich aus ihrem ungelebten Leben bilden können.

Nicht die Angst vor eigenem ungelebtem Leben, sondern die Pflege des lebenden Lebens sollte in die ethisch-moralische Motivation einfließen. Wenn vielfach Angst auch Schutz vor Gefahren sein kann, immer ist sie ein Zeichen falscher Empfindlichkeit. Wer Angst hat, fürchtet etwas Größeres als die Gefahr selbst. Stets kann es etwas weniger von der Emotion Angst sein, damit wir der Realität der Gefahr näher sind. Deshalb sollten wir uns weniger mit dem Moralisieren als mit den realen Folgen unseres Handelns auseinandersetzen. Die Betrachtung der Mechanismen unserer modernen Gesellschaft und ihrer Sozialwissenschaften wecken jedoch den Verdacht, dass wir nach wie vor unnötige Kraft und Energie auf moralische Ängste verwenden, statt diese lähmenden Kräfte zu vermindern.

Selbst der bekannte konservative Wirtschaftsethiker Karl Homann leitet seine Theorie der Ökonomik ein mit der Plädoyer *Wider die Erosion der Moral durch Moralisieren*. Mit Recht hebt er hervor, dass durch einen bestimmten Gebrauch moralischer Urteile und Wertungen Schaden für Moral in der Gesellschaft im Allgemeinen und in der Wirtschaft im Besonderen entstehe. Der Schaden entstehe dadurch, dass gekränkte moralische Gefühle dazu neigten, dem Wirtschaftsprozess äußerlich Werte überzustülpen, die das irrationale Ziel verfolgten, der Wirtschaft ein moralisches Angesicht zu verleihen. »Für die gegenwärtigen Krisen wie Armut und Unterentwicklung in weiten Teilen der Welt, Bevölkerungsexplosion und drohende Armutsmigration, Kriege und fortgesetzte Umweltzerstörung gibt es keine Lösungen«, schreibt Homann. »Sie beunruhigen viele nachdenkliche und moralisch sensible Menschen. Nicht wenige von ihnen führen diese Zustände auf den Verfall der Moral und den Verlust der Tugend zurück, auf Materialismus, Konsumismus, Egoismus und Profitgier, wofür vor allem ›die Wirtschaft‹ verantwortlich gemacht wird. Als probate Sofortmaßnahme zur Lösung der drängenden Probleme werden Bewusstseinsänderung, Umkehr und die Restitution von Tugend und Moral empfohlen. In der öffentlichen und z.T. auch wissenschaftlichen Diskussion ist moralische Aufrüstung angesagt, und die Tatsache, dass diese in aller Regel nichts bewirkt, wird als Indiz für das Verderbnis des Zeitalters genommen.« Homann vertritt dagegen die These, »dass für den Verfall der Moral, wenn er denn wirklich stattfindet, eher das Moralisieren der moralisch sensiblen Zeitgenossen als die Handlungsmotive der (Akteure in der) Wirtschaft verantwortlich zu machen sind. Moral lässt sich *nicht gegen* die Funktionserfordernisse der modernen Wirtschaft zur Geltung bringen, sondern *nur in* ihnen und *durch* sie.«[111]

Es spricht vieles dafür, dass durch die Angst vor der Gefahr des Moralverlusts erst eine größere Gefahr geboren wird. Und Moralisieren können wir nun definieren als die Umwandlung der Furcht vor einer natürlichen Gefahr in die Angst vor der Verletzung eines moralischen Tabus. Natürliche Gefahren müssen wir fürchten, damit wir reale Schäden vermeiden. Das Überschreiten von Tabus bedeutet oftmals keine reale Gefahr.

Handeln aus Pflicht

Während moralische Urteile mit den Kraftmomenten Zwang und Tabu arbeiten, entsteht im Licht unseres Bewusstseins der Eindruck, sie dienten dem heiligen Prinzip der Gerechtigkeit. Das Unlustgefühl aus der Emotion Angst stellt sich immer dann ein, wenn die Gefahr droht, dass der ursprüngliche

Mechanismus sichtbar wird. Die Worte Zwang und Tabu in Verbindung mit Moral erinnern uns an Unfreiheit sowie Lust und sind deswegen selbst tabu. Denn genau diese Erinnerung sollten moralische Urteile tilgen. Setzt doch die Forderung nach Moral stets das Bewusstsein von Freiheit voraus. Kaum ein Gedanke der naturwissenschaftlichen Forschung widerspricht der Selbstwahrnehmung der Funktionäre des Moralischen so sehr wie die These, dass Freiheit eine Illusion sei.

Nicht ohne Grund verwendet die akademische Terminologie für »Zwang« bevorzugt das Wort »das Gesollte«. Hierbei kann uns die Illusion der Freiheit erhalten bleiben, während wir Zwängen gehorchen. Wir können das Wort »das Gesollte« aussprechen, ohne irgendwelche Emotionen dabei zu empfinden. Moralphilosophen berufen sich dementsprechend bevorzugt auf Immanuel Kant, der forderte, dass der eigentliche Wert der moralischen Handlung nur in der kategorischen Abwesenheit von Neigungen und Interessen zu suchen sei. Im kategorischen Sinn ethisch-moralisch sei nur derjenige Imperativ, der von keiner Lust, keinen Bequemlichkeiten, keinen Neigungen – auch nicht vom Mitleid – bestimmt werde. Er soll nach Art einer unverursachten Ursache von selbst zum ethisch-moralischen Handeln führen. Dies ist Kants Vorstellung der Freiheit als dem wichtigsten Motiv der moralischen Handlung. Freilich verbirgt sich dahinter die Angst, sich selbst und seine Handlungen durch den Naturdeterminismus verursacht verstehen zu müssen. Das »Gesollte« hält diese Angst auf wundersame Weise in der Verdrängung.

Moral muss gegen den Trieb, sich einen Vorteil verschaffen zu wollen, ankämpfen. Sie erreicht dies durch die Emotion Angst. Sofern Menschen Angst bekommen, wenn sie sich einen Vorteil verschaffen wollen, hat sie ihr Ziel erreicht. Wären wir nicht zur Angst fähig, gäbe es weder Moral noch Ethik. Die Angst ist das Geheimnis der Moral. Weil aber Angst stets die Abwehr von imaginären Gefahren ist, besteht die eigentliche Gefahr der Moral darin, dass wir mit ihr allzu oft Dinge abwehren, die nicht wirklich gefährlich sind. »Kategorischer Imperativ« ist der wissenschaftliche Ausdruck dafür, dass wir alle ethisch-moralischen Gebote mit dem Anspruch aussprechen, dass sie allgemeinverbindlich sein mögen.

Hätte beispielsweise einer der Piloten, die die Atombomben im Sommer 1945 über Japan abgeworfen haben, gesagt, dass er so etwas schon immer einmal hätte tun wollen, dann hätte dies eine moralische Sprengkraft entfaltet, die ihn noch schneller in den Wahnsinn getrieben hätte, als dies ohnehin geschah. Aber das Eingeständnis, dass es die moralische Pflicht zur Verteidigung des Vaterlandes und des Guten in der Welt forderten, den Atomangriff zu fliegen, ist in der Lage, die kleinste Erinnerung an eine heimliche Neigung zum Verschwinden zu bringen.

Neben der Angst vor eigener Feindseligkeit in Momenten, wo Rachegefühle überwiegen, kann sachliche Sprache und der Habitus allgemeinen Interesses auch die Angst vor Sexualität abschwächen. In den sechziger und siebziger Jahren des vorigen Jahrhunderts gab es in der westlichen Welt eine Bewegung, die sich als »sexuelle Befreiung« verstand. Das Wort »Aufklärung« – das Zauberwort der Epoche Immanuel Kants – gewann damals eine vollkommen neue Bedeutung. Es transportierte den Anspruch »sexueller Belehrung«, ihr bekanntester Wortführer war Oswalt Kolle.

Wer die Gelegenheit nutzt, sich die frühen sogenannten »Aufklärungsfilme«, die damals die Kinos überfluteten, anzuschauen, erlebt eine eigentümliche Sachlichkeit. Die Beschäftigung mit der sexuellen Lust tritt in diesen Filmen meist im Gewande des allgemeinen Interesses auf. Reporter berichten über das Liebesleben von Jugendlichen. Es herrscht ein wissenschaftlicher Ton vor, der es dem Publikum nicht weniger als den Reportern erleichterte, sich mit dem Tabuthema bewusst und ausdrücklich zu beschäftigen. Manch ein Soziologe konnte sich damals leicht unter dem »Vorwand«, eine Studie zu verfassen, für das menschliche Sexualverhalten interessieren, ohne rot werden zu müssen. Das allgemeine wissenschaftliche Interesse verkleinerte die Angst vor der eigenen Sexualität und erlaubte es, Tabus zu überwinden. Zeitzeugen konnten leicht glauben, das Interesse an Sexualität erfolge aus der Erfüllung der Pflicht zur Aufklärung. Der Soziologe Jürgen Habermas antwortete einmal auf die Frage, was 20 Jahre nach den 68ern noch übrig geblieben sei, es sei heute gebildeten Damen wie Rita Süssmuth in der CDU möglich, das Wort »Kondom« auszusprechen.

Im Dezember 2007 erließ die Regierung von Südafrika ein Gesetz, das Jugendlichen in der Öffentlichkeit das Küssen verbot.[112] Angeblich soll dieses Gesetz zum Schutz vor sexuellem Missbrauch und vor der Ansteckung mit HIV schützen. Aber erstens wird HIV nicht durch Küssen übertragen, und zweitens soll es auch strafbar sein, wenn beide Partner mit dem Küssen einverstanden sind. Wovor will das Gesetz wirklich schützen? Vor der Verletzung der Zuschauer, nicht der Betroffenen. Ihre Verletzung findet statt, wenn sie sich durch Jugendliche, die für Momente von ihren Gefühlen der Zuneigung so gefangen sind, dass sie nicht mehr bemerken, dass sie sich in der Öffentlichkeit befinden, an die erloschene eigene Lust und Leidenschaft erinnert fühlen. Um diese Menschen nicht dem Erlebnis der Angst vor der eigenen Lust auszusetzen, schafft der Rechtsstaat eine Ordnung, worin menschliche Beziehungen ebenso leblos vollzogen werden sollen, wie das Abheften von Verordnungen.

Das Moralische hält die Angst vor der Lust, der Neigung, der Leidenschaft in der Verdrängung. Deshalb forderte der kategorische Imperativ neigungsloses Interesse an der Pflichterfüllung. Viele Leser werden diese strenge Forderung mit Recht ablehnen. Aber diese Forderungen haben gleichwohl etwas Verführerisches, wie wir uns an einem Beispiel leicht vergegenwärtigen können. Wenn ich etwa Verkäufer von Handys wäre, könnte eine Kundin im Laden erscheinen, die ich gern länger ins Gespräch verwickeln möchte, weil ich sie attraktiv finde. Ich würde ihr dann mit großer Lust die beste Beratung für Handys zuteilwerden lassen, ganz gleich ob sie eines kauft oder nicht.

Vergleichen wir diesen Fall mit einem zweiten, in dem nicht eine begehrte Frau zu mir in den Laden käme, sondern ein mir bekannter Unternehmer. Sofort witterte ich die Chance eines großen Geschäfts, denn der Unternehmer könnte gleich mehrere Handys bei mir kaufen wollen. So erhält auch er eine perfekte Beratung.

Aber es ist ein dritter Fall denkbar, aus dem erst hervorgeht, wie unser moralisches Werten funktioniert. Wieder stehe ich in meinem Laden und ein Kunde kommt herein. (Fast möchte ich sagen, es ist weder ein Mann noch eine Frau.) Auch dieser Kunde möchte ein Handy kaufen. Er erhält von mir in derselben Weise wie die beiden ersten Kunden die beste Beratung, weil ich es als meine Pflicht betrachte, als Verkäufer jeden Kunden ohne Ansehen der Person im besten Sinn zu beraten. Ist dies eine moralisch wertvolle Handlung?

Wo immer ich Gelegenheit habe, dieses Beispiel zur Diskussion zu stellen, erhalte ich auf die letzte Frage die Antwort »Ja«. Obwohl alle drei Kunden dieselbe hervorragende Beratung erhalten haben – das Resultat ist also nicht von Bedeutung für das Empfinden des moralischen Werts einer Handlung –, bewertet unser moralisches Bewusstsein nur die letzte Handlung als eine moralisch wertvolle. Die beiden ersten Handlungen waren eindeutig und explizit motiviert durch private Interessen. Im ersten Fall war es die begehrte Frau, die mich zur guten Beratung ansporne; im zweiten Fall die Aussicht auf ein größeres Geschäft. Nur im dritten Fall lag scheinbar kein anderes als das allgemeine Interesse vor. Oder es war nicht explizit erkennbar. Nichts anderes als die Bereitschaft zur Erfüllung meiner Pflicht ist als offensichtliches Motiv zum Handeln zu erkennen. Nur am Rande sei betont, dass das Resultat in allen drei Fällen das gleiche ist. Alle Kunden haben die selbe Beratung erhalten und dürften zufrieden sein.

Aber nur die letzte Handlung steht im Einklang mit der Gesinnung des kategorischen Imperativs. Hierin hatte Kant die philosophisch exakte Beschreibung für das natürliche Bedürfnis der Menschen gefunden, sich gut zu fühlen, wenn sie Handlungen ausführen, die nicht der Befriedigung individueller Neigungen, Bedürfnisse, Erwartungen oder Vorlieben dienen. Im Erlebnis des allgemein Moralischen schweigt das Individuelle. Oder anders ausgedrückt: Die moralische Wertung verdrängt erfolgreich jede Lust. Wenn Sie selbst den besonderen moralischen Wert in der Gesinnung des Handelnden im dritten Beispiel wahrgenommen haben, dann aus der moralischen Angst, dass in unsere Handlungen persönliche Lust und Neigung einfließen könnten.

Problematisch am kategorischen Imperativ ist vor allem, dass wir uns niemals sicher sein können, dass ein Mensch ohne Neigung gehandelt habe.

Dass wir explizit keine persönlichen Interessen entdecken, bedeutet, dass entweder tatsächlich keine vorhanden sind oder dass die moralische Maxime sie erfolgreich verdrängt hat. Doch wer keine persönlichen Neigungen kennt, benötigt auch keine Moral. Er handelt offenbar auf natürliche Weise stets nur aus Pflicht. Ich möchte einem solchen Menschen, wenn es ihn überhaupt gibt, nicht begegnen.

Moralische Ängste beruhen auf dem Phänomen, dass Angst in der Verdrängung verschwindet, sobald wir unsere individuellen Wünsche, Erwartungen, Interessen, Bedürfnisse und Neigungen in ein allgemeines Interesse verwandeln können. Wenn die Autobahnpolizei Raser zur Rede stellt, verteidigen sie sich häufig mit der Ausrede: »Hier fahren doch alle schneller als erlaubt.« Wenn ich mein Verhalten in das Verhalten der Herde eingliedern kann, muss ich nicht im selben Maße persönlich für meine Ansprüche geradestehen. Wer einen Soldaten im Krieg fragt, warum er gerade einen Menschen getötet hat, wird zumeist die Antwort erhalten: »Es ist Krieg. Im Krieg töten alle.« Wehe dem aber, der von Soldaten behauptet, sie seien Mörder. Er macht die säuberliche Trennung zwischen privaten Verbrechen und öffentlichen Wohltaten rückgängig und bringt einen funktionierenden Mechanismus der Angstverminderung in Gefahr.

Heute braucht kaum ein Soldat mehr Angst vor dem Töten zu haben. Generäle haben den Krieg mit dem Skalpell erfunden, bei dessen chirurgischen Schnitten für Kameras so wenig Blut zu sehen ist wie für Soldaten. Intellektuell wird das Töten im großen Stil auch erleichtert durch die Gewissensberuhigung, die uns Rechtssysteme verschaffen. Die meisten Verantwortlichen haben ein gutes Gewissen, wenn sie einen Angriffskrieg mit UNO-Mandat durchführen, während es ihnen Gewissensbisse bereitet, wenn sie wie der frühere amerikanische Präsident Bush offensichtlich aus Rache gegen einen anderen Staat kriegerische Aktionen auszuführen hätten.

Die höhere Legitimation, die uns ethische und moralische Systeme für unser Handeln verschaffen, beruht auf der Umwandlung von persönlicher Neigung oder Abneigung in ein abstraktes pflichtgemäßes Müssen. Wenn ich zu einer Handlung eine natürliche und persönliche Neigung habe, dann bin ich von ihr stärker emotional betroffen, als wenn ich sie als ein allgemeines Interesse deklarieren kann. Wenn ich daher abstrakte Normen umsetze, brauche ich weniger Angst vor meiner eigenen Natur zu haben.

Angst vor der eigenen Vergangenheit

Halten Sie Kannibalismus für ethisch vertretbar? – Sicher nicht, aber warum eigentlich nicht? Ein siebzehnjähriger Mann macht in der zweiten Hälfte des 18. Jahrhunderts die folgende Erfahrung: »Der Capitain, nebst Herrn Wales und meinem Vater, ließen sich am Nachmittage nach *Motu-Aro* übersetzen, um die Pflanz-Gärten zu besehen und Kräuterwerk für das Schiff einzusammeln, indeß verschiedene Lieutenants nach *Indian-Cove* gingen, um mit den dortigen Indianern Handel zu treiben. Das erste, was ihnen dort in die Augen fiel, waren die Eingeweide eines Menschen, die nahe am Wasser auf einen Haufen geschüttet lagen. Kaum hatten sie sich von der ersten Bestürzung über diesen Anblick erholt, als ihnen die Indianer verschiedene Stücke vom Cörper selbst vorzeigten und mit Worten und Gebärden zu verstehen gaben, daß sie das übrige gefressen hätten. Unter den vorhandenen Gliedmaaßen befand sich auch noch der Kopf, und nach diesem zu urteilen, mußte der Erschlagene ein Jüngling von fünfzehn oder sechzehn Jahren gewesen sein. Die untere Kinnlade fehlte, und über dem einen Auge war der Hirnschedel eingeschlagen (...). Unsere Leute fragten die Neu-Seeländer, woher sie diesen Cörper bekommen hätten? worauf jene antworteten, daß sie dem Feinde ein Treffen geliefert, und verschiedene von ihnen getödtet, von den Erschlagenen aber nur allein den Leichnam dieses Jünglings hätten fortbringen können. Sie setzten hinzu, daß auch von ihrer Parthey verschiedne umgekommen wären und zeigten sogleich auf einige seitwärts sitzende Weiber, die laut wehklagten und sich zum Andenken die Stirn mit scharfen Steinen verwundeten. Was wir also von den Zwistigkeiten der Indianer bisher nur blos vermuthet hatten, das fanden wir jetzt durch den Augenschein bestätigt, und es blieb uns kein Zweifel mehr, daß wir die Neu-Seeländer für würkliche Menschenfresser zu halten hätten.

Herr Pickersgill wünschte den Kopf an sich zu kaufen, und solchen zum Andenken dieser Reise mit nach England zu nehmen. Er both also einen Nagel dafür und erhielt ihn ohne das mindeste Bedenken für diesen Preis. Als er an Bord zurückkam, stellte er ihn oben auf das Geländer des Verdecks zur Schau hin. Indem wir noch darum her waren ihn zu betrachten, kamen einige Neu-Seeländer vom Wasserplatze zu uns. So bald sie des Kopfes ansichtig wurden, bezeugten sie großes Verlangen nach demselben, und gaben durch Zeichen deutlich zu verstehen, daß das Fleisch von vortrefflichem Geschmack sey. Den ganzen Kopf wollte Herr Pickersgill nicht fahren lassen, doch erbot er sich ihnen ein Stück von der Backe mitzutheilen, und es schien als freuten sie sich darauf. Er schnitt es auch würklich ab und reichte es ihnen; sie wollten es aber nicht roh essen (…). Man ließ es ein wenig über dem Feuer braten, und kaum war dies geschehen, so verschlungen es die Neu-Seeländer vor unseren Augen mit der größten Gierigkeit (…). Dieser Anblick brachte bey allen, die zugegen waren, sonderbare und recht verschiedene Würkungen hervor. Einige schienen, dem Ekel zum Trotze, der uns durch die Erziehung gegen Menschenfleisch beygebracht worden, fast Lust zu haben mit anzubeißen glaubten etwas witziges zu sagen, wenn sie die Neu-Seeländischen Kriege für Menschen-Jagden ausgaben. Andere hingegen waren auf die Menschenfresser unvernünftigerweise so erbittert, daß sie die Neu-Seeländer alle todt zu schießen wünschten, gerade als ob sie das Recht hätten, über das Leben eines Volkes zu gebieten, dessen Handlungen nicht einmal vor ihren Richterstuhl gehörten! Einigen war der Anblick so gut als ein Brechpulver. Die übrigen begnügten sich damit, diese Barbarey eine Entehrung der menschlichen Natur zu nennen und zu beklagen, daß das edelste der Geschöpfe dem Thiere so ähnlich werden könne. Allein *Maheine*, der junge Mensch von den Societäts-Inseln, zeigte bei diesem Vorfall mehr wahre Menschlichkeit als alle anderen. Geboren und erzogen in einem Land, dessen Einwohner sich bereits der Barbarey entrissen haben, erregte diese Szene den heftigsten Abscheu bey ihm. Er wandte die Augen von dem gräßlichen Schauspiel weg, und floh nach der Cajütte, um seinem Herzen Luft zu machen. Wir fanden ihn daselbst in Thränen, die von seiner inneren Rührung das unverfälschteste Zeugniß ablegten. Auf unser Befragen erfuhren wir, daß er über die unglückseligen Eltern des Schlachtopfers weine! (…) Er war so schmerzlich gerührt, daß einige Stunden vergiengen, ehe er sich wieder beruhigen konnte.«[113]

Der junge Georg Forster (1754–1794) war mit seinem Vater für mehr als drei Jahre auf einem Schiff mit James

Cook auf dessen zweiter Weltumsegelung unterwegs, als ihm in der Südsee das geschilderte Schauspiel begegnete. Er setzte mit Verachtung für die reine Theorie hinzu: »Philosophen, die den Menschen nur von ihrer Studierstube her kennen, haben dreist behauptet, daß es nie Menschenfresser gegeben habe, selbst unter unseren Reisegefährten waren Zweifler.«

Das Erlebnis beweist nicht nur die Existenz des Kannibalismus, es offenbart auch einmal mehr den Mechanismus der moralischen Ängste. Bei den meisten Europäern auf dem Schiff löst der Anblick der Spuren des Kannibalismus Entsetzen aus. Viele hatten allein die Möglichkeit einer solchen Entwürdigung der Menschennatur verdrängt. Bei einem Offizier siegen Neugier und Sensationslust über die Abscheu; er erwirbt den Kopf des Jünglings und stellt ihn auf dem Schiff aus. Dort stößt dieses Vorgehen auf die verschiedensten Reaktionen. Während die einen selbst geneigt scheinen, vom Menschenfleisch kosten zu wollen, und die anderen nur schwer daran zu hindern sind, auf die Barbarei des Kannibalismus mit Mord zu reagieren, rennt Maheine, der Reisegast von den Gesellschaftsinseln, untröstlich vor Kummer in seine Kajüte. Sein Verhalten hält der junge Forster für angemessen, obwohl seine Vorfahren jüngst selbst noch dem Kannibalismus nahestanden. Aus der Theorie der moralischen Ängste erklärt sich seine Reaktion aus der Angst vor der eigenen Lust am Kannibalismus, die er noch dicht unter seinem Bewusstsein wahrnehmen, aber inzwischen bei sich nicht mehr zulassen kann. Dass er den Anblick der Menschenfresserei nicht mehr ertragen kann, bedeutet, dass er die Erinnerung an die im Unbewussten angekommene Lust nicht mehr aushält. Sein Verhalten ist so, wie wir es von einem moralisch-gesitteten Menschen erwarten. Diese Moral bewirkt, dass Erinnerungen an eigene Lust zum Verspeisen von Menschenfleisch dadurch in der Verdrängung gehalten werden, dass wir ihr Aufkommen als Ekel oder seelische Verletzung empfinden.

Lassen wir den Reiseschriftsteller Georg Forster noch einmal zu Wort kommen und schauen uns an, wie dieser junge Mann, der später zu einem Hauptvertreter der europäischen Aufklärung werden wird, aus dem Erlebnis eine Relativierung der Sitten der vermeintlich gesitteten Europäer gewinnt: »Cook hatte aber schon auf seiner vorigen Reise aus guten Gründen gemuthmaaßt, daß die Neu-Seeländer Menschenfresser sein müßten; und jetzt, da wir es mit eigenen Augen gesehen haben, kann man nicht mehr daran zweifeln. Über den Ursprung dieser Gewohnheit sind die Gelehrten sehr verschiedener Meynung, wie unter anderem aus des Herrn Canonicus Pauw zu Xanten *Recherches philosophiques sur les Americains* ersehen werden kann. Er selbst scheint anzunehmen, daß die Menschen ursprünglich durch Mangel und äußerste Nothdurft darauf verfallen sind, einander zu fressen. Dagegen aber lassen sich sehr wichtige Einwände erheben, und folgender ist einer der stärksten: Wenige Winkel der Erde sind so unfruchtbar, daß sie ihren Bewohnern nicht so viel Nahrungsmittel liefern sollten als zu Erhaltung derselben nöthig sind; und diejenigen Länder, wo es jetzt noch Menschenfresser gibt, können am wenigsten für so elend ausgegeben werden. Die nördliche Insel von Neu-Seeland (…) hat kaum hunderttausend Einwohner, und wenn ihrer auch weit mehr wären, so würden sie sich doch alle von dem Überfluß an Fischen und vermittels des Landbaues, der in der *Bay of Plenty* und andernorts angefangen worden ist, zur Genüge ernähren und sogar den Fremden davon abgeben können, was sie auch wirklich gethan haben.

Bey alle dem läugne ich keineswegs, daß es Fälle gegeben haben kann, wo ein Mensch wirklich den anderen aus Not aufgefressen hat: Allein davon gibt es nur einzelne (…). Im Jahre 1722, da Deutschland Mißwachs hatte und viele Provinzen Hunger leiden mußten, (…) an der Grenze von Thüringen ein Hirte eingezogen und, wenn ich nicht irre, am Leben bestraft, weil er, durch Hunger gezwungen, einen jungen Burschen erschlagen und gefressen, auch verschiedene

Monate lang in gleicher Absicht bloß des Wohlgeschmacks wegen, zu morden fortgefahren hatte. Er sagte im Verhör aus, daß ihm das Fleisch junger Leute vorzüglich geschmeckt habe, und ebendies ließ sich auch aus den Mienen und Zeichen der Neu-Seeländer schließen.

Ein altes Weib in der Provinz Matto Grosso in Brasilien gestand dem damaligen portugiesischen Chevalier Pinto, daß sie mehrmals Menschenfleisch gegessen, daß es ihr ungemein gut geschmeckt habe und daß sie auch weiterhin welches essen möchte, besonders junges Knabenfleisch. Wäre es aber nicht abgeschmackt, wenn man aus diesen Beyspielen folgern wollte, daß die Deutschen und Brasilianer, ja überhaupt irgendeine andere Nation, Menschen umzubringen und sich mit dem Fleische des Erschlagenen zugute zu thun pflegen? Wir müssen also der Veranlagung dazu auf einem anderen Wege nachspüren. Man weiß, daß geringe Ursachen oft die wichtigsten Begebenheiten auf der Erde veranlaßt und unbedeutende Zänkereien die Menschen sehr oft bis zu einem unglaublichen Grad gegeneinander erbittert haben. Ebenso bekannt ist, daß die Rachsucht bey wilden Völkern durchweg eine heftige Leidenschaft ist und oft zu einer Raserey ausartet, in welcher sie zu den unerhörtesten Ausschweifungen fähig sind. Wer weiß also, ob die ersten Menschenfresser die Körper ihrer Feinde nicht aus bloßer Wut gefressen haben, damit nicht das geringste von ihnen übrigbleibe? Wenn sie nun außerdem fanden, daß das Fleisch gesund und wohlschmeckend sey, so dürfen wir uns wohl nicht wundern, daß sie schließlich eine Gewohnheit daraus gemacht und die Erschlagenen *allemal* aufgefressen haben: Denn, so sehr es auch unsrer Erziehung zuwider seyn mag, so ist es doch an und für sich weder unnatürlich noch strafbar, Menschenfleisch zu essen. (...) Wir selbst sind zwar nicht mehr Cannibalen, gleichwohl finden wir es weder grausam noch unnatürlich, zu Felde zu ziehen und uns bey Tausenden die Hälse zu brechen, bloß um den Ehrgeiz eines Fürsten oder die Grillen seiner Mätresse zu befriedigen.

Ist es aber nicht ein Vorurtheil, daß wir vor dem Fleisch eines Erschlagenen Abscheu haben, da wir uns doch kein Gewissen daraus machen, ihm das Leben zu nehmen? Ohne Zweifel wird man sagen, daß ersteres den Menschen brutal und fühllos machen würde. Allein es gibt leyder Beyspiele genug, daß Leute von civilisirten Nationen, die, gleich verschiednen unsrer Matrosen, den bloßen Gedanken an Menschenfleisch-Essen nicht ertragen und gleichwohl Barbareyen begehen können, die selbst unter Cannibalen nicht erhört sind! Was ist der Neu-Seeländer, der seinen Feind im Kriege umbringt und frißt, gegen den Europäer, der zum Zeitvertreib, einer Mutter ihren Säugling mit kaltem Blut von der Brust reißen und seinen Hunden vorwerfen kann? (Der Bischof Las Casas sah diese Abscheulichkeit unter den ersten spanischen Eroberern von Amerika.) (…)
Die Neu-Seeländer fressen ihre Feinde nur dann, wenn sie sie im Gefecht und in der größten Wut erlegt haben. Sie machen nicht Gefangene, um sie zu mästen und dann abzuschlachten, wie man wohl von einigen wilden Nationen in Amerika berichtet hat. (…) Es ist also nicht unwahrscheinlich, daß in der Folge der Zeit dieser Brauch ganz abkommen wird. Die Einführung von zahmem Schlacht-Vieh kann diese glückliche Epoche vielleicht befördern, insofern größerer Überfluß, mehr Viehzucht und Ackerbau das Volk näher zusammenbringen und geselliger machen wird.«[114]
Forsters Fazit, dass die Sitten der Europäer nicht nur aus der Sicht der menschenfressenden Wilden der Südsee für mindestens ebenso barbarisch zu gelten haben wie umgekehrt, unterstreicht Montaignes bereits hundert Jahre zuvor geäußerten Verdacht: Kultur ist immer dort, wo man sich selbst befinde, alle anderen seien Barbaren.[115]
Das Beispiel des Kannibalismus und die Reaktion der »kultivierten« Europäer zeigt ein weiteres Mal den Bildungsmechanismus der moralischen Ängste. Eine einstmals als selbstverständlich empfundene Lust, die ein Mensch freilich heute bei sich nicht mehr zulässt, wird im moralischen Empfinden

abgewehrt und in Menschenfreundlichkeit verwandelt. Das moralische Empfinden kündigt sich als Unlustgefühl an – als Ekel oder als Angst vor der Erinnerung, selbst zu so etwas fähig zu sein oder fähig gewesen zu sein. Die Abwehr erfolgt in einem Akt des Mitfühlens mit den Opfern und Angehörigen, mit denen man scheinbar selbstlos trauert oder denen man einen Dienst erweisen möchte.

Verdrängt wird dabei die Nähe der europäischen Kultur zum Kannibalismus. Dies zeigt, wie wirkungsvoll religiöse und moralische Rituale die Erinnerung an die Lust dadurch zum Verschwinden bringen.

Auf diese ihrem Ursprung entfremdete Symbolik macht uns auch eine andere Geschichte aus der Epoche Georg Forsters aufmerksam. Als Witz verkleidet tritt in der Geistesgeschichte immer wieder die Ahnung vom barbarischen Ursprung unserer eigenen modernen religiösen Rituale auf. Einen von diesen Witzen hat der schottische Philosoph David Hume (1711–1776) veröffentlicht: »Ein berühmter General, der damals in russischen Diensten stand und zur Ausheilung seiner Wunden nach Paris gekommen war, brachte einen jungen Türken mit sich, den er gefangengenommen hatte. Einige Doktoren der Sorbonne (die allesamt genauso rechthaberisch sind wie die Derwische in Konstantinopel) hielten es für bedauerlich, daß der arme Türke mangels rechter Unterweisung der Verdammnis anheimfallen sollte und drangen daher mit großer Heftigkeit auf Mustafa ein, zum Christentum überzutreten. Um ihn zu ermutigen, versprachen sie ihm eine Menge guten Weines für diese Welt und das Paradies für die kommende. Diese Verlockungen waren zu stark, als daß er hätte widerstehen können. Nachdem er also gründlich unterrichtet und katechisiert worden war, willigte er schließlich ein, die Sakramente der Taufe und des Abendmahls zu empfangen. Um jedoch alles zuverlässig und gründlich zu machen, setzte der Priester seine Unterweisungen fort und begann am darauffolgenden Tag mit der üblichen Frage: ›Wie viele Götter gibt es?‹ ›Gar keinen‹, antwortete Benedict, denn so hieß er jetzt. ›Wie? Gar keinen?‹ schrie der Priester. ›Aber gewiß doch‹, sagte der treuherzige Proselyt. ›Ihr habt mir die ganze Zeit über immer wieder gesagt, daß es nur einen Gott gibt; und den habe ich gestern aufgegessen.‹«[116]

Im Kannibalismus der Neuseeländer des 18. Jahrhunderts begegneten die Entdeckungsreisenden derjenigen Naturform des Menschen, die zu früheren Zeiten ihrer eigenen Kultur entsprach. Der Inselbewohner der Südsee wird so zum lebenden Spiegelbild der eigenen Vergangenheit.[117] Was die Gebildeten jener Frühzeit der Aufklärung mit Abscheu zur Kenntnis nahmen, war ihnen rechter Anlass, das Verhältnis zwischen Mensch und Tier neu zu bestimmen. Mit Angst vor der eigenen Vergangenheit wehrte die reaktionäre Öffentlichkeit das neue Menschenbild ab. Seinen Bildungsphilistern hielt Voltaire entgegen: »Der Mensch ist ein wildes Tier, mit wolligem Haar auf dem Kopf; er geht auf zwei Füßen, ist fast so geschickt wie ein Affe und schwächer als die anderen Tiere seiner Größe; er besitzt einige Ideen mehr als sie und kann diese leichter ausdrücken; im übrigen ist er den genau gleichen Notwendigkeiten unterworfen: er wird geboren, lebt und stirbt wie sie.«[118] Voltaire hat mit dieser Entzauberung des Menschen 1734 schon im ersten Kapitel seines *Traité de Métaphysique* vorweggenommen, was in den folgenden Jahrzehnten der beobachtenden Vernunft der Weltreisenden empirisch erweisen wird: Dass der Mensch, nicht anders als das Tier, geboren werde, lebe und sterbe, lässt wenig Raum für einen von Gott gegebenen Sinn des Daseins.

Doch der zivilisierte Mensch lässt bei sich nicht mehr zu, wozu ihn die Natur ursprünglich befähigte. Als im Jahr 2001 der Fall des »Kannibalen von Rothenburg« die Medien beherrschte, mussten wir erfahren, dass es nicht einmal Gesetze gegen Kannibalismus gibt. Gleichwohl waren sich alle einig, dass solche Akte bestraft werden müssten, obgleich in diesem Fall der Kannibale aus Rothenburg einen Menschen mit dessen Einverständnis geschlachtet, zerstückelt und teilweise gegessen hat. Das Medienereignis hat den Kannibalenchats massiven Zulauf beschert. Die Faszination, die solche Verbrechen flächendeckend auslösen und die sich in der extremen Medienaufmerksamkeit widerspiegelt, zeigt, wie stark der Verdrängungsaspekt hier wirkt.

Es besteht kaum ein Zweifel, im Ekel vor dem Kannibalismus stoßen wir auf die Angst vor der eigenen kulturellen Vergangenheit, und im christlichen Fleischverbot am Freitag treffen wir die gesellschaftlich legitimierten Spuren dieser Vergangenheit – bis zur Unkenntlichkeit maskiert – wieder an. Religiöse Erklärungen unterscheiden sich von rationalen Erklärungen dadurch, dass sie ihren kausalen Ursprung im Vergessenen oder im Unbewussten halten müssen. Wenn die rationale Antwort auf die Frage, warum Christen am Freitag kein Fleisch essen, sich nicht scheut, offenzulegen, dass sie eine ursprüngliche Lust, das für göttlich oder heilig Gehaltene zu verspeisen, zum Ausdruck bringt, so besteht die religiöse Antwort genau in der Verdunkelung dieser Ursache. Institutionalisierte Religionen fürchten natürlicherweise das Licht der Aufklärung.

Sollte Voltaire recht haben und es auch für den Menschen keinen höheren Daseinssinn geben, stürzten die mächtigsten Glaubenssysteme in sich zusammen. Welt- und Daseinsangst aushalten zu können bedeutet auch, ohne Religion und Kirche auskommen zu können. Fast sieht es so aus, als hätte unsere Kulturgeschichte die Angst verdoppelt: Nicht dass es schon genug wäre, die Angst der Welt aushalten zu lernen, darüberstehend hat sich eine noch viel mächtigere Angst ausgebildet: die Angst vor dem Verlust der Bedeutung des Glaubens und der Kirchen, in deren Obhut wir von der Weltangst nichts mehr spüren müssen.

Angst vor der Moral der anderen

Leider sind Moral, Ethik und Religion nicht nur großartige Errungenschaften menschlicher Kulturen, sondern auch Deckmäntel für Feindseligkeiten. In ihnen findet die Wandlung der Lust in Angst statt. Tritt der Aspekt der Feindseligkeit im moralischen Gewissen zutage, ergreift uns moralische Angst. Es verbirgt sich darin freilich auch die Angst vor dem Verlust der sozialen Leistungsfähigkeit der jeweils eigenen Moral. Als zu Beginn des Jahres 2008 einigen Verantwortlichen im Bestechungsskandal zwischen Vorstand und Betriebsrat bei der Volkswagen AG der Prozess gemacht wird, ist die Republik moralisch aufgebracht. Das ist verständlich. Die pauschale Frage nach Ethik im Management tritt in solchen Fällen regelmäßig auf die Agenda der Medien. Einig waren sich fast alle, dass die unehrlichen Manager dem Ansehen der ganzen Gruppe ihresgleichen in ethischer Hinsicht großen Schaden zugefügt haben. Die Elite des Landes hatte ethisch versagt, so der Tenor des Volksurteils. Die verdächtigten Manager mussten allesamt als Sündenböcke der Nation dienen.

Dabei wurde ein wesentlicher Gesichtspunkt vollkommen ausgeblendet. Für viele Bürger und Bürgerinnen war die moralische Schelte ein Ausdruck ihrer grundsätzlichen Verachtung reicher Menschen in unserem Land. Unter ihnen meldeten sich selbstverständlich Kapitalismusgegner, Globalisierungsgegner und Anarchisten zu Wort. Ihre feindselige Haltung gegenüber den Reichen kann zwar eine aufrichtige Bescheidenheit sein, sie kann aber auch bloßer Neid sein. In ihrem Ruf nach Ethik und Moral im Management versteckte sich auch die feindselige Attacke gegen das Kapital und die Macht der Mächtigen. Während aber über die gerechte Forderung nach Ethik im Management offen diskutiert wurde, blieben die feindseligen Aspekte unausgesprochen. Es ist in solchen Situationen kaum möglich, auch darüber zu berichten, wie wichtig es für die radikalen Gegner des Kapitalismus ist, Gelegenheit zu haben, die Angst vor dem Kapitalismus zu verstärken. Im Moralisieren eines Straftatbestandes wie dem der mutmaßlichen Steuerhinterziehungspraxis der Reichen oder ihrer Bestechlichkeit kann sich grundsätzliche Feindseligkeit gegen diese Bevölkerungsschicht verbergen. Indem wir ein Vergehen moralisieren, haben wir das Gefühl, etwas Gutes zu tun, und verdrängen damit die eigenen feindseligen Aspekte gegen diejenigen, gegen die sich der Vorwurf der »Unmoral« richtet.

Jetzt kommt Angst im doppelten Sinn auf. Sie wird fühlbar, wenn die Gefahr des Bewusstwerdens feindseliger Aspekte droht, aber auch, wenn uns die moralische Bewertung eines Sachverhalts grundsätzlich gefährdet erscheint. Wer mutmaßliche Steuerhinterzieher mit dem Argument verteidigt, sie hätten getan, was andere zum Teil auch wünschten, tun zu können, der gefährdet die gesellschaftliche Wirkung moralischer Urteile. Er wirft dann die Frage auf: »Soll etwa jeder Betrug moralisch zu rechtfertigen sein?« So stabilisiert die Angst vor der eigenen Feindseligkeit im moralischen Urteil das Moralsystem an sich.

Moral bedient den Wunsch, gut zu sein. Gut-sein-Wollen ist eine Eigenschaft des Menschen. Aber zur Gefahr wird Moral dort, wo sie dem Menschen den Dünkel des Gutseins aufrechterhalten hilft, obgleich empirische Tatsachen ein anderes Bewusstsein erforderten. Widersprüche zum Selbstverständnis des Menschen wertet er als Angst auslösende Gefahren.

Warum sollen wir nicht zugeben, dass die meisten Menschen eine diebische Freude haben, wenn sie das Finanzamt um hundert Euro betrügen können? Daraus folgt nicht, dass einer nicht bestraft werden soll, wenn er erwischt wird; und es folgt auch nicht daraus, dass es moralisch gerechtfertigt ist, dies im großen Stil zu tun. Aber die Leute zu dieser Falschheit zu erziehen, sagen zu müssen, sie hielten es für verwerflich, bei der Steuererklärung zu schummeln, obwohl sie es nicht für verwerflich halten, ist das größere Vergehen.

Den Mechanismus, durch den Dünkel der guten Tat die Angst vor der Einsicht in eigennützige oder gar böswillige Absichten abzuwehren, legt die Betrachtung extremer Beispiele offen. Moral und Ethik dienen der Abwehr von Wünschen, zu denen sich der Mensch nicht mehr bekennen kann. Wie der Zwangskranke ist auch der Moralist geneigt, die Wirkung eigener und fremder feindseliger Gefühle in der Außenwelt zu überschätzen. Er fürchtet ein Meer der Feindseligkeiten und das Chaos, wenn die ihm vertrauten moralischen Zwänge und Gebote wegfallen würden. Dass die Welt nicht schlechter würde, wenn er auf diejenige moralische Ordnung verzichten müsste, die für sein Sicherheitsbedürfnis notwendig ist, kann er sich nicht vorstellen. Er überschätzt die Macht seines eigenen moralischen Bewusstseins.

Das Gutdenken von Moralisten fördert aber ihre eigene Feindseligkeit dann doch zutage, wenn sie die schlechte Welt fürchten. Wären sie und ihre Werte nicht, stürzte die Welt in einem unmoralisches Chaos zusammen. So denken sie und wirken missionarisch in die Welt hinaus. Viele optimistische Gutdenker pflegen in ihrem Innersten dieses pessimistische Weltbild, das sie hinter der Maske unerschütterlicher Werte verbergen. Ihnen fehlt das Vertrauen in die Welt. Denn anders als sie meinen ist die Welt nicht schlecht. Sie stürzt auch nicht in ein moralisches Chaos, wenn Moralisten sich zurückhielten. Wir können darauf vertrauen, dass es unter den Menschen nicht übler zugehen würde, wenn das Korsett der vertrauten Zwänge und Gebote nicht existierte.

Aber Moralisten wehren seit Jahrtausenden erfolgreich solche Einsichten ab. Kritik an der Moral betrachten sie als Zerstörung der Werte. Sie glauben an die Allmacht ihrer Gedanken (»Du kannst, weil du willst«) und zweifeln daran, dass ohne ein enges Gestell von Normen, Regeln und Zwängen Handeln möglich sei.

Zwang kompensiert ihnen jeden Zweifel. Moralisten projizieren ihren eigenen Zweifel in die objektive Welt hinein.

Weil sie selbst ohne strenges Normensystem handlungsunfähig sind, sollen auch andere nicht ohne dieses Korsett handeln dürfen. Sie verbreiten eine unbegründete Angst vor dem Verfall der Werte, der Sitten und gewinnen Macht über natürliche Rangordnungen.

Dadurch werden strenge Moralisten zu Zwangsneurotikern. Das, was die Zwangshandlung stört, ist genau ihr Gegenteil, das durch sie abgewehrt werden soll. Oft stören schon die nicht genau eingehaltene Garderobe beim Diner oder die unsauber ausgeführten Tischmanieren das Ritual. Angst vor dem Verfall der Sitten macht sich breit, wenn Rituale unsauber ausgeführt werden. Moral duldet keine Unmoral. Die Abwehr des anderen der Moral legitimiert sich von selbst. Sind erst einmal Handlungen in die Würde des Moralischen aufgestiegen, haben sie den Status der Immunität gegenüber jeder Kritik gewonnen.

Die Einmengung des Gegensatzes wird automatisch ferngehalten. Das Unmoralische tabuisiert sich selbst. So wie im Beten Phantasien auftreten können, die das Beten stören – etwa ein unkeuscher Gedanke –, so darf die moralische Gesinnung nicht gestört werden, indem sie daran erinnert wird, dass sie auch ein selbstgefälliges Bedürfnis befriedigt. Wer einem Reichen zuruft, es sei ungerecht, dass er ein großes Vermögen besitze, verdrängt zu einem beachtlichen Teil auch mit dem Zauberwort »Gerechtigkeit« bei sich den Verdacht des sozialen Neides. Wie jede Zwangsidee muss auch die Idee des Guten der Situation ihrer Entstehung entrückt werden. Wer unter starkem Waschzwang leidet, hat längst vergessen, dass ein traumatisierendes Erlebnis die Ursache der übertriebenen Reinlichkeit war. Stattdessen hält es den zu beseitigenden Schmutz für die Ursache der Handlung.

Wir haben in diesem Kapitel den Mechanismus der Entstehung von moralischer Angst noch einmal aufgegriffen und durchleuchtet. Sie entsteht am Übergang vom Unbewussten zum Bewussten und Angst hat die Aufgabe, Gefahren an dieser Schnittstelle abzuwehren. Aber die beschriebenen Gefahren aus dem Unbewussten sind keine realen Gefahren mehr. Das heißt nicht, dass sie bedeutungslos wären. Es heißt nur, dass sie innerhalb der Psyche selbst entstanden sind und ihre Funktion auf diesen Innenbereich beschränkt bleibt. Die realen Gefahren sind gegenüber dieser Verselbstständigung des Angsterlebens sekundär geworden. Denn die Bewältigung realer Gefahren steht oft im Dienst der Herrschaft einer irrealen Angst. So springt vielleicht ein Mensch auch deshalb aus dem Fenster einer brennenden Wohnung einige Meter ins rettende Freie hinab, weil er kein Feigling sein will.

Angst ist die Abwehr der Erwartung einer Gefahr, daran haben wir oft erinnert. Das Bewusstsein erlebt Gefahren immer als etwas Reales. Doch der reale Anlass ist in der heutigen Gesellschaft selten gegeben. Was wir meistens abwehren, sind übertriebene Vorstellungen. Der unübertroffene Meister der Erzeugung von Angst, Alfred Hitchcock, sagte einmal: »Der Terror liegt nicht in der Explosion, sondern in der Erwartung, dass sie gleich eintreten wird.«[119] Ihm war klar, dass das Publikum eine Spannung über sich ergehen lässt, in der jeder Einzelne starke Emotionen durchlebt.

Ohne Emotionen kein Suspense – und »Suspense« nannte Hitchcock den Aufbau der Erwartung einer Gefahr. Er unterschied sie strikt von Überraschungen. »Der Unterschied zwischen Suspense und Überraschung ist sehr einfach«, erklärte Hitchcock einmal in einem Gespräch mit François Truffaut. »Wir reden miteinander, vielleicht ist eine Bombe unter dem Tisch, und wir haben eine ganz gewöhnliche Unterhaltung, nichts besonderes passiert, und plötzlich, bumm, eine Explosion. Das Publikum ist überrascht, aber die Szene davor war ganz gewöhnlich, ganz uninteressant. Schauen wir uns jetzt den Suspense an. Die Bombe ist unterm Tisch, und das Publikum weiß es. Nehmen wir an, weil es gesehen hat, wie der Anarchist sie da hineingelegt hat. Das Publikum weiß, dass die Bombe um ein Uhr explodieren wird. Und jetzt ist es 12 Uhr 55 – man sieht eine Uhr –. Dieselbe unverfängliche Unterhaltung wird plötzlich interessant, weil das

Publikum an der Szene teilnimmt. Es möchte den Leuten auf der Leinwand zurufen: Reden Sie nicht über so banale Dinge, unter dem Tisch ist eine Bombe, und gleich wird sie explodieren! Im ersten Fall hat das Publikum fünfzehn Sekunden Überraschung beim Explodieren der Bombe. Im zweiten Fall bieten wir ihm fünf Minuten Suspense.«[120]

Der berühmte Filmregisseur wusste genau, dass diese Emotionen bei uns Menschen von Zeit zu Zeit erlebt werden wollen. Er betrachtete es als eine Therapie, dem moralischen Bedürfnis des Menschen seine Entspannung durch Anspannung zu verschaffen. Auf einer Pressekonferenz 1947 in Hollywood sagte er zu diesem Thema: »Ich möchte dem Publikum heilsame moralische Schocks versetzen. Die Zivilisation nimmt uns heute so in Obhut, daß es nicht mehr möglich ist, sich instinktiv eine Gänsehaut zu besorgen. Der einzige Weg, unsere Erstarrung zu lösen und unser moralisches Gleichgewicht wiederherzustellen, besteht darin, diese Schocks künstlich hervorzurufen.«[121]

V. Das Fürchten lernen

Gefahren vermeiden

Es herrscht dichter Nebel an diesem Sonntagnachmittag. Die Passagiere des PANAM-Jumbos schauen aus dem Fenster und können kaum noch die Begrenzung der Landebahn erkennen. Es ist der 27. März 1977 auf dem Flughafen Los Rodeos auf Teneriffa. Der Tower hat die Piloten angewiesen, die Startbahn hinaufzurollen zum anderen Ende, wo sie um 180 Grad drehen und dann in Gegenrichtung starten sollen. Was die Passagiere ebenso wenig wie die Piloten und die Fluglotsen wissen, ist, dass dort am anderen Ende der Startbahn eine KLM-Maschine, ebenfalls ein Jumbo, gerade gewendet hatte und sich wegen einer falsch verstandenen Anweisung vom Tower in dem Irrtum befand, Freigabe für den Start erhalten zu haben. Die Piloten dieser holländischen Maschine geben Vollgas und beschleunigen auf 260 Kilometer pro Stunde. Während die Piloten des anderen Jumbos noch konzentriert ihr Flugzeug beim langsamen Rollen auf der Mitte der Piste halten, wo die weißen Streifen unter dem Bugrad verschwinden, taucht wie aus dem Nichts das zweite Flugzeug vor ihren Augen auf. Blitzschnell versuchen Sie nach links auszuweichen, können noch erkennen, wie der niederländische Jumbo versucht frühzeitig abzuheben und über ihr Flugzeug zu steigen. Beide Manöver scheitern. Der fliegende Jumbo schlitzt den Rumpf der PAN-AM-Maschine in der Mitte auf. Als er 200 Meter hinter ihr wieder auf die Landebahn stürzt, folgt eine Explosion auf die andere. In den Flammen des niederländischen Wracks überlebt niemand. In der Kabine des aufgeschlitzten amerikanischen Jumbos lodern Flammen. »Es war die totale Zerstörung«, wird die Überlebende Erma Schlecht später erzählen. »Ich dachte, da komme ich nie wieder raus.«[122] Aber sie und 60 andere Passagiere haben das größte Desaster der zivilen Luftfahrt vor gut 30 Jahren überlebt. Experten ziehen aus den Untersuchungsberichten den Schluss, dass es viel mehr Überlebende hätte geben können, wenn wir die Wirkungsweise der Mechanismen der Angst bei Menschen besser gekannt und berücksichtigt hätten. Warum haben die Passagiere des am Boden gebliebenen Flugzeuges die wenn auch äußerst knappe Zeit zur Flucht aus den Flammen nicht effizient genug genutzt?

Die Verbreitung von Angst befördert einen irrationalen Aktivismus, der oftmals – ausgelöst durch lebensbedrohliche Situationen – die Ursache weiterer Gefahren ist. Indem wir Vorsicht walten lassen in der Verbreitung von Angst, dienen wir der Vermeidung von Gefahren. Indessen vermindert Angst auch nicht unsere Überlebenschancen in der wirklichen Gefahr. Insbesondere aus der Erforschung von Flugzeugunfällen geht hervor, dass die Gefahrensituation mit Angst wesentlich schlechtere Ergebnisse bei der Evakuierung erwarten lässt, als die vergleichbare Übungssituation. Flugbegleiterinnen werden deshalb von großen Fluggesellschaften geschult, im Fall eines Unglücks das Maß der Angst möglichst gering zu halten.

Es ist das uralte Schutzprogramm in unserem Gehirn, das sich abspult, wenn wir uns in einer lebensgefährlichen Situation befinden. Was eigentlich die schnelle Entscheidung zwischen Weglaufen oder Kämpfen herbeiführen sollte, bewirkt oft eine vollkommene Lähmung. Als käme die Schockreaktion zu früh, ist unsere Bewegungsfähigkeit wie eingefroren. Die Minuten, die vergehen, bis ein Betroffener sich wieder bewegen kann, kosten ihn nicht selten das Leben. Wer in lebensbedrohlichen Gefahren überleben will, muss die Lage blitzschnell erfassen. Doch ein natürliches Stress-Programm des Körpers kann dies allzu leicht verhindern. Die Wahrnehmung verengt sich dabei zu einem »Tunnelblick«, und Reaktionen laufen langsamer oder sogar auf fatale Weise falsch ab. Das Gesichtsfeld ist radikal eingeengt und Verhaltensweisen werden unberechenbar. Wer bei einem Brand dem Instinkt folgt, dem Licht entgegenzulaufen, weil ihm sein Gefühl sagt, dort ist der Ausgang, läuft direkt in die Flammen in einem brennenden Flugzeugwrack. Die Protokolle der Rettungskräfte weisen zahlreiche solcher irrationalen Verhaltensweisen auf. Menschen bleiben in Flammen stehen, statt sich auf dem Boden zu wälzen oder sich in ein nahe liegendes Wasser zu stürzen; sie flüchten brennend unter einen Baum, oder rennen in das brennende Haus zurück, weil sie der Illusion aufgesessen sind, dort Schutz zu finden. Vielleicht wurde den Menschen, die sich nach den Anschlägen vom 11. September 2001 aus den oberen Stockwerken des brennenden World Trade Center stürzten, nicht einmal bewusst, dass sie ihr Schicksal besiegelten. Wahrscheinlich reagierten viele von ihnen nur auf den Mechanismus, der abwog: »Drinnen heiß – draußen kalt.«

Die größte Gefahr in der Gefahrensituation erwächst aus der Irrationalität der Angst. Verhaltensforscher arbeiten an einer regelrechten vorbeugenden Bekämpfung der Symptome der Angst. Um zu verhindern, dass Instinkte im Hormonrausch die Kontrolle übernehmen, muss unbedingt Stress abgebaut werden. »Wir trainieren beispielsweise Reaktorfahrer, die nach einem AKW-Unfall schnell und präzise reagieren müssen, zunächst Entspannungsübungen zu machen«, sagt der Psychotherapeut Georg Pieper. »Die Zeit gewinnen sie hinterher zurück, weil sie klarer denken.« Der Therapeut weiß, dass es schon hilft, ein paar Mal die Luft zu boxen oder laut zu schreien, um angestaute Energie zu lösen. Je eher das gelingt, desto eher setzt sich das Realitätsprinzip wieder durch.[123]

Was uns Psychologen raten, um uns darauf vorzubereiten, damit wir in der Situation einer großen Gefahr richtig handeln, widerspricht vielen Vorstellungen vom guten Geschmack und der Rücksichtnahme auf moralische Empfindlichkeiten. Als ich einmal mit einem Freund, der wenige Jahre zuvor einen Absturz mit einem Kleinflugzeug überlebt hatte und seither in seiner Bewegungsfähigkeit stark beeinträchtigt ist, zu zweit über das ausgedehnte Waldgebiet über dem Brocken flog, fragte ich: »Udo, wo würdest du denn hier gegebenenfalls notlanden?« Der gute Geschmack und das moralisch motivierte Taktgefühl hätten mir eigentlich sagen müssen, dass »man« einen Menschen, der eine Bruchlandung mit seinem Flugzeug schwer verletzt überlebt hat, nicht fragt, wo er notlanden würde. Unser moralisches Empfinden wehrt solche Fragen in einer solchen Situation ab. Aber genau diesen Widerstand müssen wir brechen, wenn wir uns konditionieren wollen, mit größerer Sicherheit bei Gefahr die richtige Entscheidung zu treffen. Der erfahrene Flieger hatte diese Kondition, denn Udo antwortete gelassen: »Ich halte auch gerade Ausschau nach einem möglichen Landeplatz.«

Nicht Rücksichtnahme auf Empfindlichkeiten, sondern frühzeitige Konfrontation mit der möglichen Gefahrensituation machen uns gefahrentauglich. Was wir überwinden müssen, um das Fürchten zu lernen, ist die Eigendynamik der Angst. Wir sollten also weniger die Empfindlichkeit für Angst steigern, statt uns für deren Auswirkungen zu desensibilisieren. Denn mit Sicherheit ist derjenige, der eine Katastrophe im Geiste schon einmal durchlebt hat, weniger geschockt, wenn sie wirklich eintritt. Die Gefahr, in den Zustand des »eingefrorenen« Verstandes zu geraten, ist sehr viel geringer.

Dies hat auch das Leben des Computerfachmanns Manuel Chea gerettet. Er ist einer von den rund 15 000 Überlebenden des Anschlags auf das World Trade Center. Als an jenem Dienstagmorgen im September 2001 der Boden unter seinem Schreibtisch im 49. Stock des Nordturms erzitterte, ließ er sofort alles stehen und liegen und rannte zum nächsten Treppenhaus. Er brauchte eine Stunde, bis er wieder sicheren Boden unter den Füßen spürte. Ihn haben als Kind ein starkes Erdbeben in Peru und später einige schwächere in Kalifornien geprägt. Sein Gehirn war bereits auf die Katastrophe vorbereitet und belohnte ihn mit der schnellen Reaktion. Kaum einer im World Trade Center reagierte wie er. Wie wir aus Interviews mit anderen Überlebenden wissen, warteten diese durchschnittlich sechs Minuten, nachdem sie den ersten Qualm gesehen oder die erste Warnung gehört hatten, ehe sie flohen. Nicht selten verstrich fast eine halbe Stunde, bevor die Menschen handelten. Manche suchten zuerst ihre Autoschlüssel, andere fuhren erst einmal ihre Computer herunter. 70 Prozent aber taten das, was eine Gefahr nicht vermindert, wohl aber die Angst vor ihr mit Sicherheit verbreitet: Sie redeten. Sie redeten mit Kollegen, riefen Freunde an, verständigten die Feuerwehr. »Partyeffekt« nennen Katastrophenforscher dieses Verhalten. »Menschen wollen sich immer sozial absichern«, sagt Wolf Dombrowsky, »sie wollen sich nicht lächerlich machen, indem sie übertrieben reagieren. Und sie wollen erst einmal verstehen, was passiert.«[124]

In der Katastrophe verstärken diejenigen Verhaltensweisen die Gefahr, die im ruhigen Leben den Sozialverband aufrichten. Je größer nämlich eine Gruppe ist, desto länger dauert es, bis Menschen in einer Gefahrensituation die Flucht ergreifen. Handfestes Wissen einer einzelnen Person kann diese zum Retter vieler Menschen machen. Eine brennende Fritteuse darf nicht mit Wasser gelöscht werden; wenn im Tunnel der Bergbahn Feuer ausbricht, darf man nicht nach oben laufen; bei Gewitter sucht man keinen Schutz unter alleinstehenden Bäumen. Wer solche Dinge weiß und anderen im Notfall den richtigen Weg weist, kann zum Helden werden.

Damit uns im Ernstfall dieses Wissen präsent ist, sollten wir frühzeitig die Konfrontation mit der Angst üben. Wir verwandeln nutzlose Angst in hilfreiche Furcht, wenn wir die Vorstellung, die unsere Angst weckt, bewusst aushalten, statt sie durch eilige Aktionen abzuwehren. Dies gilt für individuelle Ängste ebenso wie für moralische Ängste und die lähmende Angst im Moment der Katastrophe. Schon in der Übung vermindert sich Angst von selbst auf ein erträgliches

Maß. Wer sich seiner Angst stellt, braucht ihre Ursachen nicht zu verdrängen. Vor allem gibt es keinen Grund zu fürchten, ein gesundes Maß an Angstfähigkeit zu verlieren, wenn wir grundsätzlich unsere Empfindlichkeit für Angst reduzieren. Angst vor dem Tod beispielsweise kann uns zu abergläubischen Zwangshandlungen nötigen, die unsere Angst zugleich mit dem Bewusstsein, sterblich zu sein, verdrängen. Stelle ich mich jedoch dieser Angst, dann verliert der Tod am ehesten seinen Schrecken.

Angst wird zur Lebensbegleiterin, indem wir sie aushalten. Auch aus der Behandlung von Angstkranken wissen wir, dass Konfrontation immer zu einem Erfolg führt. Nicht das Vermeiden einer Begegnung mit den Objekten der Angst wird uns desensibilisieren, sondern die Konfrontation mit den Angst auslösenden Faktoren. Eine besondere Strategie der Konfrontation mit ihrer Angst wenden »Defensive Pessimisten« an. Die Psychologin Julie K. Norem vom Wellesley College in Massachusetts in den USA kann mit einschlägigen Studien zeigen, dass eine positive Kraft vom negativen Denken ausgehen kann. Die Erwartung, dass etwas schieflaufen wird, kann bei besonders »ängstlichen« Menschen dazu führen, dass sie alle Möglichkeiten im Kopf durchspielen. »Der defensive Pessimismus befähigt ängstliche Menschen dazu, gut zu planen. Sie können erst dann effektiv nachdenken und organisieren, wenn sie ihre Angst unter Kontrolle haben.« Defensive Pessimisten unterdrücken ihre Angst offenbar nicht, sie lassen sie zu.[125]

Auch der defensive Pessimismus und das negative Denken stoßen auf Abwehrkräfte aus unserem Gefühlsleben und unserer emotionalen Prägung. Man müsse doch zuerst positiv denken lernen und stets Optimist sein, höre ich Teilnehmer meiner philosophischen Kollegs vielfach vortragen. Doch hier widerspreche ich. Negatives Denken will gelernt sein, und es ist ein Aspekt der Fähigkeit, sich fürchten zu können. Es ist unser Narzissmus, der uns verleitet, Realitäten in ein schönfärbendes Licht zu tauchen. Nur wenige Menschen haben einen Blick für das Negative. Doch wir alle sollten uns damit anfreunden, dass Negativität die treibende Kraft des Fortschritts ist. Wenn wir uns gegenseitig nur bestätigen, wie grandios wir sind, wie gut alles im Geschäft läuft oder wie wenig Probleme wir haben, dann werden wir oftmals schneller vom Gegenteil eingeholt, als uns lieb sein kann. Wer dagegen in der Lage ist zu sehen und zu beschreiben, was nicht so funktioniert, wie es sollte, geht den ersten wichtigen Schritt in die richtige Richtung. Stets fällt es uns schwerer, einen Missstand nüchtern zum Ausdruck zu bringen, als ein Lob – vor allem ein Selbstlob – auszusprechen. Es vermindert unser Glück nicht, wenn wir uns angewöhnen, auch dem Negativen ohne Angst in die Augen zu schauen.

Auch andere bekannte Reaktionen verweisen auf den Erfolg dieser Strategie. Wenn Sie nach einem Albtraum schweißgebadet aufwachen, fühlen Sie sich recht unwohl. In diesem Zustand wollen viele Menschen nicht wissen, warum sie einen Albtraum hatten. Sie geben damit der Kraft der Angst nach und werden sicher die Albträume so bald nicht loswerden. Weil diese heftigen Träume – wie überhaupt alle Träume – mit unserem Leben zu tun haben, vor allem mit Situationen, in denen wir Angst gehabt haben, können wir Albträume mit der Zeit abstellen, wenn wir nach ihren Ursachen forschen. Wer in seinen erinnerten Erfahrungen nachforscht, wird auf Erlebnisse stoßen, die bei ihm unangenehme Reaktionen ausgelöst haben. Die bewusste Auseinandersetzung mit diesen Erlebnissen bringt die Träume im Laufe der Zeit zum Verschwinden.

Der Traum vom Fliegen

Angst hat, wie wir gesehen haben, eine mächtige Wurzel in der Lust. Doch in der Angst ist die Lust eigenartig verzerrt. So können wir oft nur schwer den Ursprung der Angst als ein Erlebnis der Lust erkennen. Doch ein Phänomen der Angst zeigt den Zusammenhang besonders deutlich: Menschen träumen vom Fliegen. Dass sie über Jahrtausende hinweg den Wunsch hatten, selbst einmal wie Vögel durch die Luft zu gleiten, dürfte überhaupt der Antrieb dafür gewesen sein, dass vor gut einhundert Jahren dieser Traum Wirklichkeit geworden ist.

Aber der Traum ist in der Wirklichkeit nicht verschwunden. Obwohl wir vom Fliegen nicht mehr träumen müssten, gehört dieser Traum zum festen Bestand psychischer Erlebnisse. Zahlreiche Menschen erleben sich in ihren Träumen als fliegende Wesen. Sie sagen manchmal, im Traum gelänge es ihnen, mit kraftvollen Bewegungen in der Luft zu schwimmen und sich dort wie ein Taucher unter Wasser bewegen zu können. Andere erleben das Fliegen als einen Sprung in die Luft, der sie wie Superman von Ort zu Ort gleiten lässt. Der Traum vom Fliegen erfüllt in unserem Seelenleben offenbar eine bestimmte Funktion. Welche Funktion ist es, und wie können wir sie beschreiben?

Wir freuen uns mit den kleinen Kindern, wenn sie jauchzen, weil Erwachsene mit ihnen Schaukel- und Bewegungsspiele machen. Wer die Kleinen mit den Händen über seinen Kopf hebt, sie mit ihren ausgestreckten Armen durch die Luft fliegen lässt, sie manchmal für einen Moment loslässt und wieder einfängt, erntet meist den unermüdlichen Wunsch nach Wiederholung. Freilich wecken solche Spiele manchmal auch Angst. Doch es überwiegt die Vorliebe der kleinen Kinder für Schaukeln und Wippen und durch die Luft fliegende Zirkusakrobaten. Die Unbefangenheit der Kinder führt uns auf die Spur der Freude am Fliegen. Und woher stammt die Lustempfindung dabei?

Sigmund Freud machte darauf aufmerksam, dass durch diese harmlosen Spiele bei den Kindern vielfach sexuelle Empfindungen wachgerufen werden. Sie sind »artspezifisch« und kein Anlass für Sittenwächter, den Kindern das Schaukeln zu verbieten. Ein Arzt schilderte einmal sein eigenes Erlebnis, das er früher beim Schaukeln hatte, dass er nämlich immer dann, wenn die Abwärtsbewegung ihre größte Wucht hatte, ein »eigentümliches Gefühl in den Genitalien« bekam, das er, obwohl es ihm nicht angenehm war, doch als Lustgefühl bezeichnen musste.[126]

Lust und Unlust liegen hier eng beieinander. Schaukeln ist meist so schön, dass manche Kinder die schwerelose Abwärtsbewegung und den Moment ihres Überganges in den Steigflug immer weiter steigern wollen. Dann passiert es auch mal, dass das Schaukeln mit einem Sturz endet. Häufiger noch verwandelt sich das Lustgefühl nach einer Weile in Übelkeit. Und Mütter berichten, dass die Bewegungsspiele der Kinder, wenn sie sich in Gruppen ereignen, oft genug mit Zwist und Weinen enden.

Die lustbetonte Bewegungsempfindung beim Fliegen eignet sich daher besonders gut als Träger von Wünschen, aber auch von Ängsten. Und dieser Träger leistet von Mensch zu Mensch verschiedene individuelle Befriedigung. Eine Frau, die häufig träumte, dass sie nur wenige Zentimeter über die Straße schweben konnte, litt im wachen Zustand unter ihrer geringen Körpergröße, und auch der Mann, der sein Traumerlebnis des Fliegens stets mit dem Wunsch verbunden sah, »wenn ich ein Vöglein wär«[127], von dem der Psychoanalytiker aus seiner Praxis berichte, geben ihren Träumen eine grobsinnliche Bedeutung, zumal Letzterer stets den männlichen Stolz des Träumers geweckt hatte. Dass solche Fliegerträume auch Erektionsträume sind, gehört zum festen Wissen der Psychoanalyse. Aber die menschliche Phantasie verbindet das Phänomen der Erektion ohnehin mit der Aufhebung der Schwerkraft. Was alte Kulturen an imponierenden Phallussymbolen hervorgebracht haben, betrachten wir meistens mit Staunen, niemals mit Angst.

Im Phallussymbol »Flugzeug« jedoch vereinigen sich die beiden Momente der Lust und Unlust miteinander. Einerseits Faszination, andererseits Schrecken, symbolisiert es uns die Nähe der beiden Emotionen Lust und Angst zueinander.

Gerade das Flugzeug ist in unserer Gesellschaft ein Zeichen der Wiederkehr eines Wunsches in Form der Angst. Träume vom Fallen tragen stets – anders als die Träume vom fliegenden In-der-Luft-Bleiben – einen starken Unlustcharakter. Sie sind massiver Ausdruck einer Angst. Auch in unserer Gesellschaft, in der die Geschlechtsunterschiede – soweit sie Grund zu Diskriminierung werden konnten – weitgehend beseitigt worden sind, ist die Angst vor dem Fallen bei Frauen stärker verbreitet als bei Männern. Freud wertete diese Angst vor dem Fallen als eine Verarbeitung der erwünschten oder befürchteten Nachgiebigkeit gegen eine erotische Versuchung.

Für eine Erklärung des Zusammenhangs zwischen Wunsch und Angst sowie zwischen Tabu und Angst sind die Beispiele aus der Traumdeutung, insbesondere des Traums vom Fliegen, aufschlussreich. Sie zeigen, wie sich mit der *Angst vorm Fliegen* eine Erinnerung an ein Lustgefühl verbinden kann, das aus moralisierenden oder aus zufälligen Gründen zu einer Unlust geworden ist. Wem als Kind die Empfindung in den Genitalien beim Schaukeln einerseits lustvoll war, und wem später ein starkes Schuldgefühl bei jeder Lustempfindung in den Genitalien eingeredet wurde, der kann beim Anblick eines Flugzeuges oder der Vorstellung, einzusteigen und loszufliegen, die Wiederholung der Verbindung zwischen Lust und Angst erleben, ohne die eigentliche Ursache selbst wieder in den Blick nehmen zu müssen. Kunstvoll und mit Witz verarbeitet findet sich die Verbindung zwischen Fliegen, Angst und Lust in dem Roman von Erica Jong »Angst vorm Fliegen«. Isodoras Weg der Befreiung von Angst beginnt dort im Flugzeug von New York nach Wien zum Psychoanalytikerkongress. Bei sechs der zahlreichen Psychoanalytiker im Flugzeug war sie schon in Behandlung, mit dem siebenten ist sie verheiratet und mit dem achten wird sie in Kürze eine heftige Liebesaffäre verbinden.

Die eigentliche Ursache der Angst vorm Fliegen bleibt stets im Unbewussten, weil wir uns darauf berufen können, dass Flugzeuge gefährlich sind. Wir haben die Angst vor sexueller Lust als Angst vorm Fliegen ausgelebt. Hier begegnen wir wieder der doppelten Buchführung. Die explizite Erinnerung an eine sexuelle Lust ist tabu und bleibt im Unbewussten. Auf sie bezieht sich aber der Hauptanteil der Angst, wenn ein Mensch Angst vor dem Fliegen hat.

Die Symbolkraft des Flugzeuges steigert das Angstempfinden. Das Phallussymbol Flugzeug schafft eine Nähe zur verdrängten sexuellen Lust, ohne explizit daran zu erinnern. Während kaum ein Mensch an brechende Knochen oder in Haut und Augen schneidende Glassplitter denkt, wenn er ins Auto steigt, sind die Vorstellungen an eine Katastrophe in unzähligen Fällen wach, wenn Menschen ein Flugzeug besteigen müssen.

Fragen wir diese Menschen, wovor sie Angst haben, dann erhalten wir nur Auskünfte, die das Flugzeug und das Fliegen betreffen. Es seien das Eingesperrtsein in der engen Kabine, die Kräftewirkung beim Start und Kurvenfliegen und der Blick nach unten, die sich mit der Vorstellung eines Absturzes verbinden. Vor allem die Kräftewirkung im Kurvenflug, bei Start und Landung verschaffen ein Kitzeln in der unteren Bauchgegend. Die ist der gefühlte Ausdruck der Angst beim Fliegen. Niemand sagt uns, dass ihn das Gefühl der Kräftewirkung in der unteren Bauchgegend an erotische Gefühle erinnere. Aber wer Angst vorm Fliegen hat, empfindet dieses Gefühl als höchst unangenehm, weil es die Vorstellung eines Absturzes weckt. Flugangst ist in dem gerade geschilderten Zusammenhang der Zwangsneurose ähnlich. Sie ist nicht zu vergleichen mit dem Trauma, das ein Passagier mit sich trägt, der einmal einen Flugzeugabsturz überlebt hat. Für ihn sind es weniger oder gar keine Lustängste, sondern die Wiederholung einer realen Furcht, die er selbst durchlebt hat.

In beiden Fällen aber beobachten wir, wie Angst unsere Urteilsfähigkeit verschlechtert. Im Zustand der Angst verstärkt sich die menschliche Tendenz zur Vernachlässigung eines realen Risikos. »Der sicherste Teil Ihrer Reise ist jetzt zu Ende, kommen Sie nun auch mit Ihrem Auto gut nach Hause«, verkündet der Flugbegleiter den Fluggästen kurz vor dem Verlassen einer Verkehrsmaschine. Hier begegnen wir der Irrationalität der Angst vor dem Fliegen. Und diese Irrationalität ist das stärkste Indiz für die darunter verdeckte Lust. Experten versichern uns, dass seit der Erfindung des Flugzeuges nicht einmal 200 000 Menschen bei einem zivilen Flugzeugabsturz ums Leben gekommen sind. Tatsächlich liegt die Wahrscheinlichkeit, bei einem Flugzeugabsturz ums Leben zu kommen, nicht signifikant höher als der berühmte »Sechser« beim Lottospiel.

Die Angst vor Höhe und vorm Fliegen zeigt uns einmal mehr, dass wir gute Gründe hätten, unsere Ängste grundsätzlich zu vermindern, um leistungsfähiger zu sein. So kann beispielsweise krankhafte Höhenangst dazu führen, dass die Bewegungsfähigkeit eines Menschen – also seine Freiheit – stark eingeschränkt ist, weil er keine Brücke überqueren kann, jedes offene Treppenhaus meiden muss und ihm Flugreisen unmöglich sind. »Narzissmusforscher vermuten, dass diese Phobie mit einer urtümlichen Flugfantasie zusammenhängt, die mit Hilfe der Angst abgewehrt wird. Das würde erklären, weshalb sich Höhenängstliche von dem Abgrund auch angezogen fühlen.«[128] Die moderne Therapie der Angst stützt sich auf ein Erlebnis des jungen Goethe, der unter Höhen- und Flugangst ebenso litt wie unter Platzangst. Zwar kannte er das Flugzeug nicht, aber in die Ballonfahrt – die Montgolfiere – imaginierte er sich mit großem Feingefühl, wie eine Stelle in seiner Autobiographie offenbart: »Besonders aber ängstigte mich ein Schwindel, der mich jedesmal befiel, wenn ich von einer Höhe herunterblickte. Allen diesen Mängeln suchte ich abzuhelfen, und zwar, weil ich keine Zeit verlieren wollte, auf eine etwas heftige Weise. Abends beim Zapfenstreich ging ich neben der Menge Trommeln her, deren gewaltsame Wirbel und Schläge das Herz im Busen hätten zersprengen mögen. Ich erstieg ganz allein den höchsten Gipfel des Münsterturms, und saß in dem sogenannten Hals, unter dem Knopf oder der Krone, wie man's nennt, wohl eine Viertelstunde lang, bis ich es wagte, wieder heraus in die freie Luft zu treten, wo man auf einer Platte, die kaum eine Elle ins Gevierte haben wird, ohne sich sonderlich anhalten zu können, stehend das unendliche Land vor sich sieht, indessen die nächsten Umgebungen und Zieraten die Kirche und alles, worauf und worüber man steht, verbergen. Es ist völlig, als wenn man sich auf einer Montgolfiere in die Luft erhoben sähe. Dergleichen Angst und Qual wiederholte ich so oft, bis der Eindruck mir ganz gleichgültig ward, und ich habe nachher bei Bergreisen und geologischen Studien, bei großen Bauten, wo ich mit den Zimmerleuten um die Wette über die freiliegenden Balken und über die Gesimse des Gebäudes herlief, ja in Rom, wo man eben dergleichen Wagstücke ausüben muß, um bedeutende Kunstwerke näher zu sehen, von jenen Vorübungen großen Vorteil gezogen. Die Anatomie war mir auch deshalb doppelt wert, weil sie mich den widerwärtigsten Anblick ertragen lehrte, indem sie meine Wißbegierde befriedigte. Und so besuchte ich auch das Klinikum des alten Doktor Ehrmann, sowie die Lektionen der Entbindungskunst seines Sohns, in der doppelten Absicht, alle Zustände kennen zu lernen und mich von aller Apprehension gegen widerwärtige Dinge zu befreien. Ich habe es auch wirklich darin so weit gebracht, daß nichts dergleichen mich jemals aus der Fassung setzen konnte.

Aber nicht allein gegen diese sinnlichen Eindrücke, sondern auch gegen die Anfechtungen der Einbildungskraft suchte ich mich zu stählen. Die ahndungs- und schauervollen Eindrücke der Finsternis, der Kirchhöfe, einsamer Örter, nächtlicher Kirchen und Kapellen und was hiemit verwandt sein mag, wußte ich mir ebenfalls gleichgültig zu machen; und auch darin brachte ich es so weit, daß mir Tag und Nacht und jedes Lokal völlig gleich war, ja daß, als in später Zeit mich die Lust ankam, wieder einmal in solcher Umgebung die angenehmen Schauer der Jugend zu fühlen, ich diese in mir kaum durch die seltsamsten und fürchterlichsten Bilder, die ich hervorrief, wieder einigermaßen erzwingen konnte.«[129]

Goethe bediente sich der Therapie der »Angstüberflutung«, durch die sich der Kranke gegen seine eigene Angstbereitschaft wappnet. Er desensibilisiert sich sozusagen. Wir könnten daraus lernen, dass es nicht sinnvoll ist, den Menschen unserer Gesellschaft jede Möglichkeit zu nehmen, ihre Ängste zu erleben. Vielmehr sollten wir sie ermuntern, sich ihnen auszusetzen. Andernfalls bemächtigt sich die Angst vor der Angst unseres Lebens.

Thrill – Die Lust an der Angst

Wenn Lust in die Verdrängung abgeschoben wird, verwandelt sie sich in Angst. Das Erlebnis der Angst liegt deshalb nicht weit von der Lust entfernt. Im Thrill begegnet uns sogar die Lust an der Angst. Vor mehr als vierhundert Jahren hatte ein findiger Schausteller in St. Petersburg eine neue Geschäftsidee. Er stellte fest, dass Menschen bereit waren, Geld zu bezahlen, um Angst haben zu dürfen. Mit einer 20 Meter hohen Half-tube aus Holz – ähnlich jener Halbkreise, auf denen Skateborder heute waghalsige Kunststücke vorführen –, auf der Wasser ausgekippt wurde, damit sie sich über Nacht in eine Eisbahn verwandelte, kassierte er eine Gebühr für jeden abenteuerlichen Ritt mit einem Schlitten. Die Achterbahn war geboren und trat ihre Reise um die Welt an.

Nicht viel anders sensibilisieren andere ihre Einschätzung von Risiken, indem sie sich – mit Lust – Angst auslösenden Situationen aussetzen. Ein Beispiel: John ist Tierfilmer und liebt die Arktis mit ihren einzigartigen Tieren. Eine seiner Vorlieben gilt den Walrossen. Diese tonnenschweren Tiere können mit ihren Stoßzähnen einem Menschen den Kopf abschlagen. John schreckt dies nicht ab. Beim Filmen weiß er zuerst nicht, wie nah er den Tieren kommen darf. Er riskiert den Angriff, weil er sich sagt, dass die Bilder das Risiko rechtfertigen, und nähert sich ihnen bis auf Reichweite. Menschen wie John sind nicht sonderlich gefährdet, durch Angst manipuliert werden zu können. Sie haben sich abgehärtet an wirklichen Gefahren, deren Risiko sie präzise einzuschätzen in der Lage sind.

Mutproben, so gefährlich sie sein können, haben offenbar den Sinn, nicht nur Angst zu vertreiben, sondern auch das Gefühl für gefährliche Situationen zu schärfen. Graffiti-Sprayer vertreiben ihre Angst durch das Anbringen von Graffities an besonders schwer zugänglichen und lebensgefährlichen Orten wie Autobahnbrücken, Brücken über Hochspannungsleitungen. Das haben viele Furchtlose schon teuer bezahlen müssen. Andere haben ihre Körperbeherrschung damit zu Höchstleistungen trainiert.

An anderen Stellen leisten diese Thrill-Süchtigen wichtige Dienste und gewinnen helfende Erkenntnisse über Gefahren. Jeffrey ist ein besessener Tornadoforscher aus Oklahoma. Tornados sind tödliche Wirbelstürme, deren Gewalt nicht einmal Häuser standhalten. Am Rande seines Zentrums hält Menschen nichts mehr am Boden. Ein Tornado der Stärke F2 reißt Ziegel von den Dächern der Häuser und entwurzelt Bäume. Ganze Häuser und Autos hebt er in die Luft, wenn er die Stärke F4 hat. Noch stärkere Tornados tragen das Etikett F5. Was zu tun ist, wenn ein Tornado sich ankündigt, wissen die meisten Anwohner seiner Reiseroute und vor allem die Verantwortlichen der Regierungen. Menschen flüchten oder werden evakuiert. Sie gehen dem Sturm so gut wie möglich aus dem Weg. Sie reagieren entsprechend ihrer Furcht, um sie zu vermindern. Nur Jeffrey nicht. Er besteigt seinen Truck und jagt dem Tornado hinterher. Dabei riskiert er jedes Mal sein Leben.

Menschen in tornadogefährdeten Gegenden haben seit Generationen dort nur überlebt, weil sie Furcht vor dem

Sturm haben. Aber diese Furcht kennt Jeffrey nicht. Er nähert sich auf drei Kilometer dem Wirbelsturm. Manchmal steckt er in der Dunkelheit und kann nur am Radarschirm sehen, wo sich der Tornado befindet. Er misst seine Geschwindigkeit und Bewegungsrichtung. Die Messdaten geben der Forschung wichtige Informationen. Weil sich Menschen vor Tornados nur schwer schützen können, sind die Vorhersagen und die Messungen des Sturmjägers von größter Wichtigkeit. Nicht selten sind es die Informationen der Sturmjäger, die Hunderten von Menschen das Leben retten, weil sie unmittelbar die Bildung eines Tornados beobachtet haben.

Menschen wie Jeffrey erleben den Auslöser einer Furcht nicht auf dieselbe Weise wie die meisten anderen. Statt wegzulaufen halten sie der Gefahr stand und gewinnen Vorstellungen davon, wie sie zu beherrschen ist. Nicht alle Menschen möchten sich nasse Füße holen, wenn sie ihrer Lust auf Angst nachgehen. Viel bequemer ist es sonntagabends auf dem Fernsehsofa, wenn sich der *Tatort* ankündigt. Da werden Menschen ermordet, entführt, geschlagen und misshandelt. Der Krimi ist nicht nur in der Belletristik ein Renner, sondern auch im Fernsehen. Während der Angstreiz in der Natur zur Flucht motiviert, gewinnt er in der modernen Welt einen Unterhaltungswert. Nichts auf der Welt löst offenbar ein so großes Hochgefühl aus, wie beschossen und nicht getroffen zu werden.

Stellen Sie sich vor, in der Evolution des Menschen hätten sich zwei Linien der Abstammung gebildet. Die eine Linie entwickelte ein große Lust beim Hinschauen auf Sex und Totschlag, während die Vertreter der anderen Linie scheu den Blick abwandten, wenn so etwas in der Umgebung zu sehen war. Von welcher Linie stammen Sie wohl ab? Richtig – von Ersterer. Denn die zweite Linie wäre längst ausgestorben. Aber die anderen haben beim Zuschauen gelernt, wie Sex und Gewalt funktionieren. Das hat ihre Lebenstüchtigkeit gesteigert.

»Irrlichter« – Die Projektionen der kindlichen und jugendlichen Angst

Die Wandlung der lähmenden Angst zur hilfreichen Lebensbegleiterin geschieht stets durch Aushalten der Emotion, die sich uns als Unlustgefühl aufdrängt. Berühmtestes Beispiel hierfür war Goethes Selbsttherapie, durch welche er als Jugendlicher seine Angst vor der Höhe und den leeren Plätzen abtrainierte. Kinder und Jugendliche haben ihre eigenen Mechanismen zur Abwehr und Verkleinerung der Angst.

Wenn Sie einmal Gelegenheit haben, ein achtjähriges Kind zu beobachten, während es eine Treppe hinabsteigen soll, die in ein dunkles Kellergewölbe führt, und dabei unmelodisch ein Lied durch die Lippen pfeift, dann fragen Sie einmal: »Hast du etwa Angst?« Manchmal bekommen Sie die Antwort: »Nein!« – Und das Pfeifen hört auf. Aber Sie wissen genau, dass diese Antwort gelogen war. Trotzdem hat sie dem Kind einen Teil seiner Angst genommen. Und dadurch gewinnt die Antwort nachträglich wieder an Wahrheit. Sie haben mit Ihrer Frage die Angst an die Schwelle zum Bewusstsein geführt, und das Kind fasst daraufhin den Mut, sie auszuhalten. Comic-Figuren gewinnen aus diesem Mechanismus ihre Popularität. Es ist der Mechanismus, dass wir unsere Angst verkleinern, indem wir uns selbst groß und stark phantasieren.

Das Größte, was Kinder sich denken können, ist Zauberei. Aber Kinder und Jugendliche stoßen nicht auf Unverständnis, wenn sie Zauberei ernst nehmen. Die Illusionen der Kinder bleiben Illusionen und leisten ihren Dienst als Kunstwerke. Mit Harry Potter in seinem dritten Ausbildungsjahr zum Magier erfahren auch wir, wie Zauberei die Angst auflöst. Der gefährliche Zauberer Sirius Black ist aus dem Askaban-Gefängnis entkommen. Jetzt sucht er Harry Potter, wahrscheinlich um ihn zu töten: denn schon dessen Eltern soll er getötet haben. Die Zauberlehrlinge lernen unterdessen, sich gegen einen starken Feind zu schützen. Eine

Unterrichtsstunde beginnt daher mit der Frage: »Was ist ein Irrlicht?« Die kluge Antwort der strebsamen Hermine: »Irrlichter sind Scheinfiguren. Sie nehmen die Gestalt dessen an, was sein Betrachter am meisten fürchtet.«

Wir finden hier die Einsicht, dass das Objekt der Angst aus dem Subjekt selbst stammt. Leider offenbart die Kulturgeschichte der Angst, dass Erwachsene diese Wahrheit oft vergessen haben und die Objekte ihrer Angst für etwas real Böses halten. Der Gegenstand der Angst ist aber eine Projektion des eigenen, subjektiven Erlebens des Menschen. Er kann wie ein Irrlicht den Menschen fehlleiten und in die Irre führen. Jugendliche und Kinder wollen diese Projektionen bewältigen. Der Professor weiß Rat. »Um die Irrlichter loszuwerden, muss man einen Zauberspruch aufsagen. Das Wort heißt *Rediculus*. Man muss sie zudem lächerlich machen. Das Fürchterliche verwandelt sich so in eine Witzfigur.«

Der Professor in Hogwarts, der so wenig wie seine Schüler zwischen Angst und Furcht unterscheidet, gratuliert schließlich Harry Potter nach dessen geglückter Übung in der Abwehr und erkennt, dass der Held der Geschichte bereits das höchste Verständnis für die Angst erreicht hat: »Du bist weise. Das, was du am meisten fürchtest, ist die Furcht selber.«[130] Zaubersprüche und Witze sind die besten Hilfsmittel gegen die Projektionen der Angst. Wenn in der Welt der Erwachsenen keine Zaubersprüche mehr wirken, dann stehen ihnen immer noch die Witze zur Verfügung.

Es gehört vor allem zum Lebensgefühl junger Menschen, dass sie die bevorzugten Konsumenten jener Comics sind, in denen die Mischung zwischen Kind und *Superman* durch Phantasie ergänzt, was die Lebenswirklichkeit eines Jugendlichen ihm verwehrt. Die Freunde Harry Potters wollen keine Kinder mehr sein, aber von den Erwachsenen werden sie noch nicht ernst genommen. In dieser Zwischenwelt eifern sie manchen »Irrlichtern« nach, aber sie wachsen von selbst heraus aus diesen Illusionen. Jede Generation hat ihre eigenen Möchtegerne. Was heute *Bart Simpson* ist, war früher einmal *Roadrunner*, eine Art Wegekuckuck, der durch seinen Listenreichtum, aber auch durch eine gewisse Tölpelhaftigkeit seinem Beutegreifer stets entkommt. An Erfindungsreichtum und Tölpelhaftigkeit übertroffen wird er nur vom Feind, dem Coyoten selbst. Im realen Leben ist er eigentlich das Opfer. Aber im Cartoon setzt er den Wunsch des Gejagten, selbst der Jäger zu sein, in wirkungsvolle Szenen um.

Die Helden solcher Cartoons repräsentieren zumeist den Vorstadtmenschen aus der Arbeiterklasse. Je weniger ihnen das reale Leben an heiterer Abwechslung zu bieten scheint, um so dreister sind ihre Comic-Helden. Auf diese Weise hat es der unsympathische Motorradfahrer aus dem nördlichsten Zipfel Deutschlands – *Werner* – zu beachtlicher Popularität gebracht.

Wer zur Bildungsschicht gehört, findet solche Figuren meist geschmacklos. Diese Vorstadtidole rufen bei Erwachsenen neue Ängste hervor. So ist die schlampige Göre *Pipi Langstrumpf* in vielen Elternhäusern der Bildungsschicht eine Bedrohung der guten Sitten ihrer Erziehung. Kaum etwas fürchten sie so sehr, wie die Gefahr, ihre Kinder könnten sich mit *Pipi Langstrumpf* identifizieren. Unerzogene Kinder als Vorbilder wecken in den höheren gesellschaftlichen Schichten, vor allem dann, wenn sie auf eine lange Tradition zurückblicken können, die Angst vor dem Verlust der erworbenen Kultiviertheit. Arbeiter dagegen gewinnen nicht aus der Zugehörigkeit zu einer besonders gepflegten Kultur ihre Beruhigung, sondern aus der Demonstration der Furchtlosigkeit gegenüber der herrschenden Klasse. Sie erleben eine Befreiung aus der ihnen aufgenötigten Enge, indem sie dabei sein können, wenn ihre Helden die Mächtigen austricksen. Schon der Lärm eines starken Motorrades – Motorradfreunde nennen ihn liebevoll »Klang« – kann dem frustrierten Fahrer oder der frustrierten Fahrerin den Stress nehmen, den ihnen ein Arbeitsvertrag erzeugt. *Werner* hat dafür die treffende Formel gefunden: »Es muss kesseln.«

Wir nennen Werner, Harry Potter, Pipi Langstrumpf, den

Roadrunner und Bart Simpson »Trickster«. Es gibt auch generationenübergreifende Projektionen des kindlich-jugendlich Tricksters, der eigentlich ein Schwächling und Versager ist, doch ein unermessliches Potenzial an Autosuggestion freisetzt. Auf dem weiten Feld der Cartoons und Comics begegnen wir ihm in der Gestalt des *Alfred E. Neumann*, dem Titelhelden des amerikanischen Satire-Magazins *MAD*, der seit 1952 jede Fürchterlichkeit mit einem lakonischen »Na und?« hinterfragt. Jede Gesellschaft hat ihre Trickster, die ihr die Angst vor der Machtlosigkeit in die Heiterkeit des heldenhaften Erfolgs verwandelt. *Asterix* und seine gallischen Freunde im spielerischen Kampf gegen die Weltmacht der Römer; die *Peanuts*-Bande von amerikanischen Vorstadtkindern, um den Helden *Charly Brown* herum, die allesamt ihr Leben selbst in die Hand nehmen und aus großen Angelegenheiten kleine Sachen (Peanuts) machen; *Tarzan*, die *Feuersteins* und *Simpsons* – sie alle verkörpern den verharmlosten Willen zur Macht, der die Bedrohungen des Alltags mit Lachkrämpfen besiegen will. Aber die Trickster sind keine Erfindung der modernen Gesellschaft, die ihre Langeweile mit Unsinn bekämpfen muss. Wir erkennen in allen Kulturen die Gestalt der Helden, die es einerseits durch Magie und göttlichen Beistand, aber andererseits auch durch listige Vernunft verstehen, die Allgewalt der Realität auszutricksen.

Der Anthropologe Claude Lévi-Strauss hat diesen Projektionen der eigenen Ängste und Symbole der Angstüberwindung in seinem epochalen Werk *Das wilde Denken* den Namen »Bricoleur« (Bastler, Heimwerker, Flickschuster) gegeben.[131] Der Bricoleur ist im Gegensatz zum Ingenieur ein Bastler, der ohne geeignetes Werkzeug den technisch gebildeten und hochgerüsteten Spezialisten die Stirn bietet. Er versteht sich ausgezeichnet auf Improvisation, wodurch er das Establishment und seine festen Ordnungen stets mit Kreativität herausfordert. Sein Sieg ist keineswegs gewiss. Oft scheitert er. Aber die Volksseele steht auf seiner Seite, wenn er den Heldentod stirbt, selbst wenn er als verantwortungsloser Draufgänger den Mächtigen ihre Rolle in aussichtslosen Manövern streitig gemacht hat.

Der Trickster erleichtert sich eine Angst, die ihm die mächtige Realität aufbaut, indem er sie schlichtweg leugnet. Der Mechanismus tritt mit einem bestimmten Grad intellektueller Entwicklung des Kindes erstmals auf. »Du sollst nicht rennen!«, sagt die Erzieherin dem kleinen Nils. »Ich bin gar nicht gerannt, nur ganz schnell gelaufen«, lautet die Antwort des Fünfjährigen. Furcht vor Strafe – sei es auch nur die ermahnende Stimme der Autorität – verkleinert sich, wenn wir den Sachverhalt umdeuten.

Die Geisteswissenschaften überliefern uns eine Reihe von Tricksterfiguren, die zu Kulturgütern aufgestiegen sind. Sie sind in Mythen präsent und erscheinen stets in einer ambivalenten – widersprüchlichen – und zwiespältigen Persönlichkeit. Der Trickster tritt auf als Verwandler und als Kulturheros. Er stielt den Göttern das Feuer, er rettet die Menschheit vor Ungeheuern; er besiegt die Mächte des Himmels und der Erde. Und trotzdem bleibt er ein Betrüger. Er macht die Götter eifersüchtig und speist sie mit falschen Zahlungsmitteln ab. Mit Schläue und Betrug trägt er bei zur Säkularisierung, zur Beherrschung der Welt durch Wissen und Rationalität und zur Entzauberung des religiösen Weltbildes.

Der Trickster verkörpert den Menschen in seinem Zwischenstadium zwischen Furcht, Angst und Herrschaft. Nichts ist ihm heilig – nach oben nicht und auch nicht nach unten: weder der Himmel noch die Hölle. Er macht sich lustig über Religion und Götter, über die Ansprüche der Priester und Schamanen, er spottet jeder Elite. Er triumphiert über Monstren, selbst wenn seine listigen Manöver misslingen. Seine Neuorganisation der Welt verläuft über Irrungen, Irrtümer, Irrlichter, und er bleibt am Ende unvollkommen. Seine Entscheidungen und Abenteuer bilden eine Art säkularisierte Religion, die das Gehabe der Götter parodiert und sich zuletzt noch über die eigene Revolte gegen die Götter lustig macht.[132]

List gegen Angst

Eine der ältesten und berühmtesten Trickster-Figuren unseres Kulturkreises ist der listenreiche *Odysseus*. Der sichere Tod erwartete ihn, als er nach dem Fall der Stadt Troja den Heimweg antrat – orientierungs- und hilflos über das Meer. Kaltschnäuzig stellt er sich allen Prüfungen, die kein Mensch zuvor bestanden hatte, indem er jede nur denkbare Form der Angst überwindet. Odysseus ist tapfer im klassischen Sinn. Tapferkeit ist in der griechischen Denkwelt der Gegenbegriff zur Furcht. Aber Odysseus lehrt eine Tapferkeit der besonderen Art: die listige Geschäftigkeit eines Mannes, der die Ordnung der göttlichen Welt nicht mehr anerkennt. Es ist keine Tapferkeit, die der moralisch geforderten Pflichterfüllung entspringt, sondern dem Willen zur Dekonstruktion der gewohnten moralischen Ordnung. Den vielen, deren Aufmerksamkeit der Mythos von Odysseus stets von neuem fesselte, die mit ihren Übersetzungen und Nachdichtungen den Kulturschatz pflegten, war er eine unverzichtbare Quelle der Bildung zur Stärke. Selbst der ängstlich-bürgerliche Zuschauer der *Odyssee* fühlte sich furchtlos wie der scheiternde und der siegende Held und war am Ende stets erleichtert wie nach einer therapeutischen Sitzung.

Prominentes Beispiel der Kunst des Odysseus ist seine Reise vorbei an der Sirenen-Insel, wo die Nymphen wohnten und mit ihrem zauberhaften Gesang jeden Seefahrer betörten. Das eherne Gesetz der Realität sah vor, dass jeder, der, vom lieblichen Gesang der Nymphen angelockt, die Insel betrat, verloren war und sterben musste. Das wusste jeder antike Seefahrer, und wen die Furcht vor dem unausweichlichen Schicksal nicht zum weiten Umweg um die Sirenen-Insel nötigte, der hatte seinen letzten Genuss erlebt.

Odysseus fehlt diese schützende Furcht. Er denkt nicht daran, die Insel zu umschiffen, aber er denkt auch nicht daran, sich in die zeitlose Ordnung der Welt mit ihrer Vorsehung einzufügen. Odysseus erfindet den dritten Weg zwischen Genuss und Verzicht, zwischen dem notwendigen Tod auf der Insel und dem gebotenen Umweg übers weite Meer. Er trifft Vorkehrungen, um das Unabweisliche abzuweisen: An den Schiffsmast sollen ihn seine Gefährten binden, und den Schiffern gibt er Befehl, sich die Ohren mit Wachs zu verkleben. Als sich dann das Schiff der Gehörlosen der gefährlichen Insel nähert, bleiben die Seeleute immun gegen die Lockungen der Sirenen. Nur Odysseus ergreift die Begierde, und er befiehlt seinen Seeleuten, Kurs auf die Insel zu nehmen, damit seine Sehnsucht gestillt werden möge. Aber die Seemänner mit den verklebten Ohren hören nun auch seine Anweisungen nicht mehr und retten so seines und ihr eigenes Leben.

Dieser grundlegende Text der europäischen Zivilisation zeigt uns einmal mehr, dass der Mensch seine Handlungsmotive aus einer anderen Quelle als aus dem Ruf nach moralischer Führung gewinnt. Der Held bedient sich des Betrugs. Odysseus ist alles andere als moralisch. Im Epos der griechischen Antike herrscht grundsätzlich keine Moral oder Ethik, wie wir sie heute allenthalben fordern. Die göttlichen Mächte werden stets von Odysseus übervorteilt: Sie bekommen nicht, was ihnen nach der Weltordnung zusteht und was jeden anderen das Fürchten lehrt. Ordnung einzuhalten erfordert Furcht vor der zu erwartenden Strafe. Odysseus aber ist der abendländische Held, der sich scheinbar nicht fürchten kann. Er durchbricht die göttliche Ordnung der Welt, verneint die herrschende Moral und überwindet dadurch Angst. Ein Vergehen zieht normalerweise Wiedergutmachung nach sich. Das fordert die ausgleichende Gerechtigkeit. Nur für Odysseus gilt diese Gerechtigkeit nicht. Immer wieder deckt Odysseus eine Lücke im Vertrag mit der göttlichen Weltordnung auf. Schließlich steht nirgendwo geschrieben, dass sich die Seefahrer nicht die Ohren verkleben dürften, um ihrem Schicksal bei den Sirenen zu entkommen.

Der Trickster und Bricoleur Odysseus ist die Gegenfigur der göttlichen Macht. In ihm sehen wir die Verkörperung des menschlichen Widerstands gegen die furchterregenden Götter und ihre Machtwillkür. Odysseus zeigt den Menschen, dass ihnen keine natürliche oder göttliche Ordnung den Weg versperren kann, wenn sie sich nicht ängstigen. Der listenreiche Odysseus ist es am Ende selbst, der die Götter das Fürchten lehrt. Denn eigentlich sind es die Götter, die sich vor den Menschen fürchten, wenn diese ihre Angst und Furcht vor ihnen aufgegeben haben. Und wenn Friedrich Nietzsche schließlich sagen wird: »Gott ist tot«, folgt diese Erkenntnis aus der Überwindung seiner Angst. Wenn Menschen keine Angst mehr vor den Göttern haben, sterben die Götter aus. Denn sie verdanken ihr Dasein der Angst.

Dass Götter um ihre Existenz fürchten müssen, wenn es keine Menschen mehr gibt, hatte schon Angelus Silesius in seiner Dichtung *Cherubinischer Wandersmann* 1675 verteidigt:

»Ich weiß, daß ohne mich Gott nicht ein Nu kann leben,
Werd' ich zu nicht, er muß vor Not den Geist aufgeben. (...)
Gott mag nicht ohne mich ein einzig Würmlein machen.
Erhalt' ich's nicht mit ihm, so muß er stracks verkrachen.«[133]

Doch während dem gewöhnlichen Menschen in seiner falschen Einschätzung des Risikos das Handeln durch Angst und Furcht diktiert wird, führt Odysseus – so die Autoren Horkheimer und Adorno in ihrer *Dialektik der Aufklärung* – eine neue Größe zur exakten Bestimmung des Risikos ein: die Kalkulation. Er kalkuliert seinen eigenen Einsatz und bricht die Macht derer, die keine Kalkulation kennen. Odysseus' Kalkulation ist nicht das moderne Rechnen mit Zahlen, sondern entstammt dem archaischen Opfer. Im Opferritus war die göttliche Macht nur durch ein Äquivalent an Gütern zu beschwichtigen. Das höchste Gut waren die Söhne der Aristokratie, die allein den Freikauf von den Vergehen des Volkes durch ihren Opfertod adäquat aufwiegen konnten. Mit der Humanisierung der Volksriten erfanden die Menschen allerlei Stellvertreter für das Opfer aus ihren Reihen – vom Tieropfer bis zum Opferpfennig. Der Mechanismus ist jedoch der Gleiche geblieben. Im Opfer tauschen wir stets ein geringeres Gut ein gegen die Hoffnung, wertvolle Verzeihung zu bewirken.

In der christlichen Religion verdichtet sich ausdrücklich ein Umschlag vom Menschenopfer hin zum symbolischen Opfer. Nach Vorstellung der katholischen Kirche soll Gott seinen eigenen Sohn zur Vergebung der Sünden geopfert haben. Damit hat der Ritus des Menschenopfers ein für alle Mal sein letztes Beispiel gesetzt.

Das Opfer ist ein ungerechter Tausch. Es fordert von den Gläubigen hauptsächlich Demut. Sie schulden Dank. Immer schon wurden die Götter entweder mit minderwertiger Ware abgespeist, oder der Mensch gab im Opferritual mehr von seinem Leben, als er zu erhalten hoffen durfte. Menschen fürchten daher mit einen gewissen Recht die Rache der Götter.

Die Irrfahrten des Odysseus künden bereits von dieser Entsagung, die in einer Ungleichheit zwischen Geben und Nehmen liegt. Der an den Schiffsmast Gefesselte hat zwar nur den halben Genuss, aber er muss auch nicht mit dem vollen Leben bezahlen. Doch vielleicht war der Untergang für all diejenigen, die, von den Sirenen verzückt, ihr Leben verloren, der gerechte Preis für das Gewonnene?

»Du hast doch gesagt, ich soll meine schmutzigen Hände nicht ans Handtuch schmieren«, sagte der kleine Nils, als ihn die Mutter fragt, warum er mit klebrigen Fingern am Tisch sitzt. Indem er die Befehle der Autorität wörtlich nimmt, bietet sich dem Kleinen eine Lücke, durch die er der Autorität entwischen kann. Mit der List der Sprache deuten auch Erwachsene ihre Hilflosigkeit in Mut um. Die Kunst der List liegt darin, dass sie Unterschiede ausnutzen kann, wenn sie die Details einer Sache betrachtet.

Es ist erstaunlich, welche Macht der Beschwörung des Risikos zu den eigenen Gunsten in der Nennkraft der Worte schlummert. Die Irrfahrten des Odysseus liefern manches Beispiel hierfür. Wie kennen es aus der Geschichte vom furchterregenden Kyklopen Polyphem, dem einäugigen Ungeheuer, das Odysseus und seinen Gefährten nicht nur den Zutritt zu seiner Höhle verwehrt, sondern ihnen auch noch droht, es werde jeden Einzelnen von ihnen auffressen. Die Rettung geschieht zuletzt durch die magische Wirkung des Wortes und der Umdeutung seines Sinnes. In der griechischen Sprache klingt der Name »Odysseus« ähnlich dem Wort »Udeis«. »Udeis« aber heißt »Niemand«. Als Odysseus sich namentlich dem Kyklopen vorstellt, versteht dieser statt Odysseus nur Udeis – Niemand. Der listenreiche und gefürchtete Odysseus wird so zu einem Niemand und rettet dadurch sein Leben. Denn als er dem Polyphem einen Holzkeil ins Auge sticht, schreit dieser blind und schmerzgeplagt nach seinen Freunden mit den Worten: »*Niemand* hat mir das Auge ausgestochen!« Seine Freunde verstehen den Hilferuf nicht, im Gegenteil, sie lachen ihn aus, und Odysseus kann mit seiner Mannschaft von der Insel des Ungeheuers entkommen. Wortspiele und die Rationalität der Aufklärung befreien den Menschen von Angst und Furcht vor Naturmächten ebenso wie von magischen Opferriten der Vorzeit.

Aber der *Trickster* symbolisiert auch die Tragik der Unbefangenheit. Oft ist es seine tragische Kunst, von Angst geleitet einem Lebensrisiko erfolgreich aus dem Weg zu gehen, um sich auf diesem Umweg in die Arme des eigentlich verderblichen Schicksals zu begeben. Hier sind es die falschen Dinge, die wir fürchten. Und so treibt die Angst vor der Gefahr uns zuletzt in eine vollkommen neue Gefahr hinein.

Halten wir die wichtigsten Thesen aus diesen Überlegungen fest: Die Wahrnehmung eines Risikos weckt Furcht und manchmal Angst. Was uns ein Risiko verkleinert, kann uns auch Angst und Furcht vermindern. Das mythische Zeitalter bedient sich der *Trickster*-Gestalten und beschwört durch deren Furchtlosigkeit sowie deren Listenreichtum die gefahrvollen Mächte. Der Mechanismus zur Verminderung der Furcht ist das Sich-selbst-groß-Reden. Zugleich wird hierdurch die eherne und fürchterliche Macht der Götter und Naturkräfte verharmlost und ausgetrickst. Der preußische Philosoph Hegel nennt diesen Vorgang die »List der Vernunft«. Faktisch geschieht dabei der sukzessive Austausch der Prinzipien göttlicher Weltordnung durch die vom Menschen gesetzten Werte. Mythen zeigen offener als moralisierende Verkleidungen, dass es sich in diesem Prozess eigentlich um eine betrügerische Handlung handelt. Denn der Mensch erhofft sich im Tausch größeren Nutzen, als er selbst den Göttern oder der Natur sein kann. Es geht also in den Zeugnissen der frühen Angst- und Risikoverminderung nicht um eine Ethik oder um moralische Imperative, sondern um einen offenen Machtkampf zwischen der Autonomie des Individuums und der Autorität göttlicher Mächte.

Höchstleistung statt Angst

Rund 400 Kilometer über dem Atlantik hängt der deutsche Astronaut Thomas Reiter an einem drei Millimeter dicken Eisendrahtseil. Er hat Wartungsarbeiten an einem Verbindungskanal der Weltraumstation ISS zu erledigen, eine mehrstündige Außenarbeit in der unendlichen Weite des Kosmos. Was für einen Großteil der auf der Erde zurückgebliebenen Menschen der pure Horror wäre, ist für Reiter der Höhepunkt seiner Weltraummission. Was andere als Angst erleben, erlebt er als Glück.

»Ich bin als Student«, berichtete der Bergsteiger Reinhold Messner über sein Erlebnis mit der *alma mater*, »der eigentlich klettern wollte, nachts häufig aufgewacht, in Angstschweiß gebadet, weil ein bestimmter Gedanke dauernd durch meinen Kopf lief. Ich habe im Kreis gedacht (...).

Hätte ich weiterstudiert, statt auf den Himalaya zu gehen, hätte ich mich vermutlich erschossen.«[134]

Der Psychoanalytiker Horst-Eberhard Richter bringt dieses Schlüsselerlebnis Messners in unmittelbaren Zusammenhang mit dem Erlebnis des ehemalige Rennfahrers Niki Lauda. Vor Jahren gestand dieser ebenfalls in einem Zeitungsinterview: »Ich habe Angst vor der Nacht. Ich habe Angst davor, dass mich einer anspringt, wenn es finster ist. Da bekomme ich richtig Herzklopfen. Aber ich habe keine Angst in meinem Auto, weil ich das beherrsche.«[135] In diesem Auto wäre Lauda fast verbrannt, und demnach hatte er davor weniger Angst als vor dem Dunkel der Nacht. Lauda und Messner sind bekannte Beispiele für Hochleistungen, die erbracht werden können, weil Menschen durch Aktivität gegen ihre Angst ankämpfen. Das Dunkel, von dem Lauda spricht, und das »Käfig-Erlebnis« Messners erzwingen beide Passivität. Dieses Erlebnis der lähmenden Ohnmacht war für beide eine unerträgliche Bedrohung. »Wenn man die Welt nicht bei Licht und in Freiheit beherrschen kann, wird sie unkalkulierbar feindlich. Das wilde Tier, das Messner in sich spürt, und der Angreifer, von dem Lauda im Dunkeln angesprungen zu werden fürchtet, symbolisieren die Verbindung von Angst, Aggression und Tod. Hier findet nicht die übliche Todesverdrängung statt. Sondern der Tod steht unmittelbar vor Augen, als Feind, den man immerfort auf den Bergen oder Rennpisten besiegen muss, um die Ohnmacht der kreatürlichen Sterblichkeit zu widerlegen.«[136] Wir erleben in diesen Hochleistungen die erfolgreiche Abwehr der Vorstellung, dass wir den Tod mit hilfloser Passivität hinnehmen müssten.

Ähnliche Phänomene haben die beiden Weltkriege des vergangenen Jahrhunderts hervorgebracht. Auch der im Ersten Weltkrieg verherrlichte Heldentod war eine Form der Verdrängung der Sterblichkeit. Helden sterben nicht, sie werden getötet. Sie umgehen die Passivität des Ausgeliefertseins durch die errungene Gewalt über den Tod, den sie zufügen oder der ihnen vom Feind angetan wird. Schwäche verwandelt sich in Macht. Der Held hat den Tod in der Hand und unterwirft ihn dem eigenen Willen. Militärischer Ideologie ist es zu keiner Zeit schwergefallen, »den Kriegstod nicht als ein elendes Erleiden, sondern als Ausdruck höchster Stärke zu feiern, als Produkt männlicher Kühnheit und Todesverachtung«.[137]

Manager – Die modernen Epikureer

Was unsere Angst vermindert, hebt unser Glücksgefühl. Auf eine seltsame Dissonanz in unserer Gesellschaft machte Sigmund Freud in einer Fußnote aufmerksam. Es sei doch merkwürdig, dass Arbeit als Quelle des Glücks so wenig anerkannt ist. Offenbar hindert viele Menschen eine Scheu vor der Arbeit daran, diese Quelle des Glücks zu erschließen. Als Ideal unserer Gegenwart scheinen sich die meisten Menschen vielmehr ein Rentnerdasein vorzustellen, in dem sich der Staat verantwortlich fühlen soll für ihre Absicherung gegen Krankheit, Unglück und Leid. Gleichzeitig erachten wir es als ein fundamentales Recht der Menschen, durch Arbeit ihren Teil zum Aufbau des gesellschaftlichen Ganzen beitragen zu können. Arbeitslosigkeit ist nicht nur die Schwelle zum wirtschaftlichen Elend, sie ist auch die Ursache für ein zerstörtes Selbstwertgefühl. Friedrich Engels schrieb der Arbeit den Hauptanteil an der »Menschwerdung des Affen«[138] zu. Denken wir auch daran, dass eine der größten Gefahren der Gegenwart – die zweite Weltwirtschaftskrise – auch dadurch entstanden ist, dass Kredit- und Investitionsgeschäfte, die einen schnellen Reichtum durch bloße Spekulationsgewinne versprechen, die Produktion des Wohlstandes durch Arbeit in den Hintergrund gedrängt hat. Statt von Managern zu verlangen, sie hätten sich an abstrakten Werten oder moralischen Pflichten zu orientieren, sollten wir uns alle klarmachen, dass nur produktive Arbeit auf Dauer Quelle von Wohlstand sein kann. In der Philosophie nennen wir die Spaziergänge im geistigen Überbau der Denker ebenfalls »Spekulation«. Das hat viel mit Selbstbespiegelung zu tun und steht auf unsicheren Füßen. Arbeit ist das Scharnier, an dem wir die Welt vom Kopf auf die Füße stellen könnten.

»Wir müssen unseren Garten bestellen«, antwortet Voltaire am Ende seines *Candide* auf die Frage nach dem Sinn des Lebens. Er beschließt mit seinem ironischen Roman die Utopie, dass wir für ein anderes Glück leben könnten als allein für das irdische. Das Realitätsprinzip verlangt von uns, dass wir uns in der Welt so einrichten, wie es für die Vermeidung unnötigen Leids und Elends erforderlich ist. Nicht das Treiben im Wildwuchs der Natur oder des Geistes fördert unser Glück, sondern die kultivierende Arbeit zum Gestalten der Wirklichkeit. »Keine andere Technik der Lebensführung bindet den Einzelnen so fest an die Realität als die Betonung der Arbeit, die ihn wenigstens in ein Stück der Realität, in die menschliche Gemeinschaft sicher einfügt.«[139]

Um diese Quelle des Glück zu erschließen, dürfen wir Arbeit freilich nicht als Prinzip der Ausbeutung erleben. Wer den Eindruck gewinnt, dass seine Arbeit keinen sinnvollen Beitrag zum gesellschaftlichen Ganzen darstellt, oder wer statt der Früchte seiner Arbeit unhaltbare Heilsversprechungen erhält, wird seine Arbeit eher notgedrungen erledigen. Wir sollten Menschen nicht Angst vor der Arbeit machen, indem wir ihnen einreden, Arbeit sei als Strafe für das Dasein in der Welt vorgesehen. Vielmehr könnten wir uns zum Beispiel an den Kreativen orientieren, die ihre Lebenszeit unermüdlich mit Arbeit füllen. Die Freude des Künstlers am Schaffen bereitet ihm Befriedigung und harmonisiert seine Lebensfunktionen. Sie empfinden ihre Arbeit nicht als Strafe, sondern als Glück. Künstler arbeiten mit dem Spiel der Phantasie. Sie beanspruchen nicht, dass ihre Illusionen Wahrheit seien und begeben sich nicht auf missionarische Kreuzzüge. Kunst kann entschädigen für den

Verlust der Religion, worin Menschen zugleich das Erlebnis der Angst wie auch ihre Verminderung festhalten.

Angst verwandelt sich durch Arbeit in Konzentration. Wer sich konzentrieren kann, hat weniger Angst. Umgekehrt werden Menschen von schwersten Depressionen befallen, wenn ihnen die Fähigkeit zur Konzentration fehlt. Das Element der Künstler ist die Illusion. Nicht jedem ist es vergönnt, darin vollkommen heimisch zu werden. »Wozu sind Geschichten gut, wenn sie nicht einmal wahr sind?«, muss sich Raschid Khalifa, der beliebte Märchenerzähler in Salman Rushdies Roman *Haroun und das Meer der Geschichten* unentwegt fragen lassen.[140] Khalifa ist ein Meister der Ausschmückung. Kunstvoll fabuliert er in der Tradition der Märchenerzähler aus *1001 Nacht* neue Geschichten. Um sich vom Spiel seiner Phantasie verzaubern zu lassen, scharen sich die Menschen in Gruppen um ihn.

Aber dem realitätsbewussten Unternehmer, dem Manager, dem »Macher« im stärksten Sinn des Wortes, kann die imaginierte Wirklichkeit nicht die Angst vor Entbehrungen nehmen. Er hält sich das Leiden fern, indem er mit Hilfe der von der Wissenschaft geleiteten Technik zum Angriff auf die Natur übergeht und sie dem menschlichen Willen unterwirft. Er gräbt nach Bodenschätzen, um sie entweder in Kraftwerken zu Energie zu verheizen oder um Bauwerke sowie Maschinen herzustellen; er seziert Lebewesen, um aus ihrem Feinbau zu lernen, wie er gegen den Zerfall am besten ankämpft; er entwirft Organisationsformen, um die Bedürfnisse von Mensch und Tier befriedigen zu können. Es ist der Typus des Unternehmers, der, um seine Angst vor Verletzlichkeit und Entbehrungen zu besiegen, zugleich am Glück vieler anderer arbeitet. Freilich fügt er vielen Lebewesen auch Leid zu, um für sich und seine Gruppe die angestrebten Ziele zu erreichen. Aber keine Kultur will auf den errungenen Wohlstand freiwillig wieder verzichten.

Manche Manager und Unternehmer werden süchtig nach schwierigen Situationen. Dabei ist Extremsport, vom Marathonlaufen über Risikoklettern bis hin zum Tiefseetauchen, nur eine Erscheinungsform ihrer Orientierung an Leistung und Macht. Wären sie der Gleichförmigkeit des risikolosen Versichertendaseins ausgesetzt, wären sie kaum überlebensfähig. Wer außergewöhnlich fit sein will, braucht Körperbeherrschung und muss regelmäßig trainieren. Aber nicht jede Sportart wird dem Gestaltungs- und Machtwillen gerecht. Es bedarf offenbar des extremen Risikos ebenso wie die Aussicht, sich dabei entwickeln und steigern zu können. Bungee-Springen hilft diesen Menschen wenig, denn dabei blieben sie passiv und könnten sogar noch betrunken ihren Sprung absolvieren. Das ist keine Herausforderung für den »Macher«.

Er erlebt Angst anders als Menschen, die weniger Verantwortung tragen. Es ist viel über die Ängste der Manager und Unternehmer geschrieben worden. Meist bescheinigen Autoren Managern, entweder zu viel oder zu wenig Angst zu haben, als wären sie besonders gefährdet, in dieser Hinsicht maßlos zu sein. Das Maß ihrer Angst wird dabei oft zugleich als Maß für ihre Unberechenbarkeit herangezogen. Es ist wohl richtig, dass Manager und Unternehmer in erhöhtem Maße ihre Angst vor der Sinnlosigkeit der eigenen Existenz mit einem überfüllten Terminkalender kompensieren; es ist sicher auch nicht falsch, dass sie übermäßig beherrscht werden von der Angst vor dem Verlust an Ansehen, Einfluss, Macht, Unversorgtheit und Vermögen; auch werden sie geplagt von Versagens- und Erwartungsängsten, der Angst vor Intrigen und vor Einsamkeit. Viele wenden Strategien an, um diese Ängste zu verkleinern.[141]

Aber es ist in der Literatur ein vernachlässigter Gesichtspunkt, dass insbesondere Unternehmer erfolgreich Strategien anzuwenden verstehen, die bei der Verminderung von Angst uns leiten können, um dadurch größere Genauigkeit in der Einschätzung realer Gefahren zu gewinnen. Furchtlose Manager und Unternehmer machen Fehler, aber ängstliche ebenso. Auch mit Blick auf diese Berufsgruppe geht es nicht darum, Furcht zu beseitigen, sondern allein darum, die lähmenden Kräfte der Angst zu vermindern. Erfolgreiche Unternehmer, insbesondere viele Familienunternehmer, besitzen eine Fähigkeit, die wir uns durchaus zu eigen machen könnten, auch wenn unser berufliches Umfeld ein gänzlich anderes ist. Es ist die Fähigkeit zur präziseren Einschätzung von Risiken, Gefahren, Chancen und Möglichkeiten, die anderen Menschen allzu leicht verlorengeht. Angst ist der Präzision dieser Einschätzung abträglich. Unternehmer werden zu Unternehmern, indem sie die mit Unsicherheiten verbundenen Ängste besser aushalten als andere Menschen. Auch in Fragen der Unternehmens- und Wirtschaftsethik wird dieser Gesichtspunkt meist vernachlässigt.

Um es aus dem Negativen heraus zu sagen: Unternehmer dürfen keine sonderlich große Angst vor der Äußerung ihrer Ansprüche, vor Kritik, Unsicherheit und Ungewissheit haben. Genau diese Angst scheint sich in der Gegenwart an vielen Stellen jedoch zu verstärken. Ich erlebe vielfach Studierende an der Universität, die sich nicht getrauen, einen Wortbeitrag zu liefern, und stattdessen ein Semester lang schweigen. Sie werden von der Angst beherrscht, den Satz vielleicht nicht zu Ende formulieren zu können, und deshalb fangen sie gar nicht erst an zu sprechen. Ihre Angst steigert sich, wenn sie ein Referat anfertigen sollen. Sie trauen sich nicht zu, das Referat zum fixierten Zeitpunkt fertig zu bekommen, und fangen deshalb gar nicht erst an. Sollten sie das Studium dennoch einmal bewältigt haben, dann werden sie eine wissenschaftliche Arbeit, vielleicht eine Doktorarbeit verfassen müssen. In der Forschung ist es üblich, dass man zu Beginn der Forschungsarbeit das Resultat nicht kennt. Hierdurch entsteht eine Phase großer Unsicherheit. Um sie aushalten zu können, benötigt man das Vertrauen, das angestrebte Ziel erreichen zu können – innerhalb eines Jahres oder auch erst nach zwei oder drei Jahren. Doch es darf kein blindes Vertrauen sein. Es muss sich stützen auf eine klare Einschätzung der zur Verfügung stehenden Ressourcen an Hilfskräften, an finanziellen Mitteln, an eigener Kraft. Nur wer dann auch noch die vielen Frustrationen auf der Strecke ertragen kann, wird am Ende sein Ziel erreichen. Die moderne Gesellschaft mit ihren zahlreichen Versicherungen und Sicherheiten begünstigt die Entwicklung von Individuen, denen nahezu jede »Durststrecke« der Unsicherheit zu lang ist. Am liebsten hätten sie das sichere Resultat gleich zu Beginn. In dieser Angst werden die Distanzen zwischen dem Ausgangspunkt und dem Endpunkt einer Forschungsarbeit immer kürzer. Dadurch schmälert sich selbstverständlich auch der Erkenntnisgewinn.

Von Unternehmern können wir lernen, dass der Erfolg in der Fähigkeit gründet, eine Phase des Risikos und der Unsicherheit auszuhalten, ohne von lähmender Angst vor Unsicherheit verschlungen zu werden. Der Charakter des Unternehmers muss ihn dazu befähigen, die Unsicherheit beim Aufbau eines Unternehmens, bei der Planung, Herstellung und Finanzierung eines neuen Produkts sowie beim Finden eines Marktes aushalten zu können, ohne in Panik zu geraten. Auf diesem Weg entstehen zudem oft unvorhersehbare Schwierigkeiten, die er mit Gelassenheit bewältigen können muss. Was Menschen in ihrer beruflichen und persönlichen Lebensentwicklung zum Scheitern bringt, ist oft nur die Angst, ein bestimmtes Problem nicht bewältigen zu können. Dann verfallen sie entweder in lähmende Depression oder flüchten in sinnlosen Aktivismus, indem sie Zweitrangiges zum Wichtigsten erklären und Ressourcen verschwenden, während sie dem eigentlichen Ziel keinen Schritt näher kommen.

Wer ein Unternehmen mit Hunderten oder gar Tausenden von Mitarbeitern führen muss, kann nur dann erfolgreich sein, wenn er nicht bei jeder Entscheidung von Angst behindert wird, wenngleich er reale Gefahren mit größter Genauigkeit erfassen können muss. Seine Angstempfindlichkeit ist jedoch von vornherein schwächer als bei anderen Menschen. Oft sind es Wochen, Monate oder Jahre der Ungewissheit, ob ein angestrebtes Ziel erreicht werden kann. Nur wer sich davon nicht zermürben lässt, hält diese Durststrecke durch, ohne den Überblick und die Nerven zu verlieren.

Ein Unternehmer berichtete mir von einem Unfall in einer von ihm hergestellten Feuerungsanlage, bei einem Kunden. Während er den aufgeschreckten Mitarbeitern im eigenen Unternehmen das Gefühl geben musste, dass alles wohl nicht so schlimm sei, befürchtete er selbst das Schlimmste: Personenschäden, Produktionsausfall und andere Schäden im Werk des Kunden – vielleicht sogar wegen einer fehlerhaften Installation der Feuerungsanlage durch seine Ingenieure. So hatte er auf der Fahrt zum Kunden nicht nur die Befürchtung, dort ein Chaos anzutreffen, sondern glaubte auch den möglichen Ruin der eigenen Firma bereits im Rücken zu haben. Von all diesen Ängsten und realen Befürchtungen durfte er sich jedoch nicht lähmen lassen. Am Ende konnte er nicht nur die Befürchtung, die Schuld am Unfall auf sich nehmen zu müssen, abwehren, sondern sogar den Auftrag zur Errichtung einer neuen und besseren Anlage mit nach Hause nehmen.

Wer solchen Belastungen gewachsen ist, eignet sich zum Unternehmer und zum Manager. Er zeichnet sich durch ein hohes Maß an Konzentrationsfähigkeit aus. Die Beharrlichkeit im Verfolgen der wichtigen Ziele darf sich nicht erschüttern lassen, während sich Frustration ankündigt, wenn Zwischenergebnisse nicht zu erreichen sind oder Widerstand zu überwinden ist. Auf der einen Seite versteht es der typische Unternehmer, das, was im Moment zu tun ist, als das Wichtigste anzusehen und mit der nötigen Sorgfalt und Ruhe zu erledigen. Auf der anderen Seite muss er stets die fernsten Ziele und die zu erwartenden Folgen im Auge behalten. Sie dürfen ihm die Konzentration auf den Augenblick nicht rauben. Schließlich ist auch jeder Mitarbeiter, dem er gerade aufmerksam zuhört, und jedes seiner Probleme wichtig. Wenn wir von »Nachhaltigkeit« sprechen, sind diese Dinge gemeint.

Viele von uns erlernen diese Fähigkeit zur Konzentration und Aufmerksamkeit niemals. Während sie eine Arbeit verrichten, sind sie gedanklich schon bei der nächsten, oder während sie am Arbeitsplatz sitzen, befindet sich ihre Phantasie schon im nächsten Urlaub. Eine innere Unruhe macht uns fahrig, und nicht selten verursacht eine Grundstimmung der Angst unaufhörliches Weglaufen vor dem Augenblick.

Die Anforderungen an den Manager und Unternehmer dürfen jedoch nicht dazu führen, dass er die Fähigkeit zur Furcht verliert. Andernfalls wäre er kurzfristig vielleicht erfolgreich, würde auf Dauer aber über seine Emotionsarmut stolpern. Denn der Furchtlose schätzt Risiken und Chancen ebenso falsch ein wie der Ängstliche. So wagen sich Furchtlose in gefährliche Märkte und Geschäfte hinein, und es ist weniger ihrer Kunst als dem Zufall geschuldet, wenn sie nicht scheitern.

Freilich gibt es auch Profiteure der Angst. Denn ein Unternehmer kann auch erfolgreich sein, wenn er seinen Kunden Angst einzureden vermag – vor allem dann, wenn er Versicherungen oder Alarmanlagen verkaufen will. Aber gleichwohl ist es für den Unternehmer auch dann besser, wenn er selbst nicht die Ängste seiner Kunden teilt, sondern es bloß versteht, diese vorzutäuschen.

Managern und Unternehmern wird oft vorgeworfen, »bestechlich«, »schwach«, »unverantwortlich«, »unmoralisch«, »eitel«, »abgehoben« und vieles mehr zu sein. Das trifft in einigen Fällen sicher zu. Doch sie haben auch ein unvergleichliches Maß an Stress auszuhalten. Denn nur von der präzisen Einschätzung der verfügbaren Ressourcen, der Macht der Widerstände sowie der Kraft, Unvorhergesehenes nicht zum Fallstrick werden zu lassen, hängen der Erfolg des Unternehmens und die Sicherheit der Arbeitsplätze ab. Die wenigsten Mitarbeiter, die Managern ihre Arbeit manchmal mit moralisierenden Vorbehalten nicht gerade erleichtern, wären psychisch in der Lage, ähnliche Belastungen auszuhalten.

Manager und Unternehmer müssen die Fähigkeit Haben, Risiken und Chancen möglichst genau einschätzen zu können, und auch mit einem ethischen Fundament ausgestattet sein. Nur wer die zu erwartenden Folgen seines Handelns in seine Entscheidungen einbindet, handelt verantwortungsbewusst. Was vom Unternehmer in erster Linie gefordert wird, ist die Einschätzung der Folgen seines Handelns in wirtschaftlicher Hinsicht. Versteht er es, diese Forderung auch auf das soziale Umfeld auszudehnen, bewegt er sich innerhalb der Ethik. Genau das, was einen Unternehmer in seinem Fach tüchtig macht, trägt auch zur Steigerung seines Verantwortungsbewusstseins bei: die präzise Einschätzung der Folgen seines Handelns in ökonomischer, in ökologischer und in sozialer Hinsicht. Pflichtethiker in der Tradition Immanuel Kants übersehen dieses Fundament auf breiter Front. Aber es gehört zur Qualifikation von Unternehmern und Managern, dass sie auch die mit ihrem Handeln verbundenen sozialen Risiken kalkulieren können. Wer in dieser Folgenabschätzungsethik tüchtig ist, benötigt keine weiteren moralisierenden Maßstäbe. Denn Letztere stützen sich auf zumeist überflüssige Ängste, statt sich mit wirklichen Risiken und Gefahren genauer auseinanderzusetzen.

Manager sind aber auch gut bezahlte und gut abgefundene Leute. Sie machen uns im großen Stil dadurch auf eine weitere moderne Form der Angst aufmerksam, die wir mit bewusster Aufmerksamkeit vermindern können: Der moderne Mensch kann den Umfang seines Besitzes niemals vollständig nutzen. Vom Keller bis zum Dachboden, von der Straßenfront zum Hinterhof und vom Sparstrumpf zur Kapitalanlage ist er zugerüstet mit Sachen und Sächelchen. Am Ende muss der Millionär sich mehr vor der Armut fürchten als der Obdachlose.

Dabei gilt doch: Was uns glücklich macht, lässt sich kaum vermehren. Wir haben mit unserer zivilisierten Welt eine in der Evolution nie da gewesene Angst entwickelt: die Angst vor dem Verlust materieller Dinge. Die Gefahren und Bedrohungen der jüngsten Vergangenheit, Gegenwart und Zukunft beruhen auf der zwanghaften Sicherung von Besitz, dessen Nutzen für Glück und Auskommen in unserem Leben oftmals zweifelhaft ist. Der Besitz, mit dem wir uns umgeben, scheint in erster Linie dem Zweck zu dienen, unsere Angst vor Verlust zu vermindern. Kaufrausch, Konsumzwang, Frustkäufe jagen uns durch den Alltag und auf die Karriereleiter.

Inzwischen haben sich die Mechanismen zur Verteidigung des Konsumzwangs verselbstständigt. Nehmen wir vielleicht nicht genügend wahr, dass der Mensch offenbar stärkere Angst von dem Verlust seiner Konsumgüter verspürt als vor einem wirklichen künftigen Unheil? Wir klammern uns an Besitz und vernachlässigen die aus dem Leben selbst stammenden Quellen des Glücks. Uns ist es wichtiger, in der Freizeit allein mit dem Auto durch die Gegend zu fahren, statt uns mit Menschen in unserer Nähe zu treffen. Aktivitäten der Freizeit haben wir an den Konsum gebunden, statt an den Umgang mit Menschen. Selbst Kinder betrachten wir als einen Besitz und bewerten sie, indem wir die Kosten ihrer Erziehung und Ausbildung kalkulieren wie ein anderes Konsumgut. Es ist zur Kostenfrage geworden, ob sich der moderne Mensch ein Kind anschafft oder nicht. Kein Wunder also, dass uns das verlorene Vertrauen in die Finanzen so viel Angst einjagen kann. Wir haben ja auch kaum einen anderen Maßstab für unsere Werte.

Dass nicht wirklich Liebe zum Kind unser Verhältnis zur neuen Generation bestimmt, erkennen wir nicht zuletzt an den Strukturen von Schule und Ausbildung. Wenn wir, wie wir ja vielfach vorgeben, wirklich besorgt sind um eine gute Ausbildung unserer Kinder, dann sollten wir vor allem mit Blick auf die nächste Generation bedenken, dass große Angst zwar momentan rasches Lernen bewirkt, aber den kognitiven Prozessen insgesamt nicht förderlich ist und zudem genau das vereitelt, was beim Lernen erreicht werden soll: Nicht das Festhalten eines einzelnen Faktums, sondern die Verknüpfung des neu zu Lernenden mit bereits bekannten Inhalten. Aber unser Schulsystem ist beherrscht von den Mechanismen der Angst, welche auf der einen Seite die Lehrer wie nie zuvor zermürbt und auf der anderen Seite bei Kindern Versagensängste im bislang kaum gekannten Ausmaß hervorruft.

Hirnforscher haben herausgefunden, dass Angst einen ganz bestimmten kognitiven Stil produziert. Er erleichtert das rasche Ausführen einfacher, erlernter Routine, aber er erschwert das lockere Assoziieren. Wenn auch dieser kognitive Typ vor 100 000 Jahren nötig war, so bekommt er heute schon Probleme, wenn er beispielsweise Prüfungsangst hat. Ihm wird die einfache, aber etwas Kreativität erfordernde Lösung nicht einfallen, die der weniger von Angst geprägte Typ schnell und ohne Anstrengung zur Hand hat.[142]

Weil unser Gehirn ständig damit beschäftigt ist, vorherzusagen, was gleich geschehen wird, spielt der Aufbau des Erwartungshorizonts die entscheidende Rolle für unser Wohlbefinden. Lernbereit sind wir nur, wenn wir mit unserem Handeln das Vorausberechnete erreichen, andernfalls stellt sich Frustration ein. Auf Dauer führt Frustration zu den aus der Stressforschung bekannten Lähmungen. Manfred Spitzer hat diese Mechanismen genau erforscht. »Auch beim Menschen entwickeln diejenigen, die der Unbill des Lebens hilflos ausgesetzt sind, chronische Stressschäden, andere nicht.« Spitzer betont, dass immer dann gelernt wird, wenn wir positive Erfahrungen machen.

Für optimales Lernen ist nicht der Absolutwert der Belohnung von Bedeutung, sondern deren Unerwartetheit: »Immer dann, wenn der Organismus eine bestimmte Erwartung hat und das Ergebnis des Verhaltens besser ist als die Erwartung, wird gelernt. Reize mit negativen Konsequenzen werden vermieden, solche mit positiven Konsequenzen werden gesucht.«[143]

Durch angenehme Musik, durch ein nettes Wort und einen netten Blick erreichen wir eine Verminderung der Aktivität zentralnervöser Strukturen, die unangenehme Emotionen wie Angst und Aversion signalisieren. Kinder handeln ganz im Sinne dieser Erkenntnisse, wenn sie pfeifen, während sie in den dunklen Keller gehen, und Soldaten, wenn sie singend marschieren.

Leistung und Versagen

Menschenbildung und Pädagogik setzen sich das Ziel, verantwortungsbewusste und selbstständige Menschen hervorzubringen. Die Mittel, derer sie sich überwiegend bedienen, stützen sich unnötigerweise auf die Erzeugung von Angst – Angst vor Strafe, Angst vor Versagen, Angst vor Liebesentzug. Aber eine Pädagogik, die vollkommen darauf verzichtet, Druck durch Autoritäten zu erzeugen, hat sich ebenfalls als unbrauchbar erwiesen. Ist eine Pädagogik, die sich der Mechanismen der Angst bedient, erfolgreicher?

Eltern hilft die Theorie bei der Erziehung und Bildung ihrer Kinder sehr wenig. Wie man den günstigen Augenblick, ein Lernangebot sinnvoll zu unterbreiten, nicht verpasst, erfährt der Erwachsene nur durch Praxis. Gutgemeinte Ratgeber in Erziehungsfragen haben dieselben Widerstände vor sich wie Ratgeber in Fragen der Diät: Wer sein Gewicht reduzieren will, hat dauerhaft nur dann Erfolg, wenn er seine Lebensweise ändert. Der Mensch isst so, wie er ist.

So wenig sich unser Verhalten durch den bloßen Beschluss: »Jetzt mache ich es anders«, nachhaltig ändern lässt, so wenig kann die Umsetzung einer abstrakten Theorie in die Praxis in Erziehungsfragen gelingen. Überzeugend sind wir nur dann, wenn wir im Sinne unseres Charakters handeln.

Was wir bei der Erziehung unserer Kinder erfolgreich weitergeben können, stammt aus der Grundstruktur unseres Charakters. Wenn theoretische Wahrheiten nicht die Struktur unseres Charakters beeinflussen, bleiben sie unglaubhaft. Wir wirken auf Kinder weniger durch das, was wir sagen, als durch unsere gesamte Person. Oft übersehen wir, dass Menschen, auf die wir einen pädagogischen Einfluss ausüben, uns nachahmen. Sie imitieren Sprache, Gesten, Verhalten, Werte. Wer selbst kein Gespür entwickelt, wie er als Vorbild auf andere wirkt, bleibt ein schlechtes Vorbild. Wer sich eine Vorstellung von den Erwartungen des anderen bilden kann, kann seinen Einfluss stärker geltend machen.

Nachahmung bedeutet, dass ich bei mir zur Resonanz bringe, wie ein anderer Mensch erlebt, wahrnimmt, fühlt. Wie er denkt, ist zweitrangig. Eltern können allein durch ihre unermüdliche Aufmerksamkeit für das Verhalten des Kindes die sich öffnenden Fenster erkennen, durch die der Bildungsstoff eingebracht werden kann. Es bedarf der Fähigkeit, die Bedürftigkeit des Kindes bei den Eltern zur Resonanz zu bringen. Diese Fähigkeit bilden wir in der Praxis des Nachahmens aus, theoretisch lässt sie sich nicht erwerben. Nur wer intensiv den Umgang mit Menschen pflegt, erwirbt dabei das benötigte soziale Feingefühl.

Trotzdem stützen wir Erziehung und Menschenbildung nicht auf die Anforderungen einer Charakterbildung, sondern auf die Umsetzung von stets enger gefassten Rahmenrichtlinien. Nicht allein die Schulbildung zwingt Schüler in ein an Schreibtischen erfundenes Lehrgebäude, das weniger auf guten Unterricht durch gute Lehrer setzt als auf die Erfüllung vorgegebener Normen. Unseren Kindern werde die Kindheit geraubt, fürchten sogar manche Kritiker der von neun auf acht Jahre verkürzten Gymnasialzeit. In der neuen Schule »scheint man den Strebertyp geradezu züchten zu wollen, wenn man ihm, seinen Eltern und Lehrern einbläut, dass alle Widerstände, die das Leben zu bieten hat, immer schon überwunden sind, ist erst einmal der prüfungsrelevante Strömungswiderstand richtig berechnet«.[144]

So stellt sich in unserer Gesellschaft, in der bewusst gesetzte Normen das intuitive Wissen vom richtigen Handeln aus allen Bereichen des öffentlichen und privaten Lebens zu verdrängen bestrebt sind, eine neue Funktionsstörung der

Angst ein. Wir haben Angst, hinter einem abstrakten Sollwert zurückzubleiben. Weil uns Sicherheit und Fingerspitzengefühl im Umgang mit Menschen fehlt, versuchen wir durch das bloße Befolgen von Normen und Richtlinien Ersatz für das intuitive Wissen über das richtige Handeln zu finden. Statt uns auf die Erfordernisse eines Menschen zu konzentrieren, motiviert uns die Angst, nicht regelkonform zu sein. Maßstäbe für das richtige Handeln gewinnen wir daher zu wenig aus der Erfahrung im unberechenbaren Leben. Sie werden uns vielmehr als abstrakte Rechtssysteme übergestülpt. Ein Pfleger in einem niedersächsischen Altersheim teilte mir kürzlich mit, dass er den Bewohnern des Heimes auf die Frage, warum er fürsorglich sei, nur noch antworten könne: »Weil der Gesetzgeber es vorschreibt.«

Wir Menschen haben natürlicherweise Lebensangst. Sie ist eigentlich eine Todesangst, denn sie entsteht aus dem Wissen, dass unser Leben ein Ende haben wird. Mit der Frage nach dem Sinn des Lebens machen wir uns ebenso Mut, die Endlichkeit des Daseins auszuhalten, wie mit der Sucht nach Konsumgütern, Macht oder anderen Drogen. Auch geordnete Strukturen verkleinern unsere Lebensangst, weil sie uns das Gefühl der Macht über Dinge und Gegenstände geben. Wem ordnende Strukturen fehlen, der leidet schneller an Depressionen.

Lebensangst ist in vielen Bereichen unserer modernen Gesellschaft einer Versagensangst gewichen. Sie hat eigene Formen von Neurosen hervorgebracht. Eltern projizieren ihre chronisch gewordenen Versagensängste frühzeitig auf ihre Kinder. Fotomodell, Schlagersänger, Überlebenskünstler, Werbeträger für Kosmetik und Mode, Geigenvirtuose, Bescheidwisser – in allem, worin Erwachsene sich unter Erfolgszwang setzen, sollen auch ihre Kinder frühzeitig tüchtig werden. Der Erwachsene überträgt also seine Wünsche und Ängste auf das Kind. Je weniger zwanghaft dies aber geschieht, um so entspannter können Kinder eine eigene Persönlichkeit ausbilden.

Über das Handeln der Menschen teilt uns reine Theorie heute nichts Neues mehr mit. Wollen wir die Fehler erkennen, die wir bezüglich der Bildung von Menschen machen, müssen wir uns verstärkt auf die biologischen Grundlagen des Menschseins stützen. Der Blick auf die Biologie des Menschen – nicht der Blick auf Theorien der Moral und der Ethik – lehrt uns, die Ziele unseres Handelns nicht aus der normativen Kraft einer vermeintlich reinen Vernunft zu erzeugen. »Es ist nutzlos und womöglich sogar kontraproduktiv, Inhalte anzubieten, die nicht adäquat verarbeitet werden können, weil die entsprechenden Entwicklungsfenster noch nicht offen sind«, erklärt der Hirnforscher Wolf Singer aus den Einsichten, die er aus der Biologie des Lernens gewonnen hat. »Da bislang nur wenig experimentelle Daten darüber vorliegen, wann das menschliche Gehirn welche Informationen benötigt, ist wohl die beste Strategie, sorgfältig zu beobachten, wonach die Kinder fragen. (...) Wenig hilfreich dürfte es sein, die Kleinen mit Überangeboten zu überschütten. (...) Mozart nicht nur im Kuhstall, sondern auch im Babyzimmer, Musik und Malerei aller Stilrichtungen, vielleicht sogar etwas hohe Literatur vorlesen. Das ist natürlich alles Unsinn, dem vehement Einhalt geboten werden muß. Hier vermischt sich Elternehrgeiz mit mißverstandenen Botschaften über die Bedeutung kritischer Entwicklungsphasen. Es macht keinen Sinn, Entwicklungen forcieren zu wollen. (...) Elternehrgeiz ist hier wenig dienlich, entscheidend ist nicht, was die Eltern wollen, sondern was das Kind mitbringt und will.«[145]

Die am weitesten fortgeschrittenen Industriegesellschaften haben bedenkliche Anomalien bei ihren heranwachsenden Mitgliedern hervorgerufen. Auf der einen Seite staut sich ein Aggressionspotenzial bei ihnen auf, und auf der anderen Seite treiben die Ersatzhandlungen zur Gewalt bei Erwachsenen immer bizarrere Blüten. Als infantiles Kräftemessen kehrt verdrängte Gewaltbereitschaft im Rahmen gesellschaftlicher Normen wieder. Noch stammen die meisten Beispiele aus den

USA, aber gewöhnlich treten sie mit der Verspätung von einer Dekade auch bei uns auf. Wir begegnen dort Beispielen, in denen der Widerspruch zwischen der Liebe zu Kindern und den Handlungen, mit denen wir unsere neurotische Angst zu ihrem Schaden auf sie übertragen, deutlich zutage tritt. In einer von Angst geprägten Gesellschaft bleiben wir unserem Versprechen, kinderliebend zu sein, die Einlösung schuldig. Meistens lieben wir nicht die Kinder, sondern uns in den Kindern. Damit Kinder sich räumlich wie gedanklich nicht zu weit vom elterlichen Horizont wegbewegen, wird in ihnen Angst vor Neuem und Fremdem erzeugt. Eltern hindern das Kind daran, sich selbstständig mit der Umwelt auseinanderzusetzen. »Sie hindern es daran, mit jenen Situationen, die es allein bewältigen kann, auch allein fertig zu werden, nehmen ihm entweder zu viel ab oder treiben es durch Überforderung in die Resignation. Die betreffenden Personen suchen dann später in der Außenwelt Dinge und Personen, die sie steuern. Die gefürchtete Situation lenkt sie ebenso wie die Person, an die sie sich klammern, um der Angst zu entgehen.«[146]

Angst vor dem Scheitern begünstigen diejenigen Eltern, die dem Kind keine Möglichkeit lassen, eigene Strategien im Umgang mit Erfolg und Misserfolg zu entwickeln. Das Kind ist nicht gewohnt, einen anderen Maßstab für Wert und Unwert seiner Leistung zu entdecken als das Lob oder den Tadel der Autorität.

Kinder zum Fürchten

Eric Harris war ein Schüler aus der Gegend von Oscoda, wo auf einem Militärstützpunkt ein Großteil der Waffensysteme für die Golfkriege umgeschlagen wurde. Er richtete das berüchtigte Blutbad in der *Columbine High School* von Littleton an. Einer seiner Bekannten ist D. J., ebenfalls ein Schüler. Die Militärbasis stuft ihn als gefährlich ein, weil er ein Handbuch zum Bau von Bomben herausgibt. Er selbst habe nicht wirklich Bomben gebaut, nur kleine Rohrbomben oder tennisballgroße Sprengkörper. Er erinnert sich, einmal eine 20-Liter-Trommel Napalm hergestellt zu haben, sonst nichts. Das ist für D. J. normal.

Das Reaktionäre in der Gemeinde Littleton beschreibt ein ehemaliger Schüler der *Columbine High School* als das Normale. Die Stadt mache die Menschen kaputt. Die Schule sei so normal, dass es weh tue. Lehrer und Rektoren verstünden es großartig, die Schülerinnen und Schüler einzuschüchtern und zu verängstigen. Sie erklärten ihnen eindrucksvoll, was geschähe, wenn sie das Klassenziel nicht erreichten. Aber sie helfen den Lernenden nicht, es zu erreichen. Sie wollen Anpassung durch Einschüchterung erzwingen. Es werde nach einem einfachen Muster in der Schule ausgewählt: »Wenn du dies jetzt nicht erreichst, wirst du immer so bleiben.« Auch die beiden Amokläufer hatten, als sie zwei Wochen vor ihrem Abschied von der Schule ihre Tat begingen, keine Vorstellung davon, dass sie einfach in eine andere Stadt hätten gehen und anders werden können. Die Lehrer hatten ihnen klargemacht, dass sie immer Versager bleiben würden, weil sie in der Schule versagt hatten.[147]

Die Schüler der Schule hassen ihre Lehrer und ihren Rektor. Aber der Hass beruht offenbar auf Gegenseitigkeit. Die Verantwortlichen wollen nun frühzeitig auffälliges Verhalten an den Schülern aufdecken und so künftig Gefahren vorbeugen. Sie reagieren, wie es für das System der Verwaltung und im Klima der Angst üblich ist. Wird das mit Rahmenrichtlinien gesetzte Ziel nicht erreicht, werden die Richtlinien und Kontrollen verschärft. Umzusetzen ist das Ganze von Systemagenten, einem bedingungslos agierenden Beamten- und Polizeiapparat. Doch was sie verstärken, ist das neurotische Verhalten. Ein Schüler wurde von der Schule verwiesen, weil er einen Nagelknips dabeihatte; ein anderer, weil er sich die Haare blau gefärbt hatte; und wieder ein anderer, weil er zum Schulball in einem Schottenkostüm erschienen war. Die

Bürger von Littleton haben den Druck zur Anpassung ein weiteres Mal verstärkt. Und weil ihnen keine anderen Mittel bekannt sind, halten sie dies für die richtige Bekämpfung der Ursachen des Terrors. In ihrer Angst vor dem Wahnsinn wird ihnen vieles bewusst, nur nicht dessen eigentliche Ursache, die vielleicht im neurotischen Verhältnis einer ganzen Gemeinde zu Waffen zu finden wäre.

Aber sie werden an vielen anderen Stellen fündig. Eine besonders auf Ordnung bedachte Schulleiterin erkennt in der laxen Kleidung der Schüler hundert Möglichkeiten, eine Waffe zu verstecken. Die weiten Pullis, T-Shirts und Hosen seien hervorragende Verstecke. Schuluniformen dagegen verminderten Disziplinverstöße und verbesserten die Atmosphäre an Schulen, meint die Schulleiterin mit einem goldenen Kruzifix an der Halskette und dem Gewissen einer Oberlehrerin. Auch sie will offenbar lieber Soldaten sehen als lebendige Schüler.

In der Stadt Virgin in Utah sind die Menschen vom Gesetz her verpflichtet, eine Waffe zu tragen. Es sei eine großartige Gemeinde, um Kinder großzuziehen. Jeder kümmere sich um den anderen. Sobald die Kinder eine Waffe tragen können, spielen sie im Schützenverein damit. Während die Eltern der auf der *Columbine High School* getöteten Schüler sich fragen, welchen Zweck es haben soll, dass Kinder so leicht an Waffen kommen können, mit denen sie niemals vorhaben, auf die Jagd zu gehen, beschwören die Vertreter der *Rifle Association* ihre moralische und heilige Pflicht, Opfer von Amokläufern zu trösten und weiterhin das Böse zu bekämpfen.

Die Feinde des Systems werden schließlich in der Heavy-Metal-Subkultur ausgemacht, in den Gewaltfilmen im Fernsehen, in Videospielen, Unterhaltung und im Schock-Rocker Marilyn Manson. Aber anders als die *Rifle Association* hatte die Band *Marilyn Manson* aus Respekt vor den Opfern des Attentats die letzten fünf Auftritte ihres Konzerts abgesagt.

Marilyn Manson versteht, warum er ausgewählt wurde, die

Ursache der Gewalt unter Kindern und Jugendlichen zu sein. Er verkörpere all das, wovor »alle Angst haben, denn ich sage, was ich will«. Nicht in der Waffenpolitik der Vereinigten Staaten sehen die Menschen die Ursache der kriminellen Gewalt, sondern in den Liedern des Sex und Rock'n'Roll. Aber in seiner Musik legt der Sänger den Finger in die offene Wunde. Er sagt den Menschen, dass sie ausgebeutet werden in einer riesigen Kampagne der Angst und des Konsums. Wer Pickel hat, bekommt keine Frau; wer kein repräsentatives Auto fährt, gilt als sozialer Außenseiter; wer Mundgeruch hat, dem hilft nur die richtige Zahnpasta.

Tausend Ängste baue die Industrie durch ihre Werbung auf, um sogleich das Allheilmittel dagegen anpreisen zu können. Keiner dürfe mehr sein wie er ist, nur der an die Masse Angepasste überlebt. Er befinde sich in einem System, das die Menschen in Angst halten will, damit sie konsumieren. Ein solches System produziere Psychopathen. Auf die Frage, was er den Menschen in Columbine sagen würde, antwortet der Manson spontan: »Ich würde ihnen gar nichts sagen. Ich würde nur zuhören, was sie mir zu sagen haben.« Genau dies habe bisher keiner getan, einfach zuhören. Der Schockrocker hat verstanden, dass wir in der Erziehung dadurch versagen, dass wir es an der Aufmerksamkeit für die Bedürfnisse unserer Kinder und Jugendlichen fehlen lassen. Statt dessen reagieren wir auf unbekannte Signale der Heranwachsenden mit Vorwürfen, Verordnungen und Vorschriften.

Die Amerikaner sind uns noch ein paar Schritte voraus, wenn es darum geht, Angst zu verbreiten, um sie im Massenkonsum wieder aufzulösen. Die Kampagne gegen den Jahrtausendwechsel hatte sie noch am stärksten ergriffen. In dessen Vorfeld sagten Nachrichten-Moderatoren und -Moderatorinnen im gewohnten Ernst und mit journalistischer Sachlichkeit den Absturz wichtiger Computer vorher. Die Angst erwies sich als Verkaufsschlager für Batterien und andere Ausrüstungsgegenstände für eine Notversorgung nach dem Zusammenbruch der sozialen Organisationen.

Wir Deutsche sind nur einen Schritt hinter der amerikanischen Kultivierung der Angst zurück. Inzwischen scheuen sich auch bei uns reaktionäre Politiker nicht mehr, generelle Angst vor Ausländern zu verbreiten. Statt die Ursachen zu begreifen, kultivieren wir die Angst vor den Symptomen.

Angst vor Unterversorgung

Von der Selbstverschwindensangst lebt eine spezielle politische Propaganda. Seit es Deutsche gibt, haben sie Angst davor, auszusterben. Entweder brauchen sie neuen Lebensraum für vorhandene Deutsche, oder sie brauchen mehr Deutsche für den vorhandenen Lebensraum. In beiden Fällen verwechseln sie Quantität mit Qualität. Was die Ausdehnung des Lebensraumes betrifft, so sind wir glücklicherweise durch eine fürchterliche Erfahrung schlauer geworden. Aber was die Bevölkerung des vorhandenen Lebensraums mit Deutschen betrifft, so jagt seit einigen Jahrzehnten eine Dummheit die andere. Es scheint, als hätten findige Beamte eine höflichere Form für den barbarischen Ruf »Ausländer raus!« gefunden. Sie lautet: »Mehr Deutsche müssen her!« Das eine ist so menschenverachtend wie das andere.

In der Ideologie der modernen Familienpolitik begegnen wir der vollkommen überflüssigen Angst vor dem Verschwinden in zweierlei Weise. Zum einen wird Angst und Hysterie verbreitet, dass in Zukunft zu wenig Kinder da sein und die Deutschen aussterben würden. Zum anderen aber kompensiert diese Ideologie eine sehr viel tiefer sitzende Angst. Sie zeigt sich, wenn wir den Tatsachen nachforschen, als Angst vor der Vergreisung der Gesellschaft.

Die Vergreisung der Gesellschaft ist jedoch keine spezifisch deutsche Angelegenheit. Selbst in Schwellenländern wie Indien werden die Alten zahlreicher. Und dort werden erheblich mehr Kinder geboren als bei uns. Der eigentliche Grund, warum unsere Gesellschaft zu vergreisen droht, ist die enorm gestiegene Lebenserwartung der heutigen Weltbürger.

Der familienpolitische Aktivismus, der die Aufmerksamkeit auf rückläufige Geburtenraten lenkt, speist sich aus der Angst, sich und anderen eingestehen zu müssen, dass der Grund für die Vergreisung darin liegt, dass es immer mehr ältere Menschen gibt. Wir begegnen hier abermals der Unklarheit schaffenden Funktion moralischer Ängste. In der Rede vom Kindermangel der Deutschen verbirgt sich die Angst vor der Zunahme der Alten in der Gesellschaft. Sie wird begleitet von der Angst der Verantwortlichen, sich und anderen eingestehen zu müssen, dass sie dies für verwerflich halten. Dabei ist nüchtern betrachtet nichts verwerflich am Älterwerden der Gesellschaft. Wir müssen zunächst erst einmal damit aufhören, das ungeborene Leben für wertvoller anzusehen als das geborene. Schädlich ist weniger die fallende Geburtenrate, sondern die Herabsetzung des Wertes älterer Menschen.

Dass an der Veränderung der Alterspyramide etwas Schreckliches sei, weist der Soziologe Karl Otto Hondrich zurück. »Die hinfällig-bejammerten ganz Alten meiden die Öffentlichkeit. Die jüngeren Alten werden eher durch ihre Rüstigkeit auffallen.«[148] Erschreckend ist allein die falsche Moral des Aktivismus. Dieser möchte eigentlich vom Schrecken der Alten sprechen und lenkt stattdessen die Aufmerksamkeit auf die kinderlosen jungen Ehepaare. Hondrich belegt eindeutig, dass weder die fallende Geburtenrate noch das Älterwerden einen Grund für Angst und sinnlosen Aktivismus darstellen müssen.

Der Fortschritt unserer modernen Gesellschaft gegenüber der Entwicklung vor 150 Jahren liegt darin, dass die Menschen heute doppelt so alt werden und halb so viele Kinder haben wie damals. Dem lebenden Menschen und seiner Gesellschaft ist damit geholfen, dass er Armut und Krankheit überwinden sowie Leistungsfähigkeit, Anerkennung und Selbstverwirklichung in einem nie dagewesenen Ausmaß erlangen kann. Die Ressourcen des Menschen könnten sich heute besser als jemals zuvor entfalten. Dagegen wäre unser Planet bereits heute heillos übervölkert, wenn alle Völker genauso viele Kinder zu Welt brächten wie vor 150 Jahren. Mit Recht führt Hondrich den Rückgang der Geburtenziffern als eine Lösung des Bevölkerungsproblems an.

Beim genaueren Hinschauen erweist sich der kostspielige Aktivismus politischer Akteure als eine von irrationaler Angst aufgescheuchte Geschäftigkeit, die ohne genaue Kenntnis, was sie eigentlich tut, in ein sich selbst steuerndes System eingreift, das auch ohne diese Eingriffe wunderbar ausgekommen wäre. Angst erzeugt in diesem Fall hauptsächlich unnötige Transaktionskosten.

Hohe Transaktionskosten verursacht auch die Angst vor Veränderung. Weniger Angst vor Veränderung zu haben bedeutet mehr Sicherheit. Unser nach allen Seiten allzu schnell sich ausrichtendes Wetterfähnchen der Angst möchte am liebsten gegen jede erwartete Bedrohung eine institutionelle Gegenmaßnahme ergreifen. Am Ende hat die Hysterie nur zu einem größeren Berg an Verordnungen und einer größeren Lücke im Haushalt geführt. Wir müssen lernen, Veränderungen – selbst Verluste – auszuhalten. Im Ganzen erfordert der schnelle Wandel eine Bereitschaft zu Gelassenheit.

Angst und Witz

Menschen geben vor, sich totlachen oder kranklachen zu wollen. Das ist normal, denn sie erreichen in der Regel das Gegenteil. Lachen gilt manchmal als die beste Medizin. Aber wogegen? Gegen Angst – vor der Lust, vor dem Tod, vor der Ohnmacht. Zwei Rentner treffen sich, sagt der eine: »Ich habe gehört, du hast deine Frau beerdigt.« – Sagt der andere: »Tja, was sollte ich machen, sie war tot.« Wenn Sie über den Witz gelacht haben, dann hätten Sie in diesem Moment noch nicht sagen können, warum. Ihr Unbewusstes hat sehr viel schneller reagiert und sich die Gelegenheit zur Entspannung verschafft. Wenn Sie versuchen wollten, sich zu erklären, warum Sie gelacht haben, dann werden Sie einen Widerstand spüren.

Der Witz lebt von der Spannung aus der Verschiebung der Bedeutung des Todes auf die Bedeutung des Beerdigens. Im Witz erscheint das Beerdigen als Problem, nicht der Tod. Für das Unbewusste ist es genau umgekehrt. Einen Augenblick lang konnte die Angst vor dem Tod bis zur Schwelle des Bewusstseins auftauchen, um dann sofort wieder dort zu verschwinden.

Die explizite Erklärung fällt Ihnen zunächst schwer, weil der Zugriff auf Unbewusstes von Natur aus durch Widerstände gehemmt wird. Was explizit zu sagen ist über die Gründe Ihres Lachens, geschieht nur durch Aufwendung von Denkenergie. Diese haben Sie sich erspart, indem Sie den Witz bloß auf sich wirken ließen. Dafür sind Sie mit Lachen belohnt worden. Sobald Sie aber Denkarbeit aufwenden, um explizit zu machen, warum Sie gelacht haben, begegnen Sie den Widerständen, die das Unbewusste der Bewusstmachung seiner Kenntnisse entgegenbringt. Manchmal sind die Widerstände so groß, dass Sie die Bewusstmachung abwehren, indem Sie auf eine falsche Fährte gelangen oder sich grundsätzlich weigern, den Witz witzig zu finden und zu erklären. Für manche ist der Witz aber auch nicht witzig, weil er nichts Verdrängtes bei ihnen zur Resonanz bringt.

Am stärksten wird das Unbewusste bei Zoten berührt. Sie schwächen die Angst vor Sexualität ab und erleichtern es, diese in der Verdrängung zu halten. Nirgendwo ist die doppelte Buchführung so deutlich zu erkennen wie im Witz. Aus der Doppelmoral der ausklingenden österreichischen Monarchie stammt die Erzählung, dass eine Frau, die sich »etwas zurückgelegt« hatte, dabei sehr reich geworden ist.

Wieder können wir fragen, warum wir über diese Formulierung lachen? Wenn sie geschmunzelt haben, dann bedenken Sie, dass Sie im Moment, in dem der Witz gewirkt hat, nicht wussten, warum er wirkte. Er konnte nur wirken durch das Zusammenspiel bewussten Verstehens und unbewusster Kenntnisse, die zugleich mit Lust und Tabu belegt sind. Getragen wird das Ganze durch die Verschiebung der Bedeutung des Wortes »zurückgelegt«. Es hat zu Beginn des Satzes eine harmlose Bedeutung und gewinnt plötzlich eine anzügliche Bedeutung, ohne dass diese explizit ausgesprochen wurde. Ihr Unbewusstes hat die Bedeutungsverschiebung sofort erkannt. Durch Ihr Lachen bekunden Sie, dass Sie diese verstanden und die darin ausgesprochene Wahrheit für einen Moment akzeptiert haben. Gleichzeitig bekunden Sie, dass diese Wahrheit nicht zu den Selbstverständlichkeiten ihres Lebens gehört. Wäre die Dame dabei gewesen, hätte sie aus genau diesem Grund nicht lachen können. Auch ein Mensch, dem die angesprochene doppelte Rolle von Lust und Tabu so tief in der Verdrängung liegt, dass er eine Erinnerung daran niemals zulassen könnte, würde nicht lachen dürfen. Stellen Sie sich nur vor, einer der Herren, von denen das Vermögen der Dame stammte, spielte mit der Maske moralischer Integrität eine wichtige Rolle in der Öffentlichkeit und sollte nun über diesen Witz lachen.

Denken Sie sich in die folgende Situation hinein: Ich erzähle den Witz bei Tisch in einer Gruppe von acht älteren katholischen Damen und Herren. Eine Frau sagt versehentlich: »Ich habe den Wichs schon mal gehört.« Ein betroffenes Schweigen setzt plötzlich ein. Dann sage ich: »Den Witz habe ich von Sigmund Freud – ›Wichs‹ ist auch ganz schön, spielt aber darin nur eine Nebenrolle.« Alles lacht und die Situation ist gerettet. Wieder war es die Doppelrolle des Gesagten, einerseits bloßer Versprecher, für den jeder unausgesprochen Verständnis hatte, andererseits aber der Ausspruch eines Tabus, von dem jeder wünschte, es wäre nicht ausgesprochen worden. Der Moment des Schweigens war Ausdruck der Angst, wenn etwas aus der Verdrängung ans helle Tageslicht aufzusteigen droht, das wir dort nicht dulden. Mit dem heiter gewendeten Aufgreifen des Wortes konnte es für einen Moment von jedem wahrgenommen, belacht und wieder ins Unbewusste versenkt werden. Allerdings können wir nur über Witze lachen, die ein nicht allzu tief Verdrängtes aussprechen. Menschen, die keinen Spaß verstehen, leiden unter der in größte Tiefe verdrängten Lustempfindung.

Das Lachen ist der Angst schädlich. Unsere Vorfahren bedienten sich wahrscheinlich der beim Lachen erzeugten Laute, um die Stammesgenossen zu entwarnen, nachdem sich eine erwartete Gefahr als unbegründet erwiesen hat.

Herzhaftes situationsbezogenes Lachen bedient sich wahrscheinlich eines uralten Mechanismus, nach dem wir eine zunächst für gefährlich gehaltene Situation als vollkommen ungefährlich durchschaut haben. Angsthasen, die jede Situation für gefährlich halten, machen sich daher leicht lächerlich. Aber fast jeder muss lachen, wenn ein Mensch auf eine Leiter klettert und die Unbeholfenheit seiner Kletterbewegungen uns das Gefühl gibt, dass für ihn schon harmlose Höhen gefährlich sind und uns erwarten lassen, dass er gleich stürzen wird. Stürzt er dann wirklich, ohne sich ernsthaft zu verletzen, dann lachen die meisten Menschen. Nur diejenigen, die keine Schadenfreude kennen, bleiben stumm. Manchmal sind es Leute, die überhaupt keinen Spaß verstehen.

So ist das Lachen die schönste Art, sich Angst zu vertreiben. Dort wo Angst herrscht, ist Lachen verboten. Der große Roman des italienischen Linguisten Umberto Eco, *Der Name der Rose*, lebt von einem durchgängige Spannung erzeugenden Motiv: Das Lachen ist den frommen Philosophen, strengen Theologen und Priestern untersagt. Als jedoch in der Bibliothek des Klosters ein Buch des Aristoteles über das Lachen entdeckt wird, sterben alle, die dieses Buch auch nur berührt haben, auf geheimnisvolle Weise.

Es gibt keine größeren Feinde der Angst als den Witz und die Karikatur. Das hat damit zu tun, dass Witz und Angst von ähnlicher Natur sind. Der Witz bringt die Angst zur Schwelle des Bewusstseins. Ob ein Mensch lachen kann oder nicht, hängt davon ab, ob er das, worüber nicht gelacht werden darf, weiterhin benötigt, um seine Angst in der Verdrängung zu halten. Wer trotzdem lacht, zerstört das Klima der Angst.

Der Versicherungsangestellte Adrian Zumbusch aus einer Fernsehkomödie von Franziska Buch hat vor allem und jedem Angst. Doch als ihm sein Arzt mitteilt, das er unheilbar krank ist, hört die Angst auf, und er beginnt sein Leben zu genießen. Todesangst befreit von allen anderen Ängsten, und vor dem Tod müssten wir nicht einmal Angst haben. Wer sich der Todesangst nicht stellt, verschiebt die Angst auf alle nur denkbaren Dinge.

Lachenkönnen setzt voraus, dass ein Erwartungshorizont aufgebaut wird, der sich anschließend nicht bestätigt, und dass der wirkliche Verlauf der Situation von uns akzeptiert werden kann. Menschen, die keinen Spaß verstehen, halten stur an einem auszuführenden Programm fest, das keine Abweichungen duldet.

Alle Zusammenhänge in unserem Leben werden von einer Erwartungshaltung geprägt, die spezifisch ist für unsere Person. In unserem Gehirn wird zu jedem Zeitpunkt vorausberechnet, was gleich geschehen wird. Solange sich diese Erwartungshaltungen bestätigen, passiert nichts Besonderes. Man könnte auch sagen, wir vergessen das Ereignis sofort wieder.

Aber machen Sie einmal das Experiment mit sich selbst. Achten Sie auf Ihre Gewohnheit, den anderen Menschen zuzuhören. Sie werden bestätigt fühlen, was Psychologen seit langem herausgefunden haben. Am Anfang eines Satzes hören Sie dem Sprecher noch aufmerksam zu. Je weiter sich der Satz dem Ende nähert, um so mehr erraten Sie, wie der Satz gleich enden wird. Manchmal sucht ein Sprecher nach dem richtigen Verb am Ende seines Satzes. Wie oft haben Sie es schon erraten und zur Freude des Sprechers laut ausgesprochen?

Von dieser Fähigkeit zur Vorausberechnung des Endes eines Satzes oder einer Geschichte lebt auch der Witz. Im Witz geht das Ende eines Satzes kurz vor seinem Abschluss in eine ganz andere Richtung als die vorausberechnete Erwartung. Aber nur, wenn Sie im Moment der Pointe schnell genug die zum gerade erfahrenen Ende der Geschichte die richtige Vorgeschichte entwerfen können, werden sie den Doppelsinn der Pointe zum Lachen finden. Die Pointe, die der Ausgang der Geschichte dann nimmt, hat mit Situationen zu tun, die in unserem Leben mit einem Tabu oder mit Zwang belegt sind. Deswegen sind zotige oder blasphemische Witze besonders wirksam.

Ganze Gesellschaften können sich beleidigt fühlen, wenn andere über ihre Schwächen lachen. Der britische Schauspieler Rowan Atkinson – *Mr. Bean* – muss sich im Frühjahr 2007 mit dem Kasachen *Borat* messen lassen. *Borat* hatte ein Jahr zuvor regelrecht popkulturelle Hysterien in England mit seiner Figur eines jeden Geschmack unterbietenden kasachischen Idioten ausgelöst und die Beliebtheit von *Mr. Bean* in den Schatten gestellt. In Kasachstan konnten seine Landsleute so wenig über *Borat* lachen wie einige Briten inzwischen über den Depp ihrer Nation, *Mr. Bean*. Was die jeweilige Nation angeht, so möchte sie nicht durch ihre Komik-Helden in ihrer Autorität geschwächt werden. Während den Engländern das Lachen über ihre Witzfigur vergangen ist, steht er in Ägypten, Israel, dem Libanon und in vielen arabischen Ländern an der Spitze der Beliebtheit.

Auslöser des neuerlichen Karikaturenstreits war die Gefangennahme eines britischen Soldaten im Iran, der nach seiner Freilassung zu Hause davon berichtete, er sei bei seinen Verhören als *Mr. Bean* lächerlich gemacht worden. »Sie wollten mir das Gefühl geben, ein Depp zu sein.« Die Wochenzeitung *The Guardian* sprach anschließend die Furcht der Briten um ihr Ansehen in der Welt aus. »Statt in der Welt durch *James Bond* repräsentiert, sehen sie sich nun dem Vergleich mit einer Witzfigur ausgesetzt. So etwas belastet freilich eigene Soldaten über Gebühr.«[149]

In den ersten Wochen des Jahres 2006 hat die rechtspopulistische dänische Zeitschrift *Jyllands Posten* mit ihren mehr oder weniger fahrlässigen Veröffentlichungen der Mohammed-Karikaturen das religiöse Gefühl von Muslimen verletzt. Eine der Karikaturen war unterschrieben mit der Auskunft: »Sorry, we run out of virgins.« Den skizzierten Gesichtern der gebeutelten Religionskämpfer mit zerfetztem Sprengstoffgürtel war tiefe Enttäuschung eingeschrieben, als sie nach verübter Tat im Paradies ankamen.

Was dem einen Gotteslästerung ist, dient dem anderen zur Erheiterung. Verletzend wird eine solche Karikatur dadurch, dass sie dem Gläubigen den Mechanismus des Versprechens lustvoller Freuden im Jenseits entlarvt. Aus demselben Grund wird sie dem Ungläubigen zum Witz. Gleich, wie die Karikaturen politisch zu bewerten sind, dass sie eine solche Wirkung und Angst vor der eigenen Schwäche offenbaren konnten, ist bedenklich.

Warum fürchten wir solche Menschen nicht sehr viel stärker, die sich gegen die Auflösung religiöser Tabus durch Karikaturen und Witze heftig zur Wehr setzen, als den Spaß, den sie unterbinden wollen? Auch hier scheint uns die Neigung einzuholen, dass wir die falschen Dinge fürchten.

Checkliste gegen Angst

Wer den schädlichen Auswirkungen von Angst entgegenwirken möchte, sollte sich um eine klare Einschätzung der Risiken, die mit seinem Denken und Handeln verbunden sind, bemühen. Deshalb haben wir uns in diesem Buch von der These leiten lassen, dass wir in der modernen Welt das Fürchten lernen müssen und dass es überflüssig ist, das ohnehin vorhandene Maß an Angst zu verstärken. Aufgrund der natürlichen Neigung, stets in größeren Alarmismus zu verfallen, als es eine erwartete Gefahr erforderlich macht, halten wir es für ratsam, im Zweifelsfall nach einer Checkliste die eigene Angstbereitschaft abzuschwächen. Ratsam erscheint dies auch, weil diejenigen, die am ängstlichsten und zugleich am stärksten gewillt sind, den Gefahren aus dem Weg zu gehen, gerade durch ihre Bemühungen oft zur Erhöhung bestimmter Risiken beitragen.

1. Die Bereitschaft zur Angst wird durch die Vernachlässigung von Wahrscheinlichkeiten verstärkt. Aufgrund intensiver Emotionen konzentrieren sich die Menschen auf den schlimmstmöglichen Fall. Sie bedenken dabei nicht, wie gering die Wahrscheinlichkeit seines Eintretens ist. Versuchen Sie sich ein klares Bild von der Wahrscheinlichkeit zu machen, mit der Sie von der angstauslösenden Erwartung betroffen sind. Wenn Ihre Angst aus der Beschränkung der Aufmerksamkeit auf den schlimmstmöglichen Fall stammt, liegt die tatsächliche Wahrscheinlichkeit seines Eintretens in der Regel niedriger als die Erwartung.
2. Vielfach entsteht flächendeckende Angst durch ein unverantwortliches Angstmanagement von Verantwortungsträgern und Meinungsmachern. Fragen Sie sich deswegen stets, durch welche Informationen Ihre Angst entstanden und verstärkt worden ist.
3. Stammt Ihre Angst aus dem verbreiteten Mechanismus des Vorsorgeprinzips, indem sich Interessengruppen für die Notwendigkeit des Handelns unter Bedingungen der Ungewissheit ausgesprochen haben – »Wenn wir abwarten, bis die Gefahr vollständig eingetreten ist, haben wir zu lange gewartet« –, dann haben diese Interessengruppen meistens eine vorgefertigte Antwort auf die Gefahr, zu der sie nur Zustimmung dulden. Wenn Sie an der verkündeten Gewissheit, dass Untätigkeit ein Fehler wäre und dass Regulierung die einzig angemessene Antwort auf diese Probleme darstellt, den geringsten Zweifel wahrnehmen, verhalten Sie sich am besten betont abwartend.
4. Angst kann, wie viele andere Emotionen auch, ansteckend sein. Unser Sozialverhalten begünstigt Gruppenpolarisierung und bewirkt oftmals, dass Gruppen mehr Angst

haben als Individuen. Wenn Sie sich bei Mitgliedern einer Gruppe, in denen ein reger Austausch über ein Problem stattfindet, mit Angst angesteckt haben, vertreten Sie wahrscheinlich nur aufgrund dieser Ansteckung eine extremere Position als zuvor.

In diesem Sinne hat der WHO-Angstberater Isaac Marks einige Regeln zum Umgang mit Angst herausgegeben, die uns hilfreich sein können:
»Angst ist unangenehm, aber selten gefährlich.
Vermeiden Sie Flucht.
Fördern Sie die Begegnung mit der Angst.
Je länger Sie sich der Angst aussetzen, desto besser.
Je schneller Sie sich mit dem Schlimmsten konfrontieren, desto rascher wird Ihre Angst nachlassen.«[150]

Anmerkungen

1 Albert Schweitzer, *Verfall und Wiederaufbau der Kultur*, München 1923, S. 1.
2 Paul Watzlawick, *Anleitung zum Unglücklichsein*, München 1990, S. 52.
3 Hanse-Studien, Hanse-Wissenschaftskolleg Delmenhorst, Bd. 2, Gerhard Roth und Uwe Opolka (Hrsg.), *Angst, Furcht und ihre Bewältigung*, Bibliotheks- und Informationssystem der Universität Oldenburg 2003, S. 188.
4 Süddeutsche Zeitung vom 27. 7. 2005.
5 www.NetDoktor.de, Zugriff im März 2007.
6 Andreas Huber, *Stichwort Angst*, München 1997, S. 46.
7 William James, *What is an emotion?* In: Mind 9, 34, 1884, S. 188–205.
8 Vgl. Wolfgang Schmidbauer, *Das Buch der Ängste*, München 2007, S. 16
9 E. O. Wilson, *Sociobiology: The New Synthesis*, Cambridge 1975, S. 4
10 Andreas Paul, *Angst: eine evolutionsbiologische Perspektive*, in: Hanse-Studien, Hanse-Wissenschaftskolleg Delmenhorst, Bd. 2; Gerhard Roth und Uwe Opolka (Hrsg.), *Angst, Furcht und ihre Bewältigung*, Bibliotheks- und Informationssystem der Universität Oldenburg 2003, S. 24.
11 Vgl. Rainer Krause, *Allgemeine psychoanalytische Kankheitslehre*, Bd. 1, Stuttgart 1997.
12 Paul Ekman, *An Argument for basic emotions*, in: Cognition and Emotion 6, (1992), S. 169–200.
13 Vgl. Andreas Huber, *Stichwort Angst*, München 1997, S. 7.
14 Gerd Gigerenzer, *Das Einmaleins der Skepsis. Über den richtigen Umgang mit Zahlen und Risiken*, Berlin 2002, S. 13 f.
15 Andreas Huber, *Stichwort Angst*, München 1997, S. 66.
16 Friedrich Nietzsche, *Jenseits von Gut und Böse*, in: Kritische Studienausgabe, Bd. 5, Berlin 1988, S. 86.

17 Zit. nach Michael Rißmann, *Hitlers Gott. Vorsehungsglaube und Sendungsbewusstsein des deutschen Diktators*, Zürich/München 2001, S. 56.
18 Zitiert nach Jochen Hörisch, *Kopf oder Zahl. Die Poesie des Geldes*, Frankfurt am Main 1996, S. 143.
19 Amitai Etzioni, *Die Verantwortungsgesellschaft. Individualismus und Moral in der heutigen Demokratie*, Berlin 1999, S. 13.
20 Vgl. zur Biologie des Verliebtseins Gerhard Roth, *Fühlen, Denken, Handeln. Wie das Gehirn unser Verhalten steuert*, Frankfurt am Main 2003, S. 370 ff.
21 Vgl. Andreas Huber, *Stichwort Angst*, München 1997, S. 38.
22 Ebd., S. 40.
23 Friedrich Nietzsche, *Also sprach Zarathustra*, in: Kritische Studienausgabe, Bd. 4, hrsg. von Giorgio Colli und Mazzino Montinari, Berlin 1999, S. 19.
24 Ulrich Sonnemann, *Negative Anthropologie*, Reinbek bei Hamburg 1969, S. 295.
25 Stefan Klein, *Zeit. Der Stoff, aus dem das Leben ist. Eine Gebrauchsanleitung*, Frankfurt am Main 2006, S. 157 f.
26 Michael Balint, *Angstlust und Regression*, München 1999, S. 22 und 33.
27 Klaus Fischer, *Außenseiter der Wissenschaft. Besichtigung einer Lebenslüge kollektiv organisierter Wissenschaft*, in: Forschung & Lehre 10/2006, S. 560–563.
28 Erich Fromm, *Die Furcht vor der Freiheit*, München 1990, S. 114.
29 Epikur, *Brief an Menoikeus*, in: *Von der Überwindung der Angst*, Münster 2004, S. 29.
30 Sigmund Freud, *Zeitgemäßes über Krieg und Tod*, II: *Unser Verhältnis zum Tode*, Frankfurt am Main 2000, S. Fischer, Studienausgabe, Bd. IX, S. 57. Im Original steht für »Kapitalverbrechen« »crimen laesae majestatis« (Übersetzung vom Verfasser).
31 Sigmund Freud, *Hemmung, Symptom und Angst*, (1926), in: Studienausgabe, Bd. VI, Frankfurt am Main 2000, S. Fischer, S. 276.
32 Christian Weber, Regina Albers, Henning Engeln, Silvia Sanides, *Die Hirne des Bösen. Forscher fahnden nach den biologischen Wurzeln der Gewalt. Bei Psychopathen gibt es wenig Hoffnung auf Heilung*, in: Focus, 6. Mai 2002, S. 34 ff.
33 Sigmund Freud, *Hemmung, Symptom und Angst*, (1926), in: Studienausgabe, Bd. VI, Frankfurt am Main 2000, S. Fischer, S. 278.
34 Ebd., S. 278.

35 Johann Wolfgang von Goethe, *Aus meinem Leben. Dichtung und Wahrheit*, Goethes Werke, Hamburger Ausgabe, München 1981, Bd. 9, S. 374 ff.
36 Friedrich Nietzsche, *Genealogie der Moral*, Zweite Abhandlung, 6.
37 Sigmund Freud, *Hemmung, Symptom und Angst*, (1926), in: Studienausgabe, Bd. VI, Frankfurt am Main 2000, S. 278.
38 Vgl. Wolfgang Schmidbauer, *Der Mensch als Bombe. Eine Psychologie des neuen Terrorismus*, Reinbek bei Hamburg 2003, S. 72 f.
39 Zit. nach Geo kompakt 4, 2005, Verl, S. 37.
40 Sigmund Freud, *Der Mann Moses und die monotheistische Religion*, in: Studienausgabe, Bd. IX, Frankfurt am Main 2000, S. 564.
41 Gerhard Roth, *Aus Sicht des Gehirns*, Frankfurt am Main 2003, S. 118 f.
42 Die Beispiele stammen aus Wolfgang Schmidbauer, *Der Mensch als Bombe. Eine Psychologie des neuen Terrorismus*, Reinbek bei Hamburg 2003, S. 47 ff.
43 Ebd., S. 49.
44 Ebd., S. 229 f.
45 Andreas Huber, *Stichwort Angst*, München 1997, S. 7.
46 Gerhard Roth, *Fühlen, Denken, Handeln*, Frankfurt am Main 2002, S. 81.
47 Detlef B. Linke, *Religion als Risiko. Geist, Glaube und Gehirn*, Reinbek bei Hamburg 2003, S. 197.
48 Horst-Eberhard Richter, *Angst und Ängste*, in: Guy Kirsch (Hrsg.), *Angst vor Gefahren oder Gefahren durch Angst? Zur politischen Ökonomie eines verdrängten Gefühls*, Zürich 2005, S. 45.
49 Seneca, *Epistulae morales ad Lucilium – Briefe an Lucilius über Ethik*, 6. Buch, lateinisch–deutsch, Brief 57, Stuttgart 1993, S. 32, Übersetzung vom Verfasser.
50 Vgl. Norbert Bischof, *Das Kraftfeld der Mythen. Signale aus der Zeit, in der wir die Mythen erschaffen haben*, München 2004, S. 452.
51 http://www.adventisten.ch/APD/news/archiv/1155.html.
52 Nasra Hassan, *Mit einem Knall ins Paradies*, Süddeutsche Zeitung Magazin, 25. 1. 2002, S. 22. Vgl. auch: http://www.timesonline.co.uk/tol/life_and_style/article543551.ece. Zugriff Dezember 2007.
53 Zit. nach Dirk Maxeiner, Michael Miersch, *Biokost & Ökokult. Welches Essen ist wirklich gut für uns und unsere Umwelt*, München/Zürich 2008, S. 127.
54 Vgl. Sigmund Freud, *Das Unheimliche*, In: Bd. IV, S. 259.

55 Joseph Bernhart, *Anmerkung* zu Buch VII der *Bekenntnisse*, in: Augustinus, Bekenntnisse, zweisprachige Ausgabe, aus dem Lateinischen von Joseph Bernhart, Frankfurt am Main 1987, S. 875.
56 Vgl. Sigmund Freud, *Das Unheimliche*, In: Studienausgabe, Bd. IV, Frankfurt am Main 2000, S. 262.
57 Detlef B. Linke, *Religion als Risiko. Geist, Glaube und Gehirn*, Reinbek bei Hamburg 2003, S. 92.
58 Ulla Unseld-Berkéwicz, *Zynismus is over*, in: Cicero 10/2007, S. 134.
59 Zitiert nach der von Stanislas Dehaene verwendeten Übersetzung in: *Der Zahlensinn oder warum wir rechnen können*, Basel 1999, S. 18.
60 Hans Blumenberg, *Die Verführbarkeit des Philosophen*, Frankfurt am Main 2000, S. 36.
61 Hadley Cantril, *The Invasion from Mars*, New York 1966.
62 Ebd., (Übersetzung vom Verfasser): »*why more than a million Americans had been frigthened and thousands found themselves ›praying, crying, fleeing frantically to escape death from the Martians‹.*«
63 Dirk Maxeiner, *Hurra wir retten die Welt. Wie Politik und Medien mit der Klimaforschung umspringen*, Berlin 2007, S. 198.
64 Ebd., S. 37 und 38.
65 Vgl. Thomas Deichmann, *Gemeinnützig oder gemeingefährlich?* In: Frankfurter Allgemeine Zeitung, 24. 1. 2007, S. 8.
66 Cass R. Sunstein, *Gesetze der Angst – Jenseits des Vorsorgeprinzips*, Frankfurt am Main 2007, S. 56.
67 Andreas Berchem, *Klimakiller in Grün*, ZEIT online, 9. 10. 2006.
68 Cass R. Sunstein, *Gesetze der Angst – Jenseits des Vorsorgeprinzips*, Frankfurt am Main 2007, S. 123.
69 Ebd., S. 123.
70 Fredmund Malik, *Gefährliche Managementwörter und warum man sie vermeiden*, Frankfurt am Main 2004, S. 124.
71 Ebd., S. 185.
72 Vgl. Frankfurter Allgemeine Zeitung, *Albtraum Mensch*, 8. 5. 2007, S. 50.
73 Frankfurter Allgemeine Sonntagszeitung, 28. 10. 2007, S. 37.
74 www.t-online.de (Zugriff am 2. November 2008)
75 Friedrich Schiller, *Über die ästhetische Erziehung des Menschen in einer Reihe von Briefen*, in: Sämtliche Werke, hrsg. von Gerhard Fricke und Herbert G. Göpfert, Bd. 5, München 1962, S. 659.

76 Herbert Marcuse, *Triebstruktur und Gesellschaft. Ein philosophischer Beitrag zu Sigmund Freud*, Frankfurt am Main 1990, S. 186 und 194.
77 Horst-Eberhard Richter, *Angst und Ängste*, in: Guy Kirsch (Hrsg.), *Angst vor Gefahren oder Gefahren durch Angst? Zur politischen Ökonomie eines verdrängten Gefühls*, Zürich 2005, S. 58.
78 Wilhelm Pelikan, *Der Halley'sche Komet*, Dornach 1985, S. 103.
79 Alex Rühle, Interview: *Die Deutschen stehn im Walde, ganz still und stumm*, Süddeutsche Zeitung, 16. Februar 2006.
80 Vgl. hierzu Barry Glassner, *The Culture of Fear. Why Americans Are Afraid of the Wrong Things*, New York 1999, S. 109 f.
81 Ulrich Beck, *Wer absteigt und wer aufsteigt im Zeitalter von Globalisierung und Klimawandel*, in: Die Zeit, 9. Oktober 2008, S. 13.
82 Jürgen Lotz, *Von der Folter in die Flammen. Hexenprozesse in Deutschland*, in: DAMALS – Das Geschichtsmagazin, Heft 10/ Oktober 1986. Hier und im Folgenden zitiert nach: http://www.read-all-about-it.org/archive/geschichte/von_der_folter.html, Zugriff März 2008.
83 Ebd.
84 Vgl. Jean Bodin, *Vom ausgelasnen wütigen Teuffelsheer*, übersetzt von Johann Fischart, Graz 1973, Akademische Verlagsanstalt, S. 304 u. a.
85 Dieses und das folgende Zitat aus: Wilhelm Gottlieb Soldan/ Heinrich Heppe, *Geschichte der Hexenprozesse*, neu bearbeitet von Max Bauer, 2 Bände, Nachdruck der 3. Aufl., Hanau 1960. Zitiert nach: http://www.read-all-about-it.org/archive/geschichte/von_der_folter.html.
86 Zitiert nach Jacques Le Goff, *Die Geburt des Fegefeuers. Vom Wandel des Weltbildes im Mittelalter*, München 1991, S. 137.
87 Zit. nach ebd., S. 169.
88 Hans Hochenegg, *Bruderschaften und ähnliche religiöse Vereinigungen in Deutschtirol bis zum Beginn des 20. Jahrhunderts*, Innsbruck 1984, S. 182.
89 Lukrez, *de rerum natura – Welt aus Atomen*, 1, 62–66. übers. von Karl Büchner, lateinisch-deutsch, Stuttgart 1973, S. 13.
90 Mutter Teresa, *Komm sei mein Licht*, München 2007, hrsg. und kommentiert von Brian Kolodiejchuk MC. Übersetzung aus dem Amerikanischen von Katrin Krips-Schmidt, S. 83.
91 Ebd., S. 40.

92 Ebd., S. 103.
93 Ebd., S. 205–219.
94 Ebd., S. 225.
95 Arthur Schopenhauer, *Die Welt als Wille und Vorstellung*, Bd. I, Zürich 1977, Züricher Ausgabe, S. 471 f.
96 Mutter Teresa, *Komm sei mein Licht*, a. a. O., S. 91.
97 Wolfgang Schmidbauer, *Der Mensch als Bombe. Eine Psychologie des neuen Terrorismus*, Reinbek bei Hamburg 2003, S. 258.
98 Michael Rißmann, *Hitlers Gott. Vorsehungsglaube und Sendungsbewusstsein des deutschen Diktators*, Zürich/Müchen 2001, S. 41.
99 Vgl. beide Zitate ebd. S. 135.
100 Michael Wittershagen, *Ich bin Fußballer. Ich kann nicht schwul sein*, Frankfurter Allgemeine Zeitung, 17. Februar 2008, S. 17.
101 Interview mit Tatjana Eggeling, Frankfurter Allgemeine Zeitung, 17. Februar 2008, S. 17.
102 Wolfgang Schmidbauer, *Der Mensch als Bombe. Eine Psychologie des neuen Terrorismus*, Reinbek bei Hamburg 2003, S. 94 und 98.
103 Vgl. Norbert Bischof, *Das Kraftfeld der Mythen. Signale aus der Zeit, in der wir die Mythen erschaffen haben*, München 2004, S. 714. Hitlers Perversionen sind erklärt in Erich Fromm, *Anatomie der menschlichen Destruktivität*, Reinbek bei Hamburg 1972, S. 460 f.
104 Erich Fromm, *Die Furcht vor der Freiheit*. Aus dem Englischen von Lieselotte und Ernst Mickel, München 1990, S. 124 und 127.
105 Georg Groddeck, *Das Buch vom Es. Psychoanalytische Briefe an eine Freundin*, Frankfurt am Main 2004, S. 51.
106 Erich Fromm, *Die Furcht vor der Freiheit*, München 1990, S. 141 ff.
107 Zit. nach Barry Glassner, *The Culture of Fear. Why Americans Are Afraid of the Wrong Things*, New York 1999, S. XXVIII. (Übersetzung vom Verfasser).
108 Vgl. Peter Singer, *Praktische Ethik*, Stuttgart 1994, S. 425–451.
109 Sigmund Freud, *Das Unbehagen in der Kultur*, in: Studienausgabe, Bd. IX, Frankfurt am Main 2000, S. 206.
110 Horst-Eberhard Richter, *Umgang mit Angst*, Gießen 2008, S. 171.
111 Karl Homann, *Wider die Erosion der Moral durch Moralisieren* (1993), in: *Vorteile und Anreize. Zur Grundlegung einer Ethik der Zukunft*, herausgegeben von Christoph Lütge, Tübingen 2005, S. 3–20.
112 Vgl. Frankfurter Allgemeine Zeitung vom 21. Januar 2008.

113 Georg Forster, *Reise um die Welt*, hrsg. und mit einem Vorwort versehen von Gerhard Steiner, Frankfurt am Main 1983, S. 443 ff.
114 Ebd., S. 447 ff.
115 Michel de Montaigne, *Über die Menschenfresserei*, in: Essais, ausgewählt, übertragen und eingeleitet von Arthur Franz, Stuttgart 2003, S. 11 f.
116 David Hume, *Die Naturgeschichte der Religion*, in: *Die Naturgeschichte der Religion*, übersetzt und herausgegeben von Lothar Kreimendahl, Hamburg 2000, S. 45.
117 Vgl. Josef F. Lafitau, *Die Sitten der amerikanischen Wilden im Vergleich zu den Sitten der Frühzeit*, Halle 1752, hrsg. Von Helmut Reim, Weinheim 1987.
118 François-Marie Arouet (Voltaire), *Traité de Métaphysique* (1734), Einleitung, Kap. 1.
119 Zit. nach Barry Glassner, *The Culture of Fear. Why Americans Are Afraid of the Wrong Things*, Basic Books, New York 1999, S. 3: »There is no terror in the bang, only in the anticipation of it.« (Übersetzung vom Verfasser).
120 François Truffaut, *Mr. Hitchcock, wie haben Sie das gemacht?* Aus dem Französischen Frieda Grafe, München 1992, S. 64.
121 Ebd., S. 197.
122 http://209.85.135.104/search?q=cache:eTgaDDl6eMoJ:www.bitfaction.com/archiv/Nichts%2520wie%2520raus.pdf+Flugbegleiter+Tunnelblick+Angst+Gefahr&hl=de&ct=clnk&cd=4&gl=de (Zugriff September 2008).
123 Ebd.
124 Ebd.
125 Vgl. Julie K. Norem, *Wird schon schiefgehen!*, in: Psychologie heute, 9/2002, S. 22–27.
126 Sigmund Freud, *Die Traumdeutung*, in: Studienausgabe, Bd. II, S. 276.
127 Ebd.
128 Vgl. diese Beispiele bei Wolfgang Schmidbauer, *Das Buch der Ängste*, München 2007, S. 19.
129 Johann Wolfgang von Goethe, *Aus meinem Leben. Dichtung und Wahrheit*, Goethes Werke, Hamburger Ausgabe, Bd. 9, München, S. 37 ff.
130 *Harry Potter und der Gefangene von Askaban*, 2004, Regie Alfonso Cuarón.

131 Claude Lévi-Strauss, *Das wilde Denken*, Frankfurt am Main 1968, S. 29 ff.
132 Vgl. Mircea Eliade, *Die Sehnsucht nach dem Ursprung. Von den Quellen der Humanität*, Frankfurt am Main, 1989.
133 Angelus Silesius, *Cherubinischer Wandersmann*, 1. Buch, Vers 8.
134 Zit. nach Horst-Eberhard Richter, *Umgang mit Angst*, Gießen 2008, S. 125.
135 Ebd, S. 126.
136 Ebd.
137 Ebd., S. 62.
138 Vgl. Friedrich Engels, *Dialektik der Natur*, 4. Kapitel: »Der Anteil der Arbeit an der Menschwerdung des Affen«, in: Marx-Engels-Werke, Bd. 20, Berlin 1990.
139 Sigmund Freund, *Das Unbehagen in der Kultur*, in: Studienausgabe, Bd. IX, Frankfurt am Main 2000, S. 212.
140 Salman Rushdie, *Haroun and the Sea of Stories*, Granta 1991. (Übersetzung vom Verfasser)
141 Vgl. zu diesen Ängsten Rupert Lay, *Die Ängste unserer Manager. Großer Mann – ganz klein*, Büdingen 2002; Joachim Freimuth (Hrsg.), Die Angst der Manager, Göttingen 1999.
142 Manfred Spitzer, *Lernen, Gehirnforschung und die Schule des Lebens*, Heidelberg 2007, S. 161 und 164.
143 Ebd., S. 168, 181 und 191.
144 Christian Geyer, *Hände weg von unserer Kindheit!* In: Frankfurter Allgemeine Zeitung.net, 20. 2. 2008. http://www.faz.net/s/Rub117C535CDF414415BB243B181B8B60AE/Doc~E3EE0EDEC64CE466982C75C858C10511A~ATpl~Ecommon~Scontent.html
145 Wolf Singer, *Der Beobachter im Gehirn. Essays zur Hirnforschung*, Frankfurt am Main 2002, S. 56 f.
146 Wolfgang Schmidbauer, *Das Buch der Ängste*, München 2007, S. 20.
147 Vgl. den 2003 mit einem Oscar ausgezeichneten Dokumentarfilm von Michael Moore *Bowling for Columbine – So haben sie Amerika noch nie gesehen.*
148 Karl Otto Hondrich, *Weniger sind mehr*, Frankfurt am Main 2007, S. 14.
149 Frankfurter Allgemeine Zeitung. 12. 4. 2007, S. 35: *Mr. Bean, der Depp des Empires.*
150 Andreas Huber, *Stichwort Angst*, München 1997, S. 75.

Bibliographie

Annen, Kurt, *Angst und Misstrauen*, in: Guy Kirsch (Hrsg.), *Angst vor Gefahren oder Gefahren durch Angst? Zur politischen Ökonomie eines verdrängten Gefühls*, Zürich 2005, S. 109–126.

Arouet, François-Marie (Voltaire), *Traité de Métaphysique* (1734).

Beck, Ulrich, *Wer absteigt und wer aufsteigt im Zeitalter von Globalisierung und Klimawandel*, in: Die Zeit, 9. Oktober 2008, S. 13.

Berchem, Andreas, *Klimakiller in Grün*, ZEIT online, 9. Oktober 2006.

Frankfurter Allgemeine Zeitung, *Albtraum Mensch*, 8. Mai 2007.

Bernhart, Joseph, *Anmerkung zu Buch VII der Bekenntnisse*, in: Augustinus, *Bekenntnisse*, zweisprachige Ausgabe, aus dem Lateinischen von Joseph Bernhart, Frankfurt am Main 1987.

Blumenberg, Hans, *Die Verführbarkeit des Philosophen*, Frankfurt am Main 2000.

Bodin, Jean, *Vom ausgelasnen wütigen Teuffelsheer*, übersetzt von Johann Fischart, Graz 1973.

Cantril, Hadley, *The Invasion from Mars*, New York 1966.

Dehaene, Stanislas, *Der Zahlensinn oder warum wir rechnen können*, Basel 1999.

Deichmann, Thomas, *Gemeinnützig oder gemeingefährlich?* In: Frankfurter Allgemeine Zeitung, 24. Januar 2007.

Eggeling, Tatjana, Interview in: Frankfurter Allgemeine Zeitung, 17. Februar 2008.

Ehrsson, H. Henrik, *The Experimental Induction of Out-of-Body Experiences*, Science 24, August 2007.

Ekman, Paul, *An Argument for Basic Emotions*, in: Cognition and Emotion 6, (1992), S. 169–200.

Eliade, Mircea, *Die Sehnsucht nach dem Ursprung. Von den Quellen der Humanität*, Frankfurt am Main 1989.

Engels, Friedrich, *Dialektik der Natur*, in: Marx-Engels-Werke, Bd. 20, Berlin 1990.

Epikur, *Brief an Menoikeus*, in: Von der Überwindung der Angst, Griechisch – Lateinisch – Deutsch, hrsg., übers. und eingel. von Gerhard Krüger, Münster 2004.

Etzioni, Amitai, *Die Verantwortungsgesellschaft. Individualismus und Moral in der heutigen Demokratie*, Berlin 1999.

Fischer, Klaus, *Außenseiter der Wissenschaft. Besichtigung einer Lebenslüge kelektiv organisierter Wissenschaft*, in: Forschung & Lehre 10/2006, S. 560–563.

Flasch, Kurt, *Augustin. Eine Einführung in sein Denken*, Stuttgart 1980.

Forster, Georg, *Reise um die Welt*, hrsg. und mit einem Vorwort versehen von Gerhard Steiner, Frankfurt am Main 1983.

Frankfurter Allgemeine Zeitung, 12. April 2007, S. 35: *Mr. Bean, Der Depp des Empires.*

Freimuth, Joachim (Hrsg.), *Die Angst der Manager*, Göttingen 1999, Verlag für angewandte Psychologie.

Freud, Sigmund, *Studienausgabe*, Frankfurt am Main 2000.

Fromm, Erich, *Anatomie der menschlichen Destruktivität*, Reinbek bei Hamburg 1972.

Fromm, Erich, *Die Furcht vor der Freiheit*. Aus dem Englischen von Lieselotte und Ernst Mickel, München 1990.

Geo kompakt 4, 2005.

Geyer, Christian, *Hände weg von unserer Kindheit!* In: FAZ.Net, 20.2.2008. http://www.faz.net/s/Rub117C535CDF414415BB243 B181B8B60AE/Doc~E3EE0EDEC64CE466982C75C858C105 11A~ATpl~Ecommon~Scontent.html, Zugriff April 2008.

Gigerenzer, Gerd, *Das Einmaleins der Skepsis. Über den richtigen Umgang mit Zahlen und Risiken*, Berlin 2002.

Glassner, Barry, *The Culture of Fear. Why Americans Are Afraid of the Wrong Things*, New York 1999.

Gloger, Katja und Hans-Martin Tillack, *Kampf um Gott im Klassenzimmer. Evolutionslehre – In den USA tobt der Kampf um Gott im Klassenzimmer*, in: Stern 46/2005.

Goethe, Johann Wolfgang von, *Goethes Werke*, Hamburger Ausgabe, München 1982.

Grimms Märchen, Hamburg 200, Dressler.

Groddeck, Georg, *Das Buch vom Es. Psychoanalytische Briefe an eine Freundin*, Frankfurt am Main 2004.

Grün, Klaus-Jürgen, *Die reinigende Kraft der Sünde*, Die andere Meinung, in: Frankfurter Neue Presse, 1. April 2008, S. 4.

Grün, Klaus-Jürgen, *Wozu benötigen Führungskräfte Philosophie? Autonomie und Freiheit durch methodisches Denken*, Reihe Ronneburger Texte, Büdingen 2004.

Grün, Klaus-Jürgen, *Arthur Schopenhauer*, in der von Otfried Höffe herausgegebenen Beck'schen Reihe große Denker, München 2000.

Grün, Klaus-Jürgen, *Geist und Geld. Die zweite Natur des Menschen*, Paderborn 2002. (2. Auflage 2004)

Grün, Klaus-Jürgen, *Das Gehirn und seine Freiheit. Beiträge zur neurobiologischen Grundlegung der Philosophie*, hrsg. zusammen mit Gerhard Roth, Göttingen 2006. (2. Auflage 2007)

Hanse-Studien, Hanse-Wissenschaftskolleg Delmenhorst, Bd. 2, Gerhard Roth und Uwe Opolka (Hrsg.), *Angst, Furcht und ihre Bewältigung*, Bibliotheks- und Informationssystem der Universität Oldenburg 2003.

Harry Potter und der Gefangene von Askaban, 2004, Regie Alfonso Cuarón.

Hassan, Nasra, *Mit einem Knall ins Paradies*, Süddeutsche Zeitung Magazin, 25. Januar 2002, S. 22. Vgl. auch: http://www.timesonline.co.uk/tol/life_and_style/article543551.ece (Zugriff Dezember 2007).

Hochenegg, Hans, *Bruderschaften und ähnliche religiöse Vereinigungen in Deutschtirol bis zum Beginn des 20. Jahrhunderts*, Innsbruck 1984.

Homann, Karl, *Wider die Erosion der Moral durch Moralisieren* (1993), in: *Vorteile und Anreize, Zur Grundlegung einer Ethik der Zukunft*, herausgegeben von Christoph Lütge, Tübingen 2005.

Hondrich, Karl Otto, *Weniger sind mehr*, Frankfurt am Main 2007.

Horaz, *Epicuri de grege porcus*, Ep. 1, 4, 16.

Hörisch, Jochen, *Kopf oder Zahl. Die Poesie des Geldes*, Frankfurt am Main 1996.

Horkheimer, Max, *Zur Ergreifung Eichmanns*, in: Gesammelte Werke Bd. VI, Frankfurt am Main 1991. http://www.unmoralische.de/chronik6.htm#altar (Zugriff Februar 2008).

Huber, Andreas, *Stichwort Angst*, München 1997.

Hume, David, *Die Naturgeschichte der Religion*, in: *Die Naturgeschichte der Religion*, übersetzt und herausgegeben von Lothar Kreimendahl, Hamburg 2000.

James, William, *What is an emotion?* In: Mind 9, 34, 1884.

Jong, Erica, *Angst vorm Fliegen*, Berlin 2007.

Kierkegaard, Sören, *Der Begriff der Angst*, auf der Grundlage der Übersetzungen von Christoph Schrempf und Hermann Gottsched mit einem Nachwort herausgegeben von Thomas Sören Hoffmann, Wiesbaden 2006.

Klein, Stefan, *Zeit. Der Stoff, aus dem das Leben ist. Eine Gebrauchsanleitung*, Frankfurt am Main 2006.

Krause, Rainer, *Allgemeine psychoanalytische Kankheitslehre*, Bd. 1, Stuttgart 1997.

Lafitau, Josef F., *Die Sitten der amerikanischen Wilden im Vergleich zu den Sitten der Frühzeit*, Halle 1752, hrsg. von Helmut Reim, Weinheim 1987.

Lay, Rupert, *Die Ängste unserer Manager. Großer Mann – ganz klein*, Büdingen 2002.

Le Goff, Jacques, *Die Geburt des Fegefeuers. Vom Wandel des Weltbildes im Mittelalter*, München 1991.

Lévi-Strauss, Claude, *Das wilde Denken*, Frankfurt am Main 1968.

Linke, Detlef B., *Religion als Risiko. Geist, Glaube und Gehirn*, Reinbek bei Hamburg 2003.

Lotz, Jürgen, *Von der Folter in die Flammen. Hexenprozesse in Deutschland*, in: DAMALS – Das Geschichtsmagazin, Heft 10/1986.

Lukrez, *De rerum natura – Welt aus Atomen*, 1, 62–66. übers. von Karl Büchner, lateinisch-deutsch, Stuttgart 1973.

Malik, Fredmund, *Gefährliche Managementwörter und warum man sie vermeiden sollte*, Frankfurt am Main 2004.

Marcuse, Herbert, *Triebstruktur und Gesellschaft. Ein philosophischer Beitrag zu Sigmund Freud*, Frankfurt am Main 1990.

Maxeiner, Dirk, *Hurra wir retten die Welt. Wie Politik und Medien mit der Klimaforschung umspringen*, Berlin 2007.

Maxeiner, Dirk, Michael Miersch, *Biokost & Ökokult. Welches Essen ist wirklich gut für uns und unsere Umwelt*, München/Zürich 2008.

Minois, Georges, *Geschichte des Atheismus. Von den Anfängen bis zur Gegenwart*, Weimar 2000.

Montaigne, Michel de, *Über die Menschenfresserei*, in: *Essais*, ausgewählt, übertragen und eingeleitet von Arthur Franz, Stuttgart 2003.

Moore, Michael, Dokumentarfilm *Bowling for Columbine – So haben sie Amerika noch nie gesehen*, 2002.

Morschitzky, Hans, Sigrid Sator, *Die zehn Gesichter der Angst. Ein Selbsthilfe-Programm in 7 Schritten*, Düsseldorf 2002.

Mutter Teresa, *Komm sei mein Licht*, hrsg. und kommentiert von Brian Kolodiejchuk MC. Übersetzung aus dem Amerikanischen von Katrin Krips-Schmidt, München 2007.

Nietzsche, Friedrich, Kritische Studienausgabe, Berlin 1988.
Norem, Julie K., *Wird schon schiefgehen!*, in: Psychologie heute, 9/2002, S. 22–27.
Paul, Andreas, *Angst: eine evolutionsbiologische Perspektive*, in: Hanse-Studien, Hanse-Wissenschaftskolleg Delmenhorst, Bd. 2, Gerhard Roth und Uwe Opolka (Hrsg.), *Angst, Furcht und ihre Bewältigung*, Bibliotheks- und Informationssystem der Universität Oldenburg 2003, S. 11–26.
Pelikan, Wilhelm, *Der Halley'sche Komet*, Dornach 1985.
Pfister, Oskar, *Das Christentum der Angst*, Frankfurt/Berlin/Wien 1985.
Pfister, Oskar, *Ein Experiment über hypnotische und posthypnotische Symbole*, in: Ders., *Zum Kampf um die Psychoanalyse*, Leipzig 1920.
Popper, Karl R., *Die offene Gesellschaft und ihre Feinde. Bd. I: Der Zauber Platons*, Tübingen 2003.
Richter, Horst-Eberhard, *Angst und Ängste*, in: Guy Kirsch (Hrsg.), *Angst vor Gefahren oder Gefahren durch Angst? Zur politischen Ökonomie eines verdrängten Gefühls*, Zürich 2005.
Richter, Horst-Eberhard, *Umgang mit Angst*, Gießen 2008.
Rißmann, Michael, *Hitlers Gott. Vorsehungsglaube und Sendungsbewusstsein des deutschen Diktators*, Zürich/München 2001.
Roth, Gerhard, *Aus Sicht des Gehirns*, Frankfurt am Main 2003.
Roth, Gerhard, *Fühlen, Denken, Handeln. Wie das Gehirn unser Verhalten steuert*, Frankfurt am Main 2003.
Rühle, Alex, Interview: *Die Deutschen stehn im Walde, ganz still und stumm*, Süddeutsche Zeitung, 16. Februar 2006.
Rushdie, Salman, *Haroun and the Sea of Stories*, Granta 1991.
Scharfe, Martin, *Über die Religion. Glaube und Zweifel in der Volkskultur*, Köln/Weimar/Wien 2004.
Schiller, Friedrich, *Über die ästhetische Erziehung des Menschen in einer Reihe von Briefen*, in: Sämtliche Werke, hrsg. von Gerhard Fricke und Herbert G. Göpfert, München 1962.
Schmidbauer, Wolfgang, *Das Buch der Ängste*, München 2007.
Schmidbauer, Wolfgang, *Der Mensch als Bombe. Eine Psychologie des neuen Terrorismus*, Rowohlt, Reinbek bei Hamburg 2003.
Schmitt, Stefan, *Bewusstseins-Test: Forscher lassen Menschen aus dem eigenen Körper fahren*, Spiegel-online, 23. August 2007.
Schopenhauer, Arthur, *Die Welt als Wille und Vorstellung*, Zürich 1977.

Schweitzer, Albert, *Verfall und Wiederaufbau der Kultur*, München 1923.
Seneca, *Epistulae morales ad Lucilium – Briefe an Lucilius über Ethik*, 6. Buch, lateinisch – deutsch, Brief 57, Stuttgart 1993.
Silesius, Angelus, *Cherubinischer Wandersmann*, http://gutenberg.spiegel.de/?id=5&xid=50&kapitel=1 (Zugriff September 2008)
Singer, Peter, *Praktische Ethik*, Stuttgart 1994.
Singer, Wolf, *Der Beobachter im Gehirn. Essays zur Hirnforschung*, Frankfurt am Main 2002.
Soldan, Wilhelm Gottlieb/Heinrich Heppe, *Geschichte der Hexenprozesse*, neu bearbeitet von Max Bauer. 2 Bände. Nachdruck der 3. Aufl., Hanau 1960.
Sonnemann, Ulrich, *Negative Anthropologie*, Reinbek bei Hamburg 1969.
Spitzer, Manfred, *Lernen, Gehirnforschung und die Schule des Lebens*, Heidelberg 2007.
Sunstein, Cass R., *Gesetze der Angst – Jenseits des Vorsorgeprinzips*, Frankfurt am Main 2007.
Truffaut, François, *Mr. Hitchcock, wie haben Sie das gemacht?* Aus dem Französischen von Frieda Grafe, München 1992.
Unseld-Berkéwicz, Ulla, *Zynismus is over*, in: Cicero 10/2007.
Watzlawick, Paul, *Anleitung zum Unglücklichsein*, München 1990.
Weber, Christian, Regina Albers, Henning Engeln, Silvia Sanides, *Die Hirne des Bösen. Forscher fahnden nach den biologischen Wurzeln der Gewalt. Bei Psychopathen gibt es wenig Hoffnung auf Heilung*, in: Focus, 6. Mai 2002.
Wilson, E. O., *Sociobiology: The New Synthesis*, Cambridge 1975.
Wittershagen, Michael, *Ich bin Fußballer. Ich kann nicht schwul sein*, FAZ, 17. Februar 2008.
www.NetDoktor.de.
http://209.85.135.104/search?q=cache:eTgaDDl6eMoJ:www.bitfaction.com/archiv/Nichts%2520wie%2520raus.pdf+Flugbegleiter+Tunnelblick+Angst+Gefahr&hl=de&ct=clnk&cd=4&gl=de (Zugriff September 2008).
http://www.adventisten.ch/APD/news/archiv/1155.html (Zugriff Dezember 2008)

Personenregister

Ackermann, Josef 215
Adorno, Theodor W. 272
Ahmadinedschad, Mahmud 184
Alfred E. Neumann 268
Annen, Kurt 315
Aristoteles 108, 177 208 301
Atkinson, Rowan 303
Atta, Mohamed 182
Augustinus 316

Balint, Michael 63 308
Beck, Ulrich 311 315
Berchem, Andreas 310 315
Bernhart, Joseph 310 315
Beutel, Manfred 135 f.
Blumenberg, Hans 120 310 315
Bodin, Jean 155 311 315
Bonifatius 32
Braun, Eva 187
Bruno, Giordano 42 98
Buch, Franziska 302
Bush, George W. 233
Buttiglione, Rocco 188

Cantril, Hadley 123 310 315
Chea, Manuel 252
Claparède, Edouard 16
Cook, James 236 f.

Darwin, Charles 83
Damásio, António 38
Dehaene, Stanislas 310 315

Deichmann, Thomas 310 315
Descartes, René 104
Dombrowsky, Wolf 253
Dürrenmatt, Friedrich 189 192 199

Eco, Umberto 301
Eggeling, Tatjana 186 312 315
Ehrsson, H. Henrik 315
Ekman, Paul 307 315
Eliade, Mircea 315 f.
Engels, Friedrich 277 315
Epikur 67 170 ff. 277 308 316
Etzioni, Amitai 308 316

Feldbusch, Verona 113
Fischer, Klaus 308 316
Flasch, Kurt 316
Forster, Georg 235 ff. 239 240 313 316
Freimuth, Joachim 315 316
Freud, Sigmund 66 69 76 79 84 96 f. 108 f. 112 175 188 193 256 258 277 300 308 ff. 316
Fromm, Erich 194 197 202 308 312 317

Galilei, Galileo 42
Geyer, Christian 315 316
Giesenregen, Klaus 28
Gigerenzer, Gerd 43 307 316
Glassner, Barry 150 311 ff. 316

Gloger, Katja 316
Goethe, Johann Wolfgang 78 108 260 262 265 316
Groddeck, Georg 200 312 316
Groom, Winston 113
Grün, Klaus-Jürgen 316 f.
Grimm, Gebrüder 113 f.

Habermas, Jürgen 230
Hassan, Nasra 309 317
Hegel, Georg W. F. 275
Helmholtz, Hermann von 127
Hitchcock, Alfred 247 313 321
Hitler, Adolf 47 182 187 308 312 319
Hochenegg, Hans 311 317
Homann, Karl 226 f. 312 317
Hondrich, Karl Otto 297 f. 315 317
Horkheimer, Max 272 317
Horaz 317
Huber, Andreas 307 ff. 315 317
Hume, David 240 313 317

Jäger, Carlo 149
James, William 35 307 317
Jefferson, Thomas 183
Jong, Erica 258 317
Joule, James Prescott 127

Kant, Immanuel 197 224 228 f. 232 285
Kierkegaard, Sören 17 318
Kirsch, Guy 138 309 311 315 320
Klein, Stefan 308 318
Kolle, Oswald 229
Krause, Rainer 307 318
Lafiteau, Joseph F. 313 318
Lahm, Philipp 185

Lauda, Niki 276
Lay, Rupert 315 318
Le Goff, Jacques 311 318
Lessing, Gotthold Ephraim 201
Lévi-Strauss, Claude 268 318
Linke, Detlef B. 309 f. 318
Lorenz, Konrad 72
Lotz, Jürgen 311 318
Lukrez 171 311 318

Malik, Fredmund 133 f. 310 318
Marcuse, Herbert 143 f. 311 318
Marilyn Manson 294
Marks, Isaac 306
Marx, Karl 104 140 f. 315 f.
Matthäus, Lothar 185
Maxeiner, Dirk 123 f. 309 f. 318
Messner, Reinhold 275 f.
Minois, Georges 318
Montaigne, Michel de 239 318
Moore, Michael 315 318
Morschitzky, Hans 318
Mowrer, Orval Hobart 29
Newton, Isaac 108 147
Nietzsche, Friedrich 62 78 108 170 217 272 307 308 f. 319
Nixon, Richard 203
Norem, Julie K. 254 313 319

Paul, Andreas 307 319
Pelikan, Wilhelm 311 319
Petronius 105
Pfister, Oskar 319
Pieper, Georg 251
Popper, Karl R. 82 319

Reisch, Linda 45
Reiter, Thomas 275
Richter, Horst-Eberhard 145 225 276 309 311 f. 315 319

Richter, Klaus 64
Rißmann, Michael 308 312 319
Robespierre, Maximilien 182
Roth, Gerhard 307 ff. 318 ff.
Rühle, Alex 311 319
Rushdie, Salman 279 315 319

Scharfe, Martin 319
Schiller, Friedrich 143 f. 310 319
Schmidbauer, Wolfgang
  86 186 ff. 307 309 312 f. 315
  317 319
Schmitt, Stefan 319
Schopenhauer, Arthur 83 108
  180 f. 312 317 319
Schweitzer, Albert 13 307 320
Seneca 95 96 172 309 320
Singer, Peter 214 312
Singer, Wolf 315 320
Sokrates 98
Soldan, Wilhelm Gottlieb 311
  320
Sonnemann, Ulrich 62 308 320

Spengler, Oswald 13
Spinoza, Baruch de 108
Spitzer, Manfred 287 315 320
Stokes, William 94 f. 111
Sunstein, Cass R. 310 320
Swift, Jonathan 116

Teresa von Kalkutta 178 209
Tours, Gregor von 165
Tremblay, Richard 71
Truffaut, François 247 313 320
Twain, Mark 159

Unseld-Berkéwicz, Ulla 310 320
Urban, Marcus 186

Voltaire, François-Marie Arouet
  241 f. 278 313 315

Watzlawick, Paul 12 15 307 320
Weber, Christian 308 320
Wilson, E. O. 307 320
Wittershagen, Michael 312 320

Dank

Die Anregung zu diesem Buch verdanke ich Michel Friedman und Franziska Günther vom Aufbau Verlag in Berlin. Ich habe sie gern aufgegriffen und bei der Ausarbeitung weitreichende Einsichten in das Wesen der Angst gewonnen. Auch habe ich mich gerne eingelassen auf die Anforderungen eines populärwissenschaftlichen Buches. Dass es im überschaubaren Zeitraum neben anderen Tätigkeiten an verschiedenen Universitäten und in meinem *Philosophischen Kolleg für Führungskräfte* (PhilKoll) fertiggestellt werden konnte, verdanke ich auch der Geduld meiner Frau, die mir als kritische Diskussionspartnerin hilfreich zur Seite stand. Schließlich ist es Kristine Kotulla und der Geschäftsführung von *SoftMaker* zu verdanken, dass sie *TextMaker* entwickelt haben, wodurch es möglich war, an jedem Ort auch unabhängig von Schreibtischen, Laptops, PCs und Bibliotheken auf einem PDA für die Westentasche das gesamte Buch bearbeiten und überarbeiten zu können.

»Man muss sich die Kunden des Aufbau-Verlages als glückliche Menschen vorstellen.«
SÜDDEUTSCHE ZEITUNG

Das Kundenmagazin des Aufbau Verlags finden Sie kostenlos in Ihrer Buchhandlung und als Download unter www.aufbau-verlag.de. Abonnieren Sie auch online unseren kostenlosen Newsletter.

Walter Hollstein
Was vom Manne übrig blieb
Krise und Zukunft des starken Geschlechts
304 Seiten. Gebunden
ISBN 978-3-351-02659-2

»Männlichkeit ist hochriskant.« Neue Zürcher Zeitung

Männerforscher Walter Hollstein geht auf fundierte und kurzweilige Art der Frage nach, was es heute bedeutet, ein Mann zu sein. Sein Resümee: Die Gesellschaft muss nach vier Jahrzehnten Feminismus auch ihr Bild vom Mann neu definieren. Männer wurden lange Zeit als Wesen ohne Probleme wahrgenommen, sie verfügten über Macht, verdienten mehr Geld als Frauen, galten als potent – sozial, politisch, sexuell, gesundheitlich, beruflich. Doch zunehmend steckt das »starke Geschlecht« in der Krise: In Industrienationen sterben Männer durchschnittlich sechs Jahre früher als Frauen, Jungen schneiden in der Ausbildung und im Studium häufig schlechter ab als Mädchen, Obdachlosigkeit, Suchtkrankheiten, Suizid treffen deutlich mehr Männer als Frauen. Mit anderen Worten: Der Lack der traditionellen Männlichkeit ist ab. »Entsteht endlich eine Männerbewegung?«, fragte »Der Spiegel« den Männerforscher Walter Hollstein zum Thema. In diesem Buch gibt er Antworten: Fundiert und unterhaltsam untersucht er Männlichkeitsbilder, überholte Klischees und weist Wege in die Zukunft.

Mehr Informationen erhalten Sie unter
www.aufbau-verlag.de oder in Ihrer Buchhandlung

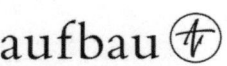

Richard Wagner
Es reicht
Gegen den Ausverkauf unserer Werte
163 Seiten. Gebunden
ISBN 978-3-351-02673-8

Ist das Abendland noch zu retten?

Provokante Thesen: Aus dem christlichen Abendland, dem Kontinent der Aufklärung, ist McAbendland geworden. Darin wird Columbus zu Popeye, das Lexikon verwandelt sich in Wikipedia und aus Ethos wird Popcorn. Die kulturellen Werte der europäischen Gesellschaft sieht Wagner gefährdet durch den unkritischen Umgang mit der Erlebnisgesellschaft, der islamischen Einwanderung und der 68er Ideologie. Fehlen uns die Fähigkeit und der Wille, Europas Werte und seine Freiheit zu verteidigen? Dieses pointierte und streitbare Buch will zurückführen zu unseren europäischen Wurzeln. Es handelt von dem, was es zu verteidigen gilt: Freiheit, Gleichheit, Brüderlichkeit.

»**Ein Autor, den Sie unbedingt entdecken sollten.**« Elke Heidenreich

Weitere Titel (Auswahl):
Das reiche Mädchen. AV 978-3-351-03226-5
Der deutsche Horizont. AV 978-3-351-02628-8

Mehr Informationen erhalten Sie unter
www.aufbau-verlag.de oder in Ihrer Buchhandlung

Jutta Voigt
Westbesuch
Vom Leben in den Zeiten der Sehnsucht
200 Seiten. Gebunden
ISBN 978-3-351-02675-2

Kein Ort drüben

Westbesuch – ein Wort, das Erinnerung in sich trägt, an Willkommen und Abschied, Umarmung und Entfremdung. In ihrem brillant geschriebenen, ironischen und hellsichtigen Text stellt Jutta Voigt fest: Ost- und Westdeutsche kannten sich viel besser, als nach 1989 gemutmaßt wurde – und sie profitierten voneinander. Die einen freuten sich auf schöne Geschenke, die anderen genossen die Bewunderung ihres dicken Audis, ihres Lebensstandards, vor allem aber die Dankbarkeit für die mitmenschlichen Dienste an den Brüdern und Schwestern. Zwanzig Jahre nach dem Mauerfall ist die Besuchszeit vorbei. Dennoch fühlen sich viele Ostdeutsche immer noch zu Besuch im Westen und viele Westdeutsche als generöse Gastgeber. Das Glück ist nicht mehr da, wo wir nicht sind. Es hat da zu sein, wo wir sind.

»**Jutta Voigt erweist sich als ausgezeichnete Beobachterin, sachkundige und pointierte Erzählerin erster Güte.**« SÄCHSISCHE ZEITUNG

Weitere Titel (Auswahl):
Der Geschmack des Ostens. AtV 8156

Mehr Informationen erhalten Sie unter
www.aufbau-verlag.de oder in Ihrer Buchhandlung

Matthias Frings
Der letzte Kommunist
Das traumhafte Leben des Ronald M. Schernikau
488 Seiten. Gebunden
ISBN 978-3-351-02669-1

»Nur wer träumt, ist Realist.«

Im Sommer 1980 zieht Ronald M. Schernikau (1960-1991) nach Westberlin. Er ist eine Lichtgestalt der Literatur, Autor der provokanten »Kleinstadtnovelle«. Er stürzt sich ins Nachtleben, in die Welt der Cabarets, Saunen, Discos. Er trifft die Liebe seines Lebens. Unter seinen Freunden, die wie er die Welt erobern wollen, ist der junge Schauspieler Matthias Frings. Doch in einem Punkt unterscheidet sich Schernikau von den anderen: Er ist Kommunist. Zum Entsetzen seiner Freunde will er DDR-Bürger werden. Im Herbst 1989 erfüllt sich sein Lebenstraum. Doch wenige Wochen später fällt die Mauer. – Neben einer schillernden Biographie, in der Elfriede Jelinek, Thomas Hermanns, Marianne Rosenberg, Peter Hacks u. v. a. auftreten, gilt es einen Autor zu entdecken: »Einer der größten deutschen Schriftsteller der letzten Jahrzehnte.« Dietmar Dath

Mehr Informationen erhalten Sie unter
www.aufbau-verlag.de oder in Ihrer Buchhandlung

Ricardo Coler
Das Paradies ist weiblich
Eine faszinierende Reise ins Matriarchat
Aus dem Argentinischen Spanisch von
Sabine Giersberg
165 Seiten. Gebunden
ISBN 978-3-378-01103-8

Im Reich der Frauen

Monatelang lebte der Journalist Ricardo Coler im Süden Chinas unter den Mosuo, um zu erforschen, wie eine Gesellschaft funktioniert, in der die Frauen das Sagen haben. Mit Autorität und Charme bestimmen bei den Mosuo die Frauen, wo es langgeht: Sie arbeiten und tragen Verantwortung, sie stellen die Regeln für die Gemeinschaft auf, sie werden zum Oberhaupt der Großfamilie ernannt. Jeden Abend versammeln sich die Mosuo an den Ufern des Lugo-Sees zu einem Tanz, bei dem die Frau entscheidet, welcher Mann sie gegen Mitternacht aufsuchen darf. Nie leben Männer und Frauen hier als Paar zusammen, und da zur Familie nur zählt, wer blutsverwandt ist, wissen die Kinder nicht, was ein Vater ist. In einer »Besuchsehe«, wie die Mosuo eine Liebesbeziehung nennen, sind Eifersucht, sozialer Druck und Enttäuschungen unbekannt. Dieses Buch entführt seine Leser in die wunderbare Welt einer Gemeinschaft, die eine überraschend konfliktfreie Ordnung gefunden hat.

»Ein absolut mitreißender Bericht.« ELLE

Mehr Informationen erhalten Sie unter
www.aufbau-verlag.de oder in Ihrer Buchhandlung

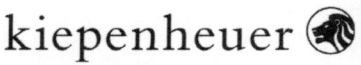

Adam Soboczynski
Die schonende Abwehr verliebter
Frauen oder die Kunst der Verstellung
204 Seiten. Gebunden
ISBN 978-3-378-01100-7

»Gnadenlos weise und trotzdem komisch«

<small>HARALD MARTENSTEIN</small>

Das Chamäleon ist sein Wappentier, Machiavelli sein Pate. Adam Soboczynski erzählt von Männern und Frauen, die das schwierige Spiel des Lebens und die hohe Kunst der Verstellung mal blendend, mal mäßig beherrschen. Wir sehen Menschen in peinlichen und verführerischen Situationen, wie sie jeder kennt: den jungen Aufsteiger in Gehaltsverhandlungen; die Frau, die beim Bewerbungsgespräch nach ihren eigenen Schwächen gefragt wird; den Professor im nicht rein wissenschaftlichen Austausch mit einer Kollegin. All diese Lebenslagen kommentiert Adam Soboczynski mal mit der Strenge eines Zuchtmeisters, mal mit der Zärtlichkeit eines liebevollen Erzählers.

Weitere Titel von Adam Soboczynski:
Polski Tango. AtV 2414

Mehr Informationen erhalten Sie unter
www.aufbau-verlag.de oder in Ihrer Buchhandlung

Bärbel Schäfer und Monika Schuck
Das Glücksgeheimnis
Paare erzählen vom Gelingen ihrer Liebe
Mit Fotos von Thomas Kläber
300 Seiten. Gebunden
ISBN 978-3-378-01102-1

In guten wie in schlechten Tagen

Trotz hoher Scheidungsraten, Rosenkriegen, Patchworkfamilien und Lebensabschnittspartnern – es gibt sie noch, die glückliche Beziehung. In diesem Buch erzählen langjährige Paare – prominente, nicht prominente, homo- wie heterosexuelle, kinderreiche und kinderlose – davon, wie sie ihr Zusammenleben so gestalten, dass Überdruss, Langeweile und Entfremdung keine Chance haben. Vom spannungsvollen Verhältnis zwischen Beruf und Privatleben etwa berichten die Schauspielerpaare Ann-Kathrin Kramer und Harald Krassnitzer sowie Sky und Mirja du Mont; eine Nonne erzählt von ihrer Beziehung zu Gott; ein Paar, das lange Zeit durch die Mauer getrennt war, schildert seinen Kampf um das Zusammensein. So sind bewegende und aufschlussreiche Einblicke in die Geheimnisse glücklicher Paare entstanden.

Mehr von Bärbel Schäfer und Monika Schuck im AtV:
Ich wollte mein Leben zurück. AtV 2416
Die besten Jahre. Frauen erzählen vom Älterwerden. AtV 2497

Mehr Informationen erhalten Sie unter
www.aufbau-verlag.de oder in Ihrer Buchhandlung

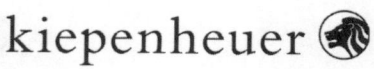

Rolf-Bernhard Essig
Wie die Kuh aufs Eis kam
Wundersames aus der Welt der Worte
160 Seiten. Gebunden
ISBN 978-3-378-01088-8

Für Sprücheklopfer und Sprachakrobaten

Hinter den Begriffen, Redewendungen und Sprichwörtern, die wir benutzen, stecken oft kuriose, manchmal unglaubliche Geschichten. Hier erfährt man, dass es blutige Ereignisse des amerikanischen Bürgerkriegs waren, die uns die gefürchteten Deadlines bescherten, wieso wir von Schmetterlingen im Bauch sprechen, wenn wir Liebe meinen, und warum man es unbedingt vermeiden sollte, etwas aufs Trapez zu bringen.

»Ein großartiger Führer durch das Dickicht der deutschen Sprache. Wenn man dieses Buch gelesen hat, ist man gescheiter und besser gelaunt. Herrlich!« FERIDUN ZAIMOGLU

Mehr Informationen erhalten Sie unter
www.aufbau-verlag.de oder in Ihrer Buchhandlung